Esta estatua se encuentra en Palm Springs, California, y es un homenaje a los indios americanos. Investiga más sobre las comunidades de California en: www.harcourtschool.com/hss

UBÍCALO
California

Palm Springs

#14 Zoey Mendenhall

#14 Zoey Mendenhall

# Reflexiones

CREADO EXCLUSIVAMENTE PARA
CALIFORNIA

# Nuestras comunidades

**Harcourt**
SCHOOL PUBLISHERS

Orlando   Austin   New York   San Diego   Toronto   London
¡Visita *The Learning Site!* www.harcourtschool.com

MAPQUEST.      TIME
                FOR KIDS

300000013082H

HARCOURT SCHOOL PUBLISHERS

# Reflexiones

## NUESTRAS COMUNIDADES

### Senior Author

**Dr. Priscilla H. Porter**
Professor Emeritus
School of Education
California State University, Dominguez Hills
Center for History–Social Science Education
Carson, California

### Series Authors

**Dr. Michael J. Berson**
Associate Professor
Social Science Education
University of South Florida
Tampa, Florida

**Dr. Margaret Hill**
History–Social Science Coordinator
San Bernardino County Superintendent
  of Schools
Director, Schools of California Online Resources
  for Education: History–Social Science
San Bernardino, California

**Dr. Tyrone C. Howard**
Assistant Professor
UCLA Graduate School of Education &
  Information Studies
University of California at Los Angeles
Los Angeles, California

**Dr. Bruce E. Larson**
Associate Professor Social Science Education
  Secondary Education
Woodring College of Education
Western Washington University
Bellingham, Washington

**Dr. Julio Moreno**
Assistant Professor
Department of History
University of San Francisco
San Francisco, California

### Series Consultants

**Martha Berner**
Consulting Teacher
Cajon Valley Union School District
San Diego County, California

**Dr. James Charkins**
Professor of Economics
California State University
San Bernardino, California
Executive Director of California
  Council on Economic Education

**Rhoda Coleman**
K–12 Reading Consultant lecturer
California State University, Dominguez Hills
Carson, California

**Dr. Robert Kumamoto**
Professor
History Department
San Jose State University
San Jose, California

**Carlos Lossada**
Co-Director Professional Development Specialist
UCLA History–Geography Project
University of California, Los Angeles
Regional Coordinator, California Geographic Alliance
Los Angeles, California

**Dr. Tanis Thorne**
Director of Native Studies
Lecturer in History
Department of History
University of California, Irvine
Irvine, California

**Rebecca Valbuena**
Los Angeles County Teacher of the Year—2004–05
Language Development Specialist
Stanton Elementary School
Glendora Unified School District
Glendora, California

**Dr. Phillip VanFossen**
Associate Professor, Social Studies Education
Associate Director, Purdue Center
  for Economic Education
Department of Curriculum
Purdue University
West Lafayette, Indiana

## Content Reviewers

**Cynthia Delameter**
Los Angeles County Teacher of the Year—
2004–05
Leland Street Elementary School
Los Angeles Unified School District
Los Angeles, California

**Dr. Judson Grenier**
Professor of History Emeritus
California State University, Dominguez Hills
Carson, California

**Lynda Lemon-Rush**
Teacher
Cedargrove Elementary School
Covina, California
Teacher Consultant
California Geograhical Alliance

## Classroom Reviewers and Contributors

**Toni Chu**
Teacher
Delevan Drive Elementary School
Los Angeles, California

**Margie Clark**
Teacher
Vineland Elementary School
Baldwin Park, California

**David Crosson**
President and CEO
History San José
San Jose, California

**Mary Jew**
Director of Instruction
Cupertino Union School District
Cupertino, California

**Dave Kirk**
Teacher
North Park Elementary School
Valencia, California

**Mary Mann**
Teacher
North Park Elementary School
Valencia, California

**Pamela West**
Teacher
North Park Elementary School
Valencia, California

**Constance Cordeiro-Weidner**
Teacher
Conejo Valley Unified School District
Thousand Oaks, California

## Spanish Edition Reviewers

**Isabel Almeida**
John H. Niemes Elementary School
Artesia, California

**Cristina Britt**
Educational Consultant

**Jazmín Calvo**
César E. Chávez Elementary School
Bell Gardens, California

**Mayra A. Lozano**
Venn W. Furgeson Elementary School
Hawaiian Gardens, California

**Allyson Sternberg**
Boone Elementary School
San Diego, California

SCHOOL PUBLISHERS

**Maps**
researched and prepared by

**Readers**
written and designed by

Copyright © 2007 by Harcourt, Inc.

All rights reserved. No part of this publication may be reproduced or transmitted in any form or by any means, electronic or mechanical, including photocopy, recording, or any information storage and retrieval system, without permission in writing from the publisher.

Requests for permission to make copies of any part of the work should be mailed to:

School Permissions and Copyrights
Harcourt, Inc.
6277 Sea Harbor Drive
Orlando, Florida 32887-6777
Fax: 407-345-2418

REFLECTIONS is a trademark of Harcourt, Inc. HARCOURT and the Harcourt Logos are trademarks of Harcourt, Inc., registered in the United States of America and/or other jurisdictions. TIME FOR KIDS and the red border are registered trademarks of Time Inc. Used under license. Copyright © by Time Inc. All rights reserved.

Acknowledgments appear in the back of this book.

Printed in the United States of America

ISBN 0-15-341667-X

1 2 3 4 5 6 7 8 9 10 032 15 14 13 12 11 10 09 08 07 06 05

**Unidad 1**

# Nuestra geografía

NORMAS DE CALIFORNIA HSS 3.1

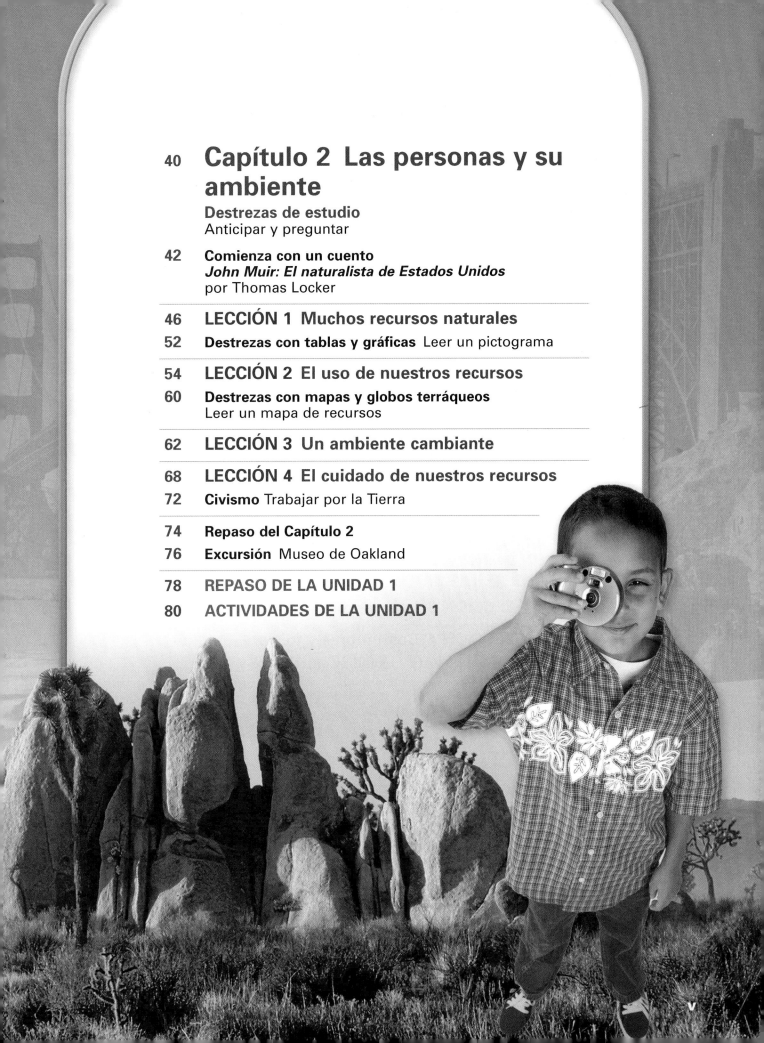

# Unidad 2

# Los indios americanos

NORMAS DE CALIFORNIA HSS 3.2

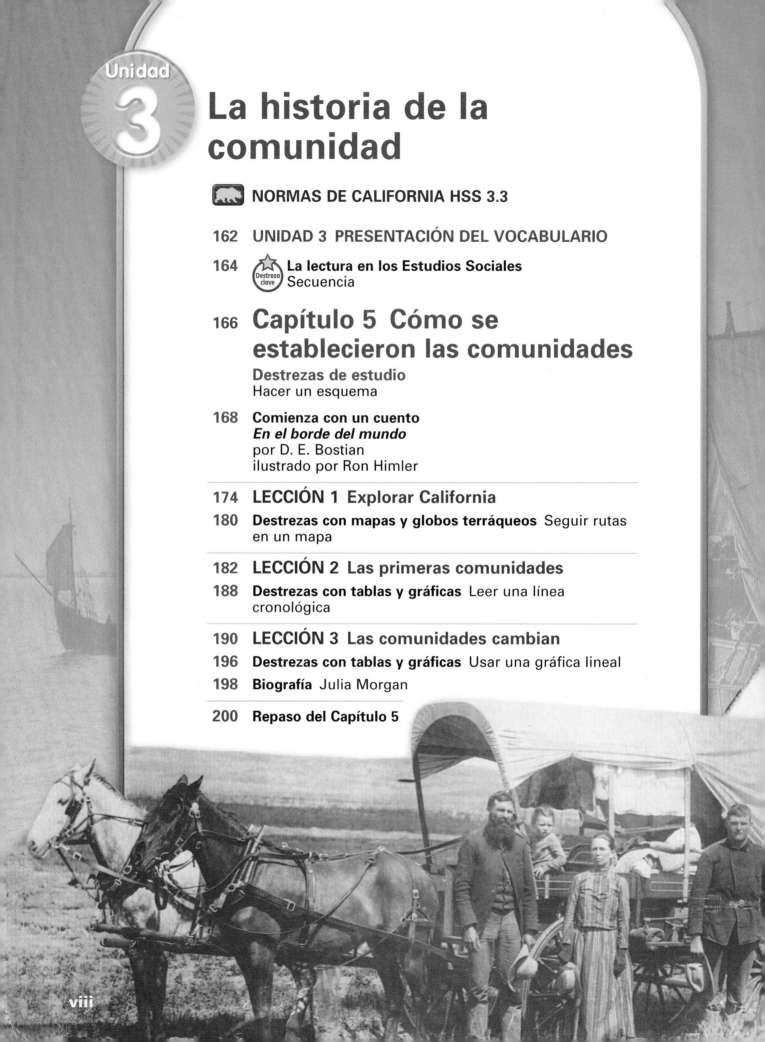

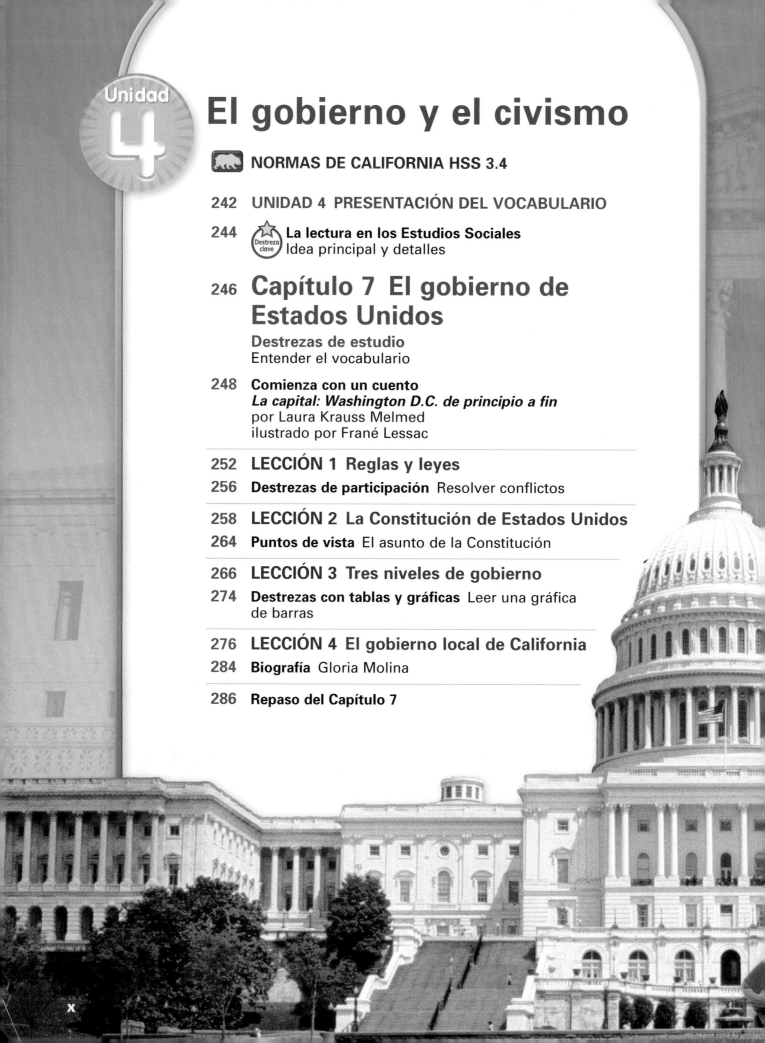

# Unidad 4

# El gobierno y el civismo

🐻 **NORMAS DE CALIFORNIA HSS 3.4**

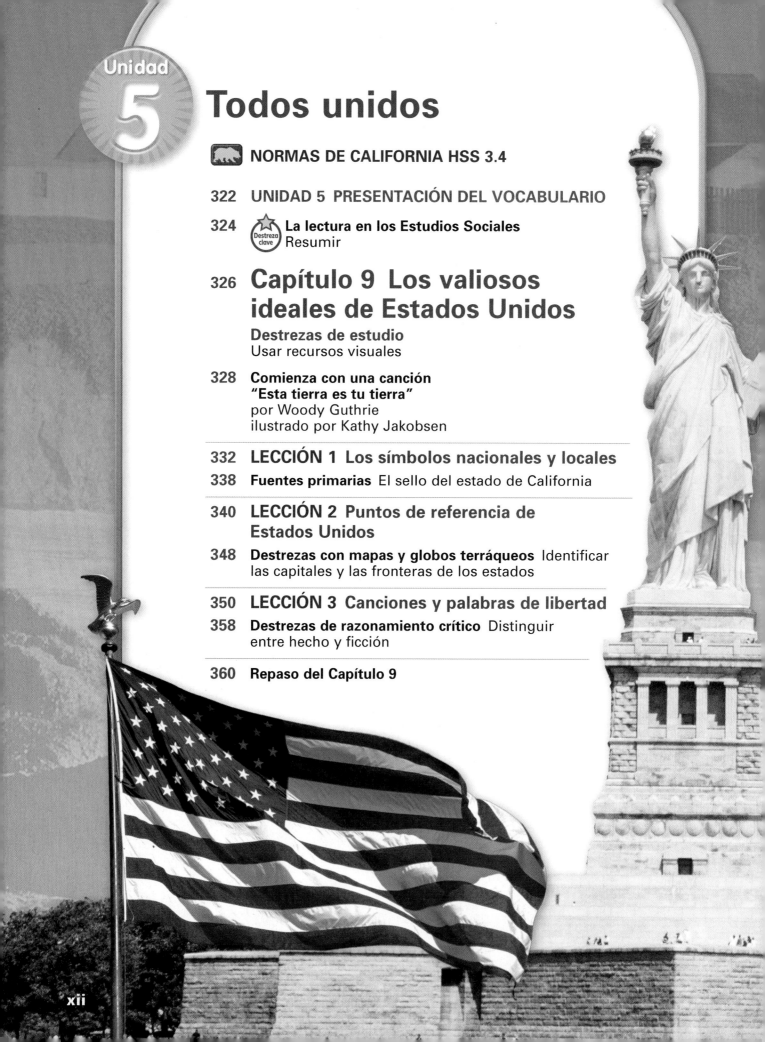

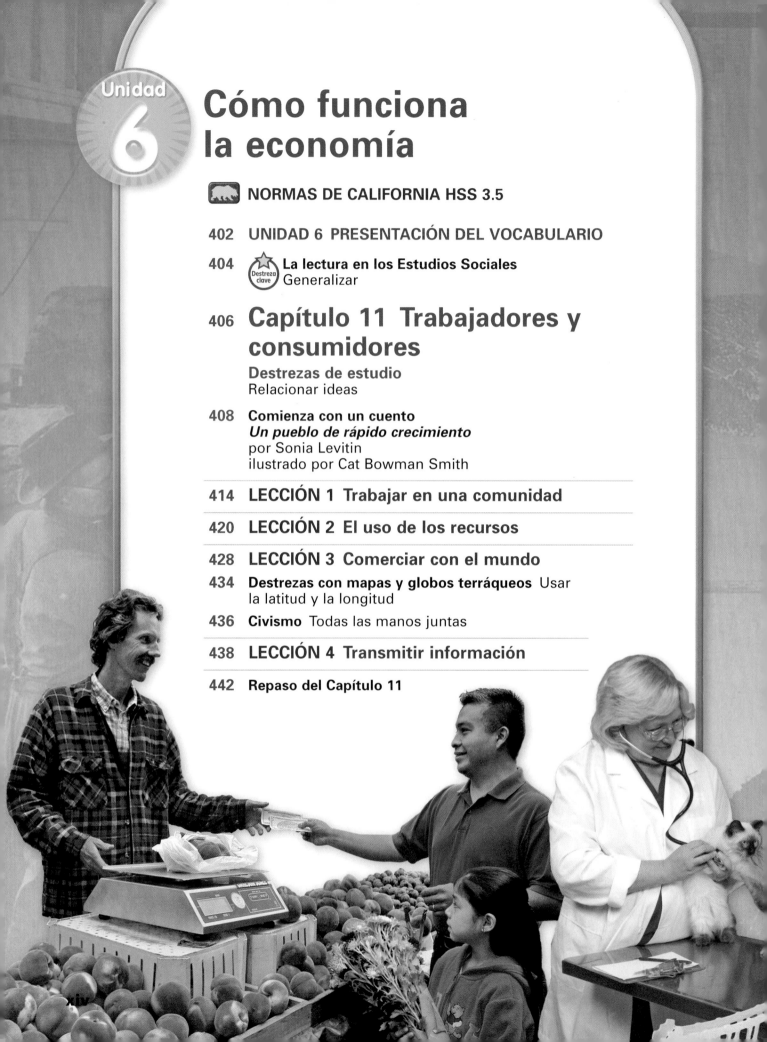

# Secciones útiles

# Una historia bien contada

**"Todo el mundo silvestre es hermoso, y poco importa adónde vayamos . . . en el mar o en tierra o entre las cristalinas olas . . . el lugar en el que estemos siempre nos parecerá el mejor."**

—*John of the Mountains* por John Muir

Este año, aprenderás sobre muchas comunidades de California. Leerás sobre cómo era la vida en California en **tiempos** pasados. Conocerás a **personas** especiales de las comunidades de California, y también de otros estados y países. Y visitarás muchos **lugares** de California para descubrir cómo se vive en las distintas comunidades.

Tiempos · Personas · Lugares

# Nuestras comunidades

# Una historia consta de los tiempos, las personas y los lugares

Cada comunidad tiene su propia historia. La **historia** es el relato de lo que ha sucedido en un lugar. Las personas que estudian el pasado se llaman **historiadores**. Los historiadores estudian las conexiones entre el pasado y el presente. Observan en qué cambian las cosas con el paso del tiempo y en qué se mantienen iguales.

Los historiadores analizan los objetos y los documentos del pasado para aprender sobre las personas y sobre las comunidades que existieron hace mucho tiempo. Estos se conocen como **objetos del pasado**.

Los historiadores también estudian a las personas del pasado para aprender más sobre cómo era la vida hace mucho tiempo. A menudo, leen biografías de personas importantes que vivieron en épocas pasadas. Una **biografía** es el relato de la vida de una persona.

Los historiadores también estudian los lugares en los que ocurrieron sucesos históricos. El lugar en el que ocurre un suceso puede influir en lo que ocurre. Los historiadores estudian mapas antiguos para entender mejor el lugar que están estudiando. Un **mapa** muestra la ubicación de un lugar, y también la información sobre el territorio y sus habitantes.

Los historiadores son las personas que escriben el relato de nuestro pasado. Nos muestran la conexión entre los tiempos, las personas y los lugares. Aprenderás a pensar como un historiador a medida que estudies la historia de tu comunidad en California.

# Cómo usar este libro

## PARA COMENZAR

Título de la unidad

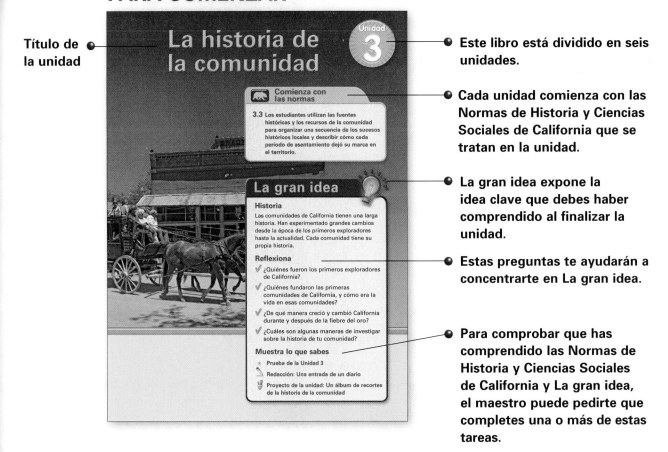

Este libro está dividido en seis unidades.

Cada unidad comienza con las Normas de Historia y Ciencias Sociales de California que se tratan en la unidad.

La gran idea expone la idea clave que debes haber comprendido al finalizar la unidad.

Estas preguntas te ayudarán a concentrarte en La gran idea.

Para comprobar que has comprendido las Normas de Historia y Ciencias Sociales de California y La gran idea, el maestro puede pedirte que completes una o más de estas tareas.

## LA LECTURA EN LOS ESTUDIOS SOCIALES

La lectura en los Estudios Sociales es una destreza clave que te ayudará a comprender mejor los eventos sobre los que lees y a establecer relaciones entre esos eventos.

Este texto describe la destreza clave.

Aquí aparece un ejemplo de la destreza clave que luego deberás poner en práctica.

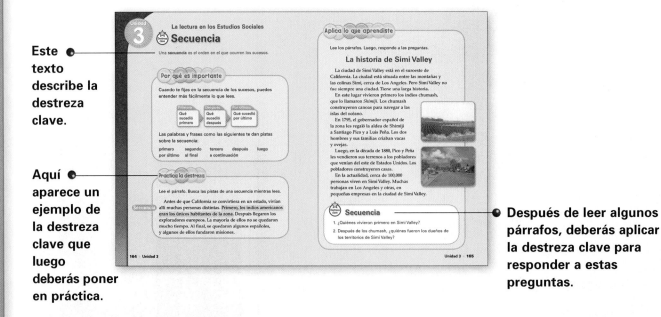

Después de leer algunos párrafos, deberás aplicar la destreza clave para responder a estas preguntas.

# COMENZAR UN CAPÍTULO

Cada unidad está dividida en capítulos, y los capítulos están divididos en lecciones.

La sección de destrezas de estudio te brinda estrategias que puedes usar para recordar y organizar lo que lees.

Cada capítulo tiene una lista de Normas de Historia y Ciencias Sociales que se trata en el capítulo.

Título y número del capítulo.

Cada capítulo comienza con una canción, un poema, un diario, un cuento o algún otro material de lectura.

# COMENZAR UNA LECCIÓN

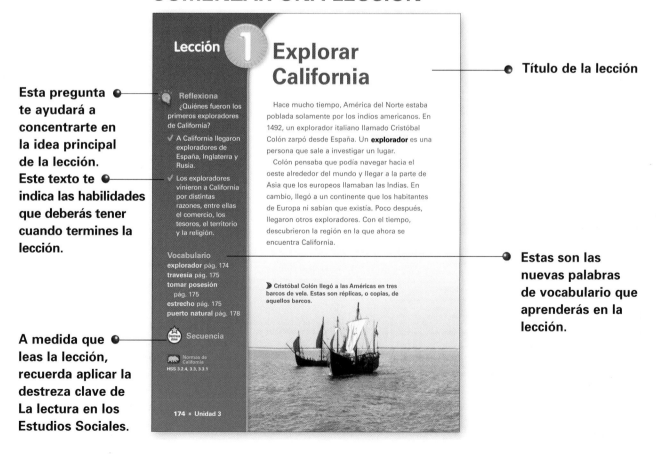

Esta pregunta te ayudará a concentrarte en la idea principal de la lección. Este texto te indica las habilidades que deberás tener cuando termines la lección.

A medida que leas la lección, recuerda aplicar la destreza clave de La lectura en los Estudios Sociales.

Título de la lección

Estas son las nuevas palabras de vocabulario que aprenderás en la lección.

# LEER UNA LECCIÓN

## Los pueblos de Alta California

Las misiones y los presidios eran dos clases de comunidades que se construyeron en California. La tercera era el **pueblo**, o aldea. Los pueblos no fueron fundados por sacerdotes ni por soldados. Los crearon los indios americanos y las personas que llegaron de España, México y África.

Los pueblos generalmente tenían casas de adobe, iglesias y edificios públicos. Los habitantes de los pueblos suministraban alimentos y otros productos a las misiones y a los presidios. El primer pueblo se construyó en 1777 cerca de la ciudad actual de San Francisco, y se convirtió en la ciudad de San José. En 1781, los pobladores construyeron un pueblo cerca del río Los Angeles. Ese pueblo creció hasta convertirse en la ciudad actual de Los Angeles.

**Repaso de la lectura** Comparar y contrastar
¿En qué se diferenciaban los pueblos de las misiones y los presidios?

### Patrimonio cultural

#### La calle Olvera

En Los Angeles, puedes ir a la calle Olvera y encontrar comida, productos, música y bailes mexicanos. Ubicada en una de las partes más antiguas de la ciudad, la calle Olvera tiene edificios históricos, una plaza de estilo mexicano tradicional y comercios que venden artesanías mexicanas. Algunos edificios de la calle Olvera se construyeron cuando Los Angeles era un pueblo.

186 · Unidad 3

● Las palabras de vocabulario están resaltadas en amarillo.

● Cada sección breve concluye con una pregunta de **Repaso de la lectura** que te permite verificar si has comprendido lo que leíste. Asegúrate de que puedes responder correctamente la pregunta antes de seguir leyendo la lección.

Algunas lecciones ● contienen secciones útiles en las que podrás leer sobre el Patrimonio cultural, sobre la Geografía y sobre los Niños en la historia.

---

### Misiones, pueblos y presidios

**Analizar mapas**
◆ Ubicación ¿Por qué crees que las misiones, los presidios y los pueblos estaban situados cerca de la costa?

- Misión
- Presidio
- Pueblo

**Resumen** España estableció las primeras comunidades para mantener el control de las tierras de las que había tomado posesión en California. Las tres clases de comunidades eran las misiones, los presidios y los pueblos.

● Cada lección concluye con un resumen.

### Repaso

1. ¿Quiénes fundaron las primeras comunidades de California?

2. Vocabulario ¿Qué relación existe entre una misión, un **presidio** y un **pueblo**?

3. Tu comunidad Haz una investigación sobre la misión, el presidio o el pueblo más cercano a tu comunidad. Muéstrales a tus compañeros lo que encuentres.

**Razonamiento crítico**

4. Aplícalo ¿Cuáles de las misiones, pueblos o presidios de California has visitado?

5. ¿Por qué crees que los indios americanos ayudaron a las personas que llegaron de España, México y África a construir pueblos?

6. Escribe una oración Escribe una oración sobre cada uno de los tres tipos de comunidades que se crearon en California.

7. Secuencia Copia y completa el siguiente organizador gráfico.

Primero → Después → Por último
Se construyó el primer pueblo.

Capítulo 5 · 187

Cada lección, al ● igual que cada capítulo y cada unidad, concluye con un repaso. En él encontrarás preguntas y actividades que te ayudarán a comprobar si has comprendido las normas que se tratan en la lección.

Completa las actividades de redacción y otras ● actividades.

● Practica la destreza clave de La lectura en los Estudios Sociales.

# APRENDER LAS DESTREZAS DE ESTUDIOS SOCIALES

Tu libro de texto tiene lecciones que te ayudan a incorporar destrezas de participación, destrezas con mapas y globos terráqueos, destrezas con tablas y gráficas, y destrezas de razonamiento crítico.

Este texto muestra por qué es importante aprender esta destreza.

Podrás practicar y aplicar la destreza.

# SECCIONES ÚTILES

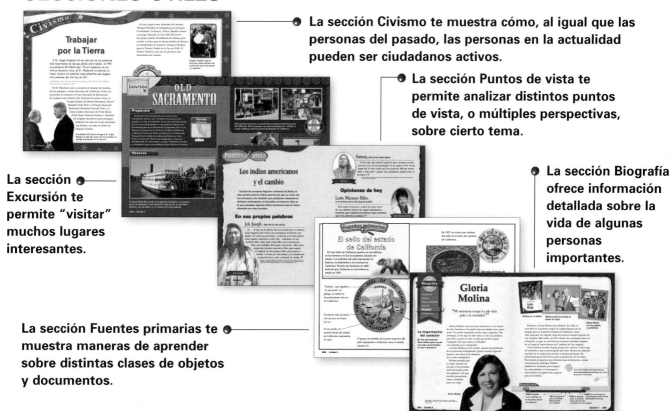

La sección Civismo te muestra cómo, al igual que las personas del pasado, las personas en la actualidad pueden ser ciudadanos activos.

La sección Puntos de vista te permite analizar distintos puntos de vista, o múltiples perspectivas, sobre cierto tema.

La sección Excursión te permite "visitar" muchos lugares interesantes.

La sección Biografía ofrece información detallada sobre la vida de algunas personas importantes.

La sección Fuentes primarias te muestra maneras de aprender sobre distintas clases de objetos y documentos.

# PARA TU REFERENCIA

Al final del libro encontrarás distintas herramientas de referencia, como el Atlas, el Manual de investigación, el Diccionario biográfico, el Diccionario geográfico, el Glosario y el Índice. Puedes usarlas para buscar palabras u obtener información sobre personas, lugares y otros temas.

# Los cinco temas de la Geografía

Aprender sobre los lugares es una parte importante de la Historia y la **Geografía,** es decir, el estudio de la superficie terrestre y de la manera en que se usa. Los geógrafos a menudo se enfocan en cinco temas principales cuando estudian la Tierra y su geografía. Recordar estos temas mientras lees te ayudará a pensar como un geógrafo.

TEMAS DE

## Ubicación

Todo en la Tierra tiene su propia **ubicación**, o sea, el lugar donde se encuentra.

## Lugar

Todos los lugares tienen características físicas y obras humanas que los hacen diferentes del resto. Las **características físicas** han sido formadas por la naturaleza, mientras que las **obras humanas** son creadas por las personas.

## Interacciones entre los seres humanos y el ambiente

El ambiente puede afectar a las personas, y por esto tendrán que **adaptarse** al entorno.

## Movimiento

Todos los días, se produce un intercambio de productos e ideas entre los habitantes de las distintas partes de nuestro estado, de nuestro país y alrededor del mundo.

## GEOGRAFÍA

## Regiones

Las áreas de la Tierra con determinadas características que las distinguen de otras áreas se llaman **regiones**. Una región se distingue por sus características físicas u obras humanas.

# Observar la Tierra

Si observamos la Tierra desde el espacio, podemos ver que es redonda. Probablemente haya un globo terráqueo en tu salón de clases. Un globo terráqueo es una esfera, o bola, que muestra las principales masas de agua y los **continentes** de la Tierra. Los continentes son las masas de tierra más grandes. Los continentes de la Tierra, del más grande al más pequeño, son Asia, África, América del Norte, América del Sur, la Antártida, Europa y Australia. Por su forma, un **globo terráqueo** solo puede mostrar una mitad de la Tierra a la vez.

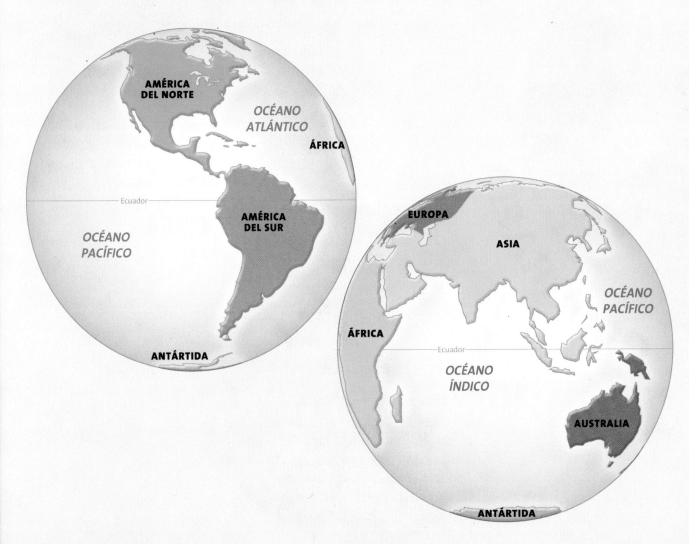

En el punto medio del globo terráqueo, entre el polo norte y el polo sur, hay una línea llamada **ecuador**. El ecuador divide la Tierra en dos mitades iguales, o **hemisferios**. El hemisferio norte está al norte del ecuador, y el hemisferio sur, al sur del ecuador. Otra línea, el **primer meridiano**, divide la Tierra en el hemisferio occidental y el hemisferio oriental.

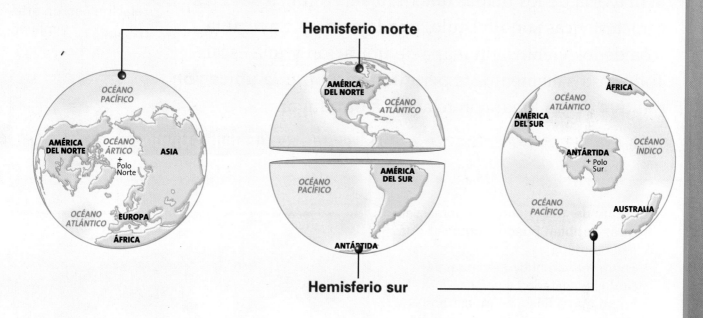

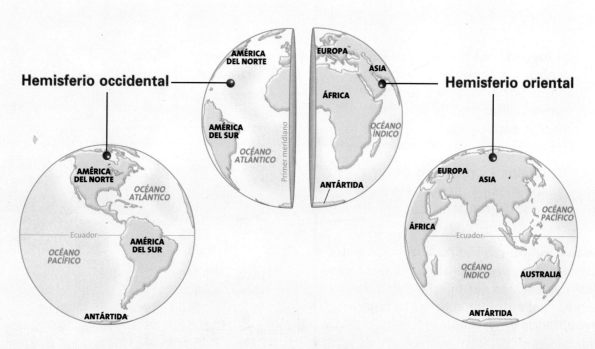

# Leer mapas

Los mapas ofrecen muchas clases de información sobre la Tierra y sobre el mundo que te rodea. Un mapa es un dibujo, en una superficie plana en el que se muestra toda o parte de la Tierra. Para que resulte más fácil leer los mapas, los cartógrafos agregan ciertas características a la mayoría de los mapas que dibujan. Algunas de estas características son un título, una leyenda o clave, una rosa de los vientos, un mapa de ubicación y una escala. Todos estos elementos te permiten encontrar la **ubicación relativa** de un lugar con relación a otro lugar.

Un **mapa de ubicación** es un pequeño mapa o globo terráqueo que indica la ubicación del área que se muestra en el mapa principal en relación con un área mayor.

**Estados Unidos**

El **título del mapa** indica el tema del mapa. También puede identificar qué clase de mapa es.
- En un mapa político se muestran ciudades, estados y países.
- En un mapa físico se muestran las clases de terreno y las masas de agua.

OCÉANO ÁRTICO

ALASKA

CANADÁ

Anchorage

Juneau★

OCÉANO PACÍFICO

0   250   500 millas
0   250   500 kilómetros

La **leyenda del mapa** o clave explica los símbolos usados en el mapa. Los símbolos pueden ser colores, dibujos, líneas u otras marcas especiales.

⊛  Capital nacional
★  Capital estatal
──  Frontera nacional
──  Frontera estatal

Un **mapa de recuadro** es un mapa más pequeño dentro de uno más grande.

La **escala del mapa** indica la relación entre las distancias representadas y las distancias reales. Las escalas permiten conocer la distancia real entre los diferentes lugares representados en el mapa.

Seattle
★Olympia
WASHINGTON
Portland
★Salem
OREGON
Helena★ MONTANA
Billings
IDAHO
**OESTE**   ★Boise
WYOMING
Pocatello
Casper
NEVADA
Ogden
Carson City
★Salt Lake City
Cheyenne
Sacramento
UTAH
Denver
Colorado Springs
COLORADO
CALIFORNIA
Las Vegas
**SUROESTE**   Santa Fe
Los Angeles
ARIZONA
Albuquerque
NEW MEXICO
★Phoenix
Tucson

OCÉANO PACÍFICO

OCÉANO PACÍFICO
Honolulu★
HAWAII
Hilo
0   100   200 millas
0   100   200 kilómetros

MÉXICO

0   250   500 millas
0   250   500 kilómetros

A veces, los cartógrafos necesitan mostrar lugares señalados en un mapa con mayor detalle, o lugares situados fuera del área que muestra el mapa. Busca Alaska y Hawaii en el mapa político del hemisferio occidental de la pág. R6. En este mapa se muestra la ubicación de estos estados en relación con el resto del país.

Ahora busca Alaska y Hawaii en el mapa de abajo. Para ver con el mismo grado de detalle estos estados y el resto del país, el mapa tendría que ser mucho más grande. En cambio, Alaska y Hawaii se muestran aparte en mapas de recuadro, es decir, en pequeños mapas dentro de otro más grande.

La **rosa de los vientos** o indicador de direcciones indica los puntos cardinales en un mapa.
• Los **puntos cardinales** son norte, sur, este y oeste.

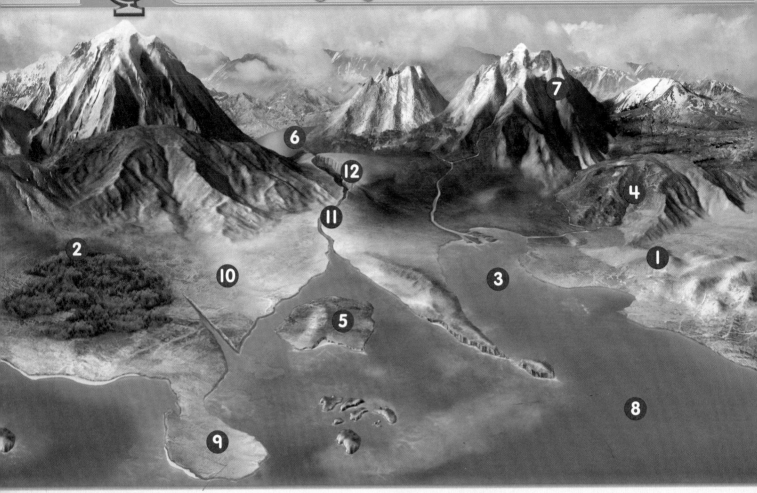

**1** **desierto** área de terreno extensa y seca

**2** **bosque** área de árboles muy extensa

**3** **golfo** gran masa de agua salada parcialmente rodeada de tierra

**4** **colina** terreno que se eleva sobre la tierra que lo rodea

**5** **isla** accidente geográfico completamente rodeado de agua

**6** **lago** masa de agua totalmente rodeada de tierra

**7** **montaña** tipo de terreno más alto

**8** **océano** masa de agua salada que cubre un área grande

**9** **península** accidente geográfico rodeado de agua por tres lados

**10** **llanura** terreno plano

**11** **río** gran corriente de agua que fluye por la tierra

**12** **valle** terreno bajo entre colinas o montañas

# Nuestra geografía

 **Comienza con las normas**

**3.1** Los estudiantes describen la geografía humana y física, y usan mapas, gráficas, fotografías y tablas para organizar la información sobre personas, lugares y ambientes en un contexto espacial.

## La gran idea

### Geografía

California tiene diversos accidentes geográficos y canales navegables. Las personas cambian el paisaje con las estructuras que construyen.

### Reflexiona

✔ ¿Cómo describirías el lugar en el que vives?

✔ ¿Cuáles son las características físicas de California?

✔ ¿De qué manera usan las personas los recursos naturales de su área cada día?

✔ ¿De qué manera las personas han cambiado el ambiente físico?

### Muestra lo que sabes

★ Prueba de la Unidad 1

 Redacción: Un cuento

 Proyecto de la unidad: Un atlas de la comunidad

# Nuestra geografía

## Habla sobre

la geografía

" Un mapa me puede ayudar a buscar mi ubicación. "

"Es divertido explorar todos los accidentes geográficos de mi estado."

"Las personas usan los recursos naturales todos los días."

# Presentación del
# vocabulario

**comunidad**   Un grupo de personas que viven y trabajan en el mismo lugar. (página 10)

**ubicación**   El lugar en el que se encuentra algo. (página 11)

**característica física**   Algo de la naturaleza, como el clima, la flora, el agua o la tierra. (página 16)

**obra humana**   Algo que las personas han construido, como un edificio, un puente o una carretera. (página 26)

**recurso natural**   Algo de la naturaleza que las personas pueden usar. (página 46)

APRENDE
en línea

Visita **www.harcourtschool.com/hss** para hallar recursos en Internet para usar con esta unidad.

## La lectura en los Estudios Sociales

**Destreza clave** # Comparar y contrastar

Cuando **comparas** cosas, piensas en qué se parecen. Cuando **contrastas** cosas, piensas en qué se diferencian.

## Por qué es importante

Si sabes comparar y contrastar, podrás entender mejor en qué se parecen y en qué se diferencian las cosas, las personas y las ideas.

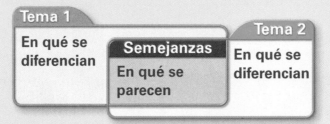

Tema 1

En qué se diferencian

Semejanzas
En qué se parecen

Tema 2

En qué se diferencian

Fíjate bien en estas palabras y frases que indican en qué se parecen y en qué se diferencian las cosas:

| | | | | |
|---|---|---|---|---|
| igual que | diferente de | similar | pero | aunque |
| como | a diferencia de | en cambio | sin embargo | |

## Practica la destreza

Lee los párrafos. Compara y contrasta los dos lagos.

**Comparar**

    California tiene 8,000 lagos. El lago Tahoe y el mar de Salton son dos de los más grandes. Ambos lagos se usan para actividades recreativas y para pescar.

**Contrastar**

    Sin embargo, estos lagos son muy diferentes. El lago Tahoe está a gran altura en la sierra Nevada y se creó de forma natural. En cambio, el mar de Salton está en la región desértica del sureste de California y es una obra humana.

Lee los párrafos. Luego, responde a las siguientes preguntas.

# Los lagos más grandes de California

Dos de los lagos más grandes de California son el mar de Salton y el lago Tahoe. Estos lagos son parecidos en algunos sentidos, pero muy diferentes en otros.

El lago Tahoe es un lago muy antiguo ubicado en la sierra Nevada. El agua que baja por los ríos de las montañas formó un lago en el valle ubicado al pie de ellas. El agua del lago Tahoe es agua dulce, no salada.

En cambio, el mar de Salton es un lago nuevo. Se formó cuando se construyeron presas en el río Colorado en el desierto. En 1905, el agua desbordó las presas e inundó la tierra. Después de la inundación, se había formado un enorme lago en un área baja. A este lago se le llamó mar de Salton. Al principio, el agua del mar de Salton era dulce, pero con el paso del tiempo cambió y se volvió salada.

**Destreza clave**

## Comparar y contrastar

1. ¿En qué se parecen los tamaños de los lagos?

2. ¿En qué se diferencia el agua de ambos lagos?

# Destrezas de estudio

## USAR UNA TABLA DE S-QS-A

Una tabla de S-QS-A te puede ayudar a concentrarte en lo que ya sabes sobre un tema y en lo que quieres aprender sobre él.

➤ Usa la columna S para anotar lo que sabes sobre un tema.

➤ Usa la columna QS para anotar lo que quieres saber sobre el tema.

➤ Usa la columna A para anotar lo que aprendiste sobre el tema después de la lectura.

| Geografía física y humana | | |
|---|---|---|
| Sé | Quiero saber | Aprendí |
| Vivo en una casa y en una ciudad. El nombre de mi estado es California. | ¿Qué más debo saber sobre el lugar en el que vivo? ¿Qué es la geografía física y humana? | _____ _____ _____ |

## Aplica la destreza mientras lees

Completa tu propia tabla de S-QS-A mientras lees este capítulo.

**Normas de Historia y Ciencias Sociales de California, Grado 3**

3.1 Los estudiantes describen la geografía humana y física, y usan mapas, gráficas, fotografías y tablas para organizar la información sobre personas, lugares y ambientes en un contexto espacial.

# Geografía física y humana

CAPÍTULO

1

El monte Shasta de California

# Camina suavemente

## de Geographic Travels in Verse and Rhyme

### por J. Patrick Lewis
### ilustrado por Álison Jay

Al escritor J. Patrick Lewis le gusta viajar y escribir poesía para niños. En este poema sugiere cómo pensar en algunos lugares que ha visitado.

Haz de la Tierra tu compañera.
Camina suavemente sobre ella, como otras criaturas.
Deja que el Cielo pinte su belleza; ella siempre vela
   por ti.
Aprende del Mar a enfrentar las fuerzas que te
   azotan.

Deja que el Río te recuerde que todo pasará.

Deja que el Lago te enseñe la calma.

Deja que la Montaña te revele la grandeza.

Haz de los Bosques tu pacífico hogar.

Haz de la Selva el hogar de tu esperanza.

Reúnete con los Pantanos en el atardecer.

Guarda un pedacito de Pradera para una cometa roja en
   un día de viento.

Observa el brillo cristalino y majestuoso de los
   Mantos Glaciares.

Oye al Desierto, que arrulla con sus secretos la eternidad.

Deja que el Pueblo te rodee de lazos.

Haz de la Tierra tu compañera.

Camina suavemente sobre ella, como otras criaturas.

## Responde

1. ¿Por qué el autor repite los mismos dos versos al principio y al final del poema?

2. ¿Qué crees que significa "caminar suavemente" sobre la Tierra?

# Encontrar tu ubicación

### Reflexiona

¿Cómo describirías el lugar en el que vives?

✔ Las personas viven en comunidades.

✔ Tu comunidad forma parte de un estado, de un país y de un continente.

## Vocabulario

comunidad pág. 10
ubicación pág. 11
frontera pág. 11

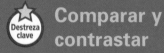

**Comparar y contrastar**

**Normas de California**
HSS 3.1

Las personas viven en casi todos los lugares de la Tierra. Algunas personas viven cerca de las montañas, y otras, en las llanuras. Algunas personas viven en lugares donde hace mucho frío. Otras personas viven en lugares donde hace calor aun en invierno. Vivan donde vivan, la mayoría de las personas forman parte de una comunidad. Una **comunidad** es un grupo de personas que viven en el mismo lugar.

### Analizar ilustraciones

◆ ¿Qué estado ocupa un área mayor, California u Oregon?

Canadá

América del Norte

México

Océano Pacífico

Oregon

Nevada

California

Arizona

América del Sur

# ¿En qué lugar de la Tierra?

Existen muchas diferencias entre las distintas comunidades. Una de ellas es la **ubicación**, o el lugar donde se encuentran. ¿Cuál es la ubicación de tu comunidad, o su lugar en la Tierra?

Puedes decir que tu comunidad está en el continente de América del Norte, y también que está en uno de los 50 estados de Estados Unidos. Si miras un mapa de Estados Unidos, verás las fronteras de cada estado. Una **frontera** es una línea que indica dónde termina un estado o una nación. El estado en el que vives se llama California. California comparte su frontera con los estados de Arizona, Nevada y Oregon, y también con el país de México y con el océano Pacífico.

**Repaso de la lectura** 👁 **Comparar y contrastar**
**En comparación con otros estados de Estados Unidos, ¿cuál es el tamaño de California?**

Estados Unidos

Océano Pacífico

California

# Tu propia comunidad

Ya ubicaste tu continente, tu país y tu estado. Ahora estás listo para ubicar tu comunidad dentro del estado de California. Si tu comunidad es una ciudad, podría aparecer en un mapa de Estados Unidos o incluso en un globo terráqueo. En cambio, si tu comunidad es pequeña, tal vez tengas que mirar un mapa que sea solamente de California. En un mapa de California hay espacio suficiente para mostrar algunos pueblos pequeños.

**Repaso de la lectura** **Idea principal y detalles**
**¿Cómo describirías la ubicación de tu comunidad?**

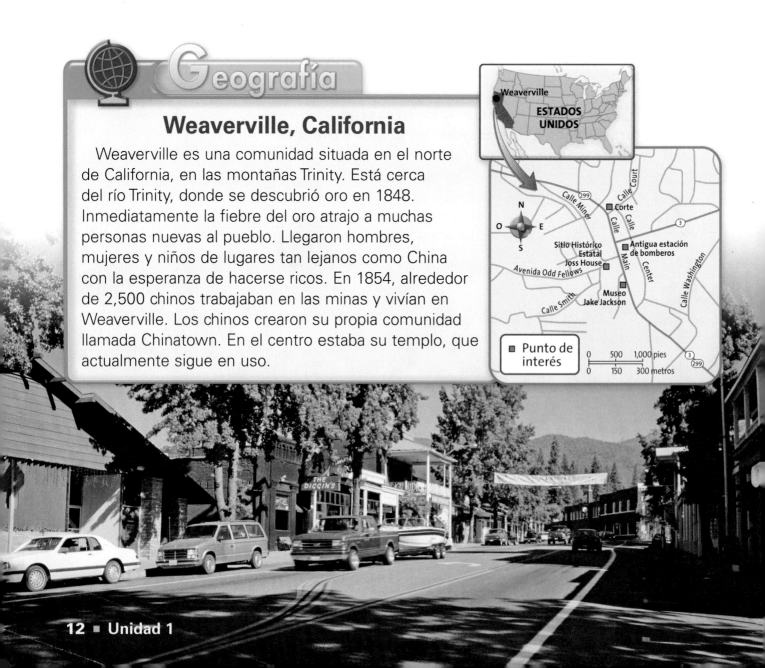

## Geografía

### Weaverville, California

Weaverville es una comunidad situada en el norte de California, en las montañas Trinity. Está cerca del río Trinity, donde se descubrió oro en 1848. Inmediatamente la fiebre del oro atrajo a muchas personas nuevas al pueblo. Llegaron hombres, mujeres y niños de lugares tan lejanos como China con la esperanza de hacerse ricos. En 1854, alrededor de 2,500 chinos trabajaban en las minas y vivían en Weaverville. Los chinos crearon su propia comunidad llamada Chinatown. En el centro estaba su templo, que actualmente sigue en uso.

Nombre   Lily Tanner
Calle   123 Jasper Court
Ciudad   Weaverville
Estado   California
País   Estados Unidos
Continente   América del Norte

**Resumen**   Las comunidades están ubicadas en muchos lugares. Tu comunidad está ubicada en el estado de California, en el país de Estados Unidos y en el continente de América del Norte.

## Repaso

1. ¿Cómo describirías el lugar en el que vives?

2. **Vocabulario** ¿Qué estados comparten una **frontera** con California?

3. **Tu comunidad** ¿Cuál de los estados que limitan con California está más cerca de tu comunidad?

### Razonamiento crítico

4. **Aplícalo** ¿Qué incluirías en un mapa de tu ciudad o pueblo?

5. **DESTREZA DE ANÁLISIS** ¿Por qué es importante saber leer e interpretar la información de un mapa?

6. **Haz un librito** Haz un librito llamado "El lugar en el que vivo". En cada página, haz un dibujo y escribe el nombre de tu continente, de tu país, de tu estado y de tu ciudad o pueblo.

7. **Destreza clave** **Comparar y contrastar** En una hoja de papel, copia y completa el organizador gráfico sobre la ubicación de California.

Tema 1
Ubicación de California
Semejanzas
Tema 2

**Capítulo 1**

# Usar los puntos cardinales intermedios

## ❱ Por qué es importante

Norte, sur, este y oeste son los puntos cardinales, es decir, los puntos de orientación principales. Los puntos que se encuentran entre un punto cardinal y otro, y que nos dan información más exacta sobre la ubicación de un lugar, se llaman **puntos cardinales intermedios**.

## ❱ Lo que necesitas saber

La rosa de los vientos de abajo muestra los dos tipos de puntos cardinales. Los cuatro puntos cardinales intermedios son noreste, sureste, noroeste y suroeste.

**Rosa de los vientos**

## ❱ Practica la destreza

Consulta la rosa de los vientos que aparece en el mapa de la página 15 para responder a las siguientes preguntas.

**1** ¿Está Sacramento al noroeste o al noreste de San Francisco?

**2** Un automóvil viaja desde Bakersfield hacia Santa Barbara. ¿En qué dirección va?

**3** ¿En qué dirección tendrías que viajar para llegar a San Diego desde Los Angeles?

## ❱ Aplica lo que aprendiste

**DESTREZA DE ANÁLISIS** **Aplícalo** Consulta la rosa de los vientos para encontrar objetos de tu salón de clases que estén al noreste, sureste, suroeste y noroeste del lugar en el que te sientas. Haz una tabla de cuatro columnas y anota los objetos en ella. Usa los cuatro puntos cardinales intermedios como título de cada columna.

Practica tus destrezas con mapas y globos terráqueos con el **CD-ROM GeoSkills.**

## California y los puntos cardinales intermedios

OREGON

IDAHO

Crescent City

Yreka

Alturas

Eureka

Redding

Susanville

Chico

Fort Bragg

CALIFORNIA

NEVADA

UTAH

★Sacramento

Stockton

San Francisco    Oakland

San Jose

Monterey

**Norte**

**Noroeste**    **Noreste**

**Oeste**    Fresno    **Este**

**Suroeste**    **Sureste**

**Sur**

Ridgecrest

Bakersfield

Barstow    Needles

Lancaster

Santa Barbara

San Bernardino

Los Angeles

Long Beach    Palm Springs

OCÉANO PACÍFICO

ARIZONA

San Diego

MÉXICO

| 0 | 50 | 100 millas |
| 0 | 50 | 100 kilómetros |

# Características físicas

### Reflexiona

¿Cuáles son las características físicas de tu estado?

✓ Las comunidades tienen distintos tipos de características físicas.

✓ La tierra, el agua, el clima y la flora son características físicas.

**Comparar y contrastar**

Normas de California

HSS 3.1, 3.1.1

Todos los lugares de la Tierra tienen características, o cosas que los hacen especiales. Puedes describir un lugar mencionando sus **características físicas**: la tierra, el agua, el clima y la flora. Las características físicas a veces se llaman características geográficas.

## Las tierras altas

Para describir las características físicas de un lugar, puedes mencionar sus accidentes geográficos. Un **accidente geográfico** es una característica como una montaña, un valle, una llanura o una colina. California tiene todos estos accidentes geográficos.

Si vives en las tierras altas, puede ser que vivas en las montañas, en una colina o en una meseta. Una **meseta** es un accidente geográfico con laderas empinadas y la parte superior plana y a gran altura.

El monte Whitney, la montaña más alta de California, forma parte de la cordillera de la sierra Nevada. Una **cordillera** es una gran cadena de montañas, y la sierra Nevada es la cordillera más grande de California. Se extiende de norte a sur atravesando gran parte de la región este del estado.

Sin embargo, no todas las montañas son iguales. Por ejemplo, los picos o cumbres de las montañas de la Cordillera Costera son redondeados, mientras que los de la sierra Nevada son puntiagudos. Incluso los dos lados de la sierra Nevada son muy diferentes.

**Repaso de la lectura** ⚙ **Comparar y contrastar**
**¿En qué se diferencian la sierra Nevada y la Cordillera Costera?**

❱ Con el tiempo, el agua, el hielo y el viento han desgastado los picos de la Cordillera Costera de California.

❱ Algunos picos de la sierra Nevada están cubiertos de nieve aun en verano.

# Las tierras bajas

Las tierras bajas son grandes superficies de terreno bajo y plano. Si vives en las tierras bajas, puedes vivir en un valle, en una llanura o en la costa. Un **valle** es una zona de tierras bajas entre colinas o montañas. La lluvia y el agua del deshielo que bajan por las montañas riegan los valles. El suelo del valle es muy bueno para el crecimiento de las plantas.

Los valles pueden ser anchos o estrechos. Una cuenca es un valle ancho con forma de tazón. Un cañón es un valle muy estrecho con paredes empinadas.

Una llanura es una extensión de tierra plana y ondulada. Una llanura baja a lo largo de la costa o de un océano es una **llanura costera**. Las plantas suelen crecer muy bien en las llanuras costeras.

**Repaso de la lectura** ☼ **Comparar y contrastar**
**¿En qué se diferencian un valle y una llanura?**

## Míralo en detalle

### Los accidentes geográficos y las masas de agua

La Tierra tiene muchas clases de accidentes geográficos y masas de agua. Observa las semejanzas y diferencias en el dibujo.

❶ Un desierto es un terreno muy seco con pocas plantas.

❷ Una isla es un terreno totalmente rodeado de agua.

❸ Una península es un terreno rodeado de agua por tres de sus lados.

❹ La desembocadura de un río es el lugar en el que el río vacía su caudal en otra masa de agua.

❺ El terreno que se encuentra a lo largo de un río se llama ribera.

❻ Un pico es la cima de una montaña.

❖ ¿Cuáles de estos accidentes geográficos o masas de agua existen cerca de tu comunidad?

desierto    meseta

❶

valle

colina

❷ isla

# Las masas de agua

Las masas de agua son otra característica física de la Tierra. Muchas comunidades se establecen cerca de masas de agua. Puede ser que tu comunidad esté cerca de un océano, un lago o un río.

Las masas de agua más grandes de la Tierra son los océanos. Los océanos cubren más de la mitad de la Tierra. Todos los océanos son de agua salada.

En los continentes hay muchas masas de agua más pequeñas, como lagos, lagunas, ríos y arroyos. La mayoría de ellos son de agua dulce, es decir, de agua que no es salada. El agua dulce es el tipo de agua que tomamos y usamos en nuestras casas.

**Repaso de la lectura** ö**Comparar y contrastar**
**¿En qué se parecen los lagos, las lagunas, los ríos y los arroyos?**

▶ La cascada Yosemite es una de las muchas cascadas que están en el Parque Nacional Yosemite.

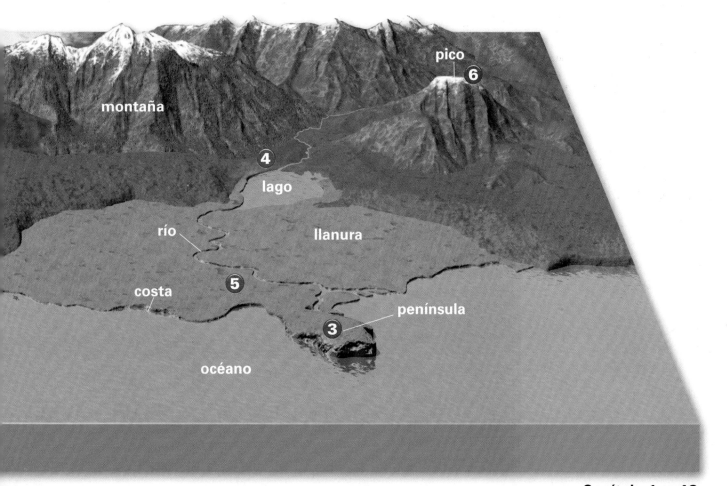

pico **6**

montaña

**4**

lago

río

llanura

costa

**5**

**3**

península

océano

# El clima y la flora

El clima también es una característica física. Las condiciones del tiempo de un lugar durante un largo período de tiempo se conocen como **clima**. El clima de un lugar depende de lo cerca que se encuentre del ecuador y de una gran masa de agua. El clima indica si las temperaturas son altas o bajas, y la cantidad de lluvia o nieve que cae. Estados Unidos es muy grande y, por eso, tiene muchos climas diferentes. Un estado grande como California también tiene más de un clima.

Las características físicas de la Tierra también pueden afectar el clima. La cordillera de la sierra Nevada de California es un buen ejemplo de cómo las montañas influyen en el clima. El área situada entre la sierra Nevada y el océano, al oeste de las montañas, recibe lluvia suficiente para que crezcan los cultivos, mientras que al este de las montañas, el aire es caliente y seco y llueve poco.

▶ Los árboles Joshua crecen entre las rocas en el área desértica del Parque Nacional Joshua Tree.

**Ubícalo**

CALIFORNIA

Parque Nacional Joshua Tree

La flora, o la vida vegetal, es otra característica física. Algunas plantas crecen bien en lugares cálidos y secos llamados **desiertos**. Otras plantas, como los árboles de los bosques, necesitan más lluvia o un clima más húmedo. El clima también influye en el crecimiento de las plantas durante cada estación del año. El período de crecimiento es mayor en los lugares que tienen inviernos cortos y cálidos.

**Repaso de la lectura** **Generalizar**
**¿Por qué no crecen en el desierto los árboles de los bosques?**

**Resumen** Puedes describir un lugar mencionando sus características físicas o geográficas.

▶ Los escaladores aprenden a confiar en sus compañeros en este curso de cuerdas en el Parque Nacional Joshua Tree.

# Repaso

1. ¿Cuáles son las características físicas de tu estado?

2. **Vocabulario** Usa la palabra de vocabulario **desierto** para describir el lugar en el que crece el árbol Joshua.

3. **Tu comunidad** ¿Cuáles son las características geográficas de tu comunidad?

**Razonamiento crítico**

4. **Aplícalo** ¿Qué tipos de plantas crecen en tu comunidad?

5. **DESTREZA DE ANÁLISIS** ¿De qué manera afectan al carácter de tu comunidad sus características físicas?

6. **Escribe una descripción** Elige una característica física de tu comunidad. Escribe un párrafo en el que identifiques y describas esa característica física.

7. **Destreza clave** **Comparar y contrastar** En una hoja de papel, copia y completa el organizador gráfico sobre las características físicas.

Tema 1
Tierras altas

Semejanzas

Tema 2
Tierras bajas

# Leer un mapa de accidentes geográficos

## ❱ Por qué es importante

Hay muchas clases de mapas, y cada uno de ellos se usa para un propósito distinto. Por ejemplo, para encontrar dónde vive un amigo, puedes usar un mapa de la ciudad. Si quieres conocer la geografía de un lugar, puedes usar un **mapa de accidentes geográficos**. Esta clase de mapa muestra las características físicas de un lugar, como montañas, colinas, llanuras, mesetas, lagos, ríos y océanos.

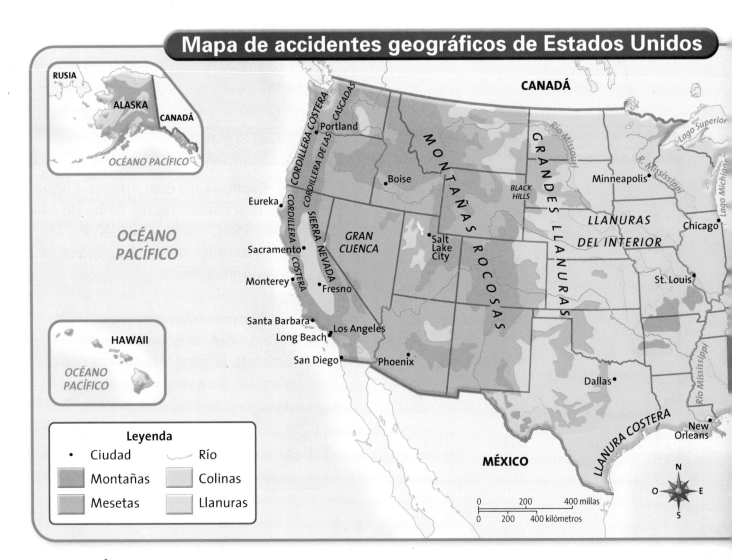

### Mapa de accidentes geográficos de Estados Unidos

## Lo que necesitas saber

En un mapa de accidentes geográficos se usan diferentes colores y diseños para mostrar las distintas características físicas. La leyenda o clave del mapa indica qué color, patrón o símbolo representa cada tipo de característica física.

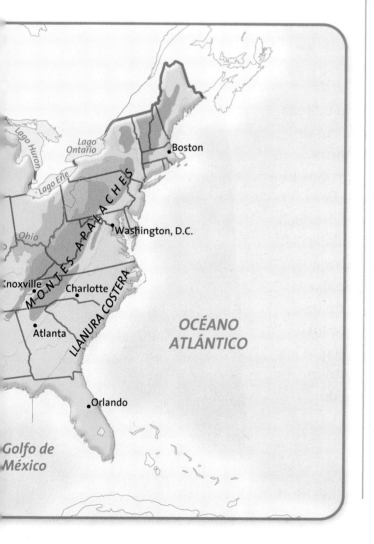

## Practica la destreza

Consulta el mapa y la leyenda del mapa que aparecen en estas páginas para responder a las siguientes preguntas.

**1** ¿Con qué masas de agua limitan las llanuras costeras?

**2** ¿Qué ciudad de California está a mayor altura: Monterey o Fresno?

**3** ¿Sobre qué accidente geográfico está construida la ciudad de Sacramento, California?

**4** ¿Qué masa de agua está cerca de Eureka, California?

## Aplica lo que aprendiste

**DESTREZA DE ANÁLISIS** **Aplícalo** Observa en el mapa los accidentes geográficos de California y de un estado que limite con él. Escribe un párrafo en el que describas los accidentes geográficos de California. En otro párrafo, compara los accidentes geográficos de California con los del estado fronterizo que hayas elegido.

 Practica tus destrezas con mapas y globos terráqueos con el **CD-ROM GeoSkills.**

Integridad

**Respeto**

Responsabilidad

Equidad

Bondad

Patriotismo

# Chiura Obata

"Escucha lo que la naturaleza intenta decirte dentro de su silencio, para que puedas aprender y crecer."*

## La importancia del carácter

❖ **¿De qué manera Chiura Obata mostró respeto por la belleza del mundo natural?**

Chiura Obata empezó a dibujar cuando tenía 5 años. Dibujaba árboles, montañas y todo lo que veía a su alrededor. Aprendió a amar y a respetar la naturaleza, y observaba la naturaleza con todos sus sentidos. Eso lo ayudó a ser un mejor artista.

Obata creció en Japón. Escuchó hablar de la belleza salvaje de la naturaleza de Estados Unidos y quiso conocerla. En 1903, con solo 17 años, Chiura Obata se embarcó hacia San Francisco.

A Obata, California le pareció un lugar salvaje y encantador. Caminaba por los acantilados de los océanos. Paseaba por los bosques y pintaba lo que veía. Le gustaba tanto lo que veía, que se quedó definitivamente.

**Chiura Obata en su juventud**

*Chiura Obata. *Nature Art*, de Michael Elsohn Ross. Carolrhoda, 2000.

**Obata enseña a pintar.**

Obata quería que el arte sirviera para unir a las personas. Por eso, ayudó a crear la asociación artística East West Art Association. A este grupo pertenecían artistas de Japón, China, Rusia y Estados Unidos.

En 1932, Obata comenzó a trabajar como maestro de arte en la Universidad de California en Berkeley. Él enseñaba a los estudiantes a usar piedras, conchas y otros elementos de la naturaleza para crear obras de arte.

Obata llevó grupos de estadounidenses de visita a Japón. Les enseñó sobre el arte, la cultura y el amor por la naturaleza de los japoneses. A los 80 años, Obata recibió la Orden del Sagrado Tesoro del emperador de Japón. El premio honraba a Obata por contribuir al entendimiento y a la paz entre Japón y Estados Unidos. Todavía hoy, las pinturas de Obata ayudan a las personas a aprender a respetar y entender la naturaleza y a los demás.

*Eagle Peak Trail* **o Sendero del Pico del Águila, pintado por Chiura Obata en 1930**

APRENDE
**en línea**

Visita MULTIMEDIA BIOGRAPHIES en **www.harcourtschool.com/hss** para hallar biografías multimedia.

**Biografía breve**

| 1885 | | | 1975 |
|------|---|---|------|
| Nace | | | Muere |

**1903** Se muda de Japón a California

**1932** Empieza a trabajar como profesor de arte en la Universidad de California en Berkeley

**1965** Recibe la Orden del Sagrado Tesoro del emperador de Japón

# Obras humanas

**Reflexiona**

¿Cómo cambian las personas el lugar en el que viven?

✓ Las comunidades se establecieron en lugares específicos.

✓ Las personas añaden obras humanas de muchas maneras diferentes.

**Vocabulario**
**obras humanas** pág. 26
**intercambiar** pág. 27
**transporte** pág. 29

**Comparar y contrastar**

**Normas de California**
HSS 3.1, 3.1.2

Cuando miras hacia afuera, ¿qué características de tu comunidad puedes ver? Quizás observes algunas características físicas, como una colina o un río. También puedes ver cosas fabricadas por las personas, como un puente o un edificio. Todas las cosas que las personas agregan a un paisaje se llaman **obras humanas**. Tu escuela, tu casa y la calle en la que vives son todas obras humanas.

Ubícalo

Vallejo

CALIFORNIA

# Dónde se construye

Cuando los primeros habitantes llegaron a California, establecieron comunidades en lugares que tenían agua dulce y suelo fértil. Intercambiaban productos con las personas que vivían en los alrededores. **Intercambiar** significa cambiar una cosa por otra. Con el tiempo, estas comunidades fueron creciendo. Para ver dónde están situadas las comunidades actuales de California, observa la fotografía de la derecha, tomada desde el espacio. Las luces muestran los lugares en los que se establecieron pueblos y ciudades. Puedes observar que muchas comunidades están cerca del océano.

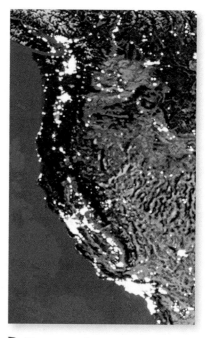

❱ En esta fotografía, tomada desde el espacio, se muestra California de noche.

> **Repaso de la lectura**  ❂ **Comparar y contrastar**
**¿En qué se diferencian los principales accidentes geográficos que se encuentran en las áreas claras de los que se encuentran en las áreas oscuras de la fotografía tomada desde el espacio?**

❱ Tres puentes para el tránsito de vehículos cruzan el estrecho Carquinez de Vallejo, California. En 2004, se abrieron nuevos carriles para peatones y bicicletas.

# Los edificios y las carreteras

Cuando las personas se mudan a un lugar, construyen edificios allí. Algunas personas quieren vivir cerca de un río o de un accidente geográfico en particular, por lo que deciden construir su hogar allí. Los pueblos nuevos empiezan con la construcción de viviendas para sus habitantes y de edificios donde puedan trabajar. Con el tiempo, algunas comunidades también construyen parques y otros lugares de diversión.

❱ *Urban Freeways* o **Autopistas urbanas es el nombre de una pintura de Wayne Thiebaud, un artista de California.**

Hoy en día, gran parte de California está atravesada por carreteras, puentes y vías de ferrocarril. Estos caminos que unen un lugar con otro hacen posible el **transporte**, el movimiento de personas, productos e ideas.

**Repaso de la lectura** **Generalizar**
**¿Por qué se construyeron carreteras, puentes y vías de ferrocarril en California?**

**Resumen** Las obras humanas son todas aquellas cosas que las personas agregan a un paisaje. Los edificios, las carreteras, los puentes y las vías de ferrocarril son ejemplos de obras humanas.

**Datos breves**

La calle Lombard, en San Francisco, es una calle muy empinada y llena de curvas. Los turistas viajan muchas millas para poder manejar por esta calle.

# Repaso

**1.** ¿Cómo cambian las personas el lugar en el que viven?

**2.** **Vocabulario** ¿Qué pistas puedes usar para recordar el significado del término **obras humanas**?

**3.** **Tu comunidad** Nombra algunas obras humanas de tu comunidad.

**Razonamiento crítico**

**4.** **Aplícalo** ¿Qué empleos están relacionados con las obras humanas de tu comunidad?

**5.** **DESTREZA DE ANÁLISIS** Explica por qué la construcción de una carretera puede contribuir a que tu comunidad crezca.

**6.** **Haz un mural** Elige una obra humana de tu comunidad. Dibújala en un mural para tu salón de clases.

**7.** **Destreza clave** **Comparar y contrastar** En una hoja de papel, copia y completa el organizador gráfico sobre las obras humanas.

Tema 1
Los puentes

Semejanzas
Obras humanas

Tema 2

# Las regiones de California

Los geógrafos que estudian la Tierra suelen dividir los países y los estados en regiones. Una **región** es un área con al menos una característica que la diferencia de otras áreas.

## Las regiones

Una manera de dividir Estados Unidos es en cinco regiones: el Noreste, el Sureste, el Medio Oeste, el Suroeste y el Oeste. Los estados de cada región pueden tener un clima parecido y otras características similares. California es un estado del Oeste.

**Regiones de Estados Unidos**

**DESTREZA DE ANÁLISIS** **Analizar mapas**
❖ **Regiones** ¿En qué región está ubicada California?

California también puede dividirse en cuatro regiones: la región costera, la región del valle Central, la región montañosa y la región desértica.

**Repaso de la lectura** ⏾**Comparar y contrastar**
**¿En qué se parecen los estados de cada región de Estados Unidos?**

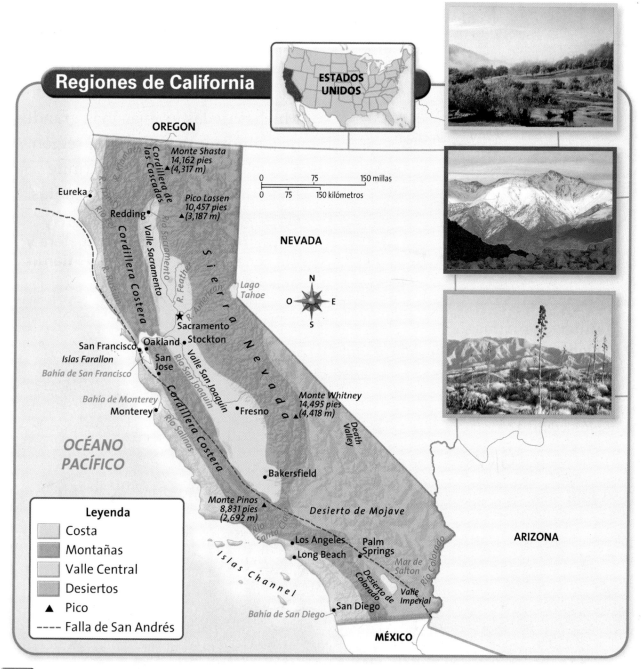

Regiones de California

ESTADOS UNIDOS

OREGON

Monte Shasta
14,162 pies
(4,317 m)

Pico Lassen
10,457 pies
(3,187 m)

Eureka
Redding

NEVADA

0    75    150 millas
0    75    150 kilómetros

Cordillera de las Cascadas
Cordillera Costera
Valle Sacramento
Sierra Nevada

Lago Tahoe

N
O    E
S

Sacramento
Oakland • Stockton
San Francisco
Islas Farallon
San Jose
Bahía de San Francisco

Valle San Joaquín

Bahía de Monterey
Monterey

Cordillera Costera

OCÉANO PACÍFICO

Monte Whitney
14,495 pies
(4,418 m)

Death Valley

Fresno

Bakersfield

Monte Pinos
8,831 pies
(2,692 m)

Desierto de Mojave

**Leyenda**
▢ Costa
▢ Montañas
▢ Valle Central
▢ Desiertos
▲ Pico
---- Falla de San Andrés

Islas Channel

Los Angeles
Long Beach
Palm Springs

Mar de Salton

Desierto de Colorado

Valle Imperial

San Diego
Bahía de San Diego

ARIZONA

MÉXICO

**DESTREZA DE ANÁLISIS** **Analizar mapas** La falla de San Andrés es un área donde se producen terremotos con frecuencia.

❖ **Regiones ¿En qué región de California comienza la falla de San Andrés y en cuál termina?**

## Las regiones costera y del valle Central

**Regiones costera y del valle Central**

Leyenda
- ▢ Costa
- ▢ Valle Central
- ---- Falla de San Andrés

OREGON

Eureka
Redding
R. Klamath
R. Sacramento
Valle Sacramento
Lago Tahoe
Sacramento ★
Stockton
San Francisco
San Jose
R. San Joaquín
Valle San Joaquín
NEVADA
Monterey
R. Salinas
Fresno
Ridgecrest
Bakersfield
Barstow
Needles
OCÉANO PACÍFICO
Los Angeles
Palm Springs
Islas Channel
Long Beach
Mar de Salton
ARIZONA
San Diego
MÉXICO

0    75    150 millas
0    75    150 kilómetros

La región costera de California limita con Oregon al norte y con México al sur. Al oeste se extiende el océano Pacífico.

La región del valle Central se encuentra en el centro del estado. Muchas de las granjas más grandes de California están en esta región. El suelo es muy fértil y permite cultivar muchas clases de plantas.

**Repaso de la lectura** **Categorizar y clasificar** ¿Las regiones costera y del valle Central están en las tierras bajas o en las tierras altas?

**DESTREZA DE ANÁLISIS** **Analizar mapas**

◈ **Regiones** ¿Dónde está ubicada la región del valle Central?

◗ **Región costera**

◗ **Región del valle Central**

# Las regiones montañosa y desértica

La región montañosa está formada por las cordilleras de California, entre las cuales están la Cordillera de las Cascadas, la sierra Nevada y la Cordillera Costera.

La región desértica incluye el Death Valley, que es el punto más bajo del hemisferio occidental. Otros desiertos de la región son el desierto de Sonora, el desierto de Mojave y el desierto de Colorado. Esta región también tiene algunas montañas y mesetas.

**Repaso de la lectura** ⏳**Comparar y contrastar** ¿En qué se parecen las regiones desértica y montañosa?

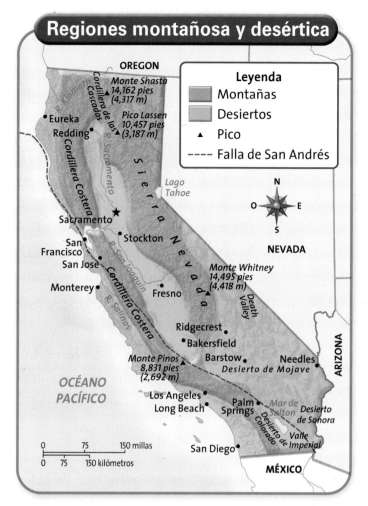

**Regiones montañosa y desértica**

| Leyenda | |
|---|---|
| | Montañas |
| | Desiertos |
| ▲ | Pico |
| - - - - | Falla de San Andrés |

OREGON

Monte Shasta 14,162 pies (4,317 m)

Pico Lassen 10,457 pies (3,187 m)

R. Klamath

Cordillera de las Cascadas

Cordillera Costera

R. Sacramento

Sierra Nevada

Eureka
Redding
Sacramento
San Francisco
San José
Monterey

Lago Tahoe

NEVADA

Stockton

R. San Joaquin

Cordillera Costera

R. Salinas

Fresno

Monte Whitney 14,495 pies (4,418 m)

Death Valley

Ridgecrest
Bakersfield

Monte Pinos 8,831 pies (2,692 m)

Barstow

Desierto de Mojave

Needles

ARIZONA

OCÉANO PACÍFICO

Los Angeles
Long Beach

Palm Springs

Mar de Salton

Desierto de Colorado

Valle Imperial

Desierto de Sonora

San Diego

MÉXICO

0   75   150 millas
0   75   150 kilómetros

**DESTREZA DE ANÁLISIS** **Analizar mapas**

❓ **Regiones** ¿En qué región de California está ubicada Palm Springs?

▶ **Región desértica**

▶ **Región montañosa**

# Las regiones y sus habitantes

Hoy en día, la mayor parte de la región costera tiene una gran **población**, o número de habitantes. Tiene más ciudades y habitantes que las otras regiones del estado. Las características físicas de la región (el tiempo, el océano y las playas) hacen que muchas personas se muden a sus áreas urbanas y suburbanas. Una ciudad es un área **urbana**. Las comunidades más pequeñas cercanas a las ciudades son áreas **suburbanas**. La mayoría de los habitantes de California viven en las áreas suburbanas que rodean Los Angeles, San Diego y San Francisco.

La siguiente región más poblada es la región del valle Central. La mayoría de las granjas de California y muchas de sus ciudades se encuentran en esta región.

▶ **En la foto de abajo se muestra una de las áreas suburbanas que rodean Los Angeles. La parte urbana de Los Angeles se puede ver en la fotografía más pequeña.**

Algunas áreas de la región del valle Central son rurales. Un área **rural** tiene campos, bosques, granjas y pueblos pequeños. Además, tiene menos habitantes que las áreas urbanas y suburbanas.

La región montañosa y la región desértica son las menos pobladas. Grandes áreas de estas regiones están completamente deshabitadas.

**Repaso de la lectura** ◯ **Comparar y contrastar**
**¿En qué se parecen las poblaciones de la región montañosa y de la región desértica?**

**Resumen** Los geógrafos dividen los lugares en regiones. California está dividida en cuatro regiones: la región costera, la región del valle Central, la región montañosa y la región desértica. Los habitantes de California viven en áreas urbanas, suburbanas y rurales.

▶ **Este campo de flores está en el área rural de Santa Paula, California.**

# Repaso

1. ¿Cuáles son las cuatro regiones de California?

2. **Vocabulario** ¿En qué se parecen y en qué se diferencian las palabras **urbano** y **suburbano**?

3. **Tu comunidad** ¿En qué región de California está tu comunidad?

**Razonamiento crítico**

4. **Aplícalo** ¿En qué área de California vives: urbana, suburbana o rural? ¿Cómo lo sabes?

5. **DESTREZA DE ANÁLISIS** ¿Por qué crees que se usa una característica física para nombrar cada región de California?

6. **Haz un mapa** Dibuja un mapa grande del contorno de California. Haz dibujos de las regiones del estado. Recorta los dibujos y pégalos en el mapa en las regiones correspondientes.

7. **Destreza clave** **Comparar y contrastar** En una hoja de papel, copia y completa el organizador gráfico sobre las regiones de California.

| Tema 1 | | Tema 2 |
|---|---|---|
| Costera y valle Central | Semejanzas | Montañosa y desértica |

# Usar la cuadrícula de un mapa

## ❭ Por qué es importante

Para encontrar la **ubicación exacta** de un lugar, puedes usar un mapa que tenga una **cuadrícula**. Una cuadrícula es un grupo de líneas que se cruzan para formar cuadrados. Saber usar una cuadrícula hace más fácil y rápido encontrar un lugar en un mapa. Por ejemplo, una cuadrícula sirve para encontrar la ubicación exacta de una calle o de un parque en el plano de una ciudad.

## ❭ Lo que necesitas saber

Observa la cuadrícula de esta página. Mira los rótulos de las filas, es decir, las letras situadas a los lados de la cuadrícula. Ahora busca los rótulos de las columnas, que son los números de la parte superior e inferior de la cuadrícula.

Coloca un dedo sobre el cuadrado morado. Ahora, desliza el dedo hacia la izquierda de la cuadrícula. Verás que el cuadrado morado está ubicado en la fila C. Vuelve al cuadrado morado. Desliza el dedo hacia la parte superior de la cuadrícula. El cuadrado morado está en la columna 3. Para describir la ubicación exacta del cuadrado morado, dirías que se encuentra en C-3.

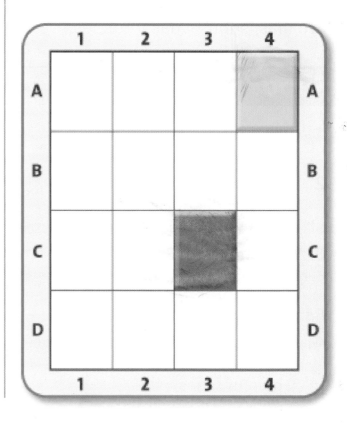

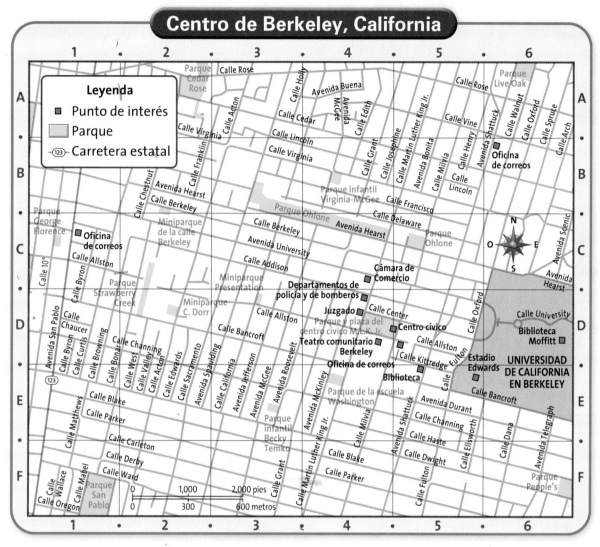

## Centro de Berkeley, California

**Leyenda**
- ■ Punto de interés
- ▢ Parque
- ⊸123⊸ Carretera estatal

## ▶ Practica la destreza

Observa el mapa anterior. Consulta el mapa y la cuadrícula para responder a las siguientes preguntas. Escribe una letra y un número cuando se te pida una ubicación.

❶ ¿Dónde está el parque Live Oak?

❷ ¿Qué punto de interés puedes ver en el cuadrado D-6?

❸ ¿Dónde está el teatro comunitario Berkeley?

## ▶ Aplica lo que aprendiste

**DESTREZA DE ANÁLISIS** **Aplícalo** Dibuja un mapa de un lugar que conoces, como tu vecindario, tu escuela o tu salón de clases. Agrégale una cuadrícula y señala algunos lugares en el mapa. Luego, comparte tu mapa con un compañero de clase.

Practica tus destrezas con mapas y globos terráqueos con el **CD-ROM GeoSkills.**

# La lectura en los Estudios Sociales

**Comparar** es pensar en qué se parecen dos o más cosas.
**Contrastar** es pensar en qué se diferencian dos o más cosas.

## Comparar y contrastar

Copia y completa este organizador gráfico para comparar y contrastar dos regiones de California. En la página 11 del cuaderno de Tarea y práctica encontrarás una copia de un organizador gráfico.

### Geografía física y humana

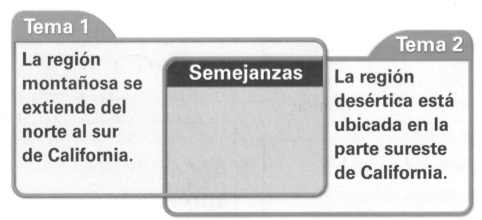

**Tema 1**
La región montañosa se extiende del norte al sur de California.

**Semejanzas**

**Tema 2**
La región desértica está ubicada en la parte sureste de California.

 ## Pautas de redacción de California

**Escribe una postal** Imagina que eres un turista en California. Escribe una postal para un amigo sobre un lugar especial. Describe sus características físicas, como la tierra, el agua, el clima y la flora.

**Escribe una entrada de un diario** Elige uno de los accidentes geográficos de California sobre los que leíste en este capítulo. Escribe sobre una aventura que podrías haber tenido mientras explorabas ese accidente geográfico.

## Usa el vocabulario

**Escribe la palabra correcta de la lista para completar cada oración.**

ubicación, pág. 11

**región**, pág. 30

**frontera**, pág. 11

**población**, pág. 34

**meseta**, pág. 17

1. Un accidente geográfico con laderas empinadas y una parte superior plana se llama ____.

2. Un área con al menos una característica que la diferencia de otras áreas es una ____.

3. Si encuentras dónde se halla un lugar en la Tierra, encuentras su ____.

4. El número de habitantes que viven en un lugar es su ____.

5. La línea que indica dónde termina un estado o una nación se llama ____.

## Recuerda los datos

**Responde a las siguientes preguntas.**

7. ¿Con qué país limita California?

8. ¿Cuál es el punto más bajo del hemisferio occidental?

**Escribe la letra de la mejor opción.**

9. ¿Qué región de California es conocida por sus grandes granjas?
   A la región del valle Central
   B la región costera
   C la región montañosa
   D la región desértica

10. ¿Cuál de las siguientes opciones esperarías encontrar en un área rural?
   A un rascacielos
   B una ciudad
   C un pueblo pequeño
   D un pueblo grande

## Aplica las destrezas

**Leer un mapa de accidentes geográficos** Usa el mapa de accidentes geográficos de las páginas 22 y 23 para responder a la pregunta.

6. **DESTREZA DE ANÁLISIS** ¿Qué accidentes geográficos se encuentran a lo largo de la frontera este de California?

## Piensa críticamente

11. **DESTREZA DE ANÁLISIS** ¿Por qué crees que tu comunidad se estableció en el lugar en el que se encuentra? ¿Tiene todavía la ubicación las mismas ventajas que antes?

# ANTICIPAR Y PREGUNTAR

Anticipar el contenido de la lección para identificar las ideas principales y hacerte preguntas sobre esas ideas puede ayudarte a encontrar la información importante.

> **Para anticipar el contenido de un pasaje, lee el título de la lección y los títulos de las secciones. Intenta hacerte una idea del tema principal. Piensa en las preguntas que tienes sobre ese tema.**

> **Lee la lección para encontrar las respuestas a tus preguntas. Luego recítalas, o dilas en voz alta. Para terminar, repasa lo que leíste.**

## Las personas y su ambiente

| Anticipar | Preguntas | Leer | Recitar | Repasar |
|-----------|-----------|------|---------|---------|
| Lección 1 California tiene muchos recursos naturales. | ¿Cómo usan los recursos naturales los habitantes de California? | ✓ | ✓ | ✓ |
| Lección 2 | | | | |

## Aplica la destreza mientras lees

En una tabla, identifica el tema sobre el que vas a leer. Luego, escribe preguntas sobre él. Lee, recita y repasa la información hasta estar seguro de que la entendiste.

**Normas de Historia y Ciencias Sociales de California, Grado 3**

3.1 Los estudiantes describen la geografía humana y física, y usan mapas, gráficas, fotografías y tablas para organizar la información sobre personas, lugares y ambientes en un contexto espacial.

# Las personas y su ambiente

⟩ **Un canal de Venice, California**

# JOHN MUIR

## El naturalista de Estados Unidos

### POR THOMAS LOCKER

Esta es la historia del naturalista John Muir. Nació en Escocia en 1838. Cuando tenía once años, su familia viajó a Estados Unidos y se estableció en una zona silvestre de Wisconsin. Desde muy pequeño, John se interesó en conservar la naturaleza. Una vez dijo: "Todo lo que alumbra el sol es hermoso, siempre y cuando sea silvestre". Después de sufrir un accidente en la fábrica en la que trabajaba, comenzó a viajar por el mundo. En su diario tomaba notas sobre las plantas y los animales que encontraba en su camino.

Los viajes de John lo llevaron a California, donde consiguió trabajo como pastor de ovejas en las altas praderas cerca del valle Yosemite. Al llegar a Yosemite con sus ovejas, John observó "el inolvidable horizonte de cúpulas y chapiteles esculpidos". Su belleza lo dejó sin aliento.

El efecto que Yosemite tuvo en John Muir fue tan grande que decidió mudarse al valle. Durante años, hizo trabajos ocasionales que le dejaban mucho tiempo libre para caminar y explorar. John subió a las montañas en busca de glaciares y entró en bosques de árboles antiguos y gigantescos. Yosemite se convirtió en su hogar.

En los bosques de árboles antiguos, John estudió las costumbres de los animales: los osos, los ciervos, las ardillas y hasta las diminutas hormigas. John llamó a los altísimos árboles las "personas árbol", identificó las distintas clases de pinos y abetos, e hizo dibujos de las enormes y antiguas secuoyas. Algunas de ellas tenían miles de años.

Cuando John sintió que ya era el momento de formar una familia, se casó y tuvo dos hijas. John tenía una granja en el valle, pero regresaba continuamente a su amado Yosemite. Cuando comenzaron a acercarse personas interesadas en explotar la madera y la ganadería, John se preocupó mucho. Entonces, por insistencia de sus amigos, empezó a escribir para defender la conservación de esta zona silvestre.

John Muir habló con los legisladores de California y de Washington, D.C., escribió libros y artículos, ganó muchas batallas y perdió otras. Aun así, tuvo tiempo para explorar los glaciares de Alaska y otras zonas silvestres del mundo.

Los años que John Muir pasó recorriendo las zonas silvestres le enseñaron a mirar la Naturaleza de una manera más profunda. Desde el copo de nieve más pequeño hasta la estrella más lejana, todo formaba parte de la Naturaleza, y el hombre no era su amo. Gracias al talento de John Muir, hoy miramos la Naturaleza con otros ojos.

## Responde

1. ¿Por qué empezó John Muir a escribir sobre las zonas silvestres?

2. ¿Qué quiso decir John Muir cuando dijo "Todo lo que alumbra el sol es hermoso, siempre y cuando sea silvestre"?

# Muchos recursos naturales

**Reflexiona**
¿Qué recursos naturales ofrece la Tierra?

✓ Los recursos naturales se encuentran en la tierra.

✓ Los recursos naturales se encuentran en el interior de la Tierra.

✓ El agua es un recurso natural muy importante.

**Vocabulario**
**recurso natural** pág. 46
**agricultura** pág. 47
**mineral** pág. 48
**combustible** pág. 49
**acueducto** pág. 50
**canal** pág. 50
**irrigación** pág. 51

**Comparar y contrastar**

**Normas de California**
HSS 3.1, 3.1.2

El naturalista John Muir escribió: "Tan extraordinaria es la naturaleza con sus exquisitos tesoros..."*. Los tesoros a los que Muir se refería son los recursos naturales de la Tierra. Un **recurso natural** es una parte de la naturaleza que las personas pueden usar, como los árboles, el agua, los animales y el suelo. Muchos de esos "exquisitos tesoros" de la Tierra se encuentran en California.

*John Muir, *Nature Writings: The Story of My Boyhood and Youth.* Penguin Books,1997.

◗ **Árboles talados cerca de Redding, California**

▶ La tierra es un recurso muy importante que se usa para cultivar alcachofas en este campo de Castroville, California.

▶ Casi todas las alcachofas que se venden en Estados Unidos se cultivan en California.

# En la tierra

Los bosques cubren una gran parte del territorio de California. La secuoya, el árbol del estado, crece a lo largo de la costa norte de California. Los árboles, que son un recurso natural, se usan para construir casas, para fabricar muebles y papel, y como combustible para la calefacción.

Otro recurso natural que es un tesoro de California es el terreno mismo. El suelo del valle Central y de otros valles es muy rico. La riqueza del suelo hace que estas áreas sean buenas para la agricultura. La **agricultura** es el cultivo del suelo para obtener cosechas. Algunos cultivos que crecen bien en California son las almendras, las lechugas, las naranjas, las alcachofas, los tomates, las nueces, los duraznos, las uvas y el algodón. La cría y venta de animales también es importante. En California se crían pavos, ovejas, vacas lecheras y ganado vacuno.

**Repaso de la lectura** ○ Comparar y contrastar
**¿En qué se parecen los árboles y la tierra?**

# El interior de la Tierra

En el siglo XIX, California se hizo famosa por el descubrimiento de oro. Miles de personas llegaron a California con la intención de buscar oro y hacerse ricos.

El oro es un **mineral**, es decir, un tipo de recurso natural que se encuentra en el interior de la Tierra. Todavía hay oro en California, y también muchos otros minerales, entre ellos hierro, cobre, sal, plata, talco, boro y tungsteno. Las personas le ponen sal a algunas comidas para darles mejor sabor. El oro y la plata se usan para hacer joyas. El boro sirve para fabricar jabón, medicamentos y productos de limpieza. El tungsteno se usa en lámparas eléctricas y en televisores.

⟩ **Estas trabajadoras usan oro para fabricar auriculares.**

## Los niños en la historia

### Los niños de la fiebre del oro

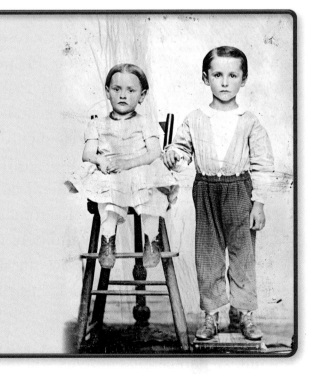

Los niños que crecieron en California durante la fiebre del oro trabajaban mucho. Recogían leña para el fuego, cuidaban los animales de la familia, ayudaban a sus padres a buscar oro y lavaban los platos o servían la comida a los mineros en los restaurantes familiares. También ayudaban a sus familias a ganar dinero pasando clavitos húmedos entre las grietas de las tablas del piso para levantar cualquier polvillo de oro que se les hubiera caído a los mineros. Sin embargo, había muy pocos niños en los pueblos en los que se buscaba oro, porque la mayoría de los mineros dejaban atrás a su familia.

En California también se extraen combustibles. El **combustible** es un recurso natural que se quema para generar calor o electricidad. Las personas y los comercios compran combustibles.

Entre los combustibles que hay en California están el petróleo y el gas natural. Estos combustibles provienen del interior de la Tierra. Para extraer el petróleo se hacen pozos profundos. Los pozos de petróleo y de gas natural se encuentran en el valle Central y en gran parte de la costa de California. También hay petróleo bajo las aguas del océano Pacífico, cerca de la costa. Se usan máquinas especiales para taladrar el suelo bajo el agua en busca de petróleo.

**Repaso de la lectura** ⚙ **Comparar y contrastar**
**¿En qué se diferencia el uso del oro y el uso del boro?**

▶ Algunas plataformas petrolíferas, como las que se ven en la foto, cercanas a la costa de California, son más altas que los rascacielos de una ciudad.

# La importancia del agua

El agua es uno de los recursos naturales más importantes de California. Como muchos otros recursos naturales, el agua no se encuentra en la misma cantidad en todas partes del estado. Las áreas montañosas tienen mucha agua de lluvia y de la nieve que se derrite. Sin embargo, los desiertos y los valles del sur de California son, en su mayor parte, secos.

Como la mayoría de los habitantes y de las granjas de California se encuentran en los valles secos del sur, es necesario llevar agua hasta allí desde otras partes del estado. El agua se transporta de un lugar a otro por medio de muchos canales y grandes tuberías llamadas **acueductos**. Un **canal** es una vía de agua excavada en la tierra.

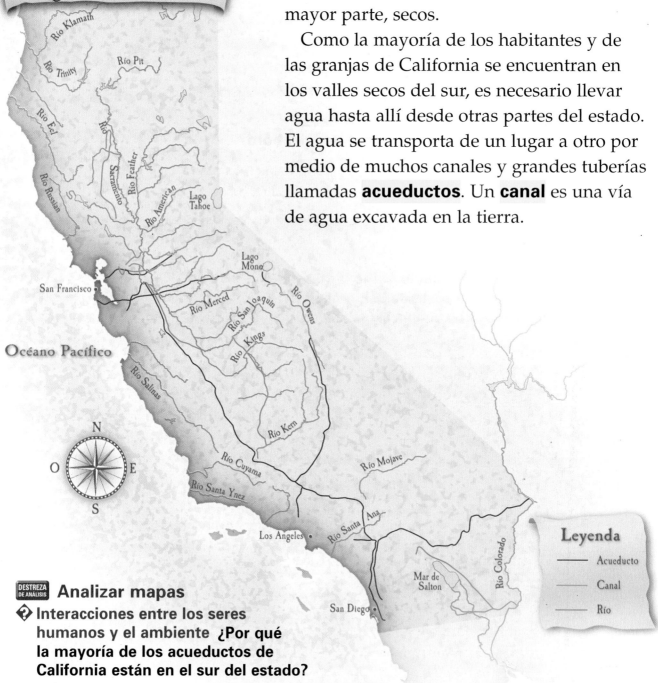

El agua en California

Río Klamath
Río Pit
Río Trinity
Río Eel
Río Russian
Sacramento
Río Feather
Río American
Lago Tahoe
Lago Mono
San Francisco
Océano Pacífico
Río Merced
Río San Joaquín
Río Owens
Río Kings
Río Salinas
Río Kern
Río Cuyama
Río Mojave
Río Santa Ynez
Río Santa Ana
Los Ángeles
Río Colorado
Mar de Salton
San Diego

N
O    E
S

**Leyenda**
— Acueducto
— Canal
— Río

**DESTREZA DE ANÁLISIS** **Analizar mapas**
◆ **Interacciones entre los seres humanos y el ambiente ¿Por qué la mayoría de los acueductos de California están en el sur del estado?**

Por ejemplo, hay acueductos que llevan el agua del río Colorado a las granjas y a las ciudades del sur de California. Los acueductos y los canales son medios de **irrigación**, es decir, sirven para llevar agua hacia las áreas secas.

Parte del agua dulce de California proviene de sus lagos. También hay agua dulce bajo tierra. El agua de manantial llega a la superficie de la Tierra a través de aberturas naturales. Las personas también cavan pozos para sacar agua subterránea.

**Repaso de la lectura** 🔴 **Comparar y contrastar**
**¿Qué partes de California tienen mucha agua? ¿Qué partes son principalmente secas?**

▶ El agua que se ve entre las plantas proviene de manantiales que fluyen hacia Hot Springs Creek, en el Parque Nacional Lassen Volcanic.

**Resumen** California tiene muchos recursos naturales, como árboles, suelo, minerales, combustibles y agua.

# Repaso

1. ¿Qué recursos naturales ofrece la Tierra?

2. **Vocabulario** ¿Qué **minerales** se encuentran en California?

3. **Tu comunidad** ¿Qué se cultiva en las granjas cercanas a tu comunidad?

**Razonamiento crítico**

4. **Aplícalo** ¿De qué manera los habitantes de tu comunidad han cambiado la tierra?

5. **DESTREZA DE ANÁLISIS** ¿Qué recursos naturales son necesarios cerca de los lugares donde viven personas? ¿Por qué?

6. ✏️ **Haz una red** Haz una red de palabras con el término *Recursos naturales* en el centro. Escribe los nombres de los recursos que tiene tu comunidad. Haz un dibujo de cada recurso y rotúlalo.

7. ⭐ **Destreza clave** **Comparar y contrastar** En una hoja de papel, copia y completa el siguiente organizador gráfico.

Tema 1 — En la tierra

Semejanzas — Recursos naturales

Tema 2

# Leer un pictograma

## ❱ Por qué es importante

Cuando necesitas comparar conjuntos de números, una gráfica puede facilitarte el trabajo. Las gráficas son dibujos que comparan cantidades de cosas.

## ❱ Lo que necesitas saber

Hay distintas clases de gráficas. En un **pictograma** se usan dibujos como símbolos para representar las cantidades. Los pictogramas tienen un título y una leyenda que explica lo que representan los dibujos.

Por ejemplo, en el pictograma de la página 53, un balde representa 5 galones de agua. Para lavar los platos a mano se usan 5 galones por dos (es decir, 10 galones) de agua.

## ❱ Practica la destreza

Consulta el pictograma para responder a las siguientes preguntas.

**1** ¿Qué muestra la gráfica?

**2** ¿Cuántos galones de agua usas para cepillarte los dientes?

**3** ¿Qué consume menos agua: lavar los platos en el fregadero o en el lavaplatos?

**4** ¿Qué actividad consume la mayor cantidad de agua?

## ❱ Aplica lo que aprendiste

**DESTREZA DE ANÁLISIS** **Aplícalo** Investiga sobre otros recursos naturales dentro o cerca de tu comunidad. Luego, haz un pictograma en el que muestres la información. Muéstrale tu pictograma terminado a un familiar o compañero de clase.

# Pictograma del uso de agua

| ACTIVIDAD | CANTIDAD DE GALONES USADOS |
|---|---|
| Cepillarse los dientes | 🪣 |
| Bañarse | 🪣🪣🪣🪣🪣🪣🪣🪣 |
| Ducharse | 🪣🪣🪣🪣🪣🪣🪣🪣🪣🪣 |
| Lavar los platos en el lavaplatos | 🪣🪣🪣 |
| Lavar los platos a mano | 🪣🪣 |
| Lavar el automóvil | 🪣🪣🪣🪣🪣🪣🪣🪣🪣🪣 |
| Bañar al perro | 🪣🪣🪣🪣🪣🪣🪣🪣🪣🪣🪣🪣 |
| Lavarse las manos | 🪣 |

🪣 = 5 galones de agua

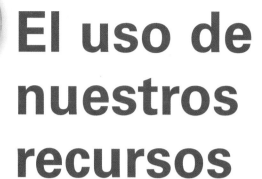
# El uso de nuestros recursos

## Reflexiona
¿De qué manera usan las personas los recursos naturales de su área cada día?

✔ Las comunidades se establecen cerca de los recursos.

✔ Los habitantes de California usan sus recursos de muchas maneras.

## Vocabulario
**bahía** pág. 55
**energía** pág. 58

**Comparar y contrastar**

**Normas de California**
HSS 3.1, 3.1.2

Las personas que visitan California encuentran un estado hermoso y rico en recursos naturales. Las personas usan los recursos naturales para satisfacer sus necesidades. Las comunidades a menudo se establecen cerca de ciertos recursos naturales.

▶ **Morro Bay y otras ciudades portuarias son buenos lugares para hacer compras, pescar y disfrutar de la naturaleza.**

Ubícalo

CALIFORNIA

Morro Bay

# Comunidades cerca del agua

Muchas personas eligen vivir en la costa de California, en comunidades como Morro Bay, que está situada en una bahía. Una **bahía** es una masa de agua que forma parte de un mar o de un océano y que está parcialmente rodeada de tierra. Todas las mañanas, los barcos pesqueros salen a las aguas del océano Pacífico y vuelven con caballa, atún, cangrejos y otros mariscos. Los turistas también vienen a Morro Bay a disfrutar de sus aguas. Vienen a bucear y hacer surf, y a observar las ballenas o las aves.

> Estos trabajadores de Morro Bay descargan los camarones que pescaron durante el día.

**Repaso de la lectura** ☼ **Comparar y contrastar**
¿Por qué crees que algunas personas prefieren vivir cerca de Morro Bay en lugar de en una comunidad del interior?

# Comunidades cerca de los recursos

Algunas comunidades se establecieron alrededor de masas de agua. Otras se desarrollaron gracias a otros recursos naturales.

Los primeros pueblos madereros, como Eureka, se establecieron cerca de los bosques. La tala de madera sigue siendo importante cerca de la sierra Nevada y en el noroeste de California. Los abetos Douglas y los pinos Ponderosa se cortan en tablones que se venden para usar en la construcción.

❶ Los trabajadores recogen la cosecha de tomates en los campos de Fresno.

❷ Los tomates recién cosechados se envían en camiones para procesarlos.

También se desarrollaron comunidades cerca de las buenas tierras de cultivo. Ciudades como Fresno son importantes para los agricultores. Algunos de los alimentos que se cultivan en las granjas cercanas se procesan (es decir, se secan, congelan o enlatan) en Fresno.

Otros pueblos se desarrollaron gracias a los minerales que se encontraron en sus alrededores. Sacramento se creó poco después de que se encontrara oro en la región. Miles de personas vinieron a buscar oro o a abrir comercios. El pueblo llegó a tener 10,000 habitantes en apenas siete meses.

Otro pueblo que se desarrolló gracias a un mineral es Brea. En 1898, se empezaron a hacer perforaciones para buscar petróleo cerca de Brea. Muchas personas se mudaron a esa región para trabajar en los campos petrolíferos y, muy pronto, nació un pueblo en aquel lugar.

**Repaso de la lectura** ☼ **Comparar y contrastar**
**¿Cerca de qué recursos naturales se establecieron Eureka y Fresno?**

**3** Los tomates se lavan en una planta procesadora.

**4** Una máquina le coloca una etiqueta a cada tomate.

# Los californianos usan los recursos

Los californianos han encontrado nuevas formas de usar sus recursos. Por ejemplo, han aprendido a usar la energía eólica, es decir, la potencia del viento, así como de recursos naturales como el petróleo y el gas. La **energía** es la fuerza que genera electricidad. Nos da luz y hace funcionar ciertos motores.

La potencia del viento se convierte en energía por medio de miles de modernos molinos llamados turbinas eólicas, o de viento. La mayoría de las turbinas eólicas de California están en Altamont Pass, cerca de San Francisco, y en Tehachapi Pass y San Gorgonio Pass, cerca de Palm Springs.

❯ A comienzos de la década de 1980, California se convirtió en el primer estado en construir grandes parques eólicos con turbinas de viento.

Los californianos también usan la energía solar como fuente de energía eléctrica. Algunas personas tienen paneles solares en el tejado. La energía solar, o energía del sol, calienta la casa o el agua para bañarse y para limpiar.

**Repaso de la lectura** **Idea principal y detalles** ¿Cómo usan los californianos la energía solar para obtener energía eléctrica?

**Resumen** En California, muchas comunidades se desarrollaron cerca de los recursos. Los californianos encuentran continuamente nuevas formas de usar los recursos naturales.

▶ Los paneles solares proporcionan energía a algunos de los faroles y semáforos de las calles de California.

# Repaso

1. ¿De qué manera usan las personas los recursos naturales de su área cada día?

2. **Vocabulario** ¿Cómo obtienen **energía** los habitantes de California?

3. **Tu comunidad** ¿Qué recursos naturales importantes hay dentro o cerca de tu comunidad?

**Razonamiento crítico**

4. **Aplícalo** ¿Qué recursos de tu comunidad ayudan a crear puestos de trabajo?

5. **DESTREZA DE ANÁLISIS** ¿Por qué crees que es importante encontrar nuevas formas de obtener energía?

6. **Escribe un párrafo** Escribe un párrafo sobre los recursos de agua dentro o cerca de tu comunidad. Explica de qué manera usas el agua en tu vida diaria.

7. **Destreza clave** **Comparar y contrastar** En una hoja de papel, copia y completa el siguiente organizador gráfico.

Tema 1 — Petróleo Gas | Semejanzas | Tema 2 — Viento Sol

# Leer un mapa de recursos

## ❯ Por qué es importante

¿Dónde están los bosques, el petróleo, el agua y otros recursos naturales de California? ¿Dónde están las granjas del estado? Puedes encontrar las respuestas a estas preguntas consultando un mapa que muestre la ubicación y el uso de estos recursos.

## ❯ Lo que necesitas saber

En un **mapa de recursos**, los símbolos señalan dónde se encuentran los distintos recursos naturales. Los colores indican el uso de la tierra, o cómo se usa la mayor parte de la tierra de un área. En un mapa de recursos y de uso de la tierra no aparecen todos los bosques o áreas agrícolas, sino solo los más importantes.

La leyenda del mapa indica el color que representa cada uso de la tierra, y el símbolo que representa cada recurso.

## ❯ Practica la destreza

Consulta el mapa y la leyenda del mapa de la página siguiente para responder a las siguientes preguntas.

**1** ¿Qué color muestra la ubicación de la mayoría de los bosques de California?

**2** ¿A lo largo de qué río hay petróleo y gas natural?

**3** ¿Qué color representa la tierra donde pasta el ganado?

**4** ¿Dónde se encuentra la mayor parte de la tierra poco aprovechada del estado?

## ❯ Aplica lo que aprendiste

**DESTREZA DE ANÁLISIS** **Aplícalo** Haz un mapa de recursos de la zona en la que vives. Investiga cómo se usa la tierra y qué recursos naturales hay cerca. Consulta fuentes de referencia para encontrar la información que necesitas. Escribe una leyenda del mapa para explicar los colores y los símbolos que uses en tu mapa.

Practica tus destrezas con mapas y globos terráqueos con el **CD-ROM GeoSkills.**

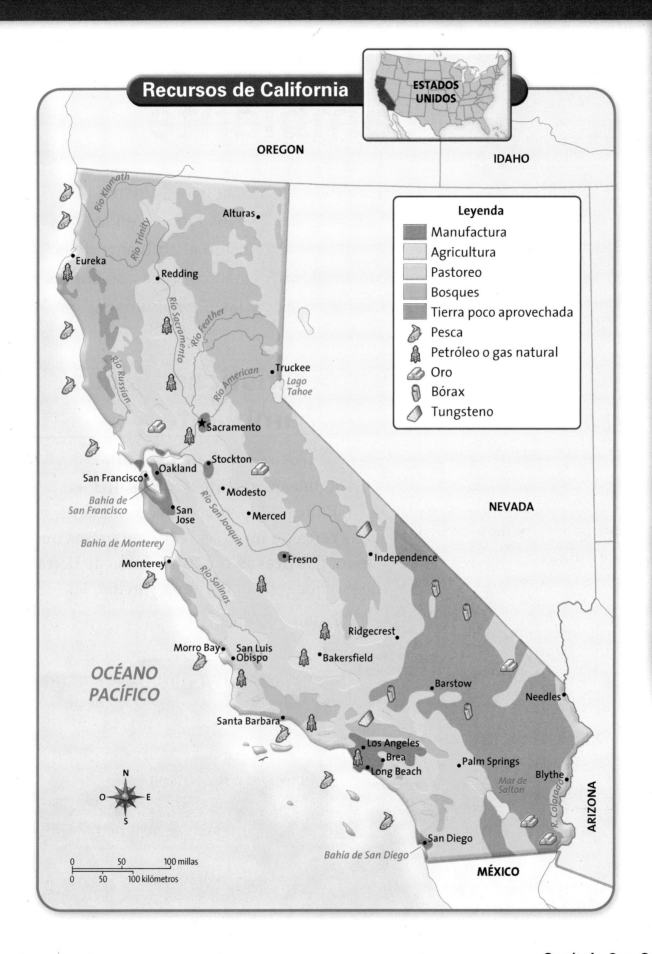

# Recursos de California

ESTADOS UNIDOS

OREGON

IDAHO

NEVADA

ARIZONA

MÉXICO

**Leyenda**

- Manufactura
- Agricultura
- Pastoreo
- Bosques
- Tierra poco aprovechada
- Pesca
- Petróleo o gas natural
- Oro
- Bórax
- Tungsteno

Río Klamath
Río Trinity
Río Sacramento
Río Feather
Río American
Río Russian
Río San Joaquín
Río Salinas
R. Colorado

Alturas
Eureka
Redding
Truckee
Lago Tahoe
Sacramento
Stockton
Oakland
San Francisco
Bahía de San Francisco
San Jose
Bahía de Monterey
Modesto
Merced
Monterey
Fresno
Independence
Ridgecrest
Morro Bay
San Luis Obispo
Bakersfield
Barstow
Needles
Santa Barbara
Los Angeles
Brea
Long Beach
Palm Springs
Blythe
Mar de Salton
San Diego
Bahía de San Diego

OCÉANO PACÍFICO

N
O    E
S

0    50    100 millas
0    50    100 kilómetros

# Un ambiente cambiante

### Reflexiona

¿De qué manera las personas han cambiado el ambiente físico?

✓ Una presa cambia el ambiente.

✓ Los puentes cambian la vida de las personas que viven cerca.

✓ Las personas se adaptan a un ambiente cambiante.

### Vocabulario

**ambiente** pág. 62
**presa** pág. 62
**embalse** pág. 63
**adaptarse** pág. 66
**desastre** pág. 66

**Destreza clave** Comparar y contrastar

Normas de California
HSS 3.1, 3.1.2

Las personas cambian constantemente las características físicas de los lugares en los que viven. Esos cambios afectan el ambiente de la zona. Los **ambientes** están compuestos por las características físicas y las obras humanas de un lugar.

## Características físicas cambiantes

Las personas han encontrado formas de cambiar, o modificar, las características físicas de la Tierra. Por ejemplo, muchas comunidades establecidas cerca de un río construyen presas que lo atraviesan. Las **presas** son estructuras de tierra o de concreto que retienen el agua y evitan las inundaciones.

**Ubícalo**
CALIFORNIA
Presa de Oroville

**Hoy en día**

En 1957, se empezó a construir una presa sobre el río Feather, en el norte de California. Se terminó en 1968, y es la presa de tierra más alta de Estados Unidos. Sus constructores la llamaron presa de Oroville, porque se encuentra cerca de la ciudad de Oroville.

La presa de Oroville cambió el ambiente en el centro y sur de California. Llevó la electricidad a muchos pueblos y granjas de la región. También formó un **embalse**, es decir, un lago que se usa para acumular y almacenar agua. Una parte del río Feather se transformó en un gran lago llamado lago Oroville. Hoy en día, el lago Oroville es un lugar muy popular para pasear en bote, pescar, nadar y practicar esquí acuático. Las personas también hacen caminatas a lo largo de su orilla de 167 millas.

**Repaso de la lectura** ☼**Comparar y contrastar**
**¿En qué cambió California después de que se construyó la presa de Oroville?**

▶ La presa de Oroville tiene 770 pies de alto y 7,600 pies de largo.

▶ La presa de Oroville (arriba) en construcción

# La construcción de un puente

▶ **Los trabajadores sujetan cables a las dos torres del puente.**

▶ **Los visitantes caminan por el puente el día de la inauguración.**

El estrecho de Golden Gate es un corto canal navegable situado entre el océano Pacífico y la bahía de San Francisco. Durante muchos años se quiso construir un puente que cruzara el estrecho y comunicara la ciudad de San Francisco con las tierras situadas al norte, al otro lado del estrecho.

La construcción de un puente sobre el estrecho comenzó el 5 de enero de 1933. El puente, llamado Golden Gate Bridge, se inauguró finalmente el 27 de mayo de 1937. Aquel primer día, las personas pudieron caminar por la carretera misma.

El día siguiente a la inauguración del puente, se permitió el paso de automóviles y camiones. Desde entonces, más de 1.5 millardos de automóviles y camiones han cruzado el puente Golden Gate.

▶ **El puente Golden Gate hoy**

Por supuesto, esa cantidad de automóviles significaba que se tenían que construir más y mejores carreteras. Además, con tantos vehículos, el aire se contaminaba más. El ambiente estaba cambiando.

Gracias al puente, hoy las personas pueden trabajar en San Francisco y vivir fuera de la ciudad. Pueden manejar hasta su trabajo desde los suburbios del norte. En los suburbios todavía se construyen casas, tiendas y escuelas. El ambiente sigue cambiando.

**Repaso de la lectura** **Causa y efecto**
**¿Qué efecto tuvo en San Francisco la construcción del puente Golden Gate?**

# Adaptarse a un ambiente cambiante

Las personas se **adaptan**, o cambian, cuando su ambiente cambia. Algunos sucesos, como los terremotos, las inundaciones, las tormentas fuertes o los incendios forestales, pueden cambiar un área en solo unos días. Sucesos como estos se llaman desastres naturales. Un **desastre** es un suceso que causa grandes daños. En 1906, un fuerte terremoto azotó San Francisco. Después del terremoto, los habitantes de California comenzaron a cambiar sus construcciones, y empezaron a usar materiales más resistentes y que pudieran doblarse sin romperse.

Hoy en día, hay leyes que exigen que los nuevos edificios sean resistentes. Las comunidades también enseñan a sus habitantes cómo ponerse a salvo si se produce un terremoto.

▶ El edificio Transamerica de San Francisco se diseñó especialmente para resistir los terremotos.

▶ El terremoto de 1906 causó graves daños en gran parte de San Francisco.

Algunas personas viven en lugares en los que hay tormentas de nieve, inundaciones y deslizamientos de tierras. En esas comunidades hay equipos para retirar la nieve y el barro. Otras personas viven en lugares en los que hay incendios forestales. Para proteger su hogar, las personas cortan la maleza seca que lo rodea.

**Repaso de la lectura** **Comparar y contrastar ¿Qué ha cambiado en California desde el terremoto de 1906?**

**Resumen** El ambiente de California continúa cambiando. Las personas cambian las características físicas de la tierra, y los desastres naturales también producen cambios. Las personas se adaptan cuando su ambiente cambia.

▶ **Un incendio forestal en el Bosque Nacional Los Padres**

# Repaso

1. ¿De qué manera las personas han cambiado el ambiente físico?

2. **Vocabulario** ¿Cómo se han adaptado las personas a los **desastres** naturales?

3. **Tu comunidad** ¿Cómo se ha preparado tu comunidad para los terremotos?

**Razonamiento crítico**

4. **Aplícalo** ¿Crees que a las personas de tu comunidad les gustan los cambios? ¿Por qué?

5. **DESTREZA DE ANÁLISIS** ¿Qué cambios ocurren debido a la construcción de puentes grandes?

6. **Haz un dibujo** Con tus compañeros de clase, anoten maneras en las que las personas han cambiado el ambiente en el que viven. Luego, hagan un dibujo de uno de esos cambios y escriban una leyenda.

7. **Destreza clave** **Comparar y contrastar** En una hoja de papel, copia y completa el siguiente organizador gráfico.

Tema 1 — Presas
Semejanzas — Cambios en el ambiente
Tema 2

## Lección 4

# El cuidado de nuestros recursos

**Reflexiona**

¿Qué pueden hacer las personas para cuidar su ambiente?

✔ Los seres humanos influyen en el ambiente.

✔ Algunas personas trabajan para proteger nuestros recursos.

**Vocabulario**
**contaminación** pág. 69
**conservación** pág. 70
**híbrido** pág. 70
**reciclar** pág. 71

**Destreza clave**
Comparar y contrastar

**Normas de California**
HSS 3.1, 3.1.2

Las personas usan la tierra, el agua y el aire de muchas formas distintas. Construimos granjas para cultivar alimentos y haciendas ganaderas para criar animales. Usamos una parte del terreno para instalar fábricas y otra para construir casas y centros comerciales. Convertimos algunas áreas en lugares donde las personas pueden divertirse. Todos estos cambios en el terreno pueden causar problemas.

▶ **Palm Springs, California, forma parte del valle Coachella.**

Ubícalo

CALIFORNIA

Palm Springs

# Los seres humanos afectan la tierra

Para obtener las cosas que necesitan, las personas a menudo usan todos o casi todos los recursos naturales que tienen cerca. Por ejemplo, talan bosques para obtener madera que usan como combustible, para construir casas y para fabricar muebles. Los bosques tardan muchos años en volver a crecer.

Las personas también causan contaminación. La **contaminación** es todo lo que ensucia un recurso natural o hace que no sea seguro usarlo. Si el agua está contaminada, no es seguro beberla.

Las fábricas y los automóviles a veces provocan contaminación del aire. El aire lleno de humo puede mezclarse con la niebla. Esta clase de contaminación se conoce como smog.

**Repaso de la lectura** Ŏ **Comparar y contrastar**
**¿En qué se diferencian el aire limpio y el aire contaminado?**

❱ **Smog sobre la ciudad de San Diego**

## Datos breves

Al principio, Palm Springs se llamó Agua Caliente. Palm Springs está en un área que tiene agua. Sin embargo, para satisfacer sus necesidades, sus habitantes también tienen que traer agua del monte San Jacinto y del río Colorado.

▶ **Las comunidades de toda California celebran el Día de la Tierra cada 22 de abril.**

# Maneras de proteger nuestros recursos

La contaminación se puede evitar. También es posible proteger los recursos naturales mediante la conservación. La **conservación** consiste en esforzarse por ahorrar recursos y hacerlos durar más tiempo.

Algunos recursos pueden reemplazarse a medida que se consumen. Por ejemplo, muchas compañías madereras ahora plantan un árbol nuevo por cada árbol que cortan.

Los fabricantes de automóviles han inventado autos híbridos que perjudican menos el ambiente que los autos normales. Los automóviles **híbridos** conservan los recursos porque usan menos gasolina. Tienen un motor de gasolina y un motor eléctrico con baterías. Los autos híbridos contaminan menos el aire.

## Patrimonio cultural

### Día de la Tierra

El primer Día de la Tierra se celebró el 22 de abril de 1970. Desde entonces, se ha convertido en un día para celebrar la naturaleza y aprender a proteger el ambiente. Cada año, los habitantes de Sacramento, California, elaboran un programa de actividades especiales para el Día de la Tierra.

Tanto los niños como los adultos pueden aprender distintas formas de cuidar nuestro planeta. Hay oradores invitados que enseñan sobre distintos temas, como el uso de la energía solar para cocinar. Todo el día gira en torno a las formas de cuidar la Tierra y convertirla en un lugar mejor para vivir.

El reciclaje es otra manera de proteger el ambiente. **Reciclar** es volver a usar los recursos. Las botellas y los frascos de vidrio, los periódicos y los cartones, muchos plásticos y las latas de aluminio se pueden volver a usar. Al reciclar, llega menos basura a los vertederos. Un vertedero es un lugar en el que se tira basura.

**Repaso de la lectura** ⚙ **Comparar y contrastar**
**¿En qué se diferencian los automóviles híbridos y los normales?**

**Resumen** Algunos de los cambios que las personas hacen en la Tierra pueden causar problemas. Muchos habitantes de California trabajan para proteger el ambiente.

❭ Los automóviles híbridos producen menos smog que los autos normales.

## Repaso

1. 💡 ¿Qué pueden hacer las personas para cuidar su ambiente?

2. **Vocabulario** ¿Qué tipos de **contaminación** existen?

3. **Tu comunidad** ¿De qué manera protegen el ambiente las personas de tu comunidad?

**Razonamiento crítico**

4. **Aplícalo** ¿Cómo pones en práctica la conservación?

5. 🔲 **DESTREZA DE ANÁLISIS** ¿Qué crees que podría sucederle al ambiente si no lo conservamos?

6. 🖍 **Haz un cartel** Haz un cartel que demuestre tu apoyo a la protección del ambiente. Incluye un lema fácil de recordar.

7. ⭐ **Destreza clave** **Comparar y contrastar** En una hoja de papel, copia y completa el siguiente organizador gráfico.

| Tema 1 | | Tema 2 |
|---|---|---|
| Reemplazar | Semejanzas | Conservar |

# Trabajar por la Tierra

El Dr. Edgar Wayburn tal vez sea una de las personas más importantes de las que jamás oíste hablar. En 1999, el presidente Bill Clinton dijo: "En el transcurso de los últimos cincuenta años, [el Dr. Wayburn] ha salvado un mayor número de nuestras zonas silvestres que ninguna otra persona que vive hoy en día".

—Bill Clinton, de su discurso en el acto de entrega al Dr. Wayburn de la Medalla Presidencial de la Libertad en 1999

El Dr. Wayburn creó o aumentó el tamaño de muchos de los parques y zonas silvestres de California. Entre sus proyectos se incluyen el Área Nacional de Recreación de Golden Gate (*Golden Gate National Recreation Area*), el Parque Estatal de Mount Tamalpais (*Mount Tamalpais State Park*), el Parque Nacional Redwood (*Redwood National Park*) y la Zona Costera Nacional de Point Reyes (*Point Reyes National Seashore*). También ha dirigido iniciativas para proteger millones de acres de zonas silvestres en Alaska y en todo el Oeste de Estados Unidos.

El presidente Bill Clinton entrega al Dr. Edgar Wayburn el más alto honor civil de la nación: la Medalla Presidencial de la Libertad.

En una región muy diferente del mundo, Wangari Maathai ha trabajado para proteger el ambiente. En Kenya, África, Maathai formó un grupo llamado el *Green Belt Movement*. Ese grupo plantó 30 millones de árboles para ayudar a evitar que las tierras fértiles de Kenya se transformen en desierto. Wangari Maathai ganó el Premio Nobel de la Paz en 2004. El Premio Nobel es uno de los premios más admirados del mundo.

Wangari Maathai riega un árbol que plantó durante una conferencia sobre las mujeres y el ambiente.

## ¿Sabías que...?

Una organización de jóvenes de California trabaja para proteger el ambiente. El grupo, llamado los organiza proyectos de siembra de árboles. También comenzaron un programa de reciclaje en El Segundo, la comunidad en la que viven. Hoy en día, el grupo *Tree Musketeers* enseña a los habitantes de todo Estados Unidos a cuidar el ambiente.

### Piensa

**Aplícalo ¿Qué puedes hacer para ayudar a cuidar el ambiente en tu comunidad?**

# La lectura en los Estudios Sociales

**Comparar** es pensar en qué se parecen dos o más cosas.
**Contrastar** es pensar en qué se diferencian dos o más cosas.

## Comparar y contrastar

Copia y completa este organizador gráfico para comparar y
contrastar los tipos de energía. En la página 20 del cuaderno de
Tarea y práctica encontrarás una copia de un organizador gráfico.

### Las personas y su ambiente

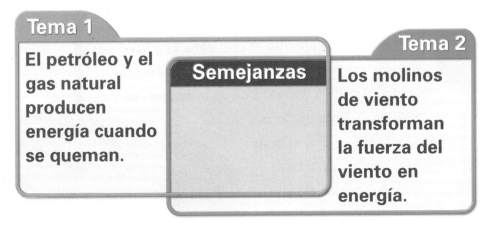

**Tema 1**
El petróleo y el gas natural producen energía cuando se queman.

**Semejanzas**

**Tema 2**
Los molinos de viento transforman la fuerza del viento en energía.

 ## Pautas de redacción de California

**Escribe sobre un recurso** Escribe un párrafo sobre un recurso natural que te interese, y nombra al menos dos formas en las que es posible usar ese recurso. Comienza con una oración que presente el tema.

**Escribe la letra para una canción** La canción "America the Beautiful" nombra algunos de los muchos recursos que tiene Estados Unidos. Escribe la letra para una canción sobre los recursos de California.

## Usa el vocabulario

Escribe la palabra que corresponde a cada definición.

**acueducto,** pág. 50
**bahía,** pág. 55
**presa,** pág. 62
**desastre,** pág. 66
**contaminación,** pág. 69

1. una masa de agua que forma parte de un mar o de un océano y que está parcialmente rodeada de tierra

2. una estructura de tierra o de concreto que retiene el agua y evita las inundaciones

3. una gran tubería que lleva el agua de un lugar a otro

4. cualquier cosa que ensucia un recurso natural o hace que no sea seguro usarlo

5. suceso que causa grandes daños

## Recuerda los datos

Responde a las siguientes preguntas.

7. ¿Por qué el rico suelo de los valles de California es un recurso valioso?

8. ¿De dónde proviene el agua dulce de California?

**Escribe la letra de la mejor opción.**

9. ¿Qué le dio la presa de Oroville a California?
   A un lugar para pescar
   B electricidad
   C un lago
   D todas las anteriores

10. ¿Qué es el smog?
    A un mineral
    B un tipo de contaminación del aire
    C un automóvil híbrido
    D un tipo de energía

## Aplica las destrezas

**Leer un mapa de recursos** Consulta el mapa de recursos de la página 61 para responder a la pregunta.

6. **DESTREZA DE ANÁLISIS** ¿Dónde está la mayor parte de la tierra agrícola de California: en el centro del estado o a lo largo de la frontera este?

## Piensa críticamente

11. **DESTREZA DE ANÁLISIS** ¿De qué manera las personas han cambiado las características físicas de tu comunidad?

12. **DESTREZA DE ANÁLISIS** ¿Por qué debería alguien comprar un automóvil híbrido?

**Excursión**

# Museo de Oakland

## Prepárate

Desde 1969, en el Museo de Oakland en California se exhiben exposiciones sobre las maravillas naturales, los sucesos históricos y las artes de California, y sobre muchas personas que han dejado su huella en el estado. Los visitantes disfrutan de exposiciones, representaciones y actividades prácticas divertidas sobre todo lo californiano, desde murciélagos hasta edificios, desde personas hasta fotografías y desde la fiebre del oro hasta el calentamiento de la Tierra.

**Ubícalo**
**California**

Oakland

## Observa

CALIFORNIA COMMUNITIES AND ECOSYSTEMS

THE COAST ...E

THE COASTAL MOUNTAINS

En el Salón de la Ecología, los visitantes dan un paseo virtual por las regiones geográficas de California.

La exposición recrea las plantas y los animales nativos del desierto (izquierda) y de la costa (abajo).

En las exposiciones también se exhiben el sonido de las aves, los insectos y otros animales de cada región.

Los jóvenes se divierten buscando a los animales que están camuflados, o escondidos, dentro de su ambiente.

**Un paseo virtual**

APRENDE en línea

Visita VIRTUAL TOURS en **www.harcourtschool.com/hss** para realizar un paseo virtual.

# Repaso

 **LA GRAN IDEA**

**Geografía** California tiene diversos accidentes geográficos y canales navegables. Las personas cambian el paisaje con las estructuras que construyen.

**Resumen** ## Nuestra geografía

Todos los lugares tienen características físicas, como la tierra, el agua, el clima y la flora. A veces, las personas cambian las características físicas al agregar edificios, carreteras, puentes y otras obras humanas.

California tiene cuatro regiones: la región costera, la región del valle Central, la región montañosa y la región desértica. Cada región tiene recursos naturales. Los habitantes de California tratan de usar estos recursos sin dañar el ambiente.

## Ideas principales y vocabulario

**Lee el resumen de arriba. Luego responde a las siguientes preguntas.**

1. ¿Cuál de las siguientes opciones es una característica física?
   A un puente
   B un túnel
   C una carretera
   D una montaña

2. ¿Cuál de las siguientes opciones es una región de California?
   A la región Noreste
   B la región del Medio Oeste
   C la región montañosa
   D la región Sur

3. ¿Cómo cambian las personas los lugares?
   A Agregan características físicas.
   B Agregan obras humanas.
   C Dividen los lugares en regiones.
   D Les ponen nombres a los lugares en los que viven.

**Responde a las siguientes preguntas.**

4. ¿Cuál es la montaña más alta de California?

5. ¿En qué regiones de California hay menos habitantes?

6. ¿Qué cultivos crecen bien en California?

7. ¿Cómo usan los habitantes de California la energía solar?

8. ¿Qué tipo de desastre provocó un cambio en California en 1906?

**Escribe la letra de la mejor opción.**

9. ¿Qué accidente geográfico se encuentra en las tierras altas?
   A una llanura costera
   B un cañón
   C una meseta
   D una cuenca

10. ¿Cuál de las siguientes opciones es el área menos poblada?
   A urbana
   B rural
   C comunidad
   D suburbana

11. ¿Qué son el boro, el talco y la sal?
   A combustibles
   B minerales
   C vegetales
   D accidentes geográficos

12. **DESTREZA DE ANÁLISIS** ¿Qué característica física u obra humana de tu región la hace diferente de otra?

13. ¿Cómo pueden tú y tu familia ayudar a proteger el ambiente?

**Leer un mapa de accidentes geográficos**

**DESTREZA DE ANÁLISIS** Consulta el mapa de abajo para responder a las siguientes preguntas.

14. ¿Qué color indica dónde se encuentran las montañas?

15. ¿Qué ciudad se encuentra en terreno más bajo: San Francisco o Modesto?

## Mapa de accidentes geográficos de California central

**Leyenda**
Montañas
Colinas
Mesetas
Llanuras

0    50    100 millas
0    50    100 kilómetros

OCÉANO PACÍFICO

# Actividades

## Lecturas adicionales

■ *¿De dónde viene el agua?* por Dan Ahearn

■ *Cómo los glaciares cambiaron nuestro planeta* por Alan M. Ruben

■ *El agua y la tierra de California* por Bill Doyle

## Actividad de redacción

**Escribe una narración**
Escribe un cuento narrativo sobre una comunidad que trabajó unida para proteger su ambiente. Puede tratarse de un lugar imaginario o real. Incluye cualquier característica física o recurso que sea especial para la comunidad. Explica por qué y cómo la comunidad salvó sus tesoros naturales.

## Proyecto de la unidad

**Atlas de la comunidad**
Trabaja en un grupo pequeño para hacer un atlas de tu comunidad. Incluyan mapas e información sobre las distintas características físicas que se encuentran en su comunidad. Consulten otros atlas para obtener ideas.

APRENDE **en línea**

Visita ACTIVITIES en **www.harcourtschool.com/hss** para hallar otras actividades.

# Los indios americanos

 **Comienza con las normas**

**3.2** Los estudiantes describen las naciones de los indios americanos y sus regiones en el pasado lejano y en el pasado reciente.

## La gran idea

### Los indios de California

Hace mucho, los indios americanos desarrollaron culturas que usaban la tierra para satisfacer sus necesidades. Estos grupos tenían costumbres y lenguajes distintos. Muchas de sus tradiciones se conservan hoy en día.

### Reflexiona

✔ ¿Quiénes fueron los primeros indios americanos de California, y cómo afectaba la geografía la manera en que vivían?

✔ ¿Cómo intercambiaban productos y qué forma de gobierno tenían los primeros indios americanos?

✔ ¿Cuáles eran las creencias, costumbres y relatos de los primeros indios de California?

✔ ¿Cómo ha cambiado la vida para los indios de California y cómo conservan su cultura?

### Muestra lo que sabes

★ Prueba de la Unidad 2

 Redacción: Un artículo

 Proyecto de la unidad: Feria de las culturas indias de California

# Los indios americanos

## Habla sobre

indios americanos
de California

" Los indios de
California usaban los
recursos naturales
para hacer las cosas
que usaban a diario. "

"Los indios de California han usado relatos y canciones para mantener vivas sus tradiciones."

"Los indios de California se visten con ropa tradicional los días especiales."

81

# vocabulario

**tribu** Un grupo de indios americanos que comparten un estilo de vida común. (pág. 92)

**gobierno** Un grupo de personas que resuelven problemas y crean reglas en una comunidad. (pág. 112)

**reserva** Un área de tierra apartada para que la usen los indios americanos. (pág. 133)

**economía** La forma en la que un país o una comunidad produce y usa productos y servicios. (pág. 110)

**cultura** Un estilo de vida compartido por los miembros de un grupo. (pág. 142)

APRENDE en línea

Visita **www.harcourtschool.com/hss** para hallar recursos en Internet para usar con esta unidad.

## (Destreza clave) Causa y efecto

Una **causa** es algo que hace que suceda otra cosa.

Un **efecto** es lo que sucede como resultado de una causa.

### Por qué es importante

Comprender las causas y los efectos puede ayudarte a entender por qué suceden las cosas.

| Causa | | Efecto |
|---|---|---|
| Un suceso o una acción | → | Lo que sucede |

Busca palabras y frases que te ayuden a identificar por qué sucede algo. Algunas de esas palabras y frases son:

**porque**     **como resultado**     **debido a**     **por lo tanto**

### Practica la destreza

Lee el párrafo. Busca un efecto.

**Causa**
**Efecto**

Los indios yurok vivían a lo largo de la costa del Pacífico en lo que hoy es el norte de California. Las abundantes lluvias hacían que los árboles y las plantas crecieran mucho. En los espesos bosques, los yurok encontraban bayas y nueces, y cazaban animales salvajes. En el océano había almejas y mariscos. En primavera, los salmones nadaban río arriba desde el océano. Los yurok tenían alimentos en abundancia.

Lee los párrafos. Luego responde a las siguientes preguntas.

# Los mojave resuelven un problema

El desierto de Mojave, en el sur de California, solo recibe entre dos y seis pulgadas de lluvia al año. Por lo tanto, allí no pueden vivir muchas plantas ni animales. Los indios mojave, que vivían en el desierto hace mucho tiempo, tenían problemas para encontrar suficientes alimentos.

El río Colorado fluye por el desierto de Mojave. Hace mucho tiempo, el río inundaba la tierra todos los años. El agua traía suelo fértil y lo depositaba cerca del río. Así, el suelo junto al río era fértil.

Los mojave necesitaban obtener más alimentos. Por lo tanto, aprendieron a cultivar la tierra, algo que la mayoría de los demás indios de California no necesitaban hacer. Plantaron calabazas, frijoles y maíz en el suelo fértil cerca del río.

Destreza clave

# Causa y efecto

1. ¿Cuál es un efecto causado por la poca lluvia en el desierto de Mojave?

2. ¿Qué causó que la tierra cercana al río Colorado fuera buena para el cultivo?

# TOMAR APUNTES

Tomar apuntes puede ayudarte a recordar ideas importantes.

▶ **Escribe solo datos e ideas importantes. Usa tus propias palabras. No tienes que escribir oraciones completas.**

▶ **Organiza tus apuntes de forma que resulte fácil releerlos. Una manera de organizar apuntes es usar una tabla. Escribe las ideas principales en una columna y los datos y los detalles en otra.**

## La tierra y los primeros pueblos

| Ideas principales | Datos |
|---|---|
| Lección I:<br>• Tribus de California<br>• Cómo vivían<br>• _____ | • Hace muchos años, vivían muchos indios americanos en California.<br>• Los indios pertenecían a distintas tribus.<br>• _____ |

## Aplica la destreza mientras lees

Usa una tabla para tomar apuntes sobre cada lección mientras lees este capítulo.

**Normas de Historia y Ciencias Sociales de California, Grado 3**

3.2 Los estudiantes describen las naciones de los indios americanos y sus regiones en el pasado lejano y en el pasado reciente.

# La tierra y los primeros pueblos

▶ Un indio hupa pesca en el río Trinity de California.

# CARRERA POR EL FUEGO

## Un cuento de los karuk-coyote sobre cómo les llegó el fuego a las personas

**por Jonathan London**
**ilustrado por Sylvia Long**

Los pueblos de todas las culturas cuentan leyendas. Una **leyenda** es un cuento que sirve para explicar algo. Lee esta leyenda de la tribu de indios americanos karuk y descubre cómo el fuego les llegó a las personas.

Hace mucho tiempo, en el pueblo de los animales no se conocía el fuego. Un día, un viejo y astuto Coyote oyó hablar de él. Pero el fuego estaba en manos de las tres hermanas Avispa y no querían compartirlo. Las hermanas vivían en la cima de una montaña nevada. Coyote fue hasta la casa de las hermanas y logró llevarse una rama de roble ardiente entre los dientes. Las hermanas Avispa lo persiguieron y trataron de picarlo. Pero Coyote logró pasarle el fuego a Águila, quien a su vez se lo pasó a Puma. Más tarde, Puma le pasó el carbón a Zorro, quien luego se lo pasó a Oso.

Cuando Oso se cayó, Gusano Medidor, el Largo, tomó el fuego. El Largo se estiró sobre tres cumbres, pero las Avispas estaban allí, esperando, listas para atacar. No se sabe cómo, pero aunque las Avispas la veían, Tortuga se acercó con disimulo, agarró el fuego y logró huir. Pero, por supuesto, Tortuga era lenta, y una de las hermanas Avispa la picó en la cola. ¡Ay! ¡Ay! ¡Ay!

Tortuga escondió la cabeza y las patas y rodó colina abajo. *¡Plof! ¡Plof! ¡Plof!* Las Avispas estaban ya revoloteando sobre Tortuga cuando Rana brincó desde el río y se tragó el fuego. *¡Glup!*

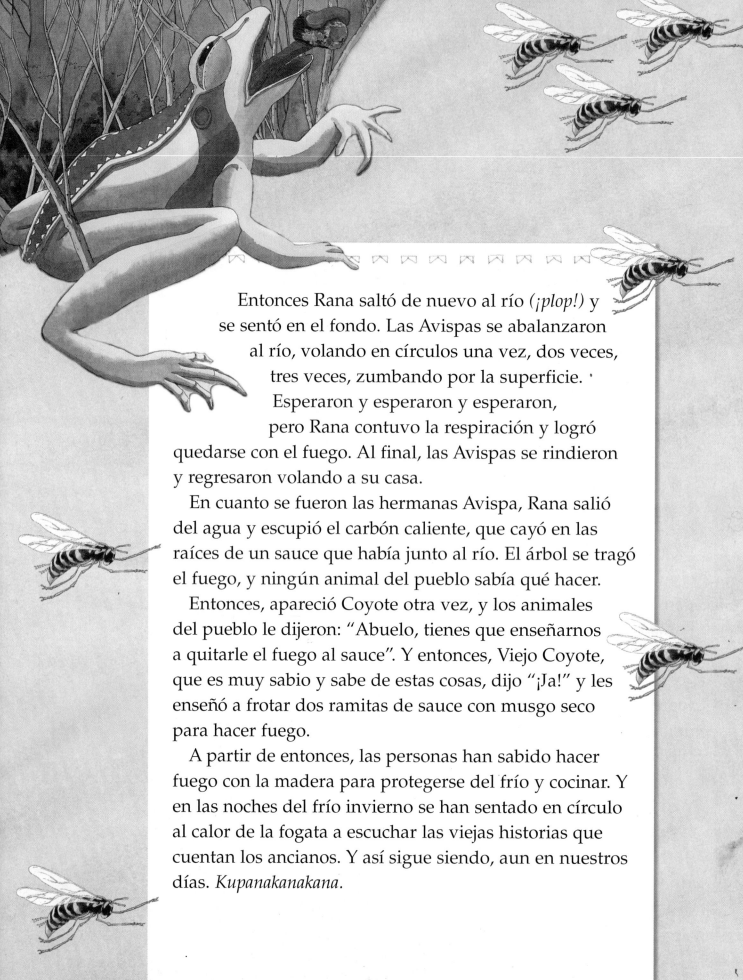

Entonces Rana saltó de nuevo al río (¡*plop!*) y se sentó en el fondo. Las Avispas se abalanzaron al río, volando en círculos una vez, dos veces, tres veces, zumbando por la superficie.

Esperaron y esperaron y esperaron, pero Rana contuvo la respiración y logró quedarse con el fuego. Al final, las Avispas se rindieron y regresaron volando a su casa.

En cuanto se fueron las hermanas Avispa, Rana salió del agua y escupió el carbón caliente, que cayó en las raíces de un sauce que había junto al río. El árbol se tragó el fuego, y ningún animal del pueblo sabía qué hacer.

Entonces, apareció Coyote otra vez, y los animales del pueblo le dijeron: "Abuelo, tienes que enseñarnos a quitarle el fuego al sauce". Y entonces, Viejo Coyote, que es muy sabio y sabe de estas cosas, dijo "¡Ja!" y les enseñó a frotar dos ramitas de sauce con musgo seco para hacer fuego.

A partir de entonces, las personas han sabido hacer fuego con la madera para protegerse del frío y cocinar. Y en las noches del frío invierno se han sentado en círculo al calor de la fogata a escuchar las viejas historias que cuentan los ancianos. Y así sigue siendo, aun en nuestros días. *Kupanakanakana.*

## Responde

**1** ¿Por qué crees que se inventan las leyendas?

**2** Usa las ilustraciones para volver a contar la historia de cómo el fuego les llegó a las personas.

# Las tribus de California

### Reflexiona
¿Quiénes fueron los primeros indios americanos de California?

✔ Hace mucho tiempo vivieron cuatro grupos geográficos de indios americanos en California.

✔ Estos grupos vivían en distintas partes de California.

**Vocabulario**
tribu pág. 92
lenguaje pág. 93
vivienda pág. 94

**Causa y efecto**

Normas de California
HSS 3.2, 3.2.2

Hace cientos de años, los únicos habitantes del territorio que luego se convertiría en California eran indios americanos. Cuando llegaron los primeros europeos, unos 300,000 indios americanos ya vivían en lo que hoy es California.

## Cuatro grupos geográficos

Los indios americanos de muchas partes de América del Norte vivían en grupos llamados tribus. Una **tribu** es un grupo de indios que comparte algunas costumbres. Sin embargo, en California, las tribus indias eran más pequeñas que en otros lugares.

❯ **Cuadro de 1857 de indios americanos pescando en el río Noyo, en el condado de Mendocino**

Los indios de California vivían en pequeñas aldeas. Las tribus estaban formadas por varias aldeas. Algunas aldeas duraban mucho tiempo, mientras que otras se usaban muy poco porque los indios tenían que trasladarse en busca de comida.

La mayoría de las tribus de California pertenecían a uno de los cuatro grupos geográficos: el grupo de la costa norte de California, el grupo del valle Central y de las montañas, el grupo de la costa sur y el grupo del desierto.

Como las tribus de cada grupo vivían en el mismo tipo de ambiente, su vida se parecía en algunos aspectos. Por ejemplo, las tribus del grupo del desierto comían la misma clase de comida, porque encontraban el mismo tipo de plantas y de animales a su alrededor. Como tenían el mismo clima, su hogar y su ropa eran muy parecidos.

Cada tribu tenía su propio lenguaje. Un **lenguaje** es el grupo de sonidos y palabras que las personas usan para comunicarse.

**Grupos geográficos**

Karok
Yurok
Hupa
Wiyot
Maidu
Pomo
Miwok
Miwok
Miwok
Océano Pacífico
Yokuts
Yokuts
Yokuts
Chumash
Serrano
Gabrielinos
Mojave
Cahuilla
Chumash
Gabrielinos

**Leyenda**
- Costa norte
- Valle Central y montañas
- Costa sur
- Desierto

**DESTREZA DE ANÁLISIS Analizar mapas**

◆ Regiones ¿En qué parte de California vivían los indios yurok y mojave?

**Repaso de la lectura** ⚬ **Causa y efecto**
**¿Por qué la vida de los indios de un mismo grupo geográfico era parecida en muchos aspectos?**

# Los indios de la costa norte

Los habitantes de la costa norte sobrevivían gracias a los valiosos recursos naturales de la zona. Los bosques, en los que abundaban los cedros y las secuoyas, estaban llenos de animales. Los ríos y el océano Pacífico tenían muchos peces. Las personas también usaban los ríos y el océano para navegar.

Las tierras de la costa norte reciben mucha lluvia, y su clima es fresco. Por esta razón, los indios construían **viviendas** resistentes, es decir, hogares y edificios que los protegieran del tiempo atmosférico. Las mujeres usaban gorros que tejían con mimbre muy apretado. Todos se vestían con capas y mantas hechas de piel de animales. Entre los indios de la costa norte estaban los yurok, los hupa, los karuk, los pomo y los wiyot.

**Repaso de la lectura** ŏ **Causa y efecto**
**¿Por qué los indios del grupo de la costa norte construían viviendas resistentes?**

▶ **Los indios de la costa norte podían vivir todo el año en la misma aldea porque había abundantes fuentes de alimento.**

# Los indios del valle Central y de las montañas

El grupo tribal del valle Central y de las montañas ocupaba la mayor extensión de territorio de lo que hoy es California. También era el grupo con mayor población.

Los habitantes de los valles de California gozaban de un clima templado. Su ropa y sus viviendas eran sencillas, porque no necesitaban protegerse mucho del tiempo atmosférico.

Durante los calurosos meses de verano, estos indios viajaban de los valles hacia las regiones más frescas, situadas al pie de las colinas. En invierno, volvían a los valles. En ambos lugares había alimentos en abundancia. Los indios cazaban animales para comer y recolectaban semillas, nueces, bellotas y bayas. Los ríos tenían muchos peces. Entre los indios de esta región estaban los miwok, los maidu y los yokuts.

**Repaso de la lectura** ♂ **Causa y efecto**
**¿Por qué el grupo tribal del valle Central y de las montañas era el más grande de California?**

▶ Los indios del grupo del valle Central y de las montañas vivían en los valles, al pie de las colinas y en las montañas de la sierra Nevada.

# Los indios de la costa sur

Los indios de la costa sur vivían en la parte suroeste de lo que hoy es California. Vivían en las tierras del interior, a lo largo de la costa y en islas cercanas a la costa. Construían canoas resistentes para navegar. Algunas de estas tribus vivían en grandes aldeas. ¡Una aldea podía llegar a tener 2,000 personas!

Los habitantes de la costa sur cazaban y pescaban. Uno de sus principales alimentos eran las bellotas. Entre los indios del área de la costa sur se encontraban las tribus de los chumash y de los gabrielinos o tongva, como también se les llamaba.

**Repaso de la lectura** **Comparar y contrastar**
**¿En qué se parecían los indios de la costa sur y los indios del valle Central y de las montañas?**

> Muchos indios de la costa sur vivían en la costa del Pacífico.

# Los indios del desierto

El grupo tribal del desierto vivía al este de los indios de la costa sur. Tenía una población pequeña. La vida para las tribus del desierto era muy difícil. El desierto de California es caluroso y seco en verano, y pocas plantas crecen en el suelo arenoso.

La mayoría de los habitantes del desierto sobrevivían comiendo insectos, semillas y frijoles. Un pequeño número vivía a lo largo del río Colorado y cultivaba la tierra. Algunos grupos tribales del desierto eran los mojave, los cahuilla y los serrano.

> Los indios del desierto se adaptaron al clima del desierto de Mojave.

**Repaso de la lectura** ☼ **Causa y efecto**
**¿Por qué era tan difícil vivir en el desierto?**

**Resumen** En California vivían muchas tribus indias antes de que llegaran los europeos. Esas tribus se pueden clasificar en cuatro grupos principales, según el lugar donde vivían.

---

## Repaso

1. ¿Quiénes fueron los primeros indios americanos de California?

2. **Vocabulario** Usa el término **vivienda** en una oración sobre los indios de California.

3. **Tu comunidad** ¿Qué grupo tribal vivió en tu comunidad o cerca de ella?

### Razonamiento crítico

4. **Aplícalo** ¿En qué se parece tu vida a la de los indios que vivían en el área de California en la que tú vives?

5. **Haz un mapa** Haz un mapa en el que muestres qué grupo o grupos de indios de California vivieron antiguamente en el lugar en el que ahora está tu comunidad.

6. **Causa y efecto** Copia y completa el siguiente organizador gráfico.

| Causa | Efecto |
|---|---|
| En las tierras de la costa norte llueve mucho y el clima es fresco. | |

# Leer una tabla

## ➤ Por qué es importante

Una **tabla** es un organizador gráfico en el que se presenta la información en columnas e hileras. Saber usar una tabla te ayudará a comparar cantidades y otros tipos de información.

## ➤ Lo que necesitas saber

Al igual que las gráficas, las tablas tienen títulos que describen lo que muestran. Debajo del título, los encabezados indican los temas. La información está organizada en columnas e hileras.

Las columnas van de arriba hacia abajo, y las hileras de un lado a otro. En la tabla de esta página, hay cuatro columnas y tres hileras.

La tabla de la página 99 contiene información sobre distintos grupos tribales indios de California. Se indican los nombres de los principales grupos tribales, algunas de las tribus que formaban parte de cada grupo, los lugares en que vivían los grupos y la geografía del área que ocupaba cada grupo.

Para encontrar información sobre cada grupo tribal, busca el nombre del grupo en la primera columna y luego lee la hilera correspondiente.

| Título | | | |
|---|---|---|---|
| **Columna 1** | **Columna 2** | **Columna 3** | **Columna 4** |
| **Hilera A** | | | |
| **Hilera B** | | | |
| **Hilera C** | | | |

## Grupos tribales de California

| GRUPO TRIBAL | TRIBUS | DÓNDE VIVÍAN | GEOGRAFÍA DEL ÁREA |
|---|---|---|---|
| Costa norte | yurok, hupa, karuk, pomo, wiyot | costa norte de California | bosques, ríos; clima templado y lluvioso |
| Valle Central y montañas | miwok, maidu, yokuts | valle Central y montañas de California | valle, pies de colinas, montañas, colinas, ríos; clima templado |
| Costa sur | chumash, gabrielinos | costa sur de California | llanuras soleadas, valles, ríos, montañas; clima cálido |
| Desierto | mojave, cahuilla, serrano | sureste de California | desierto, montañas, ríos; clima caluroso |

## ❯ Practica la destreza

Usa la tabla de esta página para responder a las siguientes preguntas.

1 ¿Dónde vivían los indios del grupo tribal del desierto?

2 ¿A qué grupo tribal principal pertenecían los gabrielinos?

3 ¿Dónde vivían los miwok, los maidu y los yokuts?

4 ¿Qué grupo tribal principal vivía en un área húmeda y de bosques espesos?

## ❯ Aplica lo que aprendiste

**Aplícalo** Trabaja junto con un compañero y hagan una lista de los títulos de las tablas que encuentren en el periódico. Recorten tres tablas que les parezcan interesantes. Compartan la lista y las tablas con el resto de la clase.

**Destrezas con tablas y gráficas**

# Lección 2

# El uso de la tierra

## Reflexiona

¿Cómo afectaba la geografía la manera en que vivían los primeros indios americanos?

✓ Los primeros indios americanos obtenían alimento, ropas, vivienda y herramientas del ambiente.

✓ La geografía y el clima influían en los alimentos que comían, en la ropa que usaban y en la clase de viviendas que construían los indios de California.

**Vocabulario**
herramienta pág. 101

⭐ **Destreza clave** Causa y efecto

🐻 Normas de California
HSS 3.2, 3.2.2

Al igual que las personas de hoy en día, los indios americanos usaban los abundantes recursos naturales de California. Trataban con respeto la tierra, las plantas y los animales. Como todos los indios americanos, los pomo, los maidu, los gabrielinos y los mojave usaban los recursos naturales para obtener alimentos y ropa, y para construir viviendas y herramientas.

## Los pomo

Los indios pomo de California vivían a lo largo de la costa norte y central, donde hoy se encuentran los condados de Mendocino, Sonoma y Lake. El grupo de los pomo tenía más de 70 aldeas.

▶ Los pomo cazaban y pescaban en botes construidos con atados de pasto.

**Ubícalo**

CALIFORNIA

Pomo

Los indios pomo hacían sus hogares, botes y cestas con plantas que crecían por donde ellos vivían.

Los pomo vivían en pequeñas viviendas con forma de tazón. En la época de lluvias, los grupos vivían en aldeas. Estas aldeas se solían construir en la pendiente de una colina para protegerse de las inundaciones causadas por el desbordamiento de los ríos. Cuando terminaban las lluvias, los indios quemaban sus viviendas de invierno y se trasladaban más cerca de un río, lago u océano. Los pomo usaban muchas **herramientas** para hacer sus tareas. Entre estas herramientas había redes, arpones y trampas para pescar, además de arcos y flechas para cazar pájaros, ciervos y otros animales. La comida era tan abundante que en los lenguajes pomo no había palabras para decir "hambruna" o "morir de hambre".

Los pomo eran expertos fabricantes de cestas. Usaban cestas para recolectar, almacenar y cocinar sus alimentos. Otras cestas, decoradas con plumas y conchas, se usaban en las ceremonias especiales.

**Repaso de la lectura** ☼ **Causa y efecto**
**¿Por qué los pomo construían sus aldeas en las pendientes de las colinas?**

# Los maidu

Los indios maidu de California vivían en el centro de la parte norte del estado, desde la sierra Nevada hacia el oeste hasta donde hoy se encuentra Sacramento. Los maidu solían construir sus aldeas en tierras altas para poder ver si se acercaban extraños.

Una vivienda o un hogar maidu era un gran montículo de tierra redondeado con un agujero en la parte de arriba. El piso y los primeros pies de las paredes estaban por debajo del nivel del suelo. Dentro había postes hechos con troncos que sostenían el armazón del techo, que estaba cubierto por una pesada capa de tierra. El agujero del techo era la entrada. Los maidu construían estas viviendas principalmente para conservar el calor en invierno. Varias familias podían llegar a compartir un hogar.

Cuando hacía buen tiempo, los maidu construían viviendas abiertas. Cortaban ramas para sostener un techo de palos, de pasto o de tierra. El techo los protegía del calor del sol, pero dejaba pasar la brisa.

❯ **Cesta maidu para banquetes**

**Ubícalo**

CALIFORNIA

Maidu

❯ **Una mujer maidu prepara bellotas para comer.**

> **Vivienda de verano de los maidu**

A veces, en las épocas más frías o en lo alto de las montañas, los maidu llevaban mocasines altos rellenos de pasto para protegerse los pies de la nieve. También se ataban pieles de animales en las piernas. Además, usaban mantas hechas con piel de ciervo o de conejo para calentarse.

Los hombres maidu hacían cuchillos y puntas de flecha de sílex. Cazaban ciervos, alces, conejos, pájaros y, a veces, ¡incluso osos! También pescaban salmones, truchas y anguilas en los ríos y arroyos cercanos.

Los maidu también recolectaban gran parte de su comida. En primavera, los grupos maidu podían viajar durante semanas recogiendo plantas silvestres, semillas, raíces, insectos y bayas. En otoño recolectaban bellotas. Los maidu transportaban, almacenaban y cocinaban la comida en cestas hechas de juncos y de pasto.

**Repaso de la lectura** **Resumir**
**¿Por qué los maidu usaban viviendas distintas según la época del año?**

# Los gabrielinos

Los territorios de los indios gabrielinos se extendían desde Topanga hacia el sur hasta Laguna Beach, e incluían el área donde ahora se encuentra Los Angeles. Construían aldeas cerca del río Los Angeles y en las cercanas islas Channel. Al igual que otros indios de la región, los gabrielinos construían botes resistentes con tablas de madera. Usaban los botes para trasladar personas y productos desde y hacia las islas. Los hombres también pescaban peces espada y cazaban focas y tiburones desde sus botes. Usaban anzuelos y redes para atrapar peces más pequeños. También cazaban conejos, ardillas, ciervos y patos.

Las mujeres molían bellotas hasta hacer harina. Luego hervían esa harina y hacían una papilla de cereal caliente. Los gabrielinos también comían piñones, semillas y frutas.

▶ Una mujer gabrielina

▶ Una vivienda gabrielina hecha de árboles jóvenes curvados y cubiertos con esterillas de juncos

Ubícalo

CALIFORNIA

Gabrielinos

Al igual que muchas otras tribus de California, los gabrielinos eran expertos fabricantes de cestas. Las mujeres las tejían tan apretadas que podían llevar agua y cocinar alimentos líquidos en ellas. Por ejemplo, para cocinar la papilla de bellotas, calentaban piedras en el fuego. Luego, echaban las piedras en la papilla que estaba en la cesta. Después, removían hábilmente la papilla con unos largos palos para que las piedras no quemaran la cesta hasta que la papilla estuviera cocida.

Las mujeres gabrielinas llevaban unas faldas que tejían con juncos. Los juncos son plantas con cañas largas que crecen en áreas húmedas y pantanosas. Los brotes jóvenes de juncos son lo suficientemente tiernos para comer, mientras que las cañas ya crecidas son muy resistentes. Estas cañas entretejidas sirven como material de construcción.

**Repaso de la lectura** **Secuencia**
**¿Qué pasos se seguían para cocinar papilla de bellotas?**

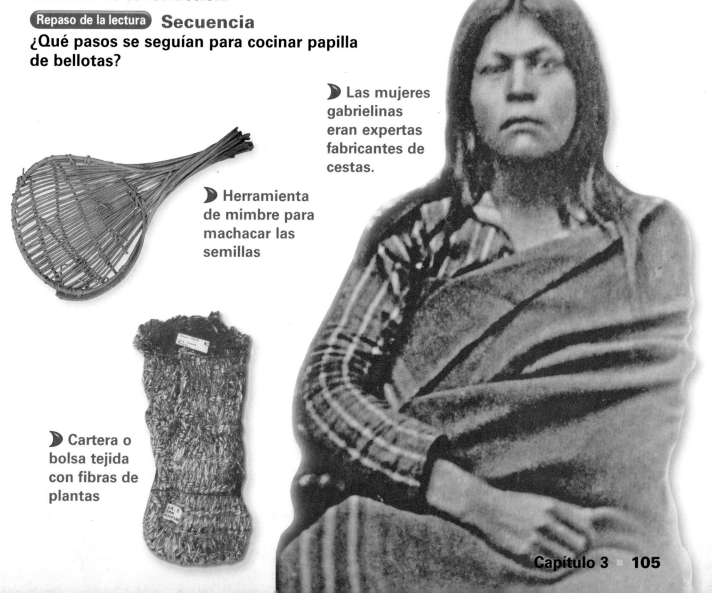

❱ **Las mujeres gabrielinas eran expertas fabricantes de cestas.**

❱ **Herramienta de mimbre para machacar las semillas**

❱ **Cartera o bolsa tejida con fibras de plantas**

# Los mojave

La tribu de los mojave vivía en el desierto de Mojave, en el sureste de California. A diferencia de otros grupos tribales de California, los mojave eran agricultores. El suelo era fértil a ambas orillas del río Colorado gracias a las inundaciones que se producían todos los años. En este rico suelo, los mojave plantaban frijoles, maíz y calabazas.

Los mojave recolectaban plantas silvestres, semillas y raíces. También pescaban en el río Colorado con trampas y redes, y cazaban animales pequeños, como conejos, zorrillos y castores.

La ropa de los mojave era buena para un clima caluroso. Los hombres a veces se ataban un paño en las caderas. Las mujeres solían vestir faldas hasta la rodilla hechas de corteza de sauce tejida. En los meses de invierno, también llevaban camisas de piel de conejo o de castor.

▶ **Jarra mojave de arcilla**

▶ **Campamento mojave a finales del siglo XIX**

**Ubícalo**

CALIFORNIA

Mojave

Los mojave no vivían en aldeas, sino que construían viviendas sencillas donde encontraban buena tierra para cultivar. Hacían sus refugios con postes de sauce cubiertos de pasto. A diferencia de la mayoría de las tribus de California, los mojave vivían en lugares en los que había buena arcilla para hacer vasijas. También tejían cestas, pero usaban vasijas de barro para cocinar y para almacenar comida.

**Repaso de la lectura** 🔮 **Causa y efecto**
**¿Por qué razón los mojave lograron cultivar la tierra a pesar del ambiente desértico en el que vivían?**

**Resumen** Las tribus de California usaban los recursos naturales de la tierra. Los pomo cazaban y pescaban. Los maidu construían viviendas y recolectaban bellotas. Los gabrielinos construían botes y cocinaban en cestas. Los mojave cultivaban la tierra y hacían vasijas de arcilla.

⚡ *Datos breves*

Los indios mojave solían cargar objetos en la cabeza, como esta mujer, que lleva una vasija de agua.

# Repaso

**1.** 💡 ¿Cómo afectaba la geografía la manera en que vivían los primeros indios americanos?

**2. Vocabulario** ¿Qué tipos de **herramientas** hacían los primeros indios americanos?

**3. Tu comunidad** ¿Cómo afectaban la geografía y el clima la forma en que vivían los indios americanos en o cerca de tu comunidad?

**Razonamiento crítico**

**4. Aplícalo** ¿Cómo influye la geografía en tu vida?

**5.** 🔲 **DESTREZA DE ANÁLISIS** ¿Por qué crees que los primeros indios de California dependían de la tierra para vivir?

**6.** ✏️ **Escribe un párrafo** Escribe un párrafo sobre una tribu india de California que vivía cerca de tu comunidad. ¿Cómo obtenían alimentos, ropa, vivienda y herramientas del ambiente?

**7.** ⭐ **Destreza clave** **Causa y efecto**
En una hoja de papel, copia y completa el siguiente organizador gráfico.

| Causa | Efecto |
|-------|--------|
| | Los gabrielinos podían llevar agua en sus cestas. |

# Leer un diagrama de corte transversal

## ▶ Por qué es importante

Entender cómo se lee un diagrama puede ayudarte a aprender algo rápidamente. En un **diagrama de corte transversal** se muestra tanto el interior como el exterior de un objeto al mismo tiempo.

## ▶ Lo que necesitas saber

En un diagrama de corte transversal, una parte del objeto se "recortó" y se retiró para dejar un espacio como si fuera una ventana. Esa sección recortada del diagrama deja ver el interior del objeto.

En la fotografía de esta página podemos ver una casa hecha con tablones, o tablas de madera. Muchas tribus indias de la costa norte, como los hupa y los yurok, vivían en estas casas de madera con forma de caja. Los hogares de los hupa se construían con madera de cedro, mientras que los de los yurok eran de madera de secuoya. Cada tribu aprovechaba los recursos que abundaban en su ambiente. Muchas de las casas estaban parcialmente por debajo del nivel del suelo y tenían una puerta redonda.

## ❯ Practica la destreza

Observa el diagrama de corte transversal de esta página. Te permite ver el interior de una casa de tablones yurok. Usa el diagrama para responder a las preguntas.

**1** ¿Qué materiales se usaron para construir esta vivienda?

**2** ¿Cómo se sostenía el techo de la vivienda?

**3** ¿Dónde dormían las personas?

**4** ¿Dónde se podían almacenar las provisiones?

## ❯ Aplica lo que aprendiste

**Aplícalo** Consulta libros de la biblioteca para investigar cómo es un objeto por dentro. Dibuja un diagrama de corte transversal de ese objeto, ponle un título y escribe el nombre de cada parte. Luego, usa tu diagrama para explicarles a tus compañeros de clase cómo es el objeto por dentro y por fuera.

## Lección 3

# Intercambio y gobierno

**Reflexiona**

¿Cómo intercambiaban productos y qué forma de gobierno tenían los primeros indios americanos?

✔ Los primeros indios practicaban el trueque y compartían los recursos unos con otros.

✔ Las primeras tribus de indios americanos tenían distintas formas de gobierno.

**Vocabulario**
economía pág. 110
trueque pág. 110
gobierno pág. 112

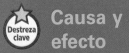
Causa y efecto

Normas de California
HSS 3.2, 3.2.3

Los países y las comunidades tienen diferentes formas de producir y usar los productos y servicios. Esas formas definen su **economía**. La economía de los primeros indios de California incluía el trueque, los regalos y la costumbre de compartir.

## Compartir recursos

Los indios de California recolectaban de su ambiente alimentos y otras cosas que usaban. Las tribus también practicaban el trueque, y se intercambiaban las cosas que no encontraban en su área. El **trueque** consiste en intercambiar sin usar dinero.

❱ Un hombre, una mujer y un niño de una tribu india junto a un comerciante que les muestra una manta

Las tribus de la costa norte tenían muchos peces, conchas y sal para hacer trueques. Los grupos del interior hacían trueques con pieles de animales o con piñones. Estos bienes no se encontraban en las áreas costeras de California. La mayoría de los indios hacían trueques con los miembros de su propia tribu o con tribus vecinas.

Además del trueque, se hacían intercambios durante las ceremonias de obsequios, o regalos. Los obsequios también se realizaban dentro de los grupos tribales. Si una tribu había tenido comida en abundancia, el jefe podía invitar a una tribu vecina a un banquete. El jefe esperaba que, más adelante, la otra tribu invitara a la suya.

Los indios valoraban los alimentos, las cestas, las armas y las canoas. Las personas intercambiaban estos productos o los regalaban. Los indios también intercambiaban piedras y minerales para hacer herramientas y puntas de flechas. La obsidiana, un cristal negro y brillante, siempre era necesaria. Se podía tallar para hacer puntas de flechas y otras herramientas filosas. Los indios de California usaban conchas y cuentas como dinero.

**Repaso de la lectura** ⏱ **Causa y efecto**
**¿Por qué las tribus indias practicaban el trueque unas con otras?**

❯ Llevar muchas cuentas y conchas era un símbolo de honor.

❯ Unas conchas delgadas y con forma de tubo llamadas *dentalium* eran usadas como dinero. Algunos indios llevaban sus conchas y cuentas en cajas o en bolsas.

# El gobierno

Un **gobierno** es un grupo de personas que establecen reglas y resuelven problemas en una comunidad. En la antigua California, cada tribu tenía una forma de gobierno distinta. En algunos grupos el gobierno casi no existía.

En las tribus de la costa norte, el jefe o líder solía ser el hombre más rico de la aldea. Como su fortuna pasaba directamente a su hijo mayor, era muy probable que ese hijo llegara a ser jefe algún día.

Generalmente, los jefes indios tenían poco poder real. Daban consejos en lugar de órdenes. En algunas tribus, los jefes eran las mujeres. Otras tribus eran dirigidas por un grupo de ancianos en vez de un jefe.

◗ **Cuadro de Albert Bierstadt de una reunión de indios**

Las tribus de los serrano y los mojave estaban divididas en grupos de familias llamados clanes. Cada clan tenía su propio jefe, que heredaba ese puesto de su padre. Los miembros de la tribu podían reemplazar a un jefe si pensaban que no era un buen líder. Los mojave también tenían jefes de guerra que los dirigían en las batallas.

**Repaso de la lectura** ☼ **Causa y efecto**

**¿Por qué era probable que el hijo del jefe de una tribu de la costa norte se convirtiera en jefe algún día?**

**Resumen** Los indios de California practicaban el trueque y se hacían regalos. Las tribus tenían diferentes formas de gobierno y, a menudo, eran dirigidas por jefes.

▶ El jefe Washoe y su familia

# Repaso

1. 💡 ¿Cómo intercambiaban productos y qué forma de gobierno tenían los primeros indios americanos?

2. **Vocabulario** ¿Con qué tipos de productos hacían **trueques** los indios de California?

3. **Tu comunidad** ¿Con qué productos probablemente hacía trueques la tribu que vivía cerca de tu comunidad?

**Razonamiento crítico**

4. **Aplícalo** ¿Qué bienes has intercambiado tú mediante el trueque?

5. 🔲 ¿Por qué eran importantes los jefes aunque algunas veces no tuvieran poder oficial?

6. 🖌 **Haz un cartel** Haz un cartel sobre la tribu de indios americanos que estás estudiando para el proyecto de la unidad. En el cartel, describe cómo practicaban el trueque los miembros de esa tribu y explica su forma de gobierno.

7. 🌟 **Causa y efecto** En una hoja de papel, copia y completa el siguiente organizador gráfico.

| Causa | Efecto |
|---|---|
| Las tribus de la costa norte tenían peces para hacer trueques. | |

# Costumbres y folclore

**Causa y efecto**

Normas de California
HSS 3.2, 3.2.1

Cada una de las tribus indias de California tenía sus propias **costumbres**, o maneras de hacer las cosas. Muchas de esas costumbres mostraban el respeto y el amor que las personas sentían por la tierra.

## Las celebraciones

Las celebraciones eran importantes en la vida de los indios de California. Las celebraciones solían formar parte de la **religión** de la tribu, es decir, de sus creencias en dioses y espíritus. Muchas tribus creían que había distintos espíritus que controlaban las diferentes partes de la naturaleza. En muchas aldeas, se decía que un **chamán**, o curandero, sanaba a los enfermos. Tanto hombres como mujeres podían ser chamanes.

❯ Cinco chamanes kumeyaay agitan plumas de águila en una ceremonia especial.

▶ **Indios americanos que imitan el canto de los pájaros se congregan en un powwow kumeyaay cerca de San Diego.**

**Ubícalo**

CALIFORNIA

Reserva
india Sycuan

Algunas ceremonias marcaban un momento especial en la vida de las personas, como un casamiento. Otras ceremonias señalaban momentos especiales del año. Estos momentos especiales incluían el comienzo de la temporada de caza o de pesca, o el comienzo de la cosecha de bellotas.

Por ejemplo, los yurok celebraban una ceremonia para dar gracias por la primera pesca de salmón del año. Rezaban ante el primer pez que atrapaban y cada hombre de la aldea se comía un pedazo. No se continuaba la pesca hasta que terminaba la ceremonia.

**Repaso de la lectura** ☼ **Causa y efecto**

**¿Por qué las tribus celebraban ceremonias especiales?**

❯ Un narrador
cuenta sus relatos a
un grupo de niños
indios americanos
en la reserva india
de Barona.

# La narración

Los primeros indios americanos no tenían un lenguaje escrito. En su lugar, los niños aprendían casi todo escuchando a los adultos de su alrededor. Los niños aprendían especialmente acerca del folclore de su tribu. El **folclore** es la historia, las creencias y las costumbres de un grupo contadas en sus relatos o cuentos. Los indios compartían muchas cosas a través de la narración de sus relatos. Los adultos contaban relatos de la historia de la tribu o de la aldea. También hablaban de la vida de personas mayores. Algunos relatos les enseñaban a los niños a comportarse. Otros explicaban las creencias de la tribu sobre el origen del mundo y de los seres humanos. También había otras historias que explicaban por qué las cosas del mundo son como son.

Una mujer maidu recuerda que se sentaba junto a un grupo de niños mientras su abuelo contaba relatos. "'Escuchen todos muy atentamente', nos decía, 'voy a hablarles como se hablaba antes'. Entonces, empezaba a hablar y nos contaba cosas que habían ocurrido mucho tiempo atrás".

Como esta forma de compartir conocimientos se lleva a cabo con palabras habladas en vez de escritas, se llama **tradición oral**. *Oral* significa "hablada".

**Repaso de la lectura** Ö **Causa y efecto**
**¿Por qué los indios americanos compartían su historia mediante la narración?**

# Cómo Águila y Cuervo hicieron la tierra
## Un cuento de los yokuts

Hace mucho tiempo, una inundación cubrió la Tierra. Águila y Cuervo volaban sobre el agua buscando un lugar donde posarse. Finalmente, encontraron un tronco de árbol que sobresalía del agua. Las dos aves se quedaron allí, comiendo peces. A veces, volaban por los alrededores buscando tierra, pero no encontraban nada.

Un día, las aves se preguntaron: "¿Cómo podemos hacer tierra?". Observaban a Pato sumergirse en el agua para pescar, y se dieron cuenta de que a veces Pato sacaba más barro que peces.

Las aves pensaron: "Si le damos a Pato algunos peces, tal vez él nos traiga barro". Entonces, las aves atrapaban peces para Pato a cambio de barro. Cada ave apilaba el barro en su lado del tronco del árbol.

Un día, Águila notó que Cuervo había apilado más barro en su lado del tronco. Águila comenzó a darle el doble de peces a Pato. Pato le daba a Águila el doble de barro. Muy pronto, la pila de barro de Águila se hizo mucho mayor que la de Cuervo.

Una mañana, las aves se dieron cuenta de que el nivel del agua estaba bajando. Poco después, sus enormes pilas de barro se vieron rodeadas de tierra. Un sol caliente coció las dos pilas de barro. La pila de barro de Cuervo se convirtió en la Cordillera Costera. La pila de barro de Águila era más alta, y se convirtió en la imponente sierra Nevada.

# El arte

Los antiguos indios de California pintaban y tallaban arte en las piedras. En algunos casos, en el arte de las piedras se muestran formas de personas y animales, mientras que, en otros casos, hay dibujos de círculos, líneas y puntos.

Los indios de California también usaban el arte en su vida diaria. Tallaban muebles y herramientas de madera y de hueso. Hacían muñecas de cerámica e instrumentos musicales. Tejían hermosas cestas con dibujos detallados. Algunas prendas de vestir y sombreros también eran obras de arte de colores brillantes. Estos objetos se usaban todos los días, pero también eran hermosos y tenían un significado especial.

**Repaso de la lectura** **Resumir**

**¿Cómo usaban el arte los indios de California en su vida diaria?**

▶ **Los indios de California tejen hermosos diseños en zigzag en sus famosas cestas.**

## Los niños en la historia

### George Blake, artista hupa y yurok

El artista George Blake pertenecía tanto a la tribu hupa como a la tribu yurok. Nació en 1944 en el valle Hupa, cerca del río Trinity. Comenzó tallando cucharas de bellotas cuando aún estaba en la escuela secundaria. Según dijo, en ese momento él ya sabía que sus manos tenían un don para hacer este tipo de arte.

Hoy en día, en varios museos de Estados Unidos se expone el arte de Blake: monederos de cuerno de alce, joyas de plata, arcos tradicionales y canoas talladas en secuoya. Blake ha recibido importantes premios por su arte.

# Los juegos

Los indios de California, tanto los adultos como los niños, jugaban a muchos juegos. Había un juego muy popular en el que los jugadores sostenían redes y trataban de atrapar una pelota en un campo. En otro juego, un jugador hacía rodar un aro mientras los demás jugadores trataban de atraparlo con la punta de una vara. Algunos juegos ayudaban a los jóvenes a desarrollar destrezas, como la de lanzar flechas o la de cuidar a los niños. Esas eran destrezas que iban a necesitar en su vida adulta.

**Repaso de la lectura** **Resumir**

**¿Por qué los juegos preparaban a los niños para la edad adulta?**

**Resumen** Los indios de California mostraban respeto por la tierra. Las tribus tenían diferentes formas de vida, creencias religiosas, ceremonias, relatos, arte y juegos. Esas formas de vida, en conjunto, formaban las costumbres y el folclore de cada grupo.

▶ **Una muñeca mojave de arcilla**

## Repaso

1. ¿Cuáles eran las creencias, costumbres y relatos de los primeros indios de California?

2. **Vocabulario** ¿Qué relación hay entre la **tradición oral** y el **folclore**?

3. **Tu comunidad** ¿Cuáles son algunas tradiciones de la tribu india americana de tu comunidad?

**Razonamiento crítico**

4. **Aplícalo** ¿Qué costumbres tiene tu familia? ¿Cómo las aprendiste?

5. **DESTREZA DE ANÁLISIS** ¿Por qué escuchar las narraciones es una buena manera de aprender historia?

6. **Escribe un cuento** Busca un cuento de la tribu de California que estás estudiando. Cuéntales el relato con tus propias palabras a tus compañeros de clase.

7. **Destreza clave** **Causa y efecto** En una hoja de papel, copia y completa el siguiente organizador gráfico.

| Causa | Efecto |
|---|---|
| Los indios tejían hermosas cestas. | |

# Los indios americanos y el cambio

Cuando los europeos llegaron a América del Norte, la vida cambió para los indios americanos que ya vivían allí. Los europeos y los cambios que produjeron despertaron distintos sentimientos en los indios americanos. Esto es lo que pensaban algunos indios americanos que se vieron afectados por esos cambios.

## En sus propias palabras

### Jefe Joseph, líder de los nez percés

"... Todos los hombres fueron creados por el mismo Gran Espíritu Jefe. Todos son hermanos. La Tierra es la madre de todas las personas, y todas las personas deben tener iguales derechos sobre ella. ...Déjenme ser un hombre libre, libre para viajar, libre para detenerme, libre para trabajar, libre para comerciar... libre para elegir mis propios maestros, libre para seguir la religión de mis padres, libre para pensar y hablar y actuar por mí mismo, y yo obedeceré todas las leyes o me someteré al castigo."

—del discurso del Jefe Joseph "An Indian's View of Indian Affairs", pronunciado ante los miembros del gabinete en Washington, D.C., en 1879. *Indian Oratory: Famous Speeches by Noted Indian Chieftains*, Norman University of Oklahoma Press, 1971.

Jefe Joseph

## Satanta, jefe de los indios kiowa

❝He oído que ustedes quieren que vivamos en una reserva cerca de las montañas. Yo no quiero vivir en un lugar fijo. Yo amo andar por las praderas. Allí me siento libre y feliz, pero cuando nos asentamos, palidecemos y morimos.❞

— de un discurso pronunciado en 1876 en una reunión entre indios americanos y personas enviadas por el Congreso de Estados Unidos.

**Satanta**

# Opiniones de hoy

## Leslie Marmon Silko,
### una escritora de la tribu laguna pueblo

❝Si todos nosotros y todos los seres vivos de este planeta hemos de seguir habitándolo, nosotros, que todavía recordamos cómo tenemos que vivir, debemos unirnos.❞

— de *Enduring Wisdom: Sayings from Native Americans,* seleccionados por Virginia Driving Hawk Sneve. Holiday House, 2003.

**Leslie Marmon Silko**

## Búfalo Tigre, líder de los miccosukee

❝Piensen como indios, sean indios, pero aprendan inglés, aprendan a escribir, edúquense. Tienen dos mentes y pueden usarlas ambas. Ser indios no debería ser una desventaja.❞

— de *Enduring Wisdom: Sayings from Native Americans,* seleccionados por Virginia Driving Hawk Sneve. Holiday House, 2003.

**Búfalo Tigre**

### Es tu turno

**DESTREZA DE ANÁLISIS** **Analizar puntos de vista** Trabaja con un compañero. Vuelvan a leer las citas que aparecen en estas páginas. ¿Cuáles han sido las distintas actitudes de los indios frente al cambio? Expliquen por qué creen que cada persona dijo lo que dijo.

# La lectura en los Estudios Sociales

Una **causa** es un suceso o una acción que hace que algo ocurra. Un **efecto** es lo que ocurre como resultado de ese suceso o esa acción.

 ## Causa y efecto

Copia y completa este organizador gráfico para mostrar que entiendes las causas y los efectos del uso que los indios de California les daban a los recursos naturales. En la página 30 del cuaderno de Tarea y práctica encontrarás una copia de un organizador gráfico.

### La tierra y los primeros pueblos

| Causa | Efecto |
|---|---|
| California tenía abundantes recursos naturales. | |

 ## Pautas de redacción de California

**Escribe un reporte** Selecciona uno de los grupos de indios americanos sobre los que leíste en este capítulo. Escribe un reporte en el que expliques lo que aprendiste acerca de su forma de vida.

**Escribe una descripción** Recuerda una de las viviendas indias que estudiaste en este capítulo. Describe la vivienda y explica por qué era adecuada para su ambiente.

**Escribe la palabra que corresponde a cada definición.**

**vivienda,** pág. 94    **trueque,** pág. 110
**herramienta,**          **folclore,** pág. 116
  pág. 101
**economía,**
  pág. 110

1. intercambiar sin usar dinero

2. hogares y edificios que protegen a las personas del tiempo atmosférico

3. formas de producir y usar productos y servicios

4. un artículo que se usa para trabajar

5. la historia, las creencias y las costumbres de un grupo contadas en sus relatos

**Leer una tabla** Usa la tabla de la página 99 para responder a la siguiente pregunta.

6. ¿A qué grupo tribal principal pertenecían los karuk?

**Responde a las siguientes preguntas.**

7. ¿Cuántos grupos tribales principales había en California?

8. ¿Qué grupo tribal era el único que cultivaba la tierra?

**Escribe la letra de la mejor opción.**

9. ¿Para qué tribu la comida era tan abundante que su lenguaje no tenía una palabra para decir "hambruna"?
   A los serrano
   B los yurok
   C los cahuilla
   D los pomo

10. ¿Qué tribu vivía en el lugar en el que hoy se encuentra Los Angeles?
   A los mojave
   B los gabrielinos
   C los maidu
   D los pomo

11. **DESTREZA DE ANÁLISIS** ¿Por qué crees que los indios de California vivían de diferentes maneras?

# ORGANIZAR LA INFORMACIÓN

Un organizador gráfico puede ayudarte a comprender los datos que leíste.

❱ **Las redes y las tablas son organizadores gráficos en los que se muestran ideas principales y detalles importantes.**

❱ **Un organizador gráfico te ayuda a clasificar y categorizar la información. También te ayuda a entender la relación entre el tema del capítulo y cada lección.**

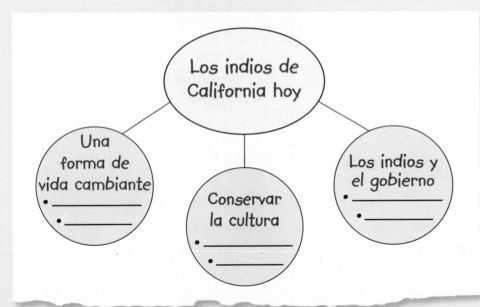

## Aplica la destreza mientras lees

A medida que lees este capítulo, rellena cada parte de una red como la de arriba con datos de cada lección.

**Normas de Historia y Ciencias Sociales de California, Grado 3**

3.2 Los estudiantes describen las naciones de los indios americanos y sus regiones en el pasado lejano y en el pasado reciente.

# Los indios de California hoy

Un powwow de indios chumash en el valle de Santa Ynez, California

# Los yurok del norte de California

por Diane Hoyt-Goldsmith
fotografías de Lawrence Migdale

Algunas historias que leemos tratan de personas y lugares reales. Esas historias se conocen como historias de no ficción. Nos ayudan a conocer mejor el mundo en el que vivimos. Lee una de estas historias para aprender cómo viven los niños yurok en la actualidad.

Hace muchos cientos de años, los yurok se establecieron en aldeas junto al océano Pacífico, donde el río Klamath desemboca en el mar. También construyeron asentamientos río arriba a lo largo de su ribera. Los yurok pescaban salmones en el río. Lo recorrían en sus canoas para comerciar con otras tribus del este. De hecho, el nombre yurok significa "río abajo". Por estas razones, el río Klamath del norte de California siempre ha sido el centro de la vida yurok, y eso no ha cambiado en la actualidad.

Esta niña yurok lleva un vestido ceremonial hecho con piel de ciervo. Su sombrero es de mimbre finamente tejido. ▶

▲ Los niños yurok ayudan a sus padres a pescar salmones. Usan redes, como lo hacían sus antepasados.

Hoy en día, muchas de las aldeas ancestrales ya no existen. Pero los yurok aún viven cerca de ellas, en pequeños pueblos como Hoopa y Weitchpec, y en zonas rurales tan remotas que muchas familias yurok no tienen electricidad ni teléfono en su hogar. Las tierras yurok se extienden desde la desembocadura del río Klamath a lo largo de ambas riberas hasta una distancia de 40 millas. Rodeados de bosques, muchos yurok viven cerca del río. Lo ven todos los días cuando van y vienen de la escuela y del trabajo, y por la noche se duermen escuchando su música.

Todos los veranos, la tribu yurok patrocina un campamento cultural para niños en uno de los lugares donde estaban situadas las aldeas ancestrales. En campamentos que duran una semana, niños de entre 7 y 12 años aprenden cómo se vivía en la época de sus antepasados. Los niños se suben en lanchas en la desembocadura del río. Los motores se encienden con un fuerte rugido y las lanchas vuelan sobre el agua. Después de una hora, las lanchas llegan a un lugar ubicado muchas millas corriente arriba, donde acampan los niños.

▲ Este mapa muestra la ubicación de las tierras yurok y las masas de agua.

Durante una semana, los campistas tienen la oportunidad de aprender acerca de su cultura. Los ancianos de la tribu visitan el campamento y cuentan leyendas, recuerdos y relatos del pasado. Tocan tambores y cantan canciones sobre épocas lejanas.

En la tribu yurok, solo hay unos pocos ancianos que todavía recuerdan cómo se habla el lenguaje yurok, y visitan el campamento para enseñárselo a los niños. Su patrimonio es muy valioso, y cada palabra yurok que aprende un campista es una manera de protegerlo. Los niños visitan Sumeg, donde pueden ver una antigua vivienda de estilo yurok.

Como a todos los niños, a los yurok les encantan los juegos. En el campamento cultural, los niños yurok aprenden un juego tradicional llamado *stick ball*, una especie de béisbol que se juega con un palo. La playa, arenosa y llana, ofrece un excelente campo de juego junto al río.

El *stick ball* es un juego rápido y emocionante que combina el correr y la lucha libre con la destreza de usar un palo para atrapar y arrojar una especie de borla. El palo es de madera tallada, de unos tres o cuatro pies de largo, y tiene un gancho en un extremo. La borla está hecha con dos estacas de madera atadas una a la otra.

▲ **Los campistas se dirigen río arriba en potentes lanchas.**

El juego comienza con la borla en el centro del campo. Se enfrentan dos equipos iguales, generalmente de dos a cuatro jugadores. Cada equipo trata de atrapar la borla y llevarla hasta el arco del oponente. A medida que los jugadores corren para atrapar la borla, el juego se convierte en una auténtica batalla. Un jugador engancha la borla y se la lanza a un compañero de equipo. El que juega de defensa lucha con el jugador hasta que lo derriba al suelo y le roba la borla. La borla pasa de un equipo a otro hasta que alguien anota un punto.

Hoy en día, el *stick ball* es popular porque es muy divertido. Algunos expertos creen que, en el pasado, el *stick ball* pudo haber sido un modo de resolver conflictos entre personas o familias.

▲ Un jugador de *stick ball* sostiene un palo y la borla.

◀ La danza llamada *brush* de los yurok se baila con vestidos de fiesta decorados con cuentas y conchas.

▲ **En el campamento, los niños yurok aprenden a hacer cestas.**

**Cestas yurok**
▼

En la antigüedad, los yurok eran famosos por las excelentes cestas que elaboraban. Las bellotas formaban una parte importante de la dieta de los yurok. Se molían para hacer harina y les proporcionaban a los yurok un alimento saludable y delicioso. Las cestas servían para recolectar y almacenar las bellotas. También se usaban como utensilios de cocina y para transportar y almacenar agua. Los yurok también intercambiaban sus cestas con otras tribus por otros artículos que necesitaban.

**Una vivienda en Sumeg** ▶

Los campistas aprenden a preparar el salmón ahumado como hacían sus antepasados. El salmón se ensarta en largas varas de secuoya que se clavan en la arena alrededor de carbones ardientes. Las varas se giran y, de esta forma, el salmón se cocina de manera uniforme.

En el campamento, los niños yurok aprenden a tejer cestas con el pasto que crece a lo largo del río. Con materiales de la naturaleza, fabrican algo útil y a la vez hermoso. Gracias al campamento cultural, los niños yurok pueden entrar en contacto con el pasado y experimentar cómo vivieron sus antepasados junto al río Klamath hace tanto tiempo.

Después de armar las tiendas, los niños almuerzan salmón, pan y ensalada. ▼

## Responde

1️⃣ ¿Por qué el río Klamath era importante para los yurok en el pasado?

2️⃣ ¿Qué aprenden los niños yurok en el campamento cultural de verano?

Capítulo 4 ▪ 131

# Un estilo de vida cambiante

### Reflexiona

¿Cómo ha cambiado la vida para los indios de California?

✓ La vida de los indios de California hoy en día es parecida y al mismo tiempo diferente de la vida de los indios del pasado.

✓ Muchos indios viven hoy en reservas indias y en ciudades de California.

### Vocabulario

**misión** pág. 132
**reserva** pág. 133
**ranchería** pág. 135

**Causa y efecto**

Normas de California

HSS 3.2, 3.2.1, 3.2.3, 3.2.4

La llegada de los primeros europeos a California marcó el inicio de muchos cambios en la vida de los indios de la zona.

## Los recién llegados traen cambios

Cada grupo de recién llegados a California quería algo diferente de los indios. Algunos querían cazar en tierras de los indios, mientras que otros querían comerciar. Los españoles querían sus tierras y sus recursos, y querían incluso cambiar su estilo de vida. En el siglo XVIII, los españoles comenzaron a construir en California comunidades religiosas llamadas **misiones**, donde enseñaron a los indios la religión católica.

> **La misión de San Gabriel Arcángel, cerca de Los Angeles, fue la cuarta de las 21 misiones españolas que se construyeron en California.**

Al principio, los recién llegados respetaron el derecho de los indios a sus tierras. Sin embargo, a medida que fueron llegando más personas a California, les empezaron a dar menor importancia a los derechos de los indios. Muchas personas del este de Estados Unidos comenzaron a mudarse a esta región en 1848 en busca de oro. Los recién llegados lucharon contra los indios por las tierras. Muchos indios murieron, y muchos de los que sobrevivieron fueron maltratados y expulsados de sus tierras.

Estados Unidos tenía la esperanza de poner fin a la lucha creando **reservas**. Las reservas eran áreas de tierra reservadas, o apartadas, para los indios. Algunos indios de California fueron obligados a mudarse a reservas lejos de las tierras donde siempre habían vivido. Algunos se quedaron sin territorio. Todo esto le resultó muy difícil a un pueblo cuyo estilo de vida estaba unido a sus tierras.

**Repaso de la lectura** ŏ **Causa y efecto**
**¿Por qué el gobierno de Estados Unidos creó las reservas?**

## La reserva india del río Tule

La reserva india del río Tule está situada en el valle Central de California. La reserva abarca unos 55,000 acres, o aproximadamente 85 millas cuadradas, de tierra montañosa en la que crecen secuoyas gigantes, y se encuentra en el extremo sur de la sierra Nevada. Es un lugar hermoso, pero incómodo para vivir y trabajar. Los miembros de la tribu del río Tule que viven allí esperan poder comprar en los alrededores terrenos más llanos y adecuados para sus hogares y para el cultivo.

# La vida en una reserva

Hasta hace muy poco, los indios que vivían en las reservas de California eran muy pobres. La mayoría de la tierra de las reservas no era buena para el cultivo. Los indios ya no podían vivir de la tierra como hacían antes. No tenían los recursos naturales que necesitaban para fabricar productos e intercambiarlos por otros.

Hoy en día, muchos indios de California todavía viven en reservas. Algunas reservas tienen oficinas de correos, tiendas y edificios del gobierno. Muchos habitantes de las reservas son pobres. Sin embargo, cada vez más personas encuentran la manera de crear trabajos y ganar dinero.

La reserva india del río Tule es el hogar de muchos indios yokuts. Los miembros de la tribu del río Tule han construido un centro recreativo, y también una planta donde fabrican y reparan aviones cerca del aeropuerto. Además, han construido un centro de distribución de alimentos. También hay una compañía que analiza el suelo y el agua. Todos estos lugares proporcionan puestos de trabajo.

En la actualidad, las reservas indias de California y las **rancherías**, o pequeñas reservas, dirigen muchas compañías, desde hoteles y campos de golf hasta centrales eléctricas y aserraderos. En California hay más de 50 rancherías. Las rancherías surgieron como pequeñas aldeas indias que luego el gobierno de Estados Unidos convirtió en reservas.

**Repaso de la lectura** **Comparar y contrastar**
**¿En qué se parecen las reservas a las ciudades?**

> Este indio americano trabaja en la fábrica de aviones de la reserva india del río Tule.

> La ranchería Robinson: una comunidad pomo en el condado de Lake

**Ubícalo**

CALIFORNIA

Ranchería Robinson

**Ubícalo**

CALIFORNIA

Pasadena

❯ Muchos indios americanos viven en Pasadena (arriba) y en otras ciudades de California. Su vida es muy parecida a la de otros estadounidenses.

# La vida en la ciudad

Hoy en día, los indios de California se visten, comen, viven y viajan de la misma manera que la mayoría de los demás estadounidenses. Muchos se han mudado a ciudades grandes en lugar de vivir en reservas. Sin embargo, la mayoría de ellos siguen aprendiendo las viejas costumbres para honrar a sus antepasados. Aprenden el arte, las danzas y los lenguajes del pasado. Algunos también se visten al estilo de los antiguos indios de California, pero suelen realizar estas actividades en días especiales.

Algunos indios americanos de otras partes de Estados Unidos también se han mudado a las ciudades de California. Allí se reúnen todos y aprenden las costumbres de las distintas tribus.

Una manera de aprender acerca de las distintas tribus de California es asistir a un powwow. En un powwow, se reúnen indios americanos de muchas tribus para bailar, cantar y aprender acerca de las distintas tribus. Los powwows fueron creados por los indios americanos que llegaron a California desde otros lugares. Algunos powwows se llevan a cabo en reservas, pero otros se celebran cerca de grandes ciudades, como el de la Universidad de Stanford, cerca de la ciudad de San Francisco.

▶ Los indios pomo celebran su patrimonio cultural vistiendo ropa tradicional.

**Repaso de la lectura** **Resumir**

**¿Cómo honran a sus antepasados los indios americanos de hoy?**

**Resumen** Los recién llegados a California cambiaron el estilo de vida de los indios americanos. Hoy, los indios viven en reservas, rancherías y ciudades.

# Repaso

1. ¿Cómo ha cambiado la vida para los indios de California?

2. **Vocabulario** ¿Qué es una **reserva** india?

3. **Tu comunidad** Investiga acerca de un powwow o de otro evento de los indios americanos que tenga lugar en tu comunidad o cerca de ella. Muéstrales a tus compañeros lo que encuentres.

**Razonamiento crítico**

4. **Aplícalo** ¿Qué misiones, reservas y rancherías están situadas más cerca de tu comunidad?

5. **DESTREZA DE ANÁLISIS** ¿En qué sentido sería distinta la vida de los indios de California si no hubieran perdido sus tierras?

6. **Haz una investigación** Haz una investigación acerca de la reserva más cercana a tu comunidad. Muéstrales a tus compañeros de clase todo lo que aprendiste, y úsalo para completar el proyecto de la unidad.

7. **Destreza clave** **Causa y efecto** En una hoja de papel, copia y completa el siguiente organizador gráfico.

| Causa | Efecto |
|---|---|
| Los recién llegados lucharon contra los indios por las tierras. | |

# Comparar mapas históricos

## ❯ Por qué es importante

En los mapas de la página 139 se muestra California en dos momentos diferentes de su historia. Si comparas estos mapas históricos, verás qué cambió y qué permaneció igual. En un **mapa histórico** se muestra qué aspecto tenía un lugar en el pasado.

## ❯ Lo que necesitas saber

A menudo, en un mapa se usan colores en lugar de símbolos. Los colores pueden ayudarte a distinguir el agua de la tierra, y pueden mostrarte el área de los estados y los países. En estos dos mapas, se usan colores para que puedas ubicar cada grupo tribal del sur de California.

## ❯ Practica la destreza

Mira la leyenda del mapa para ver qué representa cada color. Luego, consulta el mapa para responder a las siguientes preguntas.

**1** ¿Qué tribus de indios americanos vivieron en California hace muchos años? ¿Cuáles viven allí en la actualidad?

**2** ¿Adónde habrías ido a visitar a los chumash en el pasado? ¿Adónde irías hoy?

## ❯ Aplica lo que aprendiste

**DESTREZA DE ANÁLISIS** **Aplícalo** Busca un mapa antiguo y un mapa nuevo de tu comunidad. Compara los dos mapas. ¿Qué cosas han cambiado? ¿Qué cosas han permanecido igual?

 Practica tus destrezas con mapas y globos terráqueos con el **CD-ROM GeoSkills.**

## Tribus del sur de California en el pasado

N · O · E · S

COSTANOAN

Río San Joaquín

MIWOK DE LA SIERRA

MONACHE

PAIUTE-SHOSHONES DEL VALLE OWENS

NEVADA

YOKUTS

SHOSHONES DEL OESTE

ESSELEN

SALINAN

TUBATULABAL

Río Colorado

KAWAIISU

PAIUTE DEL SUR

OCÉANO PACÍFICO

KITANEMUK

CHUMASH

SERRANO

MOJAVE

TATAVIAM

CHEMEHUEVI

GABRIELINOS (TONGVA)

CHUMASH

CAHUILLA

HALCHIDHOMA

0 50 100 millas
0 50 100 kilómetros

LUISEÑOS

ARIZONA

GABRIELINOS

DIEGUEÑOS (IPAI)

KUMEYAAY (TIPAI)

QUECHAN

**Leyenda**
Frontera actual

MÉXICO

## Tribus del sur de California en la actualidad

N · O · E · S

Río San Joaquín

NORTH FORK

BISHOP

NEVADA

PICAYUNE

BIG SANDY

BIG PINE

TABLE MOUNTAIN

COLD SPRINGS

FORT INDEPENDENCE

LONE PINE

SANTA ROSA

TULE RIVER

Río Colorado

**Leyenda**
Reservas indias y ciudades en las que viven actualmente algunas tribus

Chumash
Yokuts
Mojave
Gabrielinos (Tongva)
Miwok
Serrano
Paiute
Otras reservas indias

SANTA YNEZ

FORT MOJAVE

Santa Barbara

San Fernando

CHEMEHUEVI

SAN MANUEL

San Gabriel

MORONGO

OCÉANO PACÍFICO

ARIZONA

0 50 100 millas
0 50 100 kilómetros

MÉXICO

### Biografía

Integridad

Respeto

Responsabilidad

**Equidad**

Bondad

Patriotismo

## La importancia del carácter

❓ **¿Cómo mostró Ishi equidad a las personas que lo rodeaban?**

# Ishi

"Era buena persona; tenía valentía y dominio de sí mismo, y aunque se lo habían quitado todo, no tenía resentimiento en su corazón."*

—Dr. Saxton Pope, amigo de Ishi

Ishi salió solo de las colinas de California en 1911. Los demás miembros de su tribu, los yahi, habían muerto. Muchos habían sido asesinados por los pobladores blancos. Algunos habían escapado a las colinas, entre ellos, Ishi. Allí vivió con los últimos miembros de su tribu, hasta que todos los yahi murieron, menos él. Ishi caminó hasta que encontró un pueblo.

Al principio, nadie sabía qué hacer con Ishi. No hablaba inglés y nadie conocía el lenguaje que él hablaba. Al principio, encerraron a este cansado y hambriento hombre en la cárcel, simplemente porque nadie sabía qué hacer con él.

T.T. Waterman, un profesor de la Universidad de California, oyó hablar de Ishi. Waterman estudiaba a las personas como miembros de un grupo. Waterman se reunió con Ishi y lo llevó a San Francisco.

**Ishi en 1911, cuando lo capturaron**

\* Dr. Saxton Pope. *Encyclopedia of North American Indians*, Frederick E. Hoxie, ed. 1996.

Sam Batwi, Alfred
Kroeber e Ishi

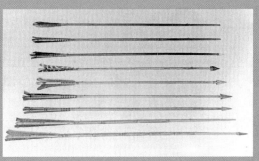

Flechas hechas por Ishi

Ishi en 1914

Una vez allí, Alfred Kroeber trató de hablar con Ishi.
Kroeber conocía un lenguaje muy parecido al que hablaba
Ishi. Finalmente, Ishi pudo contarle un poco sobre su vida.
No dijo su verdadero nombre, porque eso iba en contra de
las leyes de su pueblo. Los profesores lo llamaron *Ishi*, que
significa "hombre" en el lenguaje yahi.

Ishi vivía en un museo. Las personas venían a verlo
mientras hacía objetos artesanales de su pueblo. Hacía
puntas de flecha y arcos. También limpiaba el museo.
Todos decían que era una persona muy simpática.

En diciembre de 1914, Ishi se enfermó, y murió dos años
después. Tenía aproximadamente 56 años. Había vivido en
la ciudad algo más de cuatro años.

Ishi había visto morir a la mayoría de sus
familiares y de sus amigos y, sin embargo,
no sentía rencor. Ishi trataba a las personas
que lo rodeaban con equidad. Les hablaba
con orgullo acerca de las costumbres de los yahi.

APRENDE
en
línea
Visita MULTIMEDIA BIOGRAPHIES
en **www.harcourtschool.com/hss**
para hallar biografías multimedia.

**Biografía breve**

1860 — Nace

1916 — Muere

**1911** Sale
de las colinas
de California

**1911** Comienza
a trabajar en el museo
de la universidad de
San Francisco

**1914** Se enferma

# Conservar la cultura

**Reflexiona**

¿Cómo conservan su cultura los indios americanos?

✓ Los indios americanos tienen su propia cultura.

✓ Los indios americanos trabajan para conservar sus propias culturas.

**Vocabulario**

**cultura** pág. 142
**conservar** pág. 143
**museo** pág. 143
**tradición** pág. 144
**anciano** pág. 144

**Causa y efecto**

Normas de California
HSS 3.2, 3.2.1

Los indios de California piensan que es importante recordar su estilo de vida. Muchos de ellos les han transmitido sus costumbres a sus hijos y nietos. En la actualidad, los indios de California trabajan para mantener vivo su antiguo estilo de vida.

## Mantener viva la cultura

La **cultura** es un estilo de vida que los miembros de un grupo tienen en común. Como los indios de California viven ahora igual que la mayoría de los demás estadounidenses, tienen que buscar formas especiales de recordar sus culturas.

❯ La historiadora y narradora chumash Julie Tumamait ayuda a mantener viva su cultura.

Muchos indios asisten a celebraciones en las que se baila y se cantan canciones indias. También celebran ceremonias y festivales como los del pasado. Algunos indios les enseñan a sus hijos su lenguaje y sus costumbres.

Los artistas **conservan** su cultura, o la mantienen viva, pintando imágenes de cómo se hacían las cosas en el pasado. También fabrican cestas y objetos artesanales a la manera antigua, y les enseñan sus destrezas a los demás.

Muchas personas que trabajan en museos conservan la ropa, las obras de arte y las herramientas indias para que esos objetos puedan durar mucho tiempo. Un **museo** es un lugar en el que se guardan y se exhiben objetos. Muchas ciudades y reservas de California tienen museos en los que se exhiben objetos de las culturas indias americanas.

**Repaso de la lectura** Ö **Causa y efecto**
**¿Cuál es uno de los efectos de guardar los objetos en los museos?**

## Patrimonio cultural

### Día del Indígena de California

El Día del Indígena de California se convirtió en día feriado oficial del estado en 1998, y se celebra el cuarto viernes de septiembre. Es un día en el que las personas pueden aprender más sobre las culturas y las tradiciones de los indios americanos. Se organizan actividades especiales en las que las personas pueden aprender las canciones y las danzas de los indios americanos. También se hacen objetos de cerámica y se preparan y prueban comidas tradicionales.

# Festival del Salmón de Oroville

Entre los festivales que celebran las tribus indias se encuentra el Festival del Salmón de Oroville. Todos los años, los salmones nadan río arriba en el noroeste de California para poner sus huevos. En el pasado, las tribus maidu hacían ceremonias para celebrar este suceso. Hoy en día, los maidu continúan con la tradición. Una **tradición** es una forma de hacer las cosas que se transmite de unos a otros.

Este festival se celebra en Oroville. Comienza cuando un anciano de la tribu pesca con un arpón el primer salmón. Un **anciano** es un miembro mayor y respetado de la tribu. El salmón se seca con un fuego humeante y se comparte con los ancianos de otras tribus. Esta ceremonia va seguida de música de tambores, danzas y cantos. Luego, todos disfrutan de una comida a base de salmón.

**Repaso de la lectura** **Resumir**
**¿Que suceso celebra el Festival del Salmón de Oroville?**

## ⚡Datos breves

Hace mucho tiempo, los indios maidu comenzaron a pescar salmones en el río Feather. Ahora, los maidu son una parte importante del Festival del Salmón de Oroville. Este festival se ha celebrado en septiembre todos los años desde 1994.

❯ Este hombre maidu sostiene salmones. Abajo, esta presa en el río Feather dirige a los salmones hacia un criadero de peces cercano.

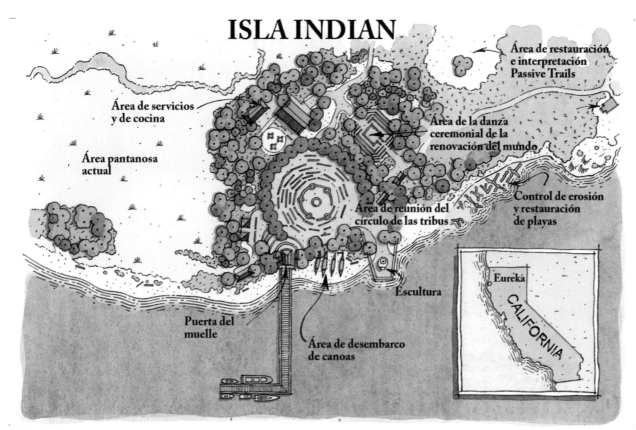

# ISLA INDIAN

Área de restauración e interpretación Passive Trails

Área de servicios y de cocina

Área de la danza ceremonial de la renovación del mundo

Área pantanosa actual

Área de reunión del círculo de las tribus

Control de erosión y restauración de playas

Escultura

Eureka

CALIFORNIA

Puerta del muelle

Área de desembarco de canoas

**DESTREZA DE ANÁLISIS** Analizar mapas

❖ Interacciones entre los seres humanos y el ambiente
   **¿Qué lugares planean construir los wiyot para celebrar ceremonias y reuniones?**

# La isla Indian

Hace mucho tiempo, la isla Indian era muy importante para los wiyot. Las tribus wiyot se reunían allí todos los años para celebrar ceremonias especiales. Pero en 1860, asesinaron a muchos wiyot en la isla, y a otros los llevaron a una reserva.

Hoy en día, algunos miembros de la tribu wiyot viven en la reserva de Table Bluff, al sur de Eureka, California. En el año 2000, compraron parte de la tierra de la isla. Ahora están limpiando la zona y planean reconstruir un área de danzas ceremoniales.

▶ El alcalde de Eureka, Peter LaVallee, y el jefe de la tribu wiyot, Cheryl Seidner, firman los documentos relacionados con el terreno de la isla Indian.

**Repaso de la lectura** Idea principal y detalles
**¿Por qué la isla Indian es importante para los wiyot?**

# Aprender a conservar la cultura

Estudiantes de la universidad D-Q

La universidad D-Q abrió sus puertas en Davis, California, en 1971. Fue la primera universidad dirigida por indios fuera del territorio de una reserva. Desde entonces, varias universidades de California han creado departamentos especiales para el estudio de los indios americanos. En estas universidades, los expertos aprenden más acerca de las culturas de los indios americanos y les enseñan a los demás lo que saben.

Katherine Siva Saubel es uno de esos expertos. Es una india cahuilla que participó en la creación del Museo Malki en la reserva india de Morongo, cerca de Banning. Para hacerlo, trabajó con otras personas, entre ellas su esposo, Mariano Saubel, y su amiga Jane Penn. Saubel es también la última persona que habla el lenguaje cahuilla como lengua materna.

Los estudiantes aprenden sobre las artes culturales de los indios americanos en este edificio de la universidad D-Q.

**Ubícalo**

CALIFORNIA

Davis

Saubel ha escrito un diccionario cahuilla y ha hecho grabaciones para mostrar cómo se pronuncian las palabras. También ha grabado muchas canciones de la tribu cahuilla, y ha trabajado con investigadores para nombrar muchas de las plantas que los cahuilla usaban como medicamentos.

Por su trabajo, Saubel ha sido nominada para el Salón de la Fama Nacional de la Mujer. También fue nombrada Anciana del Año por el Museo Estatal Indio de Sacramento.

▶ **Katherine Siva Saubel**

**Repaso de la lectura** **Resumir**

**¿Qué ha hecho Katherine Siva Saubel para proteger el estilo de vida cahuilla?**

**Resumen** Los indios americanos están conservando su cultura para que sea recordada en el futuro. Celebran festivales y enseñan sus tradiciones a los jóvenes.

# Repaso

1. ¿Cómo conservan su cultura los indios americanos?

2. **Vocabulario** Explica la diferencia entre **cultura** y **tradición**.

3. **Tu comunidad** ¿Dónde puedes aprender sobre los indios americanos que viven en tu comunidad o cerca de ella?

**Razonamiento crítico**

4. **Aplícalo** ¿De qué manera los miembros de tu familia o de tu comunidad conservan su cultura?

5. **DESTREZA DE ANÁLISIS** ¿Por qué es importante conservar la cultura?

6. **Haz un objeto cultural** Para la feria cultural, haz un objeto cultural que represente a una tribu, como una cesta o un tambor.

7. **Destreza clave** **Causa y efecto** En una hoja de papel, copia y completa el siguiente organizador gráfico.

| Causa | Efecto |
|---|---|
|  | **Algunos miembros de la tribu wiyot están limpiando la isla Indian.** |

# Objetos culturales del pasado

Durante muchos años, las personas han admirado los expertos trabajos de artesanía de los indios americanos de California. Los indios de California usaban los materiales de la naturaleza para hacer sus hogares, sus herramientas, su ropa y sus joyas.

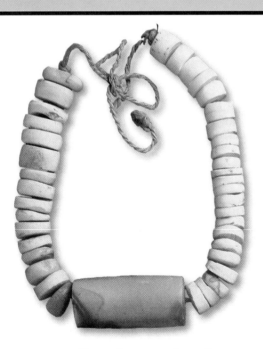

collar de cuentas de magnetita y conchas de almeja

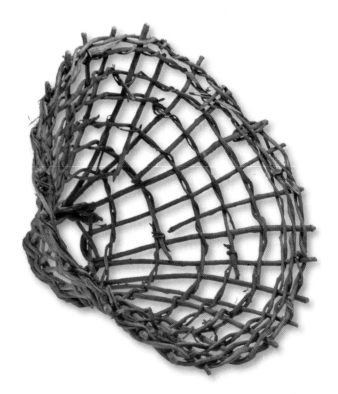

cesta para atrapar peces

vincha ceremonial

utensilio tejido para
machacar semillas

falda hecha de tiras
de corteza

**DESTREZA DE ANÁLISIS** **Analizar objetos del pasado**

1. ¿Qué te indican la cesta para atrapar peces y el utensilio para machacar semillas acerca de lo que comían los indios de California?

2. ¿Qué ropa usaban los indios americanos?

3. ¿Qué objeto crees que era el más difícil de hacer? ¿Por qué?

APRENDE en línea  Visita PRIMARY SOURCES en **www.harcourtschool.com/hss** para hallar fuentes primarias.

**Lección** 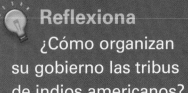 **3**

# Los indios y el gobierno

Hoy en día, muchas tribus indias tienen su propio gobierno. También pueden participar en el gobierno de Estados Unidos.

## El gobierno indio en la actualidad

El gobierno tribal funciona aparte del gobierno federal o nacional. También funciona aparte de los gobiernos estatales y locales. Esta clase de gobierno se llama gobierno **soberano**. Una tribu con un gobierno soberano es como una nación independiente en muchos sentidos. Puede tener su propia **constitución**, o conjunto de leyes escritas que indican cómo debe funcionar un gobierno.

> **El consejo tribal del grupo de Agua Caliente de los indios cahuilla**

---

**Reflexiona**

¿Cómo organizan su gobierno las tribus de indios americanos?

✔ Las tribus indias tienen su propio gobierno y constitución.

✔ Los líderes de las tribus indias trabajan en conjunto con el gobierno estatal y federal.

**Vocabulario**

**soberano** pág. 150
**constitución** pág. 150
**consejo tribal** pág. 151
**tratado** pág. 152

 **Causa y efecto**

Destreza clave

 **Normas de California**
**HSS 3.2, 3.2.3, 3.4.5**

 Richard Milanovich, presidente tribal del grupo de Agua Caliente de los indios cahuilla, habla sobre los planes de la tribu.

La mayoría de las reservas están dirigidas por **consejos tribales**. Un consejo tribal es un grupo de líderes elegidos por los miembros de la tribu que representa a la tribu ante el gobierno estatal y nacional. El consejo también administra la economía de la tribu.

El grupo del valle Konkow de los maidu tiene su propio gobierno. Su consejo tribal está compuesto por un presidente y otros tres miembros. Cada miembro del consejo tribal ocupa su cargo durante dos años y puede ser reelegido.

Muchos gobiernos tribales ofrecen servicios especiales a los miembros de la tribu. Por ejemplo, la tribu wiyot de la reserva de Table Bluff ofrece una comida comunitaria un día por semana. También ofrece servicios de cuidado de niños y programas para ayudar a los niños con sus tareas escolares.

**Repaso de la lectura** ⟡ **Causa y efecto**
**¿Qué efecto tienen los gobiernos tribales en los indios?**

# Participar en el gobierno estatal y federal

La constitución de Estados Unidos le da autoridad sobre los asuntos indios al gobierno federal, no a los gobiernos estatales. Muchos de los tratados firmados en el pasado entre el gobierno federal de Estados Unidos y las tribus indias todavía están vigentes. Un **tratado** es un acuerdo entre grupos o países. A cambio de la tierra de las tribus, Estados Unidos prometió proporcionar educación, atención médica y otros servicios.

La agencia principal del gobierno federal que trabaja con las tribus indias es la Oficina de Asuntos Indios (*Bureau of Indian Affairs* o BIA). La BIA presta muchos servicios en las reservas, como capacitación laboral, atención médica y educación.

▶ Estos jefes tribales de California presentan una petición para ser reconocidos por el gobierno federal.

La BIA también ayuda a las tribus a administrar su propio gobierno, y las alienta a prestar sus propios servicios en la medida de lo posible.

En general, los gobiernos estatales no tienen control sobre los gobiernos tribales, sino que, a menudo, ambos gobiernos cooperan entre sí.

**Repaso de la lectura** **Resumir**

**¿Cuál es la relación entre los gobiernos tribales y los gobiernos federal y estatal?**

**Resumen** Las tribus tienen su propia constitución y se gobiernan a sí mismas mediante un consejo tribal. Los tratados indios todavía están vigentes. El gobierno federal presta servicios a las reservas indias. Los gobiernos estatales y tribales trabajan en conjunto.

ONE CALIFORNIA

▶ **El gobernador Arnold Schwarzenegger y cinco jefes tribales de California firman nuevos acuerdos de cooperación para todo el estado.**

# Repaso

**1.** ¿Cómo organizan su gobierno las tribus de indios americanos?

**2. Vocabulario** Explica la relación entre un **consejo tribal** y su **constitución**.

**3. Tu comunidad** ¿En qué se parece una reserva a tu comunidad?

**Razonamiento crítico**

**4. Aplícalo** ¿Qué noticias relacionadas con los indios americanos aparecen en el periódico local?

**5.** DESTREZA DE ANÁLISIS ¿Cuál es la relación entre gobierno tribal y gobierno estatal?

**6.** **Haz una tabla en T** Haz una tabla en T. En un lado, anota lo que sabes sobre el gobierno tribal, y en el otro lado, lo que sabes sobre el gobierno federal.

**7.** Destreza clave **Causa y efecto** En una hoja de papel, copia y completa el siguiente organizador gráfico.

| Causa | Efecto |
|---|---|
| La Oficina de Asuntos Indios trabaja con las tribus indias. | |

# La lectura en los Estudios Sociales

Una **causa** es un suceso o una acción que hace que algo ocurra. Un **efecto** es lo que ocurre como resultado de ese suceso o esa acción.

 ## Causa y efecto

Copia y completa este organizador gráfico para mostrar que entiendes las causas y los efectos de cómo se mantiene viva en la actualidad la cultura de las tribus indias de California. En la página 38 del cuaderno de Tarea y práctica encontrarás una copia de un organizador gráfico.

## Los indios de California en la actualidad

**Causa**

**Efecto**

Se está conservando la cultura de los indios de California.

 ## Pautas de redacción de California

**Escribe acerca de las reservas indias** Escribe un párrafo en el que expliques por qué Estados Unidos decidió crear reservas indias. Comienza con una oración que explique el tema e incluye datos sobre las reservas.

**Escribe un anuncio** Escribe un anuncio sobre un powwow que diga dónde y cuándo tendrá lugar la reunión. Describe qué verán los visitantes en el powwow y qué harán allí las tribus indias.

**Escribe la palabra que corresponde a cada definición.**

reserva, pág. 133
tradición, pág. 144
constitución, pág. 150

consejo tribal, pág.151
tratado, pág. 152

1. un grupo de líderes elegidos por los miembros de la tribu

2. un acuerdo entre grupos o países

3. áreas de tierra reservadas, o apartadas, para los indios

4. una forma de hacer las cosas que se transmite de unos a otros

5. un conjunto de leyes escritas que indican cómo debe funcionar un gobierno

**Comparar mapas históricos** Consulta los mapas de la página 139 para responder a la siguiente pregunta.

6. **DESTREZA DE ANÁLISIS** ¿Qué color se usa para indicar el lugar en el que vivían los grupos tribales serrano en el pasado y hoy en día?

**Responde a las siguientes preguntas.**

7. ¿Qué clases de compañías existen hoy en las reservas y rancherías de California?

8. ¿Qué isla tiene un significado especial para los indios wiyot?

**Escribe la letra de la mejor opción.**

9. ¿Qué grupo dirige la mayoría de las reservas en la actualidad?
   A el gobierno federal
   B un consejo tribal
   C el estado de California
   D un pueblo cercano a la reserva

10. ¿Qué agencia del gobierno federal trabaja con las tribus indias?
    A la BIA
    B la CIA
    C el FBI
    D el Congreso

11. **DESTREZA DE ANÁLISIS** ¿Qué se puede aprender al visitar las exposiciones sobre los indios americanos de los museos de California?

# INDIAN GRINDING ROCK

## Parque Histórico Estatal

## Prepárate

El Parque Histórico Estatal Indian Grinding Rock está ubicado en Pine Grove, California, al pie de la sierra Nevada. El parque lleva el nombre de una formación rocosa en la que se reunían las ancianas miwok a moler bellotas y otras semillas. Con el tiempo, su trabajo dejó en la piedra 1,185 huecos en forma de tazón. Es posible que algunos de los agujeros para moler—y los tallados decorativos que los rodean—tengan hasta 3,000 años de antigüedad.

**Ubícalo**
**California**

Parque Histórico Estatal
Indian Grinding Rock

## Observa

A los visitantes se les pide que no se acerquen a la antigua roca para que no se desgaste.

Las bellotas son nutritivas, pero tienen un sabor malísimo. Después de moler las bellotas y hacer harina, se puede eliminar la sustancia llamada tanino, que es la que le da el sabor amargo.

En el parque también se encuentra el museo regional indio Chaw'se, donde los visitantes aprenden sobre las cestas, las armas, las herramientas, las ropas y las joyas de las tribus de la zona.

Las casas hechas de corteza forman parte de una aldea miwok reconstruida. También hay una casa circular para ceremonias y un campo de juego indio.

## Un paseo virtual

APRENDE en línea

Visita VIRTUAL TOURS en www.harcourtschool.com/hss para realizar un paseo virtual.

# Repaso

## 🔆 LA GRAN IDEA

**Los indios de California** Hace mucho, los indios americanos desarrollaron culturas que usaban la tierra para satisfacer sus necesidades. Estos grupos tenían costumbres y lenguajes distintos. Muchas de sus tradiciones se conservan hoy en día.

**Resumen**

## Los indios americanos

Las tribus indias vivían en California mucho antes de que llegaran los europeos. Las tribus se clasifican en cuatro grupos según el lugar en el que vivían. Cada tribu usaba los recursos naturales que encontraba en su área y mostraba respeto por la Tierra.

Las tribus de California practicaban el trueque, es decir, intercambiaban cosas para conseguir los productos que no había en su área. Las tribus tenían distintas formas de gobierno y, a menudo, un jefe dirigía toda la tribu. Además, tenían distintas costumbres y tradiciones.

Los pobladores cambiaron el estilo de vida de los indios de California. En la actualidad, algunos indios viven en reservas, en rancherías y en ciudades, y conservan su cultura para el futuro.

### Ideas principales y vocabulario

**Lee el resumen anterior. Luego responde a las siguientes preguntas.**

1. ¿Cómo se clasifica a los indios de California en grupos tribales?
   A según su jefe
   B según su constitución
   C según el lugar en el que vivían
   D según sus tradiciones

2. ¿Por qué las tribus indias practicaban el trueque?
   A para obtener ganancias
   B para conseguir cosas que no podían encontrar en su área
   C para conocer a otras tribus
   D para conseguir más tierras

**Responde a las siguientes preguntas.**

3. ¿Cuáles eran los cuatro grupos principales de indios de California?

4. ¿Qué clases de herramientas usaban los indios para pescar?

5. ¿Qué querían de los indios los españoles recién llegados?

6. ¿Qué es la universidad D-Q?

**Escribe la letra de la mejor opción.**

7. ¿Quién era el curandero que había en muchas aldeas?
   **A** un chamán
   **B** el hijo mayor del jefe
   **C** el jefe
   **D** la madre del jefe

8. ¿Qué tipo de gobierno funciona aparte del gobierno federal?
   **A** un gobierno estatal
   **B** un gobierno nacional
   **C** un gobierno soberano
   **D** un gobierno local

9. Muchas tribus indias tienen su propio gobierno. ¿En qué se parecen un gobierno tribal y un gobierno nacional?

10. **DESTREZA DE ANÁLISIS** ¿Por qué los indios gabrielinos construían botes, y por qué los mojave no?

**Comparar mapas históricos**

**DESTREZA DE ANÁLISIS** Usa los dos mapas históricos de abajo para responder a las siguientes preguntas.

11. ¿Adónde habrías ido a visitar a los wailakis en el pasado? ¿Adónde irías hoy?

12. ¿Qué grupos tribales viven en Elk Valley hoy en día?

**Tribus del noroeste de California en el pasado**

OCÉANO PACÍFICO
TOLOWA
KAROK
SHASTA
YUROK
CHILULA
WIYOT
WHILKUT
HUPA
CHIMARIKO
WINTU
MATTOLE
NONGATL
LASSIK
WAILAKIS
YUKI
SINKYONE

**Leyenda**
— Frontera actual

0   25   50 millas
0   25   50 kilómetros

**Tribus del noroeste de California en la actualidad**

Smith River
Elk Valley
Karuk
Yurok
Trinidad
Big Bend
Hoopa Valley
Table Bluff
Redding
Round Valley
Grindstone Creek

**Leyenda**
Reservas indias y ciudades en las que viven actualmente algunas tribus
Hupa
Tolowa
Wailakis
Wintu
Yurok
Otras tribus

0   25   50 millas
0   25   50 kilómetros

## Lecturas adicionales

■ *Los chumash* por Renee Skelton

■ *Cheryl Seidner: Líder de los wiyot* por Belinda Hulin

■ *Los indios americanos: Los hopi, los iroqueses y los ojibway* por Leslie Dickstein

## Actividad de redacción

**Escribe un artículo** Escribe un artículo de periódico acerca de los indios de California. Elige uno de los siguientes temas: cómo algunos indios de California usaban la tierra para satisfacer sus necesidades, en qué se diferenciaban los cuatro grupos indígenas, o cómo los indios mantienen vivas sus tradiciones hoy en día.

## Proyecto de la unidad

**Feria de las culturas indias de California** Investiga con tus compañeros de clase una tribu de California. Hagan un cartel en el que ilustren la vida pasada y presente de la tribu. Busquen mapas y fotografías de objetos culturales. Los miembros del grupo deben hablar en la feria sobre la tribu que investigaron.

APRENDE en línea

Visita ACTIVITIES en **www.harcourtschool.com/hss** para hallar otras actividades.

# La historia de la comunidad

 **Comienza con las normas**

**3.3** Los estudiantes utilizan las fuentes históricas y los recursos de la comunidad para organizar una secuencia de los sucesos históricos locales y describir cómo cada período de asentamiento dejó su marca en el territorio.

## La gran idea

### Historia

Las comunidades de California tienen una larga historia. Han experimentado grandes cambios desde la época de los primeros exploradores hasta la actualidad. Cada comunidad tiene su propia historia.

### Reflexiona

✓ ¿Quiénes fueron los primeros exploradores de California?

✓ ¿Quiénes fundaron las primeras comunidades de California, y cómo era la vida en esas comunidades?

✓ ¿De qué manera creció y cambió California durante y después de la fiebre del oro?

✓ ¿Cuáles son algunas maneras de investigar sobre la historia de tu comunidad?

### Muestra lo que sabes

★ Prueba de la Unidad 3

 Redacción: Una entrada de un diario

 Proyecto de la unidad: Un álbum de recortes de la historia de la comunidad

# La historia de la comunidad

La Gaceta de
*California*

¡Se finalizó el ferrocarril transcontinental!

" Hacemos proyectos para mostrar lo que aprendemos sobre la historia de nuestra comunidad. "

" Los nuevos descubrimientos provocaron cambios en California. "

" Los habitantes de California son importantes en la historia de nuestro estado y de nuestra comunidad. "

# vocabulario

**explorador**   Una persona que va a un lugar nuevo para investigarlo.
(página 174)

**poblador**   Uno de los primeros habitantes de un lugar. (página 182)

**invento** Algo que se fabrica por primera vez. (página 212)

**tecnología** Los inventos que las personas usan en la vida diaria. (página 220)

**patrimonio cultural** Un conjunto de valores y costumbres que se heredan de las personas que vivieron en el pasado. (página 226)

APRENDE **en línea**

Visita **www.harcourtschool.com/hss** para hallar recursos en Internet para usar con esta unidad.

La lectura en los Estudios Sociales

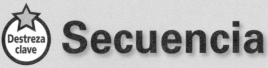

**Secuencia**

Una **secuencia** es el orden en el que ocurren los sucesos.

## Por qué es importante

Cuando te fijas en la secuencia de los sucesos, puedes entender más fácilmente lo que lees.

| Primero | Después | Por último |
|---|---|---|
| Qué sucedió primero | Qué sucedió después | Qué sucedió por último |

Las palabras y frases como las siguientes te dan pistas sobre la secuencia:

| primero | segundo | tercero | después | luego |
|---|---|---|---|---|
| por último | al final | a continuación | | |

## Practica la destreza

Lee el párrafo. Busca las pistas de una secuencia mientras lees.

**Secuencia**  Antes de que California se convirtiera en un estado, vivían allí muchas personas distintas. Primero, los indios americanos eran los únicos habitantes de la zona. Después llegaron los exploradores europeos. La mayoría de ellos no se quedaron mucho tiempo. Al final, se quedaron algunos españoles, y algunos de ellos fundaron misiones.

Lee los párrafos. Luego, responde a las preguntas.

# La historia de Simi Valley

La ciudad de Simi Valley está en el suroeste de California. La ciudad está situada entre las montañas y las colinas Simi, cerca de Los Angeles. Pero Simi Valley no fue siempre una ciudad. Tiene una larga historia.

En este lugar vivieron primero los indios chumash, que lo llamaron *Shimiji.* Los chumash construyeron canoas para navegar a las islas del océano.

En 1795, el gobernador español de la zona les regaló la aldea de Shimiji a Santiago Pico y a Luis Peña. Los dos hombres y sus familias criaban vacas y ovejas.

Luego, en la década de 1880, Pico y Peña les vendieron sus terrenos a los pobladores que venían del este de Estados Unidos. Los pobladores construyeron casas.

En la actualidad, cerca de 100,000 personas viven en Simi Valley. Muchas trabajan en Los Angeles y otras, en pequeñas empresas en la ciudad de Simi Valley.

Destreza clave

## Secuencia

1. ¿Quiénes vivieron primero en Simi Valley?

2. Después de los chumash, ¿quiénes fueron los dueños de los territorios de Simi Valley?

# Destrezas de estudio

## HACER UN ESQUEMA

Un esquema es una buena forma de recordar las ideas principales y los detalles.

- **Los temas de un esquema se indican con números romanos.**
- **Las ideas principales sobre cada tema se indican con letras mayúsculas.**
- **Los detalles sobre cada idea principal se identifican con números.**

### Cómo se establecieron las comunidades

I. La exploración de California

  A. La llegada de Colón

    1. Descubre y explora América del Norte.

    2. Les habla a los europeos sobre América del Norte.

  B. Otros exploradores europeos llegan a América del Norte.

    1. Vienen en busca de riquezas.

    2.

    3.

## Aplica la destreza mientras lees

Mientras lees este capítulo, recuerda prestar atención a los temas, a las ideas principales y a los detalles. Consulta esa información para hacer un esquema del capítulo.

**Normas de Historia y Ciencias Sociales de California, Grado 3**

3.3 Los estudiantes utilizan las fuentes históricas y los recursos de la comunidad para organizar una secuencia de los sucesos históricos locales y describir cómo cada período de asentamiento dejó su marca en el territorio.

# Cómo se establecieron las comunidades

Misión de San Juan Capistrano

# En el borde del MUNDO

**por D. E. Bostian**
**ilustrado por Ron Himler**

Desde principios del siglo XVI hasta 1821, España gobernó las tierras que hoy componen California. Entre los pocos pobladores que vivían en California a principios del siglo XIX se encontraban los miembros de la familia Argüello. Vivían en un presidio, o fuerte, que habían construido para proteger esas tierras en caso de que España quisiera tomar posesión de ellas. Con el tiempo, su asentamiento se convertiría en parte de la ciudad de San Francisco.

María de la Concepción Marcela Argüello—o Concha, para abreviar—era la sexta de los trece hijos de los Argüello. Nació en el presidio y, al crecer, se convirtió en una mujer famosa en California. El padre de Concha, don José Argüello, era el comandante de la comunidad. Su trabajo era importante y sus responsabilidades lo alejaban de su hogar durante varios meses seguidos. La familia esperaba su regreso en una pequeña y rústica cabaña construida dentro del fuerte. Cuando llovía mucho, el techo de pasto goteaba y las paredes de barro se deshacían. Aun en verano, los pies desnudos de Concha sentían el frío del suelo de tierra apisonada de la cabaña. La familia entera dormía en la misma habitación, en la que Concha compartía la cama con por lo menos dos de sus hermanas pequeñas.

Desde la ventana de la cabaña, Concha miraba el patio cuadrado y veía las cabañas de los soldados del presidio y sus familias. Las casas eran de barro y tenían techos de paja como la cabaña de Concha, pero las demás eran aun más pequeñas. La parte trasera de las casas daba al interior de la pared del fuerte, y las puertas y las ventanas miraban hacia el patio. También había construcciones bajas para almacenar alimentos y suministros. La iglesia, situada justo al lado de la casa de Concha, era el centro de la vida de todos los habitantes del fuerte.

A Concha le encantaba su vida en el presidio. El fuerte estaba situado sobre un alto acantilado, rodeado casi completamente por el océano. Concha a veces se sentía como si estuviera en el borde del mundo. Amaba la vista, el sonido y el olor del mar. Pero más que nada, Concha amaba los animales. Solía pasarse horas mirando a los juguetones leones marinos sumergirse para pescar y tomar el sol en las rocas. ¡Nunca dejaban de bramar!

Los animales favoritos de Concha eran las golondrinas, unas elegantes aves que descienden en picada. Al igual que muchas aves del presidio, vivían en California durante los meses cálidos y luego volaban hacia el sur para pasar el invierno. Cuando llegaba la primavera, las golondrinas eran siempre las primeras aves en volver. Para Concha eran como amigas que volvían a casa después de un largo viaje, y volaban en círculos y descendían en picada para celebrar su regreso. Concha trataba de imaginar lo que las aves habrían visto durante el vuelo de ida y vuelta hacia sus refugios de invierno en la lejana Argentina y de regreso. Concha disfrutaba viéndolas juntar barro y pasto para hacer sus nidos en forma de taza. Las golondrinas anidaban debajo de los aleros de los techos y hasta en las esquinas altas de las casas. Se decía que traía buena suerte tener golondrinas cerca, y por eso siempre eran bienvenidas.

Un día, cuando Concha ya era una mujer, llegó por sorpresa un barco al presidio. La historia del romance entre Concha y el capitán ruso del barco todavía se sigue contando en California. Concha, que nació en la época de la dominación española, vivió en California durante la independencia de México y sus primeros años como estado. Cuando murió, pocos californianos dejaban de recordar alguna gentileza que Concha había tenido con ellos.

## Responde

1. ¿En qué trabajaba el papá de Concha?

2. ¿Por qué las golondrinas eran las aves preferidas de Concha?

# Explorar California

## Reflexiona

¿Quiénes fueron los primeros exploradores de California?

✓ A California llegaron exploradores de España, Inglaterra y Rusia.

✓ Los exploradores vinieron a California por distintas razones, entre ellas el comercio, los tesoros, el territorio y la religión.

**Vocabulario**

**explorador** pág. 174

**travesía** pág. 175

**tomar posesión** pág. 175

**estrecho** pág. 175

**puerto natural** pág. 178

 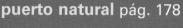

**Destreza clave** **Secuencia**

**Normas de California**
HSS 3.2.4, 3.3, 3.3.1

Hace mucho tiempo, América del Norte estaba poblada solamente por los indios americanos. En 1492, un explorador italiano llamado Cristóbal Colón zarpó desde España. Un **explorador** es una persona que sale a investigar un lugar.

Colón pensaba que podía navegar hacia el oeste alrededor del mundo y llegar a la parte de Asia que los europeos llamaban las Indias. En cambio, llegó a un continente que los habitantes de Europa ni sabían que existía. Poco después, llegaron otros exploradores. Con el tiempo, descubrieron la región en la que ahora se encuentra California.

❱ **Cristóbal Colón llegó a las Américas en tres barcos de vela. Estas son réplicas, o copias, de aquellos barcos.**

# Los gobernantes envían exploradores

Los reyes y las reinas europeos enviaron exploradores en **travesías**, o viajes por mar, con distintos propósitos. Uno era encontrar tesoros. Otros propósitos eran difundir su religión o tomar posesión de tierras. **Tomar posesión** de algo es decir que te pertenece.

Los europeos también querían comprar seda y especias de Asia. Transportar estos bienes por tierra era lento y costoso. Los exploradores europeos tenían la esperanza de que hubiera una ruta para navegar a través de América del Norte y llegar a Asia. Los exploradores ingleses llamaron a esta ruta el Paso del Noroeste. Los exploradores españoles la llamaron el estrecho de Anián. Un **estrecho** es un paso de agua angosto que comunica dos masas de agua.

> Los exploradores se orientaban gracias a instrumentos como esta brújula, del año 1750 aproximadamente.

**Repaso de la lectura** ☼ **Secuencia**
**¿Qué sucedió después de que Colón llegó a las Américas?**

# La llegada de los exploradores españoles

En el siglo XVI, el explorador español Hernán Cortés zarpó desde Nueva España, que ahora es México, en busca del estrecho de Anián. En 1535, Cortés desembarcó en Baja California. La tierra situada al norte de Baja California se llamó Alta California. Cortés no encontró un camino más corto para llegar a Asia, pero tomó posesión de las tierras de Baja California para España. En la actualidad, Baja California forma parte de México. Alta California es el estado de California, en Estados Unidos.

❱ Los primeros exploradores y cartógrafos pensaban que California era una isla.

## Datos breves

En una novela española escrita en el siglo XVI se usó el nombre *California* para llamar a una isla imaginaria llena de tesoros naturales. Cabrillo pensó que había desembarcado en una isla y usó el nombre *California* para describirla en sus diarios.

En 1542, Juan Rodríguez Cabrillo navegó desde México rumbo al norte. Llegó al área que ahora ocupa la bahía de San Diego y se convirtió en el primer explorador que desembarcó en Alta California. A medida que siguió navegando hacia el norte, tomó posesión de las islas de Catalina y San Miguel para España.

"Vimos un pueblo indio en la tierra junto al mar, con grandes casas muy parecidas a las de Nueva España"*, escribió Cabrillo en su diario en 1542. Él y su tripulación encontraron a los indios chumash. Aprendieron de los indios muchas cosas sobre el centro de California y sobre su gente. Pero Cabrillo no encontró ningún tesoro ni un atajo que lo llevara a Asia. No fue hasta mediados del siglo XVIII que los exploradores se enteraron de que el estrecho de Anián no existía.

Cabrillo murió en la isla de San Miguel. Pasaron muchos años antes de que otros exploradores españoles llegaran a California.

**Repaso de la lectura** 〇 **Secuencia**
**¿Quién fue el primer explorador que llegó a Alta California?**

* Del diario de Juan Rodríguez Cabrillo, 1542

▶ **El Monumento Nacional a Cabrillo en la bahía de San Diego se terminó de construir en 1913.**

# La llegada de un explorador inglés

Francis Drake

En 1579, Francis Drake, un explorador de Inglaterra, desembarcó en California. Su barco, *Golden Hind* (Cierva Dorada), necesitaba una reparación. Drake se detuvo en una bahía cercana a lo que ahora es San Francisco, donde encontró un buen puerto natural. Un **puerto natural** es un lugar con aguas profundas que les permite a los barcos acercarse a la costa. Drake tomó posesión de esa zona para Inglaterra.

En 1602, los españoles regresaron a California. Sebastián Vizcaíno siguió la ruta de Cabrillo. En el camino, le dio nombre a San Diego y descubrió la bahía de Monterey. También dibujó mapas de la costa que los navegantes usaron durante casi 200 años.

**Repaso de la lectura** ☼ **Secuencia**
**¿Quién llegó primero a California: Francis Drake o Sebastián Vizcaíno?**

**DESTREZA DE ANÁLISIS** **Analizar cuadros**
**En este cuadro se muestra el barco de Francis Drake, *Golden Hind*.**
**❷ ¿Crees que sería fácil o difícil manejar un barco como este?**

# Los comerciantes de pieles rusos llegan a California

Durante el siglo XVIII, algunos comerciantes de pieles provenientes de Rusia exploraron la costa de California. Muchos de ellos llegaron al sur desde lugares de Alaska, donde cazaban animales y comerciaban con sus pieles. En California, los rusos cazaban focas y nutrias de mar en la costa. Los cueros o pieles de estos animales eran muy valiosos para el comercio. Los habitantes de China, Rusia y otros lugares los usaban para fabricar ropa de abrigo.

❱ Los comerciantes de pieles rusos construyeron el Fuerte Ross en el lugar que hoy ocupa el condado de Sonoma. En la imagen se ve la capilla del fuerte.

**Repaso de la lectura** **Resumir**

**¿Por qué los comerciantes de pieles rusos exploraron California?**

**Resumen** Los primeros exploradores buscaban un camino que atravesara América del Norte y llegara a Asia. No lo encontraron, pero algunos llegaron a la costa de California. Allí buscaron riquezas y tomaron posesión de algunas tierras.

## Repaso

1. ¿Quiénes fueron los primeros exploradores de California?

2. **Vocabulario** Escribe una oración en la que expliques qué relación existe entre las palabras **explorador**, **travesía** y **tomar posesión**.

3. **Tu comunidad** Investiga qué exploradores llegaron a tu comunidad o a sus alrededores.

**Razonamiento crítico**

4. **Aplícalo** ¿En qué sería distinta tu vida ahora si no hubieran llegado exploradores a California?

5. **DESTREZA DE ANÁLISIS** ¿Qué contribuciones hicieron los exploradores al lugar que hoy ocupa el estado de California?

6. **Haz una tabla** Haz una tabla de exploradores con el nombre, país de origen, fechas y lugares que exploró, y por qué llegó a California.

7. **Destreza clave** **Secuencia** Copia y completa el siguiente organizador gráfico.

| Primero | Después | Por último |
|---|---|---|
| Cabrillo explora | | |

# Seguir rutas en un mapa

## ❱ Por qué es importante

Aprender a leer un mapa en el que se muestren rutas te ayudará a entender cómo llegaron los viajeros a un lugar y lo que pudieron ver en el camino. Una **ruta** es el camino o la dirección que toma una persona para llegar a un lugar.

Durante los siglos XVI y XVII, muchos exploradores europeos navegaron por el océano. Si observas mapas de rutas, podrás seguir sus travesías. Los mapas de rutas son un recurso importante para las personas que quieren viajar a los mismos lugares o aprender sobre ellos.

## ❱ Lo que necesitas saber

En el mapa de la página 181, las rutas que siguieron los exploradores están marcadas con distintos colores. El color rojo se usó para la ruta de Cabrillo, el verde para la de Drake, el azul para la de Vizcaíno y el morado para la de Cortés.

## ❱ Practica la destreza

Consulta el mapa para responder a las siguientes preguntas.

**1** ¿Qué exploradores salieron de México?

**2** ¿Qué exploradores viajaron tanto por tierra como por agua?

**3** ¿Qué explorador recorrió la mayor distancia?

## ❱ Aplica lo que aprendiste

**DESTREZA DE ANÁLISIS** **Aplícalo** Haz un mapa en el que muestres rutas desde tu casa hasta una tienda o escuela de tu comunidad. Dibuja al menos dos maneras de llegar hasta allí, usando un color distinto para cada ruta. Indica el nombre de todos los lugares importantes, y escribe una leyenda y un título.

Practica tus destrezas con mapas y globos terráqueos con el **CD-ROM GeoSkills.**

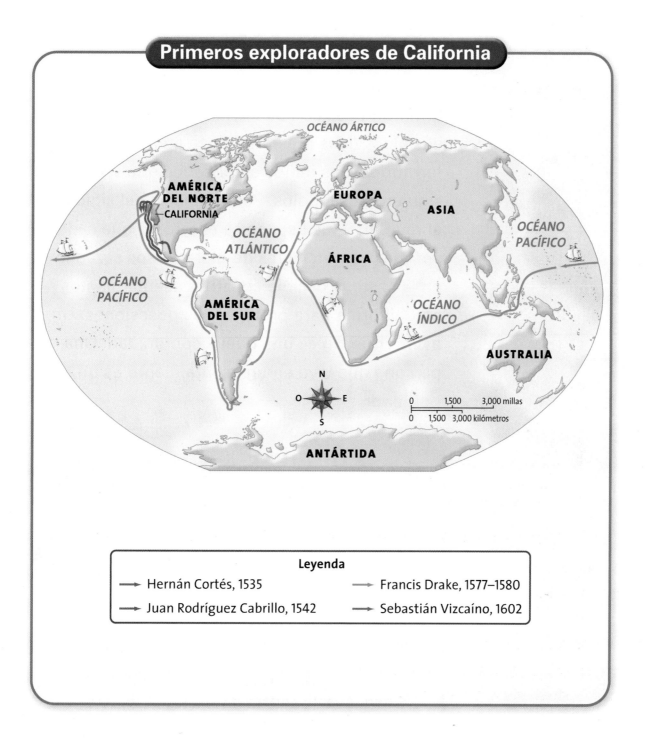

# Primeros exploradores de California

OCÉANO ÁRTICO

AMÉRICA DEL NORTE
CALIFORNIA

EUROPA

ASIA

OCÉANO ATLÁNTICO

OCÉANO PACÍFICO

ÁFRICA

OCÉANO PACÍFICO

AMÉRICA DEL SUR

OCÉANO ÍNDICO

AUSTRALIA

N
O E
S

0    1,500    3,000 millas
0    1,500    3,000 kilómetros

ANTÁRTIDA

**Leyenda**

→ Hernán Cortés, 1535

→ Juan Rodríguez Cabrillo, 1542

→ Francis Drake, 1577–1580

→ Sebastián Vizcaíno, 1602

# Las primeras comunidades

## Reflexiona

¿Quiénes fundaron las primeras comunidades de California?

✔ Las misiones, los presidios y los pueblos fueron algunos de los primeros asentamientos de California.

✔ La ubicación de los asentamientos se elegía de acuerdo con las necesidades de los pobladores.

**Vocabulario**
asentamiento pág. 182
poblador pág. 182
presidio pág. 185
pueblo pág. 186

 Destreza clave **Secuencia**

 **Normas de California**
HSS 3.2.4, 3.3, 3.3.1

Durante casi 200 años, los gobernantes que tomaron posesión de las tierras de California en el siglo XVI les prestaron poca atención a esos territorios. Los indios americanos que vivían allí siguieron usándolos. Pero a finales del siglo XVIII, el rey Carlos de España se enteró de que cada vez más comerciantes de pieles rusos cazaban en la costa, y decidió construir asentamientos en California para proteger sus posesiones. Un **asentamiento** es una nueva comunidad. Una persona que vive en un asentamiento es un **poblador**.

## Míralo en detalle

### La misión de Santa Barbara

La misión de Santa Barbara fue fundada en 1786. Esta es la única misión de California que se usó de manera continua desde su fundación.

❶ La fachada, o frente, de la misión estaba inspirada en la arquitectura romana.

❷ El Jardín Sagrado era anteriormente un área de trabajo para los indios americanos.

❸ Los talleres y las viviendas estaban en los edificios que rodeaban el jardín.

❓ ¿Qué te muestra la misión de Santa Barbara sobre cómo era la vida en una de las primeras comunidades de California?

entrada

# Los españoles construyen misiones

En 1769, el rey Carlos envió a Gaspar de Portolá, un líder del gobierno, y al padre Junípero Serra, un sacerdote, a Alta California. El rey les dijo que buscaran lugares para construir asentamientos o misiones.

Una misión era una pequeña comunidad religiosa con una iglesia, algunos talleres y habitaciones en las que vivían las personas. En la misión se cultivaba la tierra y se criaban vacas y ovejas.

Los españoles construyeron un total de 21 misiones en California, todas ubicadas cerca de la costa. Las misiones estaban construidas en línea, o en cadena, y se extendían a lo largo de 650 millas desde San Diego hasta Sonoma. Se tardaba alrededor de un día en recorrer a pie la distancia entre una misión y la siguiente.

**Repaso de la lectura** 🔆 **Secuencia**

**¿Qué sucedió después de que el rey Carlos envió a Portolá y a Serra a Alta California?**

iglesia de la misión

# La primera misión de San Diego

**Padre Junípero Serra**

Portolá y Serra construyeron la primera misión de San Diego en 1769, y la llamaron San Diego de Alcalá. Los sacerdotes españoles dirigían las comunidades de la misión. Les enseñaban a los indios la religión cristiana y otras costumbres españolas. Los indios hacían la mayor parte del trabajo en las misiones. Cultivaban trigo y maíz y criaban animales.

Algunos indios se adaptaron a la vida en las misiones y eligieron quedarse. Otros fueron obligados a quedarse y a renunciar a su religión, a su lenguaje y a su cultura. Muchos indios murieron de hambre y del maltrato que sufrieron. Otros murieron a causa de las enfermedades nuevas que trajeron los españoles.

**Repaso de la lectura** ✪ **Secuencia**
**¿Cuál fue la primera misión española de California?**

❯ La misión de San Diego también se conoce como la Madre de las Misiones.

▶ Más de cinco millones de personas visitan el presidio de San Francisco cada año.

**Ubícalo**

CALIFORNIA

San Francisco

# Los presidios protegen las misiones

Además de las misiones, los españoles construyeron cuatro presidios. Un **presidio** era un fuerte que servía para proteger las misiones de los ataques enemigos. Los presidios estaban situados a intervalos regulares entre las misiones, cerca de los mejores puertos naturales. El primer presidio se construyó en San Diego en 1769. En San Francisco, Santa Barbara y Monterey también se construyeron presidios.

Los presidios eran edificios del gobierno. La mayoría de las personas que vivían en ellos eran soldados españoles y sus familias. Algunos vivían en cabañas de troncos, y otros, en casas de adobe, o de ladrillos de barro. Cada presidio estaba rodeado de una gran muralla de forma cuadrada.

**Repaso de la lectura** ⏳ **Secuencia**
**¿Dónde se construyó el primer presidio?**

# Los pueblos de Alta California

Las misiones y los presidios eran dos clases de comunidades que se construyeron en California. La tercera era el **pueblo**, o aldea. Los pueblos no fueron fundados por sacerdotes ni por soldados. Los crearon los indios americanos y las personas que llegaron de España, México y África.

Los pueblos generalmente tenían casas de adobe, iglesias y edificios públicos. Los habitantes de los pueblos suministraban alimentos y otros productos a las misiones y a los presidios. El primer pueblo se construyó en 1777 cerca de la ciudad actual de San Francisco, y se convirtió en la ciudad de San José. En 1781, los pobladores construyeron un pueblo cerca del río Los Angeles. Ese pueblo creció hasta convertirse en la ciudad actual de Los Angeles.

**Repaso de la lectura** **Comparar y contrastar**
**¿En qué se diferenciaban los pueblos de las misiones y los presidios?**

## Patrimonio cultural

### La calle Olvera

En Los Angeles, puedes ir a la calle Olvera y encontrar comida, productos, música y bailes mexicanos. Ubicada en una de las partes más antiguas de la ciudad, la calle Olvera tiene edificios históricos, una plaza de estilo mexicano tradicional y comercios que venden artesanías mexicanas. Algunos edificios de la calle Olvera se construyeron cuando Los Angeles era un pueblo.

# Misiones, pueblos y presidios

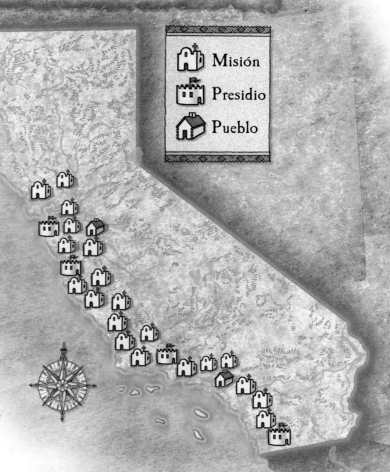

**Misión**
**Presidio**
**Pueblo**

**DESTREZA DE ANÁLISIS** **Analizar mapas**

◆ **Ubicación** **¿Por qué crees que las misiones, los presidios y los pueblos estaban situados cerca de la costa?**

**Resumen** España estableció las primeras comunidades para mantener el control de las tierras de las que había tomado posesión en California. Las tres clases de comunidades eran las misiones, los presidios y los pueblos.

## Repaso

1. ¿Quiénes fundaron las primeras comunidades de California?

2. **Vocabulario** ¿Qué relación existe entre una misión, un **presidio** y un **pueblo**?

3. **Tu comunidad** Haz una investigación sobre la misión, el presidio o el pueblo más cercano a tu comunidad. Muéstrales a tus compañeros lo que encuentres.

### Razonamiento crítico

4. **Aplícalo** ¿Cuáles de las misiones, pueblos o presidios de California has visitado?

5. **DESTREZA DE ANÁLISIS** ¿Por qué crees que los indios americanos ayudaron a las personas que llegaron de España, México y África a construir pueblos?

6. **Escribe una oración** Escribe una oración sobre cada uno de los tres tipos de comunidades que se crearon en California.

7. **Destreza clave** **Secuencia** Copia y completa el siguiente organizador gráfico.

**Primero** **Después** **Por último** Se construyó el primer pueblo.

# Leer una línea cronológica

## ❯ Por qué es importante

Cuando aprendes sobre la historia de una comunidad, necesitas poder seguir los sucesos en orden. Una línea cronológica puede ayudarte. Una **línea cronológica** es un dibujo en el que se muestra cuándo y en qué orden ocurrieron los sucesos.

## ❯ Lo que necesitas saber

Una línea cronológica horizontal se lee de izquierda a derecha. Los sucesos ubicados a la izquierda ocurrieron primero, y los de la derecha, después.

A medida que avanzas de izquierda a derecha, sigues los sucesos en secuencia, es decir, en orden cronológico.

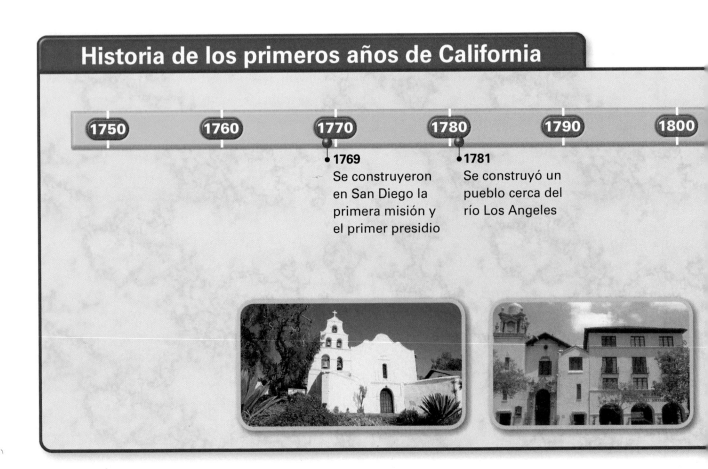

**Historia de los primeros años de California**

1750     1760     1770     1780     1790     1800

**1769**
Se construyeron en San Diego la primera misión y el primer presidio

**1781**
Se construyó un pueblo cerca del río Los Angeles

## Practica la destreza

Consulta la línea cronológica para responder a las siguientes preguntas.

**1** ¿Cuándo se construyeron la primera misión y el primer presidio?

**2** ¿Se construyó un pueblo cerca del río Los Angeles antes o después de que se construyera el Fuerte Ross?

**3** ¿Cuántos años pasaron entre el descubrimiento del oro y el momento en el que California se convirtió en estado?

## Aplica lo que aprendiste

**DESTREZA DE ANÁLISIS Aplícalo** Reúne información y fechas sobre tu comunidad. Haz una línea cronológica de los sucesos importantes que han ocurrido en tu comunidad. Muestra en qué orden ocurrieron los sucesos.

**Destrezas con tablas y gráficas**

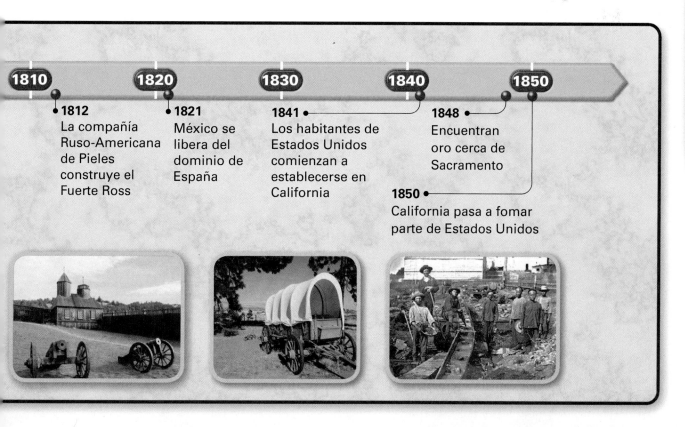

1810 1820 1830 1840 1850

**1812**
La compañía Ruso-Americana de Pieles construye el Fuerte Ross

**1821**
México se libera del dominio de España

**1841**
Los habitantes de Estados Unidos comienzan a establecerse en California

**1848**
Encuentran oro cerca de Sacramento

**1850**
California pasa a fomar parte de Estados Unidos

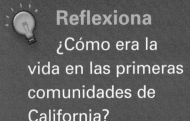

# Las comunidades cambian

**Reflexiona**
¿Cómo era la vida en las primeras comunidades de California?

✔ Muchas personas vivían en ranchos a principios del siglo XIX.

✔ Muchos pioneros de Estados Unidos establecieron comunidades en California.

**Vocabulario**
ranchero pág. 191
pionero pág. 192

 **Secuencia**

 Normas de California
HSS 3.2.4, 3.3, 3.3.1

A principios del siglo XIX, los habitantes de México declararon que debían liberarse del dominio español. Su lucha por la libertad duró hasta 1821. California estaba tan lejos del resto de México que, cuando se logró la independencia, la mayoría de los habitantes de California no se enteraron de la noticia hasta un año después.

## Los ranchos mexicanos

Después de que México se independizó, los líderes mexicanos decidieron cerrar las misiones españolas. Se suponía que gran parte de los terrenos se entregarían a los indios americanos que habían vivido y trabajado en ellos. Sin embargo, la mayoría de los edificios, las tierras y los animales de las misiones se vendieron o se regalaron a los pobladores mexicanos, llamados californios. Estos terratenientes construyeron grandes ranchos dedicados a la cría de ganado en toda California.

▶ En esta escena de un rancho de California se ve la casa, el ganado y algunos trabajadores montados a caballo.

▶ El ranchero Antonio Coronel (en el centro) celebra una fiesta en su rancho.

Cada rancho pertenecía a una persona o a una familia. A la persona que poseía un rancho se le llamaba **ranchero**. Los rancheros comerciaban con pieles de vaca y sebo para obtener productos provenientes de Estados Unidos. Las pieles se usaban para fabricar monturas, zapatos y otros productos de cuero. El sebo, que se obtiene de la grasa de vaca, se usaba para hacer jabón y velas.

La mayor parte del trabajo de los ranchos lo hacían los indios americanos. No recibían dinero a cambio, sino solo comida, ropa y un lugar para vivir. Las mujeres indias cocinaban y limpiaban. Los hombres indios cultivaban la tierra y trabajaban como peones de campo o como vaqueros.

**Repaso de la lectura** ⚙**Secuencia**
**¿Qué sucedió primero: el cierre de las misiones o la independencia de México de España?**

# Nuevas llegadas

Los habitantes de Estados Unidos comenzaron a interesarse por California. En 1826, Jedediah Strong Smith dirigió a un grupo de hombres hasta California. Smith abrió el camino para que lo siguieran otros pioneros. Un **pionero** es una persona que ayuda a poblar nuevos territorios.

El explorador John C. Frémont dibujó mapas del Sendero de Oregon en una zona al norte de California. Este sendero se convirtió en una importante ruta para los pioneros. Frémont también desempeñó un papel importante en la guerra de 1846 entre México y Estados Unidos. Al terminar la guerra, México cedió más de la mitad de sus tierras, entre las cuales se encontraba California.

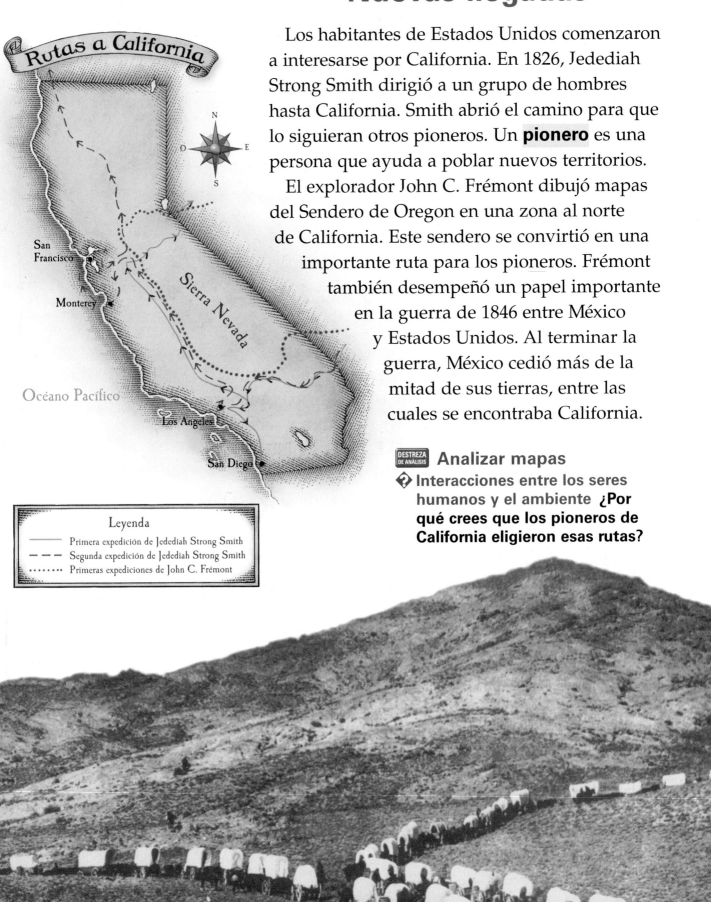

**Rutas a California**

San Francisco
Monterey
Océano Pacífico
Los Angeles
San Diego
Sierra Nevada

N
O    E
S

**Leyenda**
— Primera expedición de Jedediah Strong Smith
– – – Segunda expedición de Jedediah Strong Smith
······· Primeras expediciones de John C. Frémont

**DESTREZA DE ANÁLISIS** **Analizar mapas**

❖ **Interacciones entre los seres humanos y el ambiente** ¿**Por qué crees que los pioneros de California eligieron esas rutas?**

En 1848, un trabajador llamado James Marshall encontró oro cerca de lo que hoy es Sacramento. Muchos salieron corriendo hacia California con la esperanza de hacerse ricos. Algunos salieron en barco desde el este de Estados Unidos y rodearon América del Sur. Otros viajaron en carromatos por el Sendero de Oregon y por otras rutas terrestres. Muchos murieron de enfermedades o de hambre durante este viaje de 2,000 millas.

También llegaron buscadores de oro desde otros lugares, como México, Chile, Perú, China, Francia y Hawaii. En todos los lugares en los que había oro cerca se establecieron pueblos que crecieron muy rápidamente. Algunos desaparecieron tan pronto como se agotó el oro. Otros, como Sacramento y Stockton, siguieron creciendo. San Francisco fue el pueblo que más rápidamente creció. ¡Entre 1848 y 1849, su población creció de 800 a 25,000 personas!

**Repaso de la lectura** **Resumir**

**¿Por qué llegaron personas de todo el mundo a California entre 1848 y 1849?**

❯ Las personas viajaban a California y a otros estados del Oeste en caravanas de carromatos.

# California se convierte en estado

La fiebre del oro produjo tantos cambios que California necesitó nuevas leyes y una nueva clase de gobierno. Estados Unidos estaba muy lejos para controlar estos territorios.

Los líderes de California se reunieron en Monterey en 1849 y redactaron su propia constitución estatal. Marcaron la frontera este oficial de California. El 9 de septiembre de 1850, el presidente Millard Fillmore firmó el proyecto de ley que convirtió a California en el estado número treinta y uno. El 9 de septiembre todavía se celebra en California el Día de la Admisión.

**Repaso de la lectura** **Resumir**
**¿Qué le sucedió a California el 9 de septiembre de 1850?**

## Los niños en la historia

### Los niños pioneros

La vida en el viaje hacia California fue dura para los niños pioneros. Muchos niños no podían llevar zapatos porque tenían los pies hinchados de tanto caminar. Sin embargo, los niños pioneros encontraban maneras sencillas de divertirse. Perseguían mariposas y saltamontes, y también iban a nadar. Algunos de sus juegos eran el veo-veo, las escondidas, saltar el potro y saltar la cuerda. Los niños pioneros también leían libros por la noche a la luz de un farol.

Los dulces no eran muy comunes. Kate McDaniel, una niña de ocho años, escribió en su diario sobre las galletas: "Tomábamos un pedacito y lo roíamos como ratones. Tratábamos de hacerlo durar lo más posible".

> Los habitantes de California celebraron la creación del estado de California con festejos como este en San Francisco, en 1850.

**Resumen** En el siglo XIX, las comunidades de California empezaron a crecer cuando México comenzó a regalar o vender terrenos y ganado para los ranchos. Después de que se encontró oro en California en 1848, más personas se mudaron a la región. En 1850, California se convirtió en estado.

# Repaso

1. ¿Cómo era la vida en las primeras comunidades de California?

2. **Vocabulario** ¿Qué diferencia hay entre un **pionero** y un **ranchero**?

3. **Tu comunidad** ¿Qué fuentes en tu comunidad pueden ayudarte a investigar sobre los ranchos más cercanos?

**Razonamiento crítico**

4. **Aplícalo** ¿Por qué tu familia vino a California?

5. **DESTREZA DE ANÁLISIS** ¿Crees que era mejor la vida de un ranchero o la de un pionero?

6. **Escribe un párrafo** Haz una investigación para escribir un párrafo en el que describas una tradición cultural que los recién llegados trajeron a California.

7. **Destreza clave** **Secuencia** Copia y completa el siguiente organizador gráfico.

Primero → Después → Por último — Se convirtió en estado.

# Usar una gráfica lineal

## ❯ Por qué es importante

Usar una **gráfica lineal** puede ayudarte a reconocer patrones en la información a lo largo del tiempo. Puedes usar una gráfica lineal para ver cómo cambia la población con el tiempo.

## ❯ Lo que necesitas saber

Para hacer una gráfica lineal, marca puntos en una cuadrícula. Luego, une los puntos con líneas. En el siguiente diagrama se muestran las partes básicas de una gráfica lineal.

**Cómo leer una gráfica lineal**

Ⓐ sentido horizontal (de un lado a otro)

Ⓑ sentido vertical (de arriba hacia abajo)

Ⓒ puntos que marcan la información

Ⓓ líneas que muestran el cambio entre un punto y el siguiente

**Cómo leer una gráfica lineal**

Ⓑ Sentido vertical (de arriba hacia abajo)

Ⓓ Línea

Ⓒ Punto

Ⓐ Sentido horizontal (de un lado a otro)

## Practica la destreza

En la siguiente gráfica lineal se muestra cómo cambió la población de San Francisco entre 1850 y 1900. Consulta la gráfica lineal para responder a las siguientes preguntas.

**1** ¿Qué información se muestra en sentido vertical?

**2** ¿Qué información se muestra en sentido horizontal?

**3** ¿Entre qué años se produjo el mayor cambio en la población?

## Aplica lo que aprendiste

**Aplícalo** Trabaja con un pequeño grupo de compañeros para crear una gráfica lineal en la que se muestre la cantidad de estudiantes que ha habido en tu escuela en los últimos cinco años. Señalen la cantidad de estudiantes que asistieron a tu escuela hace un año, hace dos años, hace tres años, etc.

**Destrezas con tablas y gráficas**

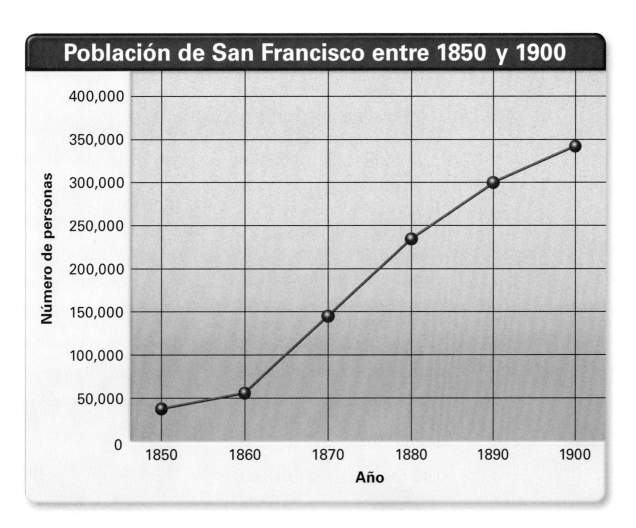

Población de San Francisco entre 1850 y 1900

Integridad

Respeto

**Responsabilidad**

Equidad

Bondad

Patriotismo

# Julia Morgan

"Mis edificios hablarán por sí solos."*

## La importancia del carácter

❖ ¿Cómo diseñó edificios Julia Morgan de una manera responsable?

Cuando Julia Morgan nació en 1872, no había mujeres arquitectas. La mayoría ni siquiera terminaba la escuela secundaria. Pero nada de eso detuvo a Julia Morgan. Asistió a la Universidad de California en Berkeley y estudió ingeniería civil. Allí aprendió a construir carreteras y puentes. Este conocimiento le fue útil para diseñar buenos edificios.

Durante su último año en la universidad, comenzó a estudiar con un arquitecto local. Él le habló a Morgan sobre una magnífica escuela de arquitectura en Francia. Le dijo que tal vez allí se permitiera pronto que estudiaran mujeres. Morgan decidió ir a esa escuela.

Después de graduarse y convertirse en arquitecta, Morgan volvió a California. Poco después, abrió su propio estudio de arquitectura.

**Julia Morgan en su juventud**

*Julia Morgan. *Artnews 80,* enero de 1981

**William Randolph Hearst y Julia Morgan en 1926**

**El castillo Hearst**

Morgan ayudó a reconstruir un famoso hotel llamado Fairmont. En 1906 sufrió daños por el terremoto que azotó San Francisco. Sus estudios en ingeniería civil la ayudaron mucho, porque sabía diseñar edificios resistentes.

Morgan era muy responsable en su trabajo. Diseñó edificios que se ajustaban a las necesidades de las personas que iban a usarlos. Quería que sus edificios se viesen como si formaran parte del terreno sobre el que estaban construidos.

El trabajo más importante de Morgan fue para William Randolph Hearst, un editor de periódicos adinerado que quería un castillo. Morgan diseñó el castillo Hearst con 115 habitaciones. En la actualidad, se hacen visitas guiadas al castillo.

Morgan diseñó muchas otras casas y edificios. Las personas sabían que era responsable y que se tomaba en serio su trabajo.

**Se le otorgó esta medalla a Morgan cuando era estudiante.**

APRENDE
**en línea**

Visita MULTIMEDIA BIOGRAPHIES en **www.harcourtschool.com/hss** para hallar biografías multimedia.

## Biografía breve

**1872** Nace — **1957** Muere

**1894** Se gradúa de la Universidad de California, Berkeley, con el título de ingeniera civil

**1902** Se convierte en la primera mujer en obtener el título de arquitecta en la escuela de bellas artes L'Ecole des Beaux Arts en Francia

**1904** Abre su propio estudio de arquitectura

**1919** Diseña el castillo Hearst

# La lectura en los Estudios Sociales

Una **secuencia** es el orden en el que ocurren los sucesos.

 **Secuencia**

Completa el siguiente organizador gráfico para mostrar que entiendes la secuencia de sucesos en el proceso de población de California. En la página 50 del cuaderno de Tarea y práctica encontrarás una copia de un organizador gráfico.

## Cómo se establecieron las comunidades

| Primero | Después | Por último |
|---|---|---|
| En California solo vivían indios americanos. | | En el siglo XIX, los pioneros de Estados Unidos y los buscadores de oro construyeron ciudades. |

 **Pautas de redacción de California**

**Escribe una noticia de periódico** Imagina que eres un periodista que trabaja para un periódico de San Francisco en 1849. Escribe una noticia en la que cuentes la secuencia de sucesos que convirtieron a San Francisco en un pueblo de rápido crecimiento.

**Escribe una invitación** Imagina que eres uno de los primeros pobladores de California. Escríbele una carta a alguien del Este. Invita a esa persona a tu casa de California. Describe la zona y los motivos por los que esa persona podría querer establecerse allí.

## Usa el vocabulario

**Escribe la palabra que corresponde a cada definición.**

1. un viaje por agua

**explorador,** pág. 174    **travesía,** pág. 175

2. un paso de agua angosto que comunica dos masas de agua

**estrecho,** pág. 175    **puerto natural,** pág. 178

3. un fuerte construido para proteger las misiones de los ataques enemigos

**asentamiento,** pág. 182    **presidio,** pág. 185

4. una aldea fundada por indios americanos y por personas provenientes de México, España y África

**asentamiento,** pág. 183    **pueblo,** pág. 186

5. el dueño de un gran rancho ganadero en California

**ranchero,** pág. 191    **pionero,** pág. 192

## Aplica las destrezas

**Seguir rutas en un mapa** Consulta el mapa de la página 181 para responder a la siguiente pregunta.

6. **DESTREZA DE ANÁLISIS** Elige una de las rutas seguidas por un explorador. Explica en qué se diferencia de las rutas de los otros exploradores.

## Recuerda los datos

**Responde a las siguientes preguntas.**

7. ¿Cuáles son tres razones por las que los reyes y reinas europeos enviaron exploradores en las travesías?

8. ¿Quiénes llegaron a California en el siglo XVIII en busca de lugares donde cazar animales para obtener su piel?

**Escribe la letra de la mejor opción.**

9. ¿Quién fue el primer explorador que desembarcó en Alta California?
   A Hernán Cortés
   B Francis Drake
   C Juan Rodríguez Cabrillo
   D Sebastián Vizcaíno

10. ¿Cuánto se tardaba en llegar a pie desde una misión de California a la siguiente?
    A alrededor de un mes
    B alrededor de una semana
    C alrededor de una hora
    D alrededor de un día

## Piensa críticamente

11. Si hubieras vivido en Estados Unidos en 1849, ¿habrías venido a California en busca de oro? ¿Por qué?

# Destrezas de estudio

## ESCRIBIR PARA APRENDER

Escribir sobre lo que lees puede ayudarte a entender y recordar la información.

- **Muchos estudiantes escriben sobre lo que leen en diarios de aprendizaje. Escribir en un diario de aprendizaje puede ser una tarea creativa y personal.**

- **Escribir acerca del texto te hace pensar en él.**

- **Escribir tus reacciones al texto lo hace más comprensible.**

### Construir comunidades

| Lo que aprendí | Mi respuesta |
| --- | --- |
| Muchas personas llegaron a California y ganaron dinero con cosas que no eran oro. Las personas desarrollaron nuevas formas de viajar y de comunicarse. | Probablemente, esto hizo que crecieran las comunidades existentes y también que se crearan otras nuevas. |

## Aplica la destreza mientras lees

Mientras lees este capítulo, presta atención a la información nueva e importante. Luego, lleva un registro de la información en el Diario de aprendizaje de cada lección.

**Normas de Historia y Ciencias Sociales de California, Grado 3**

**3.3 Los estudiantes utilizan las fuentes históricas y los recursos de la comunidad para organizar una secuencia de los sucesos históricos locales y describir cómo cada período de asentamiento dejó su marca en el territorio .**

# La formación de las comunidades

**CAPÍTULO**

**6**

El parque Plaza en
San José, California

# El diario de Rachel

## por Marissa Moss

En este cuento, que tiene lugar en 1850, Rachel, una niña de diez años, y su familia empacan sus pertenencias y se dirigen hacia el oeste. Viajan de Illinois a California en un carromato. Lee lo que Rachel escribió en su diario sobre el viaje.

## 10 de marzo de 1850

Nunca había tenido un cuaderno propio para escribir, pero ahora tengo uno y también una pluma propia. Me los regaló mi abuelo. Dice que mi tarea es hacer la <u>crónica</u> de nuestro largo viaje y escribirles cartas a Estados Unidos.

**crónica**
reportaje

El abuelo y la abuela lloraban a mares. Papá bromeaba con que parecía que nos íbamos al fin del mundo en lugar de a California. Mamá decía que nos íbamos tan lejos de nuestro hogar en Illinois que bien podía ser el fin del mundo. Me pregunto qué habrá más allá de la frontera. Papá insiste en que es una tierra fértil, buena para cultivar y que hay montones de ella para quien la quiera; solo hay que establecerse allí. El tío Pete nos ha escrito muchas cartas sobre California, donde los nabos son tan grandes como las calabazas y las papas son del tamaño de melones. Qué ganas tengo de verlo yo misma.

Papá pidió que nos tomaran esta fotografía antes de irnos. Ben tiene 15 años; Will, 12; y yo, Rachel, 10 recién cumplidos.

Tengo en brazos a mi gata, Galleta. Papá dijo que no podíamos llevarla con nosotros, así que la dejé con mi mejor amiga, Millie Fremont. Yo dije que íbamos a necesitar una buena cazadora de ratones en California, pero papá dijo que no.

## Nuestras provisiones

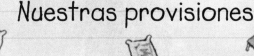

arroz

rodillo de amasar

frijoles, pero no habichuelas verdes, gracias a Dios

estufa de hierro

azúcar

pepinillos en vinagre, así no tendremos escorbuto

jabón, pero espero que no nos bañemos demasiado

tocino

tina de lavar. ¡No lavemos en la olla grande ni cocinemos en la tina de lavar!

mantequera

balde de leche. Todavía tengo que ordeñar a Lily y batir mantequilla ¡aun en el camino!

tetera de campamento

olla grande

molde para pan

sartén

Biblia

molinillo de café

harina

platos, tazas y utensilios de hojalata. La vajilla buena está empacada y no la usaremos hasta que lleguemos a California.

# 12 de abril de 1850

Estamos de camino desde hace más de un mes y todavía no hemos salido de Estados Unidos. ¡No me había dado cuenta de lo grande que es este país! Llegamos a St. Joseph, Missouri, donde tenemos que encontrarnos con algunos vecinos para formar una caravana todos juntos. No sé cómo vamos a encontrarlos; ¡los toldos blancos de los carromatos ocupan varias millas!.

guía

álbum familiar

ropa de cama

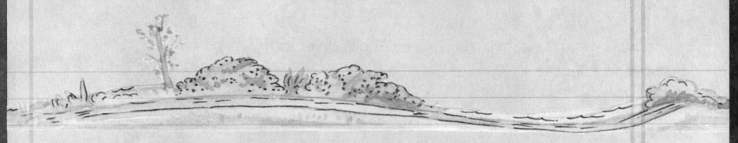

## 10 de mayo de 1850

Papá dice que vamos a ir por el Sendero de Oregon hasta que se divida, y entonces daremos vuelta al sur hacia California. Ahora estamos siguiendo el río Platte. La vista del ancho río y de los barrancos es relajante, no como el polvo que levanta el <u>ganado</u>. Pero encontré una manera de escapar del calor y del polvo del camino principal. A lo largo de todo el camino hay atajos. Estos atajos están diagonales al camino y, a menudo, están junto a arroyos con sombra, así que es agradable caminar por ellos. Me llevo a los niños más pequeños y nos divertimos mucho recogiendo bayas y flores silvestres y caminando por el agua de los arroyos.

Estas bayas estaban un poco amargas.

**ganado**
bueyes, vacas, caballos

Estas bayas estaban amargas si las comías cuando estaban rojas, pero eran deliciosas cuando estaban negras.

## 25 de agosto de 1850

Papá dice que ya pasamos el lugar en el que se divide el Sendero de Oregon. El desvío de la derecha lleva a Oregon, y el de la izquierda, a California. Tomamos el de la izquierda y desde entonces no se ven más que rocas.

## 7 de septiembre de 1850

Ahora seguimos el río Humboldt y podemos ver a lo lejos las cumbres de la sierra Nevada que, para nuestro pesar, ya están nevadas. Los bueyes están delgados y cansados, y nuestras <u>provisiones</u> se están acabando. Hemos pasado algunos puestos de comercio aislados, pero todo es demasiado caro para nosotros. De todas maneras, solo falta un poco más de camino y pronto estaremos en California.

**provisiones**
suministros, alimento y equipo

Mi agradecimiento a Vigor y Valor por tirar de los carromatos. Les di un puñado de preciada sal. ¡Se la habían ganado!

# 3 de octubre de 1850

Subimos la siguiente colina y llegamos a la cumbre. Ante nosotros se extendía el valle de Sacramento. Ya estamos en California. Ya pasó lo peor... a menos que empiece a nevar.

**cumbre**

cima, pico

Ya no recuerdo cómo es estar dentro de una casa. Pasamos por delante de una escuela; ¡por fin hemos vuelto a la civilización!

# 23 de octubre de 1850

Esta mañana nos levantamos temprano. En la guía se indicaba que solo nos quedaban unas doce millas por recorrer, y nadie quería seguir durmiendo. Bajamos por el último tramo de 8 millas. El camino es fácil y llano, y está salpicado de granjas y terrenos de pobladores. ¡Por fin hemos llegado, sanos y salvos!

## California, Estados Unidos de América

Casa del señor Bridger

Sacramento

Escuela

Iglesia

Roble muy, muy viejo; el más grande que he visto en mi vida

Huerto de mamá

Manzanal

Casa   Establo

Gallinero   Nuestra granja

Arbustos de bayas

Campos de cultivo

Laguna para nadar

Granja de los Elías

## Responde

1. ¿Qué crees que Rachel quiere decir cuando cuenta que sus abuelos lloraban a mares?

2. ¿Qué le han contado otras personas a Rachel sobre California?

# Las comunidades crecen

### Reflexiona
¿De qué manera cambió California durante y después de la fiebre del oro?

✔ Muchas personas llegaron a California y ganaron dinero con cosas que no eran oro.

✔ Se desarrollaron nuevas formas de viajar y de comunicarse

### Vocabulario
**empresario** pág. 209
**comunicación** pág. 210
**transcontinental** pág. 210
**inmigrante** pág. 211
**invento** pág. 212
**puerto** pág. 213

 **Destreza clave** Secuencia

**Normas de California**
HSS 3.3, 3.3.1, 3.3.2

Muchos miles de personas llegaron a California durante la fiebre del oro. La mayoría de ellas vieron muy poco oro, si es que llegaron a verlo. Sin embargo, los nuevos habitantes de California encontraron otras formas de ganarse la vida. Muy pronto, se desarrollaron nuevas formas de viajar y de compartir información.

## En crecimiento con la fiebre del oro

Muchas de las personas que llegaron a California durante la fiebre del oro ganaron poco dinero con la extracción de este metal. En cambio, sí ganaron dinero proporcionando productos y servicios a la población, que crecía con gran rapidez.

### ⚡Datos breves

El campamento de Auburn Ravine era un buen "centro de operaciones" para los mineros. Estaba en un lugar céntrico al que se podía llegar en carromato desde Sacramento.

▶ Un minero en Auburn Ravine durante la fiebre del oro, en 1852

En 1850, Levi Strauss llegó a San Francisco para vender productos a los mineros. Strauss mandó hacer unos pantalones especiales, primero de la lona que se usa para fabricar carpas y, luego, de tela vaquera o de mezclilla. Vendía esos pantalones, llamados overoles de cintura, a los mineros que buscaban oro. Levi Strauss era un empresario. Un **empresario** es una persona que abre y dirige un negocio. Estos pantalones todavía se usan, y se llaman *jeans*.

Domingo Ghirardelli era otro empresario de la fiebre del oro. Trató de abrir muchos negocios, hasta que al final volvió al negocio que había aprendido de su padre, la fabricación de chocolate. El chocolate Ghirardelli todavía hoy tiene mucho éxito.

❯ Levi Strauss

(Repaso de la lectura) ⚙ Secuencia

**¿Qué hicieron muchas personas al darse cuenta de que no ganarían dinero extrayendo oro?**

❯ Después de la fiebre del oro, las personas se siguieron mudando a San Francisco. La ciudad ofrecía trabajo y nuevas formas de ganar dinero.

# El ferrocarril

La distancia entre California y el resto de Estados Unidos a menudo dificultaba la comunicación. La **comunicación** consiste en transmitir información. En 1861, los cables de telégrafo conectaron California con el Este. Las líneas de telégrafo mejoraron la comunicación con California, pero sus habitantes todavía necesitaban una manera de transportar personas y productos al estado y del estado.

Theodore Judah, un ingeniero y empresario, tuvo una idea. Quería construir un ferrocarril transcontinental. La palabra **transcontinental** describe algo que cruza el continente.

❯ Boleto de ferrocarril de Omaha, Nebraska, a San Francisco

❯ Obreros chinos trabajan en el ferrocarril transcontinental cerca de Sacramento.

▶ Theodore Judah

Judah consiguió apoyo de cuatro personas de Sacramento que habían ganado dinero durante la fiebre del oro. Estos hombres se hicieron conocidos como los "Cuatro Grandes", y ayudaron a Judah a fundar la compañía de ferrocarriles Central Pacific Railroad Company.

Se comenzó a trabajar en el proyecto en 1863, cerca de Sacramento. A California llegaron inmigrantes de muchos lugares, especialmente de China, para construir el ferrocarril. Un **inmigrante** es una persona que se establece en un país después de llegar desde otra parte del mundo.

Los trabajadores de la Central Pacific colocaban vías de tren en dirección este. Al mismo tiempo, los trabajadores de la Union Pacific colocaban vías en dirección oeste. Las vías se encontraron en Utah en 1869.

El ferrocarril trajo muchos cambios a California. El estado se llenó de personas, y los negocios crecieron rápidamente. Ciudades como Sacramento y Stockton llegaron a ser grandes centros de transporte. Otras comunidades crecieron cerca de las líneas del ferrocarril. Miles de los chinos que ayudaron a construir el ferrocarril se quedaron en California y abrieron negocios.

▶ Los trabajadores chinos del ferrocarril abrieron negocios, como esta tienda de comestibles en San Francisco.

**Repaso de la lectura** **Idea principal y detalles**
**¿En qué cambió la economía de California con la llegada del ferrocarril?**

# El crecimiento de Los Angeles

Para 1870, los trenes ya llevaban personas y productos hasta Sacramento. Desde allí, los productos seguían hacia San Francisco en barco por el río Sacramento. En 1876, una línea de ferrocarril conectó San Francisco con Los Angeles. Poco después, otra línea conectó de forma directa Los Angeles con el Medio Oeste. Los boletos de tren desde el Medio Oeste hasta Los Angeles se vendían por tan solo un dólar.

Los trenes llegaban a California llenos de personas que querían comprar tierra barata. Muchas personas usaban la tierra para cultivar cítricos, como naranjas y limones. Estos cultivos se enviaban en tren al Este para venderlos allí. Esto fue posible porque, a finales del siglo XIX, un invento permitió usar hielo para enfriar, o refrigerar, los vagones de tren. Un **invento** es algo que se fabrica por primera vez. Los vagones refrigerados permitieron a los granjeros enviar naranjas y otras frutas y verduras frescas al Este.

▶ Trabajadores de Orange, California, empacan cítricos para el transporte.

A medida que Los Angeles crecía, los líderes decidieron que su ciudad necesitaba un puerto más grande. Un **puerto** es un lugar donde los barcos pueden atracar y recoger productos y pasajeros. Las obras para construir el nuevo puerto comenzaron en 1898. La ciudad de San Pedro pasó a formar parte de Los Angeles. En el viejo puerto de San Pedro, los canales se hicieron más profundos y más anchos para que pudieran pasar barcos más grandes. Además, se construyeron nuevos muelles. El puerto de Los Angeles pronto se convirtió en el puerto con más movimiento de la costa oeste.

▶ El puerto de Los Angeles en 1916

**Repaso de la lectura** **Causa y efecto**
**¿De qué manera afectó a Los Angeles la construcción del puerto?**

**Resumen** La fiebre del oro y los años posteriores provocaron muchos cambios en California. Por ejemplo, llegaron nuevas personas, se abrieron nuevos negocios y se desarrollaron nuevas formas de viajar y de comunicarse.

# Repaso

1. ¿De qué manera cambió California durante y después de la fiebre del oro?

2. **Vocabulario** ¿De qué manera cambiaron los **empresarios** la vida de California?

3. **Tu comunidad** ¿Qué ha hecho crecer a tu comunidad?

**Razonamiento crítico**

4. **Aplícalo** ¿Alguna vez has viajado fuera de California? ¿En qué medio de transporte viajaste?

5. **DESTREZA DE ANÁLISIS** ¿Por qué crees que las personas se arriesgaron al construir el ferrocarril?

6. **Haz un mapa** Haz un mapa de California en el que muestres los pueblos que crecieron gracias a la fiebre del oro o al ferrocarril.

7. **Destreza clave** **Secuencia** Copia y completa el siguiente organizador gráfico.

| Primero | Después | Por último |
|---|---|---|
| Fiebre del oro | | |

# Leer un mapa demográfico

## ❱ Por qué es importante

A medida que las comunidades cambian y crecen, las poblaciones también lo hacen. La población de la Tierra no está distribuida de manera uniforme. Hay muchas personas que viven en ciudades grandes, y otras que viven en comunidades pequeñas. Un mapa demográfico te muestra dónde viven las personas.

## ❱ Lo que necesitas saber

Cada región tiene una densidad de población distinta. La **densidad de población** es la cantidad de personas que viven en un área de cierto tamaño, normalmente de 1 milla cuadrada. Una milla cuadrada es un terreno cuadrado que mide 1 milla de ancho por 1 milla de largo.

La densidad de población afecta la forma de vida de las personas. En las áreas en las que viven 10 personas en cada milla cuadrada de terreno, la densidad de población es de 10 personas por milla cuadrada. Si hay 100 personas en una milla cuadrada, la densidad de población es de 100 personas por milla cuadrada. Esta última zona está más poblada.

## ❱ Practica la destreza

En el mapa de la página 215 se muestra la densidad de población actual de California. Consúltalo para responder a las siguientes preguntas.

**1** La leyenda del mapa muestra cuatro densidades de población. ¿Qué color se usó para indicar la densidad de población más baja?

**2** Busca Sacramento en el mapa. Tiene una densidad de población de más de 500 personas por milla cuadrada. ¿Cómo crees que esto afecta a sus habitantes?

**3** ¿Por qué crees que la densidad de población a lo largo de la frontera este del estado es baja?

## ❱ Aplica lo que aprendiste

**DESTREZA DE ANÁLISIS** **Aplícalo** Busca en un almanaque un mapa demográfico de un estado que limite con California. ¿En qué parte del estado hay mayor densidad de población? ¿En qué parte hay menor densidad?

Practica tus destrezas con mapas y globos terráqueos con el **CD-ROM GeoSkills**.

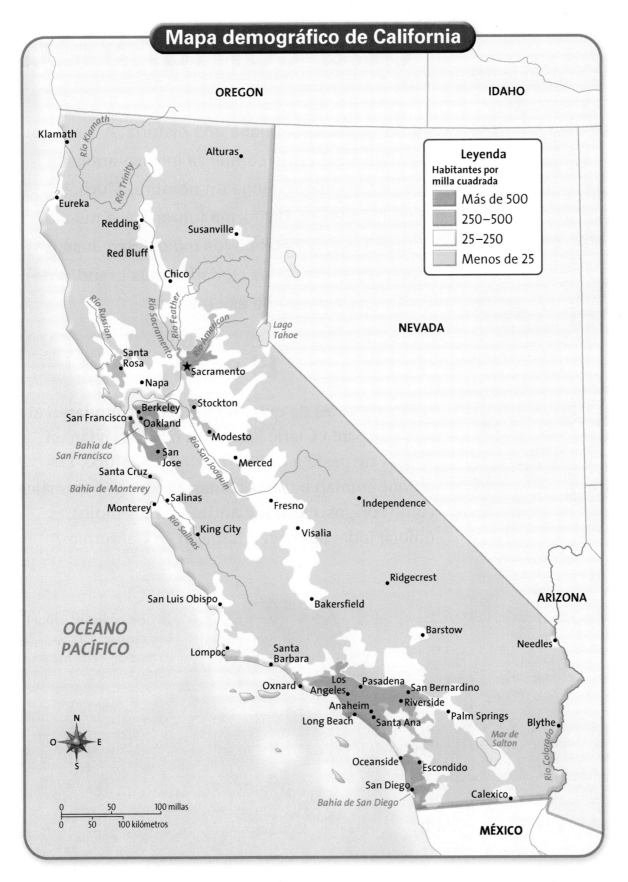

# Mapa demográfico de California

**OREGON**

**IDAHO**

Klamath

Alturas

Río Klamath

Río Trinity

Eureka

Redding

Susanville

Red Bluff

Chico

Río Russian

Río Sacramento

Río Feather

Río American

**NEVADA**

Lago Tahoe

Santa Rosa

★ Sacramento

Napa

Berkeley

Stockton

San Francisco

Oakland

Modesto

Bahía de San Francisco

San Jose

Río San Joaquín

Merced

Santa Cruz

Bahía de Monterey

Salinas

Fresno

Independence

Monterey

Río Salinas

King City

Visalia

Ridgecrest

San Luis Obispo

Bakersfield

**ARIZONA**

**OCÉANO PACÍFICO**

Barstow

Needles

Lompoc

Santa Barbara

Oxnard

Los Angeles

Pasadena

San Bernardino

Anaheim

Riverside

Long Beach

Santa Ana

Palm Springs

Blythe

Mar de Salton

Río Colorado

Oceanside

Escondido

San Diego

Calexico

Bahía de San Diego

**MÉXICO**

## Leyenda

**Habitantes por milla cuadrada**

Más de 500

250–500

25–250

Menos de 25

N
O    E
S

| 0 | 50 | 100 millas |
| 0 | 50 | 100 kilómetros |

# La historia de una comunidad

### Reflexiona

¿De qué manera ha crecido y cambiado San Jose?

✔ El Pueblo de San Jose de Guadalupe fue fundado en el valle de Santa Clara.

✔ El procesamiento de fruta se convirtió en una industria importante en San Jose.

✔ El área que rodea San Jose se conoce en la actualidad como Silicon Valley.

### Vocabulario
**propiedad pública** pág. 217
**propiedad privada** pág. 217
**industria** pág. 219
**tecnología** pág. 220

**Secuencia**

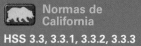

**Normas de California**
HSS 3.3, 3.3.1, 3.3.2, 3.3.3

Cada comunidad tiene una historia. A menudo, la historia comienza incluso antes de que la comunidad tenga un nombre. Muchas comunidades de California fueron hace mucho tiempo la tierra natal de los indios. San Jose, que hoy es una de las ciudades más grandes de California, empezó de esa manera.

## El valle

Mucho antes de que los europeos se mudaran al valle de Santa Clara, los indios ohlone vivían en chozas de pasto a orillas del río Guadalupe. Los ohlone comían bayas, bellotas, verduras y animales como conejos, ciervos y antílopes. Los indios ohlone todavía viven y trabajan en California.

▶ Los ohlone construían casas llamadas *wickiups*.

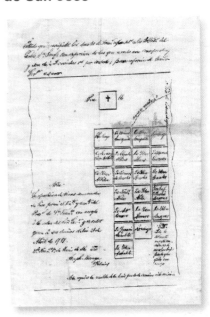

La casa de adobe Peralta es el último edificio que queda del Pueblo de San Jose.

En el siglo XVIII, los españoles llegaron al valle de Santa Clara. Encontraron que la tierra era buena para el cultivo y para criar ganado. En 1777, José Joaquín Moraga fundó una comunidad agrícola junto al río Guadalupe llamada Pueblo de San Jose de Guadalupe. El asentamiento de Moraga proporcionaba trigo, verduras y ganado a los presidios cercanos.

Gran parte de la vida cotidiana ocurría en la plaza central del pueblo. La rodeaban el ayuntamiento, la iglesia, los almacenes y otras propiedades públicas. Una **propiedad pública** es una propiedad que pueden usar todas las personas y no solo un grupo pequeño o una familia. Los habitantes del pueblo vivían en casas hechas de adobe o de madera. Sus hogares eran **propiedad privada**, es decir, una propiedad que pertenece a una sola persona, a una familia o a un grupo de personas. Los comercios y las granjas son otros ejemplos de propiedad privada.

Mapa original del Pueblo de San Jose

**Repaso de la lectura** ☼ **Secuencia**
**¿Quiénes fueron los primeros habitantes de San Jose?**

# La ciudad de San Jose

▶ La estación de trenes de San Jose, California

Entre 1846 y 1849, la población del valle de Santa Clara creció con gran rapidez. En esa época, se descubrió oro en la sierra Nevada. Miles de personas llegaron a California en busca de oro. Pocos lo encontraron, pero la mayoría de las personas se quedaron en el valle de Santa Clara por negocios y, más tarde, para cultivar la tierra.

Para 1850, San Jose era ya un centro de comercio de mucho movimiento. Su población había aumentado a 4,000 personas. El 27 de marzo de 1850, San Jose se convirtió en la primera ciudad oficial de California, y durante un año fue su capital. San Jose experimentó muchos cambios durante la década de 1860. Se mejoraron las calles y se construyó una línea de tranvía. También se construyeron hoteles y un juzgado. En 1864, se terminó de construir una línea de ferrocarril entre San Jose y San Francisco.

▶ Este cartel anunciaba los productos de la compañía empaquetadora San Jose Fruit Packing Company a finales del siglo XIX. Para 1945, la industria de la fruta de San Jose ya usaba máquinas para acelerar el trabajo.

El comercio de productos agrícolas aumentó mucho cuando el ferrocarril llegó a San Jose. Algunas frutas, como las ciruelas, las uvas y los albaricoques, podían enviarse con facilidad a San Francisco. El valle de Santa Clara pronto se dio a conocer como una región de cultivo de frutas. Para 1876, San Jose era ya la capital del envío de frutas de California. Muchos comercios del área procesaban, o preparaban, la fruta para enviarla y venderla. El negocio de procesamiento de la fruta creció hasta convertirse en una **industria**, o un tipo de negocio.

▶ En esta planta empaquetadora, la fruta se prepara para el mercado.

**Repaso de la lectura** **Causa y efecto**
**¿Qué hizo crecer el negocio de la fruta?**

# Geografía

## El valle de Santa Clara

San Jose es la ciudad más grande del valle de Santa Clara, ubicado en el centro oeste de California. El valle de Santa Clara tiene las montañas de Santa Cruz al oeste y la cordillera Diablo al este. Esta región de suelo fértil se conoció como "el valle del deleite del corazón" debido a la gran cantidad de frutas y verduras que crecían y que se procesaban allí, y también por la belleza del valle y de los huertos frutales.

# Silicon Valley

Hasta la década de 1940, la mayoría de las industrias de San Jose estaban relacionadas de alguna manera con los productos frutales. Sin embargo, después de la Segunda Guerra mundial, se produjo un gran cambio. Más de 500,000 militares llegaron al norte de California durante la guerra y, cuando esta terminó, la mayoría de ellos se quedaron.

Grandes empresas se mudaron a la región para fabricar piezas de naves espaciales y computadoras. La zona se convirtió en un centro de nuevas tecnologías. La **tecnología** es el conjunto de inventos que se usan a diario. Fueron tantas las empresas de computadoras que se instalaron en la zona que las personas le pusieron el apodo "Silicon Valley" (valle del silicio). El silicio es un material que se usa para fabricar piezas de computadoras. En 1980, la población de San Jose ya había superado las 600,000 personas.

En la actualidad, San Jose es la tercera ciudad más grande de California. Ahora, empresas que fabrican chips, *software* y equipos de computadoras ocupan el terreno en el que antes crecían los árboles frutales.

❯ Frederick Terman (a la derecha) colaboró en la fundación de un parque industrial que se convirtió en el centro de Silicon Valley.

❯ Después de 1973, en esta misma zona se instalaron muchas empresas de computadoras.

❯ Los huertos de la familia Leonard en Cupertino, alrededor de 1935

Las compañías de Silicon Valley trajeron nuevos grupos de personas de todas partes del mundo, y pasaron a formar parte de la comunidad de San Jose. A ella siguen llegando inmigrantes de Vietnam, India, Taiwán y muchos otros lugares para trabajar en Silicon Valley. San Jose es una de las ciudades de Estados Unidos que crece más rápidamente. Su población es ahora de casi 1 millón de personas.

> **Repaso de la lectura** ŏ **Secuencia**

**¿Qué industrias se fundaron en San Jose después de la industria del procesamiento de frutas?**

**Resumen** San Jose era una pequeña comunidad agrícola que creció hasta convertirse en una de las ciudades más grandes del estado de California. La región en la que antes crecían muchos árboles frutales la ocupan ahora muchas compañías tecnológicas.

▶ **Vista aérea del centro de San Jose**

# Repaso

1. ¿De qué manera ha crecido y cambiado San Jose?

2. **Vocabulario** Explica la diferencia entre **propiedad pública** y **propiedad privada**.

3. **Tu comunidad** ¿Qué industria o industrias son las más importantes en el área en la que vives?

**Razonamiento crítico**

4. **Aplícalo** ¿A qué distancia está San Jose del lugar en el que vives? Si quisieras visitar San Jose, ¿cuánto tardarías en llegar?

5. **DESTREZA DE ANÁLISIS** ¿Por qué crees que se han mudado tantas personas a San Jose?

6. **Haz un folleto turístico** Haz un folleto turístico sobre tu comunidad. En tu folleto debes contar la historia del lugar y decir por qué sería lindo visitarlo.

7. **Destreza clave** **Secuencia** En una hoja de papel, copia y completa el siguiente organizador gráfico.

| Primero | Después | Por último |
|---------|---------|------------|
| Los ohlone | | |

# Fuentes primarias

# Un museo de historia

Imagina que te han pedido que escribas la historia de tu comunidad. ¿Por dónde debes empezar? Primero, piensa que eres un historiador. José Pantoja tiene un interés especial en la historia, y usa fuentes primarias de los museos para imaginarse cómo se vivía en el pasado.

## Fuente primaria

Las **fuentes primarias** son documentos creados por las personas que vieron o participaron en un acontecimiento. Tal vez estas personas contaron su historia en un periódico o la escribieron en su diario. También pudieron tomar una fotografía o pintar un cuadro.

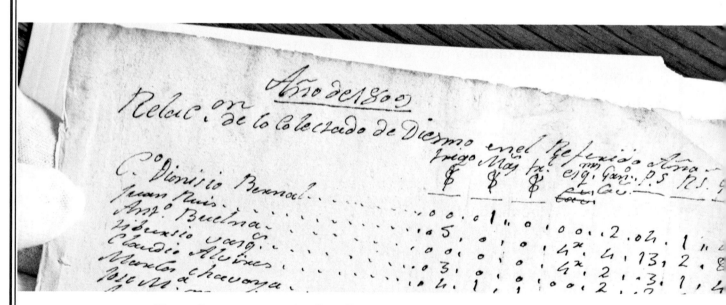

Este documento de San Jose es una fuente primaria.

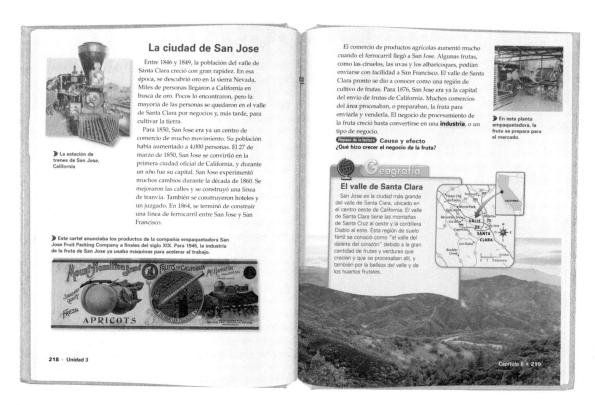

▶ Este libro de texto es una fuente secundaria.

**Fuente secundaria**

Pantoja también usa la información de las fuentes primarias para escribir reportes. Por lo tanto, sus reportes pasan a ser fuentes secundarias. Una **fuente secundaria** es aquello que escribió alguien que no estuvo presente cuando se produjo un acontecimiento.

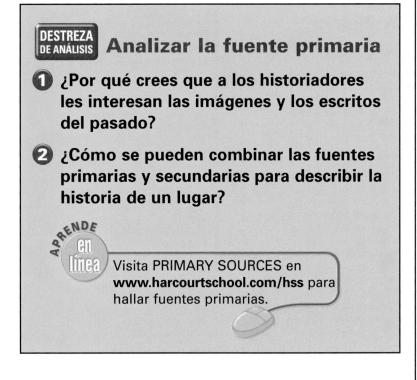

**DESTREZA DE ANÁLISIS** **Analizar la fuente primaria**

**1** ¿Por qué crees que a los historiadores les interesan las imágenes y los escritos del pasado?

**2** ¿Cómo se pueden combinar las fuentes primarias y secundarias para describir la historia de un lugar?

APRENDE en línea Visita PRIMARY SOURCES en **www.harcourtschool.com/hss** para hallar fuentes primarias.

# Descubre la historia de tu comunidad

**Reflexiona**
¿Cuáles son algunas maneras de investigar sobre la historia de una comunidad?

✔ Descubre cómo puedes investigar sobre la historia de tu comunidad hablando con las personas y visitando lugares especiales.

**Vocabulario**
**fuentes de referencia**
    pág. 225
**patrimonio cultural**
    pág. 226
**antepasado** pág. 226
**lugar histórico** pág. 228
**sociedad histórica**
    pág. 230

Destreza clave **Secuencia**

**Normas de California**
HSS 3.3, 3.3.3

Imagina que te han pedido que investigues sobre la historia de tu comunidad. ¿Por dónde debes empezar? Primero, piensa que eres un historiador. Los historiadores son detectives de la historia. Al igual que los detectives, los historiadores buscan datos relacionados con todo tipo de cosas, desde los grandes sucesos hasta los detalles más pequeños. Los historiadores apuntan cada descubrimiento. Luego, reúnen toda la información para imaginar cómo era la vida de una comunidad.

❯ Estas estudiantes analizan viejas fotografías de la comunidad.

▶ **La biblioteca tiene muchos recursos que puedes usar para hacer tu investigación.**

# Conviértete en un historiador

A medida que explores la historia de tu comunidad, estudiarás las personas, los lugares y los sucesos que han determinado cómo es la vida allí. Aprenderás cómo vivían los indios americanos en el área que hoy ocupa tu comunidad o cerca de ella. También aprenderás cuándo poblaron la zona los primeros europeos y cómo se vivía durante las distintas épocas de la historia de California.

Para investigar la historia de tu comunidad, comienza por la biblioteca local. La biblioteca tiene muchas **fuentes de referencia**, o fuentes de datos. Pídele al bibliotecario que te ayude a encontrar lo que necesites. Toma apuntes cuando encuentres algo útil para tu investigación.

**Repaso de la lectura** ❂ **Secuencia**
**¿Cuál es el primer sitio que debes visitar para empezar a investigar la historia de tu comunidad?**

# Entrevista a alguien de tu comunidad

Hacerles preguntas a las personas, o entrevistarlas, es una buena manera de aprender sobre la historia de tu comunidad. Hay muchas personas a las que puedes entrevistar. Por ejemplo, si quieres conocer cómo era la vida en el pasado, puedes entrevistar a uno de tus abuelos o a una persona mayor de tu comunidad. Una persona mayor puede hablarte sobre tu patrimonio cultural. El **patrimonio cultural** es un conjunto de valores y costumbres que se heredan de las personas que vivieron en el pasado. Es posible que un abuelo también pueda contarte algo sobre tus antepasados. Un **antepasado** es alguien de la familia de una persona que vivió hace mucho tiempo. Algunas personas tienen familiares que han vivido en su comunidad durante generaciones.

❭ Estos estudiantes están entrevistando a una persona de su comunidad en San Diego, California.

## Planifica la entrevista

- Escribe o llama a la persona para pedirle una entrevista. Dile quién eres y por qué quieres entrevistarla.
- Pídele a la persona que fije una hora y un lugar de encuentro.

## Antes de la entrevista

- Investiga todo lo que puedas sobre el tema y sobre la persona a la que vas a entrevistar.
- Escribe una lista de preguntas.

## Durante la entrevista

- Escucha atentamente. No interrumpas a la persona.
- Toma notas mientras hablas con la persona. Escribe algunas de sus palabras exactas.
- Si quieres usar una grabadora o una cámara de video, pregúntale primero a la persona si puedes hacerlo.

## Después de la entrevista

- Dale las gracias a la persona antes de irte.
- Luego, envíale una nota de agradecimiento.

**Repaso de la lectura** ⭐ **Secuencia**

**¿Qué debes hacer después de entrevistar a alguien?**

# Busca fotografías y mapas de tu comunidad

Mirar fotografías y mapas de distintos años te ayuda a ver los cambios que han habido en tu comunidad. Puedes encontrar fotografías y mapas en bibliotecas, museos y lugares históricos. Un **lugar histórico** es un sitio que tiene importancia en la historia. Aquí hay dos fotografías de una comunidad de California. ¿Qué cambios ves?

▶ La calle Powell de San Francisco en 1866

En el pasado

Hoy

▶ La calle Powell de San Francisco hoy

En estos mapas se muestra una comunidad de California que ha crecido. ¿Qué cosas ves que hayan cambiado? ¿Qué cosas ves que siguen igual?

**Repaso de la lectura** 🔵 **Secuencia**

**¿Qué puedes aprender cuando analizas mapas y fotografías de tu comunidad?**

🌙 **San Francisco hoy**

Hoy

🌙 **San Francisco alrededor del año 1900**

Hace mucho tiempo

# Escribe a lugares especiales o visítalos

Para obtener más información sobre la historia de tu comunidad, puedes escribir a lugares históricos, museos y sociedades históricas, o puedes visitarlos. Una **sociedad histórica** es una organización de personas a las que les interesa la historia de su comunidad. Las sociedades históricas y los museos generalmente tienen fotografías, libros, mapas, diarios, periódicos y otros objetos antiguos que dan información sobre el pasado.

### Cómo escribir para pedir información

Puedes escribir una carta para pedir información sobre la historia de tu comunidad. Cuando la escribas, recuerda hacer lo siguiente:

- Escribe de forma clara y limpia o usa una computadora.
- Di quién eres y por qué escribes.
- Di exactamente lo que quieres saber.

◗ Sociedad Histórica de California en San Francisco

### Cómo hacer preguntas durante una visita

Si tienes la oportunidad de visitar un museo, una sociedad histórica o un lugar histórico, recuerda hacer lo siguiente:

- Lleva contigo una lista de preguntas que quieres hacer.
- Di quién eres y el motivo de tu visita.
- Escucha con atención y toma notas.
- Llévate carpetas o folletos informativos que haya en el lugar para los visitantes.
- Dale las gracias a la persona que te ayudó antes de irte.

**Repaso de la lectura** ♂ **Secuencia**

**¿Qué es lo primero que debes escribir en una carta en la que pidas información sobre tu comunidad?**

> Puedes escribir cartas para pedir información sobre la historia de tu comunidad.

**Resumen** Cada comunidad tiene su historia. Puedes aprender sobre la tuya reuniendo información de las personas y de los lugares especiales de tu comunidad.

---

## Repaso

1. ¿Cuáles son algunas maneras de investigar sobre la historia de una comunidad?

2. **Vocabulario** ¿Qué podrías descubrir en una **sociedad histórica**?

3. **Tu comunidad** ¿A quién puedes preguntarle sobre la historia de tu comunidad? ¿Qué lugares puedes visitar?

**Razonamiento crítico**

4. **Aplícalo** ¿Qué sabes de la historia de tu comunidad que podrías informarle a otra persona?

5. **DESTREZA DE ANÁLISIS** ¿En qué se parece tu comunidad hoy a la comunidad que fue en el pasado? ¿En qué se diferencia?

6. **Haz una página de Internet** Haz una página de Internet en la que muestres sucesos importantes y cambios en tu comunidad.

7. **Destreza clave** **Secuencia** En una hoja de papel, copia y completa el siguiente organizador gráfico.

| Primero | Después | Por último |
|---|---|---|
| Visitar una biblioteca | | |

# La Gran Muralla de California

Los habitantes de Estados Unidos siempre han trabajado por mejorar su comunidad. En Los Angeles, algunas personas han embellecido su vecindario pintando una pared.

La pared de piedra de una calle de Los Angeles estaba pelada y gris, pero ahora ha cambiado. Durante cinco veranos, más de 400 jóvenes se reunieron para pintar una historia en la pared.

Una artista llamada Judy Baca reunió a la comunidad. Ayudó a planificar un gran mural, o cuadro pintado en una pared. El mural contaría la historia de los trabajadores que ayudaron a que California sea lo que es hoy. Los jóvenes comenzaron el trabajo de pintar su historia. Pintar el mural los llenó de orgullo. También estaban orgullosos de su historia, pintada en la pared.

Judy Baca y dos voluntarios

Al igual que estos jóvenes, hay personas en todo Estados Unidos que trabajan por mejorar su comunidad. Arreglan casas, limpian el vecindario, o construyen patios de juegos y parques. Todas estas son formas de hacer que nuestra comunidad se convierta en un lugar mejor para vivir, trabajar y jugar.

Personas pintando la Gran Muralla de Los Angeles

## ¿Sabías que...?

La Gran Muralla de Los Angeles es el mural más largo del mundo. Mide media milla de largo. En la actualidad, Judy Baca y las personas del vecindario están trabajando para conservar el mural y hacerlo aun más largo para poder contar más cosas sobre la historia de California.

## Piensa

**Aplícalo** ¿Cómo podrían tú y tus vecinos trabajar para hacer de su comunidad un lugar mejor para vivir?

FOREBEARERS OF CIVIL RIGHTS

# La lectura en los Estudios Sociales

Una **secuencia** es el orden en el que ocurren los sucesos.

## Secuencia

Completa este organizador gráfico para mostrar que entiendes la secuencia de sucesos del proceso de crecimiento de California. En la página 59 del cuaderno de Tarea y práctica encontrarás una copia de un organizador gráfico.

## La formación de las comunidades

| Primero | Después | Por último |
|---|---|---|
| El telégrafo conectó California con el Este. | | Se construyeron otros ferrocarriles que conectaron San Francisco con Los Angeles y Los Angeles con el Medio Oeste. |

# Pautas de redacción de California

**Escribe un discurso** Imagina que eres el alcalde de un pueblo de California en 1861. Los cables de telégrafo acaban de conectar tu pueblo con otros. Escribe un discurso en el que expliques qué influencia puede tener este invento en tu pueblo.

**Escribe un cuento tradicional** Piensa en los cuentos tradicionales que has escuchado. Inventa un personaje de un cuento tradicional. Escribe un cuento sobre la forma en la que el protagonista pudo contribuir a transformar California en el lugar que es hoy.

**Escribe la palabra o las palabras que completan cada oración.**

| empresario, pág. 209 | puerto, pág. 213 |
|---|---|
| transcontinental, pág. 210 | propiedad pública, pág. 217 |
| | industria, pág. 219 |

1. El padre de Kayla trabaja en la ____ de las computadoras.

2. El ____ abrió un nuevo negocio para vender juguetes.

3. El ferrocarril ____ conectó la costa del Pacífico con el resto de Estados Unidos.

4. El parque estatal es una ____. Todos pueden disfrutarlo.

5. El barco atracó en el ____ para recoger productos y pasajeros.

**Responde a las siguientes preguntas.**

7. ¿Quién empezó a venderles *jeans* a los mineros?

8. ¿Cuál fue la primera gran industria de San Jose?

**Escribe la letra de la mejor opción.**

9. ¿Qué fue lo que permitió trasladar personas y productos con facilidad entre California y el resto de Estados Unidos en el siglo XIX?
   A el telégrafo
   B los teléfonos
   C los trenes
   D los automóviles

10. ¿Qué puedes hacer para aprender sobre la historia de tu comunidad?
    A entrevistar a una persona
    B mirar fotografías y mapas de distintos años
    C visitar una sociedad histórica
    D todas las anteriores

**Leer un mapa demográfico** Consulta el mapa demográfico de la página 215 para responder a la siguiente pregunta.

6. **DESTREZA DE ANÁLISIS** ¿Cuál es la densidad de población de San Diego?

11. **DESTREZA DE ANÁLISIS** ¿Por qué crees que muchas empresas comenzaron a funcionar en el área de San Jose después de la Segunda Guerra Mundial?

# OLD SACRAMENTO

## Prepárate

El histórico Old Sacramento, con vistas al río Sacramento, ofrece a sus visitantes una apasionante mirada a la vida de California en los días del Viejo Oeste. En este concurrido distrito se encuentran el Museo del Descubrimiento de la Historia de Sacramento *(Discovery Museum of Sacramento's History)*, el Museo Militar de California *(California Military Museum)* y el Museo del Ferrocarril del Estado de California *(California State Railroad Museum)*. Tómate un tiempo para visitar los monumentos, las atracciones y la gran variedad de tiendas y restaurantes que se encuentran en los edificios históricos.

**Ubícalo**
**California**

Sacramento

## Observa

El barco *Delta King* antes transportaba personas y productos entre Sacramento y San Francisco. Hoy en día, es un hotel flotante con un teatro y un restaurante bien popular.

Old Sacramento pone en exhibición la historia del transporte de California. Allí se pueden ver coches tirados por caballos y visitar el Museo del Ferrocarril del Estado de California.

Un monumento en honor a los jóvenes jinetes del Pony Express.

Filas de escritorios de madera alineados en la escuela de Old Sacramento, que tenía un solo salón de clases.

## Un paseo virtual

en línea

Visita VIRTUAL TOURS en www.harcourtschool.com/hss para realizar un paseo virtual.

# Repaso

 **LA GRAN IDEA**

**Historia** Las comunidades de California tienen una larga historia. Han experimentado grandes cambios desde la época de los primeros exploradores hasta la actualidad. Cada comunidad tiene su propia historia.

**Resumen** ## La historia de la comunidad

Los exploradores europeos llegaron a la costa de California en busca de riquezas y para tomar posesión de las tierras. España construyó misiones.

Cuando se descubrió oro en 1848, muchas personas llegaron a California con la esperanza de hacerse ricas. Los pioneros llegaron en busca de tierras, y los empresarios abrieron negocios. La historia de California forma parte de la historia de tu propia comunidad.

## Ideas principales y vocabulario

**Lee el resumen anterior. Luego responde a las siguientes preguntas.**

1. ¿Qué país construyó misiones en California?
   A Rusia
   B España
   C Inglaterra
   D Estados Unidos

2. ¿Qué hicieron los empresarios en California?
   A abrieron negocios
   B crearon misiones
   C exploraron la costa de California
   D inventaron el telégrafo

3. ¿Qué buscaban en California la mayoría de los exploradores, mineros y pioneros?
   A tener paz y tranquilidad
   B ver el océano Pacífico
   C construir grandes iglesias
   D conseguir tierras y riquezas

**Responde a las siguientes preguntas.**

4. ¿Qué explorador tomó posesión del área de San Francisco para Inglaterra?

5. ¿A quién envió el rey Carlos a Alta California?

6. ¿Quiénes fundaron las comunidades llamadas pueblos en California?

7. ¿Por qué llegaron muchos inmigrantes a California?

8. ¿Quién fundó el Pueblo de San Jose?

**Escribe la letra de la mejor opción.**

9. ¿Cómo se llamaba el territorio situado al norte de Baja California?

   A California americana

   B California mexicana

   C California española

   D Alta California

10. ¿Cuántas misiones construyeron los españoles en California?

    A 21

    B 200

    C 2

    D 2,000

11. ¿Qué nombre recibe una persona que estudia el pasado?

    A pionero

    B detective

    C historiador

    D poblador

12. **DESTREZA DE ANÁLISIS** ¿En qué sentido podría haber sido distinta la historia de California si no hubiera existido el ferrocarril transcontinental?

13. **DESTREZA DE ANÁLISIS** ¿Qué tipos de fuentes primarias podrían explicarnos por qué las ciudades de California tienen nombres españoles?

**Leer un mapa demográfico**

**DESTREZA DE ANÁLISIS** Consulta el mapa de abajo para responder a las siguientes preguntas.

14. ¿Qué color indica la densidad de población más alta?

15. ¿Qué ciudad tiene mayor densidad de población: Oxnard o Riverside?

**Zona demográfica de Los Angeles**

0  25  50 millas
0  25  50 kilómetros

Santa Barbara
Oxnard
Los Angeles
Pasadena
San Bernardino
Anaheim
Riverside
Long Beach
Santa Ana
Palm Springs
Oceanside
Escondido
San Diego

**Leyenda**
Habitantes por milla cuadrada
Más de 500
250–500
25–250
Menos de 25

N · O · E · S

OCÉANO PACÍFICO

# Actividades

## Muestra lo que sabes

## Lecturas adicionales

■ *La vida de los pioneros* por Susan Ring

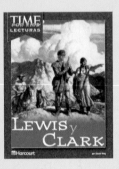

■ *Lewis y Clark* por Susan Ring

■ *Las ciudades de ayer, de hoy y de mañana* por Susan Ring

## Actividad de redacción

**Escribe una entrada de un diario** Imagina que eres el explorador Juan Rodríguez Cabrillo. Escribe una entrada de un diario para describir cómo era Alta California cuando desembarcaste en 1542.

## Proyecto de la unidad

**Álbum de recortes de la historia de la comunidad** Trabaja con tus compañeros de clase para hacer un álbum de recortes de la historia de tu comunidad. Asignen a cada grupo un lugar de la comunidad, como la alcaldía, la escuela o la biblioteca. Luego, reúnan fotografías nuevas y viejas y escriban un informe sobre la historia del lugar. Unan todas las páginas para completar el álbum de recortes.

APRENDE en línea

Visita ACTIVITIES en **www.harcourtschool.com/hss** para hallar otras actividades.

# El gobierno y el civismo

## Comienza con las normas

**3.4** Los estudiantes comprenden el rol de las reglas y leyes en nuestra vida cotidiana y la estructura básica del gobierno de Estados Unidos.

## La gran idea

### Gobierno

Las comunidades y las naciones necesitan leyes y líderes para proteger a los ciudadanos y mantener el orden. Nuestros gobiernos dependen de la participación de todos sus ciudadanos.

### Reflexiona

✔ ¿Qué reglas y leyes cumplen las personas en una comunidad?

✔ ¿Cómo está organizado el gobierno de Estados Unidos y por qué es importante una constitución?

✔ ¿Qué hace el gobierno local por sus ciudadanos?

✔ ¿Cuáles son las reglas y las cualidades de un buen ciudadano?

### Muestra lo que sabes

★ Prueba de la Unidad 4

✎ Redacción: Una carta

✏ Proyecto de la unidad: Un manual del gobierno

# El gobierno y el civismo

## Habla sobre

el gobierno
y el civismo

**Boleta**

**VOTA**

" Las personas de nuestro país votan para elegir a sus líderes. "

" Los buenos ciudadanos
cumplen las reglas y las leyes. "

" A los buenos
ciudadanos les gusta
ayudar a los demás. "

voluntario
Erika

241

Presentación del

# vocabulario

**ley**  Una regla que deben cumplir los habitantes de una comunidad. (página 253)

Gobierno de Estados Unidos

Legislativo   Ejecutivo   Judicial

**ciudadano**  Una persona que vive en una comunidad y pertenece a ella. (página 254)

**elegir**   Escoger a un líder o votar por él. (página 254)

**gobernador**   El líder elegido del gobierno del estado. (página 272)

**voluntario**   Una persona que decide trabajar sin recibir dinero a cambio. (página 297)

APRENDE
en línea

Visita **www.harcourtschool.com/hss** para hallar recursos en Internet para usar con esta unidad.

La lectura en los Estudios Sociales

**Destreza clave**

# Idea principal y detalles

La **idea principal** es la idea más importante de un párrafo o pasaje. Los **detalles** secundarios dan más información sobre la idea principal.

## Por qué es importante

Encontrar la idea principal te permite identificar con rapidez el tema de una selección. En un párrafo, la idea principal suele estar en la primera oración.

| Idea principal | | |
| --- | --- | --- |
| **La idea más importante** | | |

| Detalles | | |
| --- | --- | --- |
| **Datos sobre la idea principal** | **Datos sobre la idea principal** | **Datos sobre la idea principal** |

## Practica la destreza

Lee el párrafo. Busca la idea principal. Luego, busca los detalles secundarios.

**Idea principal**

**Detalle**

El cargo de gobernador de un estado puede ser un paso para convertirse en presidente de Estados Unidos. George W. Bush fue gobernador de Texas antes de llegar a ser presidente, Bill Clinton fue gobernador de Arkansas, Ronald Reagan fue gobernador de California y Jimmy Carter fue gobernador de Georgia.

Lee los párrafos. Luego, responde a las preguntas.

# La historia de un presidente

El 20 de enero de 1981, Ronald Reagan se convirtió en el presidente número 40 de Estados Unidos. Sus experiencias en distintos cargos lo ayudaron a prepararse para este importante puesto.

Cuando terminó sus estudios en la universidad, Ronald Reagan trabajó como comentarista deportivo en la radio. El trabajo en la radio le dio práctica para hablar ante un gran público.

En 1937, Reagan se convirtió en actor de Hollywood. La actuación le enseñó a expresarse delante de las cámaras. Le enseñó destrezas por las que recibió el apodo de "el gran comunicador".

En 1966, Reagan fue elegido gobernador de California. Fue gobernador durante dos mandatos. En esos años, aprendió a administrar un estado. Todas estas experiencias lo prepararon para dirigir un país.

**Destreza clave**

# Idea principal y detalles

1. ¿En qué párrafo está la idea principal de esta selección?

2. ¿Cuántos párrafos dan detalles secundarios de la idea principal?

# Destrezas de estudio

## ENTENDER EL VOCABULARIO

Si consultas un diccionario, aprenderás palabras nuevas mientras lees.

▶ **En un diccionario aparecen todos los significados de una palabra, y a veces se explica el origen de esa palabra.**

▶ **Puedes hacer una tabla en la que anotes y organices las palabras que no conozcas para buscarlas en un diccionario.**

**elegir** *v* 1: seleccionar a alguien por votación para ocupar un cargo o puesto, o para ser miembro de un grupo (Fue elegida presidenta de la clase.) 2: decidirse por algo (Eligió ir de excursión.) 3: escoger

| Palabra | Definición |
|---------|------------|
| elegir | Seleccionar a alguien por votación |

## Aplica la destreza mientras lees

A medida que lees este capítulo, busca en el diccionario las palabras del vocabulario y otras palabras que no conozcas. Agrégalas a una tabla como la anterior.

**Normas de Historia y Ciencias Sociales de California, Grado 3**

**3.4 Los estudiantes comprenden el rol de las reglas y leyes en nuestra vida cotidiana y la estructura básica del gobierno de Estados Unidos.**

El ayuntamiento de Pasadena, California

# LA CAPITAL:

## Washington D.C. de principio a fin

**por Laura Krauss Melmed**
**ilustrado por Frané Lessac**

# El Capitolio

Cuando la Cámara y el Senado acuden
al Capitolio y bajo su gran cúpula se reúnen
los proyectos que deciden hacer
serán las leyes que hay que obedecer.

La Estatua de la Libertad es una mujer de bronce
con una toga larga y suelta. En la mano izquierda
lleva una corona de la victoria y el escudo de
Estados Unidos con trece franjas que representan
las trece colonias. La mano derecha descansa
sobre la espada envainada.

La cúpula está hecha de hierro fundido
y pesa ¡casi 9 *millones* de libras!

El Capitolio tiene unas 540
habitaciones, 658 ventanas y 850 puertas.

## EL SENADO

Los miembros del Senado se llaman senadores. Los senadores se eligen cada seis años. Hay dos senadores por cada estado.

Los visitantes pueden sentarse en las *galerías* de la Cámara de Representantes y del Senado para ver y oír al Congreso en pleno trabajo.

Cada senador tiene un escritorio. Uno de los escritorios se llama "escritorio de los dulces", y cada nuevo senador que lo usa debe mantener el cajón lleno de pastillas de menta, caramelos y chocolates.

## LA CÁMARA DE REPRESENTANTES

Los miembros de la Cámara de Representantes se llaman representantes o congresistas. Los representantes se eligen cada dos años. El número de representantes de cada estado depende de la población del estado.

El líder de la Cámara de Representantes se llama *presidente*.

En la sala de la Cámara de Representantes, los miembros pueden sentarse en cualquier lugar, pero los demócratas suelen sentarse a la derecha del presidente de la Cámara, y los republicanos a la izquierda.

# La Corte Suprema

Nueve jueces de la corte más alta
escuchan casos de suprema importancia;
han jurado llegar a una resolución
que respete y defienda nuestra Constitución.

Antes de que los jueces se sienten, el supervisor del tribunal recita:

"Honorable Presidente y honorables Jueces de la Corte Suprema de Estados Unidos. ¡Atención! ¡Atención! ¡Atención! Se ruega a todas las personas que tengan asuntos que tratar ante la honorable Corte Suprema de Estados Unidos que se acerquen y presten atención, pues esta Corte comienza su sesión. ¡Dios salve a Estados Unidos y a su honorable Corte!".

La Constitución dice que la Corte Suprema de Estados Unidos es el tribunal más alto del país. Los jueces son designados por el presidente con la aprobación del Senado y ocupan sus cargos de por vida.

Dormitorio del presidente · Estudio

Salón comedor · Salón rojo

Salón azul

Salón verde · Salón este

Salón de los mapas

Sala de recepción diplomática

Salón de la porcelana · Salón bermellón

# La Casa Blanca

Un símbolo de la democracia,
esta casa es para mí y para ti,
y cada nuevo presidente
se turnará para ser su residente.

La Casa Blanca tiene seis pisos, 132 habitaciones, más de 30 baños, 147 ventanas y 3 ascensores. Se llama Casa Blanca por la pintura de cal que se usa para proteger los bloques de arenisca con los que se construyeron las paredes.

Las habitaciones privadas que son la vivienda del presidente y de su familia constituyen solo una pequeña parte del espacio total. Algunos empleados federales tienen sus oficinas en la Casa Blanca.

Durante la Guerra de 1812, las tropas británicas se dirigieron hacia la Casa Blanca y la incendiaron. El daño que causó el fuego fue muy grande, y el edificio se habría destruido de no ser por una repentina tormenta que apagó las llamas.

## Responde

1. ¿Qué dos grupos se reúnen en el Capitolio?

2. ¿Cómo llega una persona a ser juez de la Corte Suprema?

# Reglas y leyes

## Reflexiona

¿Qué reglas y leyes cumplen las personas en una comunidad?

✔ Las reglas y las leyes ayudan a las personas a llevarse bien y también protegen a las personas.

✔ Los miembros del gobierno de una comunidad crean las leyes.

## Vocabulario

**cooperar** pág. 252
**ley** pág. 253
**consecuencia** pág. 253
**alcalde** pág. 254
**elegir** pág. 254
**ciudadano** pág. 254
**corte** pág. 255
**juez** pág. 255

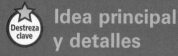

**Idea principal y detalles**

**Normas de California**
HSS 3.4, 3.4.1, 3.4.4

La mayor parte del tiempo, los miembros de una comunidad se llevan bien unos con otros, pero hay veces que no. Las personas necesitan **cooperar**, es decir, trabajar en conjunto, para que la comunidad sea un lugar seguro y pacífico para vivir.

▶ Los estudiantes y el conductor del autobús obedecen las leyes de tránsito.

# Las leyes de la comunidad

Las comunidades tienen reglas para proteger a las personas. Estas reglas se llaman **leyes**. Las leyes de tránsito garantizan que las personas viajen seguras por las calles de una comunidad. Sin leyes de tránsito, muchas personas podrían sufrir accidentes.

Las personas que desobedecen las leyes enfrentan consecuencias. Una **consecuencia** es lo que sucede como resultado de lo que hace una persona. Una consecuencia es resultar herido en un accidente. Cuando alguien desobedece una ley puede ir a la cárcel.

❯ Pagar una multa es una consecuencia de desobeceder una ley de tránsito.

**Repaso de la lectura** 🔑 **Idea principal y detalles**
**¿Qué consecuencias puedes enfrentar si desobedeces una ley?**

# El gobierno de la comunidad

Cada comunidad tiene una manera de hacer leyes y de asegurar que se cumplan. En la mayoría de las comunidades, los miembros del gobierno crean las leyes, se reúnen para hablar de los problemas y deciden cómo resolverlos.

En algunas comunidades, el líder del gobierno se llama **alcalde**. El trabajo del alcalde consiste en conseguir que se resuelvan los problemas de la comunidad. Los ciudadanos de una comunidad tienen que **elegir** un alcalde, y lo hacen por medio de una votación. Un **ciudadano** es una persona que vive en una comunidad y pertenece a ella.

❯ Edward Cortez es el alcalde de Pomona.

❯ El alcalde y otros dirigentes de la ciudad trabajan en el ayuntamiento de Pomona.

**Ubícalo**

CALIFORNIA

Pomona

Las cortes son otra parte del gobierno de una comunidad. Una **corte** es un lugar en el que un juez toma decisiones sobre una ley. Los **jueces** son personas de la comunidad que son seleccionadas para trabajar como líderes en las cortes. Los jueces deciden si una persona ha cumplido o no una ley. También deciden las consecuencias para aquellos que han desobedecido una ley. Los jueces deben ser equitativos, es decir, que deben tratar a todas las personas de la misma manera.

**Repaso de la lectura** ◎ **Idea principal y detalles** ¿Cuáles son algunas de las responsabilidades del gobierno de una comunidad?

**Resumen** Tenemos leyes que nos protegen y nos ayudan a llevarnos bien unos con otros. Los miembros del gobierno de una comunidad crean las leyes.

❱ Los jueces deciden las consecuencias para las personas que no cumplen las leyes.

# Repaso

1. 💡 ¿Qué reglas y leyes cumplen las personas en una comunidad?

2. **Vocabulario** ¿Cuál podría ser una **consecuencia** para alguien que desobedece una ley?

3. **Tu comunidad** ¿Quién es el alcalde o el líder del gobierno de tu comunidad?

**Razonamiento crítico**

4. **Aplícalo** ¿Cómo cumples las leyes de tu comunidad?

5. [DESTREZA DE ANÁLISIS] ¿Cuál es la ventaja de cumplir las reglas y las leyes?

6. ✏ **Escribe una lista** Escribe una lista de leyes que hayas visto cumplir a las personas de tu comunidad.

7. (Destreza clave) **Idea principal y detalles** En una hoja de papel, copia y completa el siguiente organizador gráfico.

**Idea principal**
Las personas cumplen las leyes por distintos motivos.

**Detalles**

| | | |
|---|---|---|
| | ⬆ | |

# Resolver conflictos

## ▶ Por qué es importante

Una de las tareas del gobierno es ayudar a los ciudadanos a resolver, o solucionar, sus **conflictos**. Sin embargo, la mayoría de las veces las personas solucionan sus desacuerdos por su cuenta. Saber resolver conflictos sirve para llevarse bien con los demás.

## ▶ Lo que necesitas saber

Puedes seguir los siguientes pasos cuando tengas un conflicto con alguien. Es posible que los mismos pasos no siempre funcionen. Tal vez necesites probar más de un paso.

**Aléjate.** Deja que pase un tiempo. Después de un rato, es probable que ambas personas se sientan menos afectadas por el conflicto.

**Sonríe.** No te tomes las cosas tan en serio. Las personas que son capaces de sonreír juntas tienen más probabilidades de solucionar sus problemas.

**Llega a un acuerdo.** En un **acuerdo**, cada persona cede algo de lo que quiere.

**Pide ayuda.** Un **mediador** es una persona que ayuda a los demás a solucionar sus desacuerdos. El mediador puede mostrarles una nueva manera de considerar el problema.

Conflicto

Solución

## ❯ Practica la destreza

Imagina que hay un conflicto entre dos personas de tu clase. Representen lo que sucede cuando esas personas ponen en práctica los pasos. Escriban lo que cada compañero de clase dice y hace.

**1** ¿Qué sucede cuando una persona se aleja?

**2** ¿Qué sucede cuando una persona ofrece llegar a un acuerdo?

**3** ¿Qué sucede cuando una persona le pide a un mediador que los ayude a resolver el conflicto?

## ❯ Aplica lo que aprendiste

**Aplícalo** Describe algunas maneras en las que se resuelven los conflictos en tu escuela. Habla con un maestro o con un familiar para ver si esas maneras se parecen a los pasos que se explican en esta lección.

# La Constitución de Estados Unidos

**Reflexiona**

¿Por qué es importante una constitución?

✔ La Constitución de Estados Unidos describe el funcionamiento de nuestro gobierno nacional.

✔ La Declaración de Derechos describe los derechos y las libertades.

**Vocabulario**
**derechos** pág. 260
**enmienda** pág. 261
**Declaración de Derechos** pág. 261
**representante** pág. 262
**gobierno por mayoría** pág. 263
**derechos de la minoría** pág. 263

**Idea principal y detalles**

**Normas de California**

HSS 3.4, 3.4.1, 3.4.3, 3.4.4

El gobierno de Estados Unidos de América es nuestro gobierno nacional, o federal. Está ubicado en Washington, D.C., la capital de nuestra nación. El gobierno nacional está compuesto por tres ramas. La Constitución de Estados Unidos describe cada una de esas ramas. Una constitución es un conjunto de leyes para un gobierno.

▶ **Cuadro de la firma de la Constitución de Estados Unidos el 17 de septiembre de 1787.**

# Un nuevo gobierno

Los americanos lucharon en la Guerra de la Independencia porque creían que las leyes que los británicos habían creado para ellos eran injustas. Para su nueva nación, querían un gobierno que hiciera leyes justas. Los líderes de los estados se reunieron y redactaron un plan de gobierno. Este plan se llamó la Constitución de Estados Unidos.

Los estados aprobaron la Constitución en 1789. Cuando los americanos votaron para elegir a su primer presidente, seleccionaron al general George Washington. Washington se convirtió en presidente el 30 de abril de 1789 en la ciudad de New York, que en aquella época era la capital.

**Repaso de la lectura** ☆ **Idea principal y detalles**
**¿Por qué los americanos lucharon en la Guerra de la Independencia?**

▶ La Constitución de Estados Unidos

# La Declaración de Derechos

La Declaración de Derechos

El nuevo gobierno tenía finalmente una Constitución, pero le faltaba algo. George Mason, de Virginia, estaba muy preocupado por algo que *no* estaba en la Constitución. "No hay una declaración de derechos"*, escribió. En ningún lugar de la Constitución había una lista de los **derechos** o libertades de las personas.

Una vez escrita la Constitución, los estados del nuevo país tenían que aprobarla. Algunos estados dijeron que no la aprobarían a menos que se establecieran claramente los derechos de las personas.

*George Mason. *George Mason and the Bill of Rights*. Gary Williams, ed. *The Freeman: Ideas on Liberty*. 1992.

La Declaración de Derechos garantiza que los ciudadanos tengan la libertad de expresarse en contra de las decisiones del gobierno.

**Datos breves**

La libertad de prensa es el derecho de los ciudadanos de Estados Unidos a escribir, leer y hablar libremente. En la actualidad, la prensa incluye no solo los periódicos y las revistas, sino también las películas, la televisión e Internet.

George Mason había escrito la Declaración de Derechos de Virginia, que contenía los derechos de las personas que vivían en ese estado. James Madison la usó como guía para escribir diez **enmiendas**, o cambios, a la Constitución. Estas diez enmiendas se conocen como la **Declaración de Derechos**. En la Declaración de Derechos aparecen las libertades y los derechos que los habitantes de Estados Unidos siempre tendrán. Dos de las libertades que figuran son la libertad de expresión y la libertad de religión. Esto significa que las personas pueden decir lo que quieran y pueden rendir culto a quien quieran, de cualquier manera que elijan.

Desde que se agregó la Declaración de Derechos, se han hecho otras enmiendas a la Constitución. La Constitución es un documento que puede modificarse cuando sea necesario, pero esto no sucede muy a menudo.

**Repaso de la lectura** **Resumir**
**¿Por qué se agregó la Declaración de Derechos a la Constitución?**

# Un plan de gobierno

Nuestra Constitución es un plan para dirigir el gobierno nacional de Estados Unidos. Es un documento corto, porque solo se mencionan las reglas básicas. Todas las demás leyes de nuestro país se basan en la Constitución.

Los redactores de la Constitución decidieron crear un gobierno dividido en tres poderes, o ramas. También agregaron otra idea importante: cada poder del gobierno vigila a los otros dos. De esa manera, ningún poder del gobierno tiene toda la autoridad.

Los ciudadanos de nuestro país son la fuerza que está detrás de la Constitución. El pueblo elige a sus representantes. Un **representante** es una persona elegida por un grupo de ciudadanos para actuar o hablar en nombre de ellos. En Estados Unidos no trabajamos para nuestros líderes. ¡Ellos trabajan para nosotros!

❱ Esta trabajadora de California revisa que no haya errores en una votación.

❱ Estos ciudadanos de San Diego eligen a sus líderes a través del voto.

La Constitución funciona mediante el **gobierno por mayoría**. Esto significa que si más de la mitad de las personas votan por la misma cosa o persona, obtienen lo que quieren. Sin embargo, la Constitución también establece la importancia de los derechos de la minoría. La expresión **derechos de la minoría** significa que el grupo más pequeño, el que no votó por la misma cosa o persona que el grupo más grande, sigue conservando sus derechos.

❯ **Los ciudadanos tienen derecho a votar en privado.**

**Repaso de la lectura** ⚙ **Idea principal y detalles**
**¿Por qué los poderes del gobierno se vigilan unos a otros?**

**Resumen** En la Constitución de Estados Unidos se establecen las reglas básicas de nuestro gobierno. En la Declaración de Derechos figuran los derechos de los ciudadanos.

## Repaso

**1.** 💡 ¿Por qué es importante una constitución?

**2. Vocabulario** ¿Qué relación hay entre la **Declaración de Derechos** y la palabra **enmienda**?

**3. Tu comunidad** ¿Cómo usan el derecho a la libertad de expresión los habitantes de tu comunidad?

**Razonamiento crítico**

**4. Aplícalo** ¿En qué cambiaría tu vida si no existiera la Declaración de Derechos?

**5.** 〖DESTREZA DE ANÁLISIS〗 ¿Por qué no se han hecho muchas enmiendas a la Constitución de Estados Unidos?

**6.** ✎ **Escribe una constitución del salón de clases** Escribe una constitución para tu salón de clases basada en la Constitución de Estados Unidos.

**7.** ⭐〖Destreza clave〗 **Idea principal y detalles** En una hoja de papel, copia y completa el siguiente organizador gráfico.

**Idea principal**

| La Constitución de Estados Unidos es un documento importante. |
|---|

**Detalles**

⬆

|  |  |  |
|---|---|---|
|  |  |  |

# El asunto de la Constitución

Formar un nuevo gobierno no fue fácil. Los delegados de la Asamblea Constituyente tenían muchas ideas diferentes. Algunos delegados no estaban seguros de que la Constitución fuera tan buena como podía ser. Otros pensaban que el documento era perfecto. Muchos nuevos americanos tenían miedo de que pudieran quedar otra vez bajo el gobierno de un rey.

## En sus propias palabras

### George Washington, presidente de la Asamblea

"Quisiera que la Constitución que ofrecemos fuera más perfecta, pero creo sinceramente que es lo mejor que podemos llegar a tener en este momento."

— de una carta a Patrick Henry, 24 de septiembre de 1787

Mount Vernon, la casa de Washington

George Washington

## Patrick Henry, delegado de la Asamblea

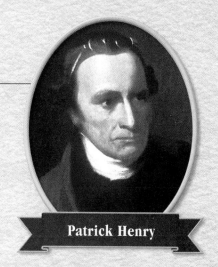

**Patrick Henry**

❝Se dice que esta Constitución contiene ciertos aspectos muy bellos; y sin embargo cuando los examino me parecen aterradores . . . Señor, su presidente podría convertirse en rey con mucha facilidad.❞

— de un discurso pronunciado el 7 de junio de 1788

# Opiniones de hoy

**Gerald Ford**

## Gerald Ford, ex presidente

❝Nuestra Constitución funciona. Nuestra gran república es un gobierno de leyes, no de hombres.❞

— de un discurso pronunciado el 9 de agosto de 1974

## Sandra Day O'Connor, juez de la Corte Suprema de Estados Unidos

❝Tenemos una Constitución escrita. Actualmente contiene una Declaración de Derechos... Creo que el pueblo americano comprende ese concepto fundamental y lo valora, y eso es lo que lo ha hecho especial en este país.❞

— de una entrevista realizada por Judy Woodruff, CNN, 2003

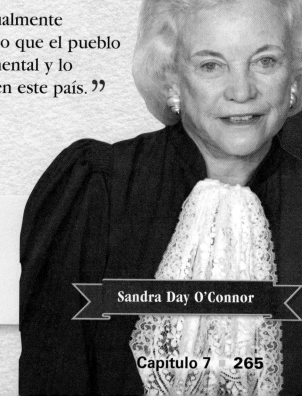

**Sandra Day O'Connor**

### Es tu turno

**DESTREZA DE ANÁLISIS** **Analizar puntos de vista** Explica los puntos de vista de los que están a favor y de los que están en contra de la Constitución.

# Tres niveles de gobierno

## Reflexiona

¿Cómo está organizado el gobierno de Estados Unidos?

✓ El gobierno de Estados Unidos tiene tres poderes.

✓ Cada poder tiene una función.

✓ Los tres niveles, local, estatal y nacional, trabajan juntos.

## Vocabulario

Idea principal y detalles

Normas de California

HSS 3.4, 3.4.4, 3.4.5

En todo el territorio de Estados Unidos, los ciudadanos y los gobiernos trabajan juntos para que sus comunidades sean lugares seguros y tranquilos. En algunas comunidades pequeñas, todos participan en el gobierno a través de las asambleas de vecinos. En los pueblos más grandes y en las ciudades, el debate y la resolución de los problemas están a cargo de las personas que han sido elegidas por los ciudadanos o por los líderes del gobierno.

▶ **En esta asamblea de una comunidad de Los Angeles, los ciudadanos debaten cómo mantener abierto su jardín urbano.**

## Los poderes del gobierno de Estados Unidos

**Poder ejecutivo**

La Casa Blanca

**Poder judicial**

La Corte Suprema

**Poder legislativo**

Capitolio de Estados Unidos

**Analizar ilustraciones** En este dibujo se muestra cómo están conectados entre sí los poderes del gobierno.

◆ ¿Qué fotografía representa el poder legislativo?

# Los poderes del gobierno

El gobierno de Estados Unidos está formado por tres poderes, o ramas. Al igual que las ramas de un árbol, están separados pero conectados entre sí.

Una parte se llama poder **legislativo**. Este poder crea las leyes. Otra parte es el poder **ejecutivo**. Este poder se encarga de que las leyes se obedezcan. La tercera parte es el poder **judicial**. Este poder decide si las leyes son justas y si se han aplicado con equidad.

**Repaso de la lectura** ⦾**Idea principal y detalles**
¿Cuáles son los tres poderes del gobierno de Estados Unidos?

# Niveles de gobierno

Hay tres niveles principales de gobierno: local, estatal y nacional. Los tres niveles tienen cosas en común. Todos crean leyes y prestan servicios que las personas necesitan. Sin embargo, al igual que los poderes del gobierno, cada nivel de gobierno tiene su propia función.

Los gobiernos locales brindan servicios de bomberos, de policía municipal y de recolección de basura. Los gobiernos estatales se ocupan del cuidado de los parques y de las carreteras estatales. Los estados también conceden licencias de conducir y ofrecen educación pública a sus ciudadanos.

El gobierno nacional protege nuestro país. También colabora con los gobiernos de otros países.

**Repaso de la lectura** **Categorizar y clasificar**
**¿Qué trabajadores prestan servicios a través del gobierno local?**

▶ Los gobiernos estatales se encargan de cuidar los parques del estado.

## Niveles de gobierno

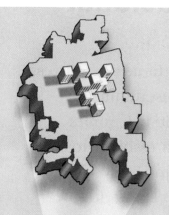

### Local

**Legislativo**
- Ayuntamiento

**Ejecutivo**
- Alcalde o administrador de la ciudad
- Departamentos, como el de policía y el de parques

**Judicial**
- Cortes

### Estatal

**Legislativo**
- Senado
- Cámara de Representantes o Asamblea

**Ejecutivo**
- Gobernador
- Departamentos, como el de salud y el de educación

**Judicial**
- Corte Suprema
- Cortes locales

### Nacional

**Legislativo**
- Senado
- Cámara de Representantes

**Ejecutivo**
- Presidente

**Judicial**
- Corte Suprema

**Analizar diagramas** En este diagrama se muestran los diferentes niveles de gobierno.

❖ ¿Cuáles son los poderes o ramas del gobierno estatal?

# El gobierno nacional

El **Congreso** es el poder legislativo del gobierno nacional. El Congreso tiene dos partes, el Senado y la Cámara de Representantes.

Los miembros del Senado y de la Cámara de Representantes trabajan para resolver los problemas de la nación. Cada uno de los 50 estados tiene dos miembros en el Senado. Cuantas más personas tiene un estado, más representantes tiene en la Cámara. California es el estado con más habitantes, por lo que tiene el mayor número de representantes.

Los senadores y los representantes trabajan en el Capitolio de Estados Unidos en Washington, D.C. Debaten problemas y votan sobre cómo resolverlos. Redactan nuevas leyes y deciden cómo se debe usar el dinero de los impuestos. Antes de aprobar una nueva ley, los senadores y los representantes tienen que estar de acuerdo. Luego la ley pasa al presidente para su aprobación.

▶ Dianne Feinstein y Barbara Boxer, senadoras de Estados Unidos que representan a California

▶ El Congreso de Estados Unidos incluye el Senado y la Cámara de Representantes.

➤ En esta foto aparecen los jueces de la Corte Suprema de Estados Unidos. DE PIE: Ruth Bader Ginsburg, David Hackett Souter, Clarence Thomas y Stephen G. Breyer. SENTADOS: Antonin Scalia, John Paul Stephens, el presidente de la Corte William H. Rehnquist, Sandra Day O'Connor y Anthony M. Kennedy.

El **presidente** de Estados Unidos es el jefe del poder ejecutivo del gobierno nacional, el cual propone leyes y hace que esas leyes se cumplan. Entre las funciones del presidente están trabajar con los líderes de otras naciones y hablar ante el Congreso.

Las cortes forman el poder judicial del gobierno nacional. La **Corte Suprema** es la corte superior y más importante de Estados Unidos. Nueve jueces, también llamados magistrados, componen la Corte Suprema. Estos magistrados estudian las leyes. Cuando se plantea un caso ante la Corte Suprema, los jueces deciden si las leyes se han aplicado con equidad.

Los jueces de la Corte Suprema no se eligen por votación, sino que son **nombrados**, o seleccionados, por el presidente. Para poder ejercer su cargo, el nombramiento debe ser aprobado por el Senado.

➤ El Presidente de Estados Unidos, George W. Bush

(Repaso de la lectura) ☼ **Idea principal y detalles**
¿Cómo participan en el gobierno federal los representantes de California?

> El lugarteniente del gobernador de California, Cruz Bustamante, y el gobernador de California, Arnold Schwarzenegger

# El gobierno estatal de California

En cada estado, los votantes eligen un **gobernador**. El trabajo del gobernador se parece mucho al del presidente de Estados Unidos. El gobernador propone leyes que cree que serán buenas para el estado. El gobernador de California es el líder del poder ejecutivo del estado.

California tiene dos grupos de legisladores: el Senado y la Asamblea. Los legisladores se reúnen en la capital de California en un edificio llamado **capitolio**. Estos legisladores forman el poder legislativo del gobierno de California.

## Geografía

### Sacramento

El gobierno estatal de California tiene su sede, o base principal, en Sacramento. En 1852, la ciudad de Vallejo estuvo a punto de convertirse en la capital del estado, pero no tenía un edificio en el que se pudieran reunir los legisladores. Un empresario de Sacramento les dijo a los legisladores de California que podrían usar la nueva corte para sus reuniones. También les ofreció un terreno para construir el capitolio. Los legisladores aceptaron. En 1854, Sacramento se convirtió en la capital del estado. El capitolio se construyó para que fuera igual que el Capitolio de Estados Unidos en Washington, D.C. La oficina del gobernador está en el capitolio, junto con las oficinas de 80 miembros de la asamblea y de 40 senadores.

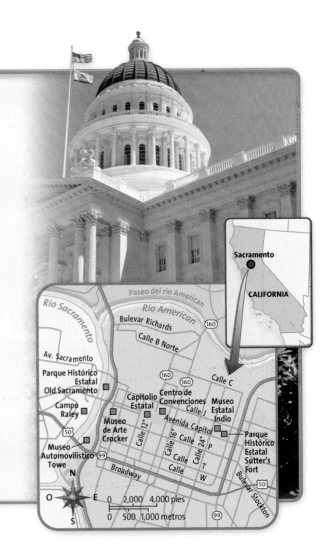

Los gobiernos estatales también tienen jueces que deciden si las leyes del estado son justas. En California, la corte superior es la corte suprema del estado. Las cortes y los jueces que escuchan y juzgan los casos de California forman el poder judicial del gobierno de California.

▶ Gloria Romero y Jackie Speier, senadoras del estado de California

**Repaso de la lectura** **Categorizar y clasificar** **¿Cuáles son los tres poderes del gobierno de California?**

**Resumen** El gobierno de Estados Unidos está formado por tres poderes: ejecutivo, legislativo y judicial. Hay tres niveles principales de gobierno: local, estatal y nacional.

# Repaso

1. ¿Cómo está organizado el gobierno de Estados Unidos?

2. **Vocabulario** Escribe una oración con las palabras **presidente** y **ejecutivo**.

3. **Tu comunidad** ¿Qué legisladores representan a tu comunidad en el gobierno estatal? ¿Y en el gobierno nacional?

**Razonamiento crítico**

4. **Aplícalo** ¿De qué manera te pueden afectar las decisiones del gobernador?

5. **DESTREZA DE ANÁLISIS** ¿Cómo participa California en el gobierno federal?

6. **Haz una investigación** Investiga quién representa a tu comunidad en el gobierno federal y qué ha hecho esa persona por tu comunidad.

7. **Destreza clave** **Idea principal y detalles** En una hoja de papel, copia y completa el siguiente organizador gráfico.

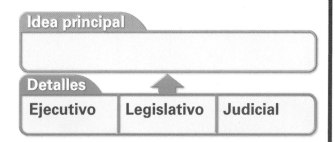

# Leer una gráfica de barras

## ❱ Por qué es importante

Las gráficas se usan para comparar cantidades de personas que se encuentran en diferentes categorías o grupos. Una **gráfica de barras** es un tipo de gráfica que usa barras para mostrar cantidades de cosas.

## ❱ Lo que necesitas saber

Cada estado envía representantes elegidos al Congreso de Estados Unidos. El número de representantes que puede enviar cada estado depende de la cantidad de personas que viven en él. Un estado con mayor población tiene más representantes que un estado con menor población. En el año 2000, el Congreso tenía 435 miembros.

En la gráfica de barras de la página siguiente se muestra el número de representantes de algunos estados en el Congreso. El título dice de qué trata la gráfica. Los rótulos indican qué elementos se comparan. Una gráfica de barras se lee mirando las barras. Sigue estos pasos para leer la gráfica.

**Paso 1 Lee el título y los rótulos de la gráfica.**

**Paso 2 Para saber cuántos representantes tiene Florida, busca la barra con el rótulo *Florida*.**

**Paso 3 Sube con el dedo por la barra, hasta donde termina. Fíjate en el número de la izquierda para saber cuántos son. Florida tiene 25 representantes.**

## ❱ Practica la destreza

Consulta la gráfica de barras de abajo para responder a las siguientes preguntas.

**1** ¿Qué estado tiene el mayor número de representantes y cuál tiene menos?

**2** ¿California tiene más de 55 representantes o menos?

**3** ¿Qué estado tiene mayor población: California o Texas? ¿Cómo lo sabes?

## ❱ Aplica lo que aprendiste

**Aplícalo** Las gráficas de barras se pueden usar para comparar cantidades de cosas. Piensa en algunas cantidades que quieras comparar, por ejemplo, el número de canastas que anotó cada miembro de un equipo durante un partido de básquetbol. Reúne la información y usa los números para crear una gráfica de barras. Muéstrale la gráfica de barras a tu familia.

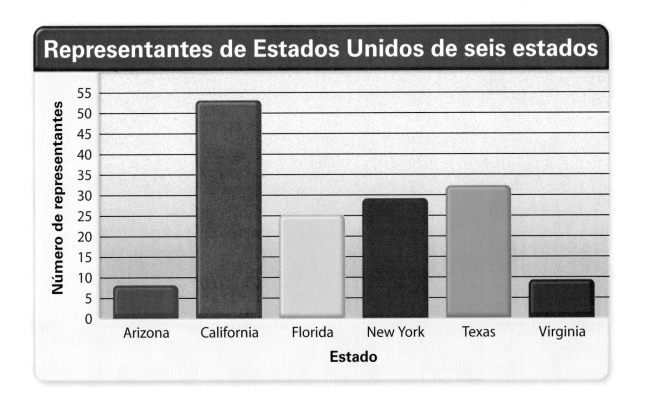

# El gobierno local de California

## Reflexiona

¿Qué hace el gobierno local por sus ciudadanos?

✔ El gobierno local presta muchos servicios a los ciudadanos.

✔ Los servicios comunitarios se pagan principalmente con impuestos.

## Vocabulario

**concejo** pág. 278
**servicio del gobierno** pág. 280
**recreación** pág. 280
**obras públicas** pág. 281
**impuesto** pág. 281
**condado** pág. 282
**capital del condado** pág. 283

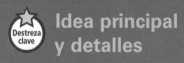

## Idea principal y detalles

Normas de California

HSS 3.4, 3.4.4

Hay dos clases de gobiernos locales: los gobiernos del condado y los gobiernos de la ciudad o del pueblo. Al igual que el gobierno nacional y el gobierno estatal, los gobiernos locales crean leyes y prestan servicios a los ciudadanos. Estas leyes y estos servicios se aplican a las comunidades en las que están ubicados los gobiernos locales.

▶ **Corte del condado de Glenn en Willows, California**

▶ Unos visitantes observan la Constitución de California en el Museo de los Archivos Estatales de California *(California State Archives Museum)* en Sacramento.

# La historia del gobierno local

Cuando California se incorporó a Estados Unidos en 1850, fue necesario establecer un sistema de gobierno para el nuevo estado. A medida que iban llegando más americanos a California, traían con ellos los valores de sus estados natales. Entre estos valores estaban la idea de una constitución, o un plan para un sistema de gobierno.

En 1849 se celebró una asamblea constituyente, que dio origen a la Constitución de California de 1849. Aunque esta constitución marcó los comienzos de un gobierno formal, todavía había problemas que resolver. Por ejemplo, era necesario crear un proceso estándar para fundar ciudades y pueblos, y también había que decidir las funciones que correspondían a los gobiernos estatal y local. Estos temas se debatieron durante 30 años, hasta que se aprobó la Constitución de California en 1879.

**Repaso de la lectura** ⭐**Idea principal y detalles**
**¿En qué dos años se redactaron constituciones estatales para California?**

# El gobierno de las ciudades y de los pueblos

Las ciudades y los pueblos tienen sus propios gobiernos. Las ciudades tienen dos formas de gobierno distintas. La mayoría de las ciudades de California tienen una forma de gobierno de concejo y administrador. Un **concejo** es un grupo de personas que crean leyes.

En un gobierno en el que hay un concejo y un administrador, los votantes eligen un concejo municipal. El concejo municipal selecciona a uno de sus miembros como alcalde, y también contrata a un administrador para dirigir la ciudad. En algunas ciudades, el alcalde es elegido directamente por el pueblo.

### Analizar diagramas

❓ **En la forma de gobierno en la que hay un concejo y un administrador, ¿quién elige el concejo municipal?**

▶ **La ciudad de Laguna Niguel tiene la forma de gobierno de concejo y administrador.**

**GOBIERNO DE CONCEJO Y ADMINISTRADOR**

Pueblo → elige → Concejo municipal

nombra → Alcade

contrata → Administrador de la ciudad

Bomberos · Policía · Servicios públicos · Otros

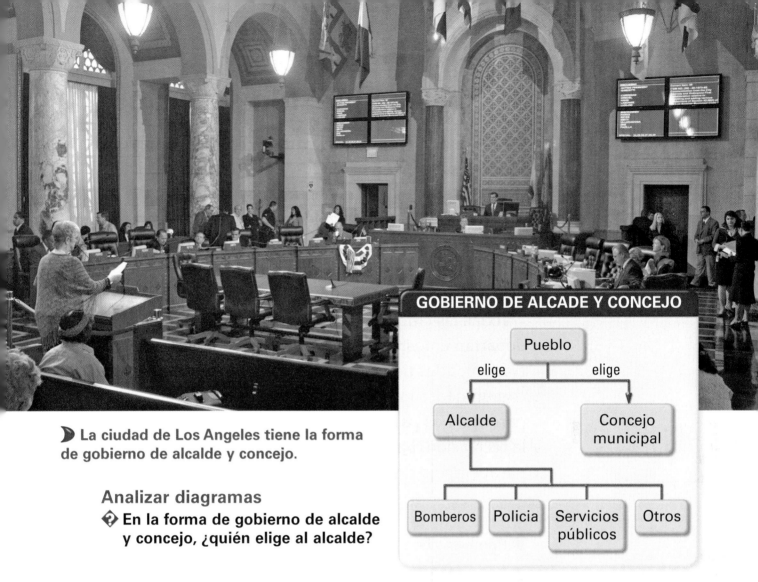

**GOBIERNO DE ALCADE Y CONCEJO**

Pueblo

elige → Alcalde

elige → Concejo municipal

Bomberos | Policia | Servicios públicos | Otros

▶ La ciudad de Los Angeles tiene la forma de gobierno de alcalde y concejo.

**Analizar diagramas**

❖ En la forma de gobierno de alcalde y concejo, ¿quién elige al alcalde?

En la forma de gobierno de alcalde y concejo, los votantes de una ciudad eligen al alcalde y a los miembros del concejo. El alcalde y el concejo trabajan juntos para administrar la ciudad. El alcalde dirige el poder ejecutivo y comprueba que se cumplan las leyes de la ciudad. El alcalde también contrata personas para dirigir los departamentos de la ciudad. Un departamento es una parte del gobierno que tiene una función específica, como el departamento de policía o el departamento de bomberos. El concejo representa el poder legislativo. Crea las leyes de la ciudad y recauda los impuestos. En California, varias ciudades grandes, como Oakland, San Francisco, San Diego y Los Angeles tienen la forma de gobierno de alcalde y concejo.

**Repaso de la lectura** 🖰 **Idea principal y detalles**

¿Qué forma de gobierno tienen la mayoría de las ciudades de California?

# Los gobiernos locales prestan servicios

Más de las tres cuartas partes de los habitantes de California viven en ciudades. Los gobiernos de las ciudades son los que tienen un mayor efecto en la vida de los ciudadanos. Los gobiernos locales prestan muchos servicios a sus ciudadanos. Un **servicio del gobierno** es un trabajo que realiza el gobierno para todos los habitantes de una ciudad o de un pueblo.

Todas las ciudades y la mayoría de los pueblos tienen departamentos de policía y de bomberos. Algunas comunidades tienen un departamento de salud. Muchas comunidades también tienen un departamento de parques. Los parques ofrecen a la gente un lugar para la recreación. La **recreación** es cualquier actividad, pasatiempo o juego que se realiza por pura diversión.

❯ Bomberos de San Diego

▶ Esta familia disfruta de un picnic en un parque público de Los Angeles.

El departamento de **obras públicas** del gobierno de una comunidad presta servicios para satisfacer las necesidades diarias de sus habitantes. Se ocupa de que se recoja la basura y de que las calles estén limpias y en buen estado. También se encarga de que la comunidad tenga agua potable.

Todos estos servicios del gobierno cuestan dinero. Hay que comprar equipos, como automóviles para la policía y camiones de bomberos, y mantenerlos en buen estado. También hay que pagar un sueldo a los empleados. La mayor parte del dinero que se destina a los servicios del gobierno proviene de los impuestos que pagan los ciudadanos de la comunidad. Un **impuesto** es el dinero que los ciudadanos pagan para que el gobierno pueda funcionar y prestar servicios.

▶ Debajo de este camión de barrido giran cepillos que limpian las calles de California.

(Repaso de la lectura) ŎIdea principal y detalles
¿Qué tipos de servicios prestan los gobiernos locales?

# El gobierno del condado

Los gobiernos de los condados son el nivel más alto de gobierno local. Un **condado** es una sección de un estado. Cada uno de los 58 condados de California tiene su propio gobierno.

**Condados de California**

ESTADOS UNIDOS

Leyenda
★ Capital estatal
● Capital del condado

**DESTREZA DE ANÁLISIS** **Analizar mapas**

❖ **Ubicación** ¿Cuál es la capital del condado de Humboldt, situado en el norte de California?

La **capital del condado** es la ciudad o el pueblo donde están ubicadas las oficinas principales del gobierno del condado. En la capital del condado se reúne una junta de supervisores, que es elegida por los ciudadanos del condado. Los miembros de la junta debaten y resuelven los problemas que afectan el condado.

**Repaso de la lectura** 🔴 **Idea principal y detalles** ¿Dónde se reúnen los líderes del condado?

**Resumen** Los gobiernos de la ciudad y del condado administran las comunidades. Estos gobiernos prestan muchos servicios. El dinero usado para los servicios proviene de los impuestos que pagan los ciudadanos.

**Gobierno local del condado**

**Analizar diagramas**
❖ **¿Cuál es la capital del condado de Mariposa?**

## Repaso

1. 💡 ¿Qué hace el gobierno local por sus ciudadanos?

2. **Vocabulario** ¿Cuál es un ejemplo de un **servicio del gobierno**?

3. **Tu comunidad** ¿Cuál es la forma de gobierno de tu comunidad?

**Razonamiento crítico**

4. **Aplícalo** Cuando vas a la escuela y de vuelta a casa, ¿qué servicios del gobierno local observas?

5. 📋 ¿Por qué crees que las comunidades tienen gobiernos locales?

6. 🖊 **Da un discurso** Imagina que te estás presentando como candidato para alcalde. Escribe y da un discurso en el que expliques qué harás por tu comunidad si te eligen.

7. ⭐ **Idea principal y detalles** En una hoja de papel, copia y completa el siguiente organizador gráfico.

**Idea principal**
Los gobiernos locales prestan muchos servicios importantes.

**Detalles**

| | | |
|---|---|---|
| | | |

Integridad

Respeto

Responsabilidad

Equidad

**Bondad**

Patriotismo

# Gloria Molina

"Mi motivación siempre ha sido darle poder a la comunidad."*

## La importancia del cárácter

◆ **¿Por qué crees que Gloria Molina quiere ayudar a los niños de las familias de clase trabajadora?**

Gloria Molina, una mexicana americana, es la mayor de diez hermanos. Su padre tenía un trabajo duro como peón. No podía comprarle mucha ropa o juguetes. Sin embargo, le dio algo de más valor. Le dio las palabras que iban a guiar su vida. Le dijo que podría lograr cualquier cosa que soñara si trabajaba con empeño para conseguirlo.

Cuando Molina se hizo adulta, conocía los problemas de las personas trabajadoras. Quería ayudar especialmente a los niños de las familias de la clase trabajadora.

Molina pensaba que la mejor manera de ayudar a las personas sería formando parte del gobierno. Así que decidió presentarse como candidata para un cargo.

**Gloria Molina**

* Gloria Molina. "Power Broker: Gloria Molina's Political Hand Stretches from L.A. to D.C.", por Ana Radelat. *Hispanic Magazine*, junio de 2001.

**Molina en un desfile**

**Molina presta juramento al tomar su cargo.**

**Gloria Molina con sus padres y partidarios**

Entonces, Gloria Molina hizo historia. En 1982, se convirtió en la primera mujer de origen hispano en ser elegida para la Asamblea Estatal de California. Cinco años después, fue elegida como la primera concejal hispana de Los Angeles. Más tarde, en 1991, marcó otro momento clave en la historia, ya que se convirtió en el primer miembro hispano de la Junta de Supervisores del Condado de Los Angeles.

Gloria Molina resultó elegida porque los votantes vieron que los entendía y que se preocupaba por ellos. Molina ha utilizado el poder de su cargo para ayudar a muchas personas. Ha presentado proyectos de ley para la protección de los niños. Ha iniciado programas que destinan más enfermeros a cuidar a las personas enfermas. Molina también ha trabajado para limpiar las comunidades y los parques y convertirlos en lugares más seguros para las familias.

**APRENDE en línea**

Visita MULTIMEDIA BIOGRAPHIES en **www.harcourtschool.com/hss** para hallar biografías multimedia.

**Biografía breve**

**1940** | **Present**

Nace

**1982** Es elegida como miembro de la Asamblea Estatal de California

**1987** Es elegida para el Concejo Municipal de Los Angeles

**1991** Es elegida para la Junta de Supervisores del Condado de Los Angeles

**2004** Toma el cargo de vicepresidenta del Comité Nacional Demócrata

# La lectura en los Estudios Sociales

La **idea principal** es la idea más importante de un pasaje.
Los **detalles** son datos, razones o ejemplos que apoyan esa idea principal.

 **Idea principal y detalles**

Completa este organizador gráfico para mostrar que entiendes las ideas importantes y los detalles de cada parte de nuestro gobierno. En la página 68 del cuaderno de Tarea y práctica encontrarás una copia de un organizador gráfico.

## El gobierno de Estados Unidos

**Idea principal**

**Nuestro gobierno está formado por tres poderes y tres niveles principales.**

**Detalles**

 **Pautas de redacción de California**

**Escribe una obra** Piensa en las reglas que necesita un salón de clases para funcionar bien. Escribe una obra corta en la que un grupo de estudiantes escriben tres reglas nuevas para el funcionamiento de la clase. Explica por qué es necesaria cada una de esas reglas.

**Crea un folleto** Diseña un folleto sobre nuestro gobierno nacional. Incluye las maneras en las que California participa en el gobierno nacional y escribe los datos que quieras compartir sobre nuestro gobierno.

**Escribe la palabra que corresponde en cada espacio en blanco.**

**ley,** pág. 253      **gobernador,** pág. 272

**alcalde,** pág. 254

**derechos,** pág. 260    **condado,** pág. 282

**Congreso,** pág. 270

1. Un ____ es una persona que dirige el gobierno de una comunidad.

2. Una regla creada por una comunidad es una ____.

3. El ____ es el líder de gobierno de un estado.

4. Las libertades de las personas son sus ____.

5. Un ____ es una parte de un estado.

6. El ____ es el poder legislativo del gobierno nacional.

**Leer una gráfica de barras** Consulta la gráfica de barras de la página 275 para responder a la siguiente pregunta.

7. ¿Qué estado tiene 32 representantes?

**Responde a las siguientes preguntas.**

8. ¿Qué es la Constitución de Estados Unidos?

9. ¿Cómo participan los estados en el gobierno nacional?

**Escribe la letra de la mejor opción.**

10. ¿Cuál de las siguientes opciones puede ser una consecuencia de desobedecer una ley?
    A  pagar una multa
    B  perder la Declaración de Derechos
    C  celebrar una asamblea de vecinos
    D  convertirse en representante

11. ¿Qué cargo forma parte de nuestro gobierno nacional?
    A  alcalde
    B  gobernador
    C  presidente
    D  administrador de parques

12. ¿Por qué las leyes son importantes para una comunidad?

13. ¿En qué se parecen los niveles de gobierno local, estatal y nacional?

# Destrezas de estudio

## OJEAR E IDENTIFICAR

Ojear e identificar pueden ayudarte a comprender lo que lees.

❯ **Para ojear, lee rápidamente el título de la lección y de cada sección. Mira las ilustraciones y lee las leyendas. Usa esta información para saber cuáles son los temas principales.**

❯ **Para identificar, busca rápidamente en el texto detalles específicos, como palabras o datos clave.**

| Ojear | Identificar |
|---|---|
| **Lección:** Ser un buen ciudadano | **Palabras y datos clave** • rasgos de personalidad • Los voluntarios son miembros importantes de una comunidad. |
| **Idea principal:** Los buenos ciudadanos son responsables. | |
| **Títulos/encabezados:** •¿Qué significa ser un buen ciudadano? • _____ • _____ | |

## Aplica la destreza mientras lees

Antes de leer cada lección, ojea el texto para encontrar la idea principal de cada sección. Luego busca las palabras clave. Si tienes preguntas sobre algún tema, identifice las respuestas en el texto.

 **Normas de Historia y Ciencias Sociales de California, Grado 3**

**3.4** Los estudiantes comprenden el rol de las reglas y leyes en nuestra vida cotidiana y la estructura básica del gobierno de Estados Unidos.

# Civismo

El gobernador Arnold Schwarzenegger
en un mitin en San Diego, California

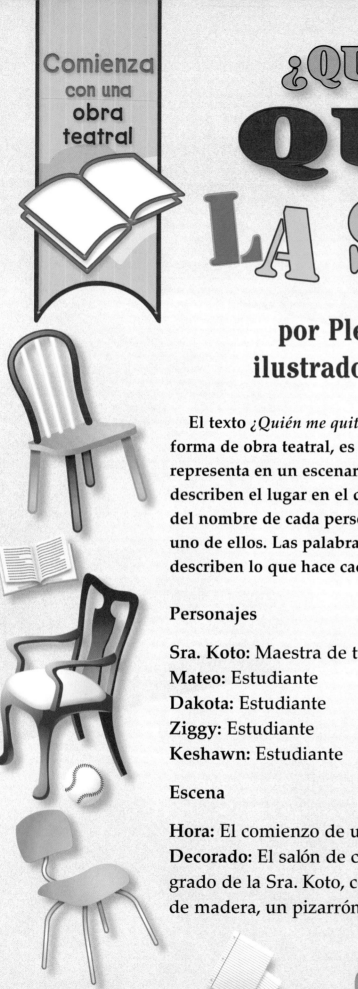

# ¿QUIÉN ME QUITÓ LA SILLA?

## por Pleasant DeSpain
## ilustrado por John Hovell

El texto *¿Quién me quitó la silla?* está escrito en forma de obra teatral, es decir, como un cuento que se representa en un escenario. La escena y el decorado describen el lugar en el que sucede la acción. Después del nombre de cada personaje está lo que dice cada uno de ellos. Las palabras en letra cursiva, o inclinada, describen lo que hace cada personaje.

### Personajes

**Sra. Koto:** Maestra de tercer grado
**Mateo:** Estudiante
**Dakota:** Estudiante
**Ziggy:** Estudiante
**Keshawn:** Estudiante

### Escena

**Hora:** El comienzo de un día de clase
**Decorado:** El salón de clases de tercer grado de la Sra. Koto, con escritorios, sillas de madera, un pizarrón y una enciclopedia

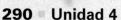

*La Sra. Koto está de pie junto al pizarrón, y está escribiendo el nombre y el país de origen de un estudiante nuevo.*

**SRA. KOTO:** Buenos días a todos. Hoy tenemos un estudiante nuevo con nosotros. Se llama Mateo, y viene desde muy lejos, de Ecuador, en América del Sur. Por favor, Mateo, háblanos de tu tierra natal.

**MATEO:** *(Se ve nervioso. Él quiere causar una buena impresión.)* Buenos días. Nací cerca de Quito, la ciudad más grande de Ecuador. Vivíamos en las montañas . . .

**DAKOTA:** *(Entra apresurada porque llega tarde a clase. Mateo está sentado en el escritorio y en la silla de Dakota. Ella, enojada, deja caer sus libros y le apunta con el dedo.)* ¿Quién me quitó la silla? No puedes sentarte ahí, es mi sitio.

**SRA. KOTO:** Dakota, tranquilízate.

**DAKOTA:** Pero está en mi silla . . .

**SRA. KOTO:** La silla es de todos, Dakota. Mateo ahora es un miembro de nuestra clase.

**DAKOTA:** *(Hace una mueca.)* ¿Pero dónde me voy a sentar yo? No es justo.

**SRA. KOTO:** *(Apunta a su escritorio.)* Siéntate en mi escritorio. Iré a buscar otra silla. *(Le habla a la clase.)* Dakota será la maestra hasta que yo vuelva. Quiero que Dakota y todos ustedes hagan que Mateo se sienta bienvenido. *(La Sra. Koto sale. Dakota se sienta en la silla de la Sra. Koto.)*

**ZIGGY:** *(Con una gran sonrisa, agita un brazo en el aire.)* ¡Maestra! ¿Maestra?

**DAKOTA:** ¿Sí, Ziggy?

**ZIGGY:** ¿Cómo vamos a hacer que el niño nuevo se sienta bienvenido?

**DAKOTA:** *(Piensa por un momento.)* Ya sé. Mateo, por favor, nombra tres cosas que te gusten mucho.

**MATEO:** El fútbol . . . y los perros. Y me gustan las sillas.

**ZIGGY:** ¿Las sillas? Eso es una tontería.

**DAKOTA:** No, Ziggy, no lo es. Yo tengo una silla rosada en mi dormitorio y me gusta mucho.

**MATEO:** Mi tío me hizo una silla solo para mí, y luego me enseñó a pintarla. Es roja, amarilla y azul. Esos son los colores de la bandera de Ecuador.

**DAKOTA:** Parece una silla fantástica, Mateo.

**ZIGGY:** Yo pintaría una de rojo, blanco y azul, los colores de la bandera americana, nuestra bandera.

**KESHAWN:** Mi abuela nació en el Congo, en África. ¿Qué colores tendrá su bandera?

**DAKOTA:** Vamos a consultar la enciclopedia. *(Keshawn y Dakota buscan "Congo" en la enciclopedia y encuentran un dibujo de la bandera de ese país.)*

**KESHAWN:** Aquí está. Es verde, amarilla y roja. Es muy linda. Quiero pintar una silla para mi abuelita.

**MATEO:** Yo te enseñaré.

**ZIGGY:** ¿Y a mí?

**MATEO:** Les enseñaré a todos.

**DAKOTA:** Podríamos elegir los colores de las banderas de todos los países que están representados en nuestra clase. Incluso podríamos . . . *(La puerta se abre. Llega la Sra. Koto con una silla.)*

**SRA. KOTO:** Aquí traigo una silla nueva.

**KESHAWN:** ¿Puedo usarla yo?

**SRA. KOTO:** ¿Qué quieres decir?

**DAKOTA:** Le explicaré, Sra. Koto. Estamos ayudando a Mateo a sentirse como en casa. Y él también nos hace sentir como en casa a nosotros.

**ZIGGY:** Sra. Koto, ¿podemos hacer presentaciones mañana? Mateo tiene algo especial para traer a clase.

**KESHAWN:** ¿Y podemos pedirle al maestro de arte un poco de pintura?

## Responde

1. ¿Por qué la silla favorita de Mateo está pintada de rojo, amarillo y azul?

2. ¿Cómo muestra cada personaje que es un buen ciudadano en el salón de clases?

# Ser un buen ciudadano

**Reflexiona**

¿Qué cualidades tiene un buen ciudadano?

✔ Un buen ciudadano cumple las leyes, paga impuestos y vota.

✔ Los estudiantes son buenos ciudadanos si cumplen las reglas, se esfuerzan y muestran buenos rasgos de personalidad.

✔ Los americanos honran a las personas con buenos rasgos de personalidad.

**Idea principal y detalles**

Normas de California

HSS 3.4.2

Un buen ciudadano tiene responsabilidades. Una **responsabilidad** es algo que una persona debe hacer porque es necesario e importante. Entre las responsabilidades figuran participar en el salón de clases, en la comunidad y en la vida de la ciudad.

## ¿Qué significa ser un buen ciudadano?

Los buenos ciudadanos cumplen las leyes de la nación, del estado y de la comunidad. Pagan sus impuestos y participan en el gobierno a través del voto. Los buenos ciudadanos se preocupan por los demás. Creen que la libertad y la **justicia**, o equidad, son importantes. Se respetan a sí mismos y también a los demás.

◗ **Cooperar con los compañeros de clase es una manera de ser un buen ciudadano.**

Los buenos ciudadanos tienen algunos rasgos de personalidad importantes. Un **rasgo de personalidad** es una cualidad que tiene una persona, como la bondad, la equidad, la responsabilidad y el respeto.

Tanto los adultos como los estudiantes son buenos ciudadanos cuando muestran estos rasgos de personalidad. Los estudiantes que son buenos ciudadanos muestran bondad, equidad y respeto por sus compañeros y por sus maestros. También demuestran que son responsables si cumplen las reglas. Además, trabajan lo mejor posible en clase y participan en las actividades del salón.

**Repaso de la lectura** ⭐**Idea principal y detalles** ¿Qué rasgos de personalidad tienen los buenos ciudadanos?

▶ Estos adultos demuestran que son buenos ciudadanos al trabajar por ayudar a los demás.

## Los niños en la historia

### Lillie Hitchcock Coit y la compañía de bomberos nº 5

Lillie Hitchcock Coit comenzó a interesarse por los bomberos de San Francisco cuando tenía 8 años. En 1851, ella estaba con dos amigos en un edificio que se prendió fuego. Los bomberos de la compañía Knickerbocker número 5 rescataron a Lillie.

Cuando Lillie tenía 15 años, vio que el camión de bomberos de la compañía nº 5 iba de camino a un gran incendio. No había suficientes personas para tirar del camión que llevaba el agua para el incendio. Entonces, agarró la soga y comenzó a tirar. Pronto llegaron otras personas que también ayudaron a tirar del camión hasta llegar al incendio. Tiempo después, Lillie fue nombrada miembro honorario de la compañía Knickerbocker.

# Franklin Delano Roosevelt (1882–1945)

Cuando Franklin D. Roosevelt se convirtió en Presidente en 1933, Estados Unidos estaba atravesando una época problemática. Millones de personas estaban sin trabajo. Muchos tenían hambre y miedo.

Roosevelt sentía que su trabajo era garantizar que los americanos tuvieran trabajo y comida. Durante su primer discurso dirigido a los americanos, les pidió que tuvieran valor. "A lo único que debemos tenerle miedo es al miedo mismo",* les dijo. Él y el Congreso iniciaron programas que crearon empleos y dieron trabajo a las personas. Roosevelt le dio al pueblo la esperanza de que su vida mejoraría.

**Repaso de la lectura** Ö **Idea principal y detalles**
**¿Cómo ayudó Roosevelt al país?**

❱ **El presidente Roosevelt usaba muletas o una silla de ruedas. Esta estatua forma parte del Monumento a Roosevelt en Washington, D.C.**

❱ **Roosevelt era un presidente muy admirado.**

*Franklin Delano Roosevelt. "Franklin Delano Roosevelt: First Inaugural Address" en *The American Reader*. Diane Ravitch, ed. HarperCollins, 2000.

# Responsabilidad
## Larry Sly (1950– )

Larry Sly buscaba la solución a los problemas desde niño. Después de graduarse de la universidad, decidió ocuparse de un gran problema que había en California, en donde él vivía. Muchos habitantes del condado de Contra Costa no tenían trabajo. Sus familias pasaban hambre. Sly vio que las tiendas de comestibles tiraban pan a la basura todos los días.

Sly decidió trabajar con voluntarios de su comunidad. Un **voluntario** es una persona que elige trabajar sin que le paguen. Sly comenzó a trabajar como voluntario en un "banco de alimentos". Recogía la comida que sobraba en las tiendas para dársela a las personas que la necesitaban. Los esfuerzos de Sly han ayudado a muchas personas.

> Larry Sly

**Repaso de la lectura** ⏺ **Idea principal y detalles**
**¿Cómo ayudó Larry Sly a su comunidad?**

> Voluntarios de todas las edades trabajan en el banco de alimentos.

▶ **Maya Angelou fue homenajeada con una estampilla.**

# Maya Angelou (1928– )

Maya Angelou ha sido cantante, actriz y editora, pero es más conocida como escritora de poesía y de libros sobre su vida.

En sus libros, Maya Angelou habla de su difícil niñez y de cómo la superó. Aprender a respetarse a sí misma y a los demás la convirtió en la persona que es ahora. Angelou viaja por todo el mundo y habla con las personas. Todavía escribe, y les dice a sus lectores que crean en sí mismos.

**Repaso de la lectura** Ö **Idea principal y detalles**
**¿Por qué actividad es mejor conocida Maya Angelou?**

▶ **Maya Angelou fue invitada a escribir un poema para la toma de posesión del presidente Bill Clinton en 1993.**

# Bondad
## Héroes de la comunidad

Hace poco se produjeron arrasadores incendios en colinas y carreteras de California. Para muchos, los miles de hombres y mujeres que lucharon contra esos incendios son héroes. Un **héroe** es una persona valiente que es un ejemplo para los demás. Estos héroes mostraron lo que un ciudadano valiente es capaz de hacer por sus vecinos y por su país.

❱ **Los bomberos se enfrentan al peligro por ayudar a los demás.**

**Repaso de la lectura** ⚙️**Idea principal y detalles**
**¿Por qué las personas consideran héroes a los bomberos de California?**

**Resumen** Los buenos ciudadanos son bondadosos, tratan a las personas con equidad, son responsables, y se respetan a sí mismos y también a los demás.

## Repaso

1. 💡 ¿Qué cualidades tiene un buen ciudadano?

2. **Vocabulario** Escribe una o dos oraciones sobre las cualidades de un **héroe**.

3. **Tu comunidad** Piensa en alguien que sea un buen ciudadano de tu comunidad. ¿Por qué es un buen ciudadano?

**Razonamiento crítico**

4. **Aplícalo** ¿Cómo muestras bondad, equidad, respeto y responsabilidad en el salón de clases?

5. **DESTREZA DE ANÁLISIS** ¿Por qué es importante que nos preocupemos por los demás?

6. 🖌️ **Haz un tablero de anuncios** Haz un tablero de anuncios titulado "Cómo participan los buenos ciudadanos" con recortes de artículos sobre los buenos rasgos de personalidad de algunas personas.

7. ⭐ **Destreza clave** **Idea principal y detalles** En una hoja, copia y completa el siguiente organizador gráfico.

**Idea principal**
Los buenos ciudadanos tienen estas cualidades.

**Detalles**

# Leer un organigrama

## ❯ Por qué es importante

En un **organigrama** se muestra cómo hacer algo o cómo funciona algo. En el organigrama se indican los distintos pasos en orden.

En un organigrama se usan palabras, dibujos y flechas. Sigue las flechas para leer los pasos en el orden correcto.

## ❯ Lo que necesitas saber

La forma más directa de convertirse en ciudadano americano es haber nacido en Estados Unidos. Otra forma es mediante la naturalización, es decir, el proceso legal por el cual una persona puede convertirse en ciudadano.

Para convertirse en ciudadano naturalizado, se deben tener al menos 18 años y es necesario haber vivido en Estados Unidos durante un cierto número de años. Además, la persona debe seguir varios pasos.

## ❯ Practica la destreza

En el organigrama de la página 301 se indican algunos pasos que una persona nacida en otro país debe seguir para convertirse en ciudadano de Estados Unidos. Consulta las fotografías y los títulos del organigrama para responder a las siguientes preguntas.

**1** ¿Cuál es el primer paso para convertirse en ciudadano naturalizado de Estados Unidos?

**2** ¿Qué sucede después de que la persona llena una solicitud?

**3** ¿Cuál es el último paso para convertirse en ciudadano naturalizado?

## ❯ Aplica lo que aprendiste

**Aplícalo** Piensa en algún suceso o proceso en el que hayas participado y que podrías describir en un organigrama, por ejemplo, ayudar a bañar a una mascota o a preparar una comida, o escribir un reporte. Luego, haz un organigrama en el que le indiques a un estudiante más joven cómo hacer algo.

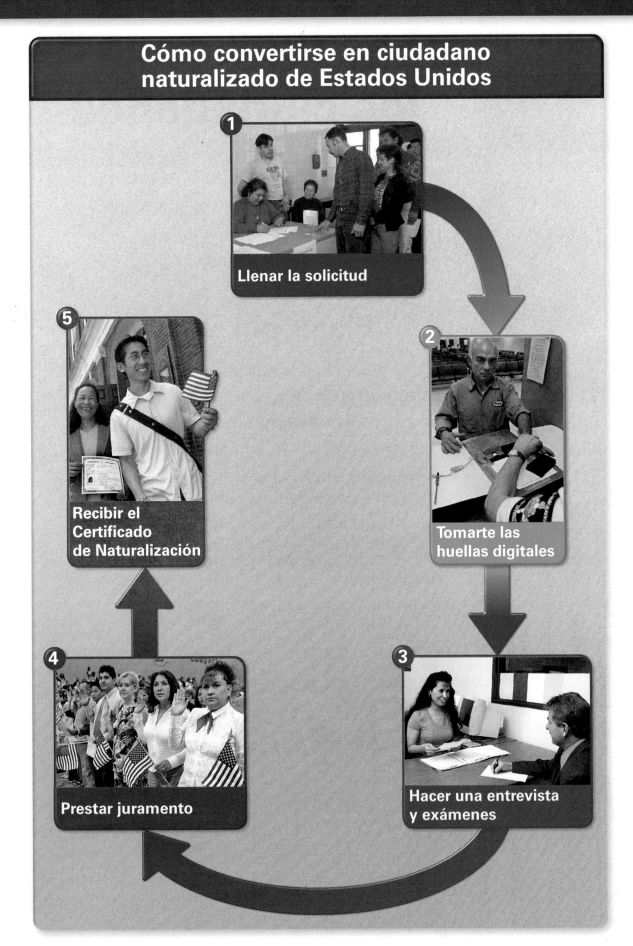

## Cómo convertirse en ciudadano naturalizado de Estados Unidos

**1** Llenar la solicitud

**2** Tomarte las huellas digitales

**3** Hacer una entrevista y exámenes

**4** Prestar juramento

**5** Recibir el Certificado de Naturalización

Destrezas con tablas y gráficas

# Lección 2

# Las funciones de los ciudadanos

 **Reflexiona**
¿Cuál es el rol de un ciudadano en la comunidad?

✓ Votar es una de las responsabilidades de un buen ciudadano.

✓ Entre los roles de un buen ciudadano en la comunidad están la obligación de pagar los impuestos y de participar como miembro de un jurado.

**Vocabulario**
elecciones pág. 302
boleta electoral
   pág. 303
jurado pág. 304

**Destreza clave**
**Idea principal y detalles**

**Normas de California**
HSS 3.4, 3.4.1, 3.4.2

Todos los días, las personas de nuestra comunidad demuestran civismo. Cumplen las reglas y las leyes, votan y hablan de los problemas que quieren resolver.

## Elegir por votación

Una manera en la que los buenos ciudadanos participan en la vida cívica es votar en las elecciones. Las **elecciones** son el tiempo que se reserva para votar. En Estados Unidos, los ciudadanos eligen a sus líderes por votación. Para votar en Estados Unidos, los ciudadanos tienen que haber cumplido los 18 años de edad.

❯ Varias voluntarias de la tercera edad ayudan en las elecciones.

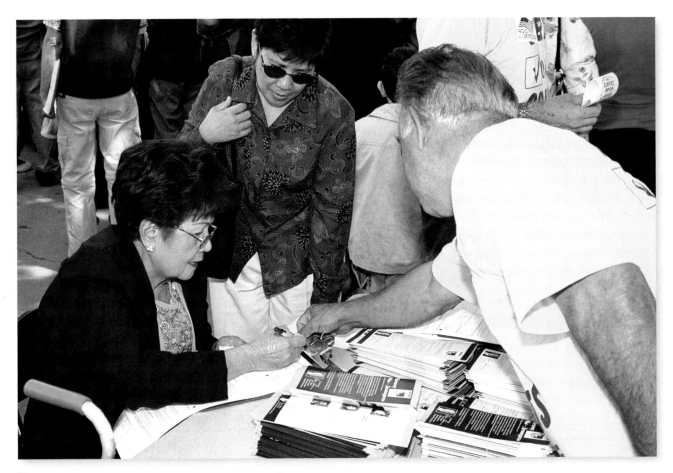

▶ Estos nuevos ciudadanos se inscriben para votar.

Para votar, los ciudadanos marcan en una boleta electoral el nombre de la persona que eligen para cada cargo. Una **boleta electoral** es una lista de opciones en unas elecciones. A veces, los ciudadanos indican su decisión a través de una máquina. El voto es secreto. Las personas toman sus decisiones sin que nadie las observe. Una vez finalizado el tiempo para votar, se cuentan los votos. El candidato que haya obtenido la mayor cantidad de votos gana.

Algunas personas participan en las elecciones expresando su opinión sobre distintos temas. Incluso pueden llegar a presentarse como candidatos ellos mismos.

(Repaso de la lectura) ⚙Idea principal y detalles
**¿Cómo eligen los americanos a sus líderes?**

# Colaborar

Otra forma de demostrar civismo es participar en un jurado. Un **jurado** es un grupo de entre 6 y 12 ciudadanos que deciden si una persona ha desobedecido una ley. Los jurados son una parte importante de nuestro gobierno.

Los miembros del jurado se sientan en una sala de la corte para escuchar los hechos de un caso. Un juez está a cargo de la sala, y le habla al jurado sobre las leyes que se aplican al caso.

Después de escuchar los hechos, los miembros del jurado abandonan la sala y deciden si la persona es culpable. Si dicen que es culpable, el juez decide el castigo que le corresponde.

## Datos breves

El ejemplo más antiguo que se conoce del sistema de juicio por jurado viene de Europa y tiene unos 900 años de antigüedad. Cuando se discutía sobre algo que había sucedido, el rey le pedía a un grupo de 12 caballeros que decidieran cuál era la verdad.

> Participar en un jurado es uno de los derechos y de las responsabilidades que tienen los adultos en Estados Unidos.

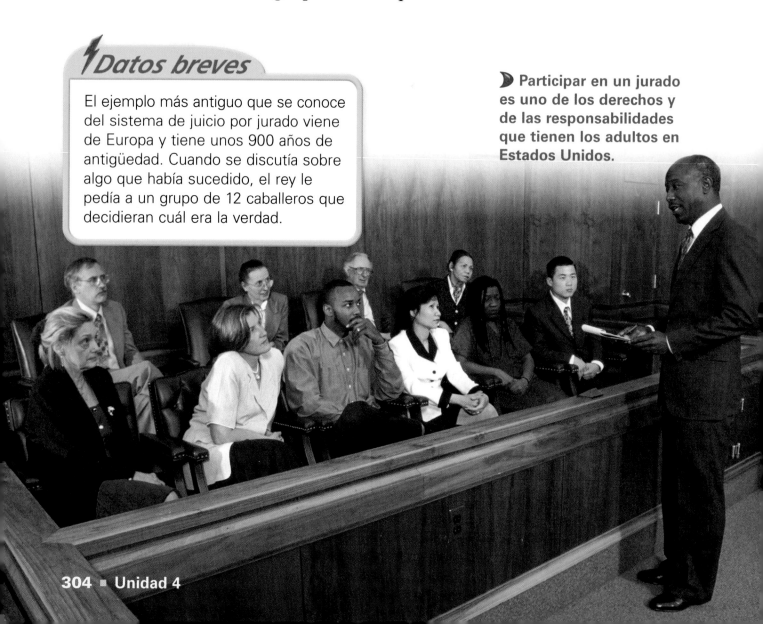

Otras responsabilidades importantes de los ciudadanos son cumplir las leyes que crea el gobierno y pagar los impuestos. Con los impuestos se pagan los servicios que necesitan y disfrutan las personas de todas las comunidades de Estados Unidos.

**Repaso de la lectura** **Resumir**

**¿Cómo puede un adulto ser un buen ciudadano?**

**Resumen** Los ciudadanos tienen un rol importante en la comunidad. Los buenos ciudadanos cumplen las leyes, votan, pagan sus impuestos y participan en jurados.

▶ Usar la biblioteca pública es un derecho de esta niña. Devolver los libros a tiempo es su responsabilidad.

## Repaso

1. ¿Cuál es el rol de un ciudadano en la comunidad?

2. **Vocabulario** Escribe una oración sobre las votaciones con las palabras **boleta electoral** y **elecciones**.

3. **Tu comunidad** ¿Puedes nombrar a algunas personas que se han elegido para ocupar cargos en tu comunidad?

**Razonamiento crítico**

4. **Aplícalo** ¿Cómo demuestras que eres un buen ciudadano de tu salón de clases?

5. **DESTREZA DE ANÁLISIS** ¿De qué manera promueven las normas y las leyes las personas?

6. **Escribe un poema sobre el civismo** Titula tu poema "Soy un buen ciudadano". En una hoja, escribe y completa estas frases para escribir el poema: *Soy _____, cumplo _____, participo en _____. Soy un buen ciudadano.*

7. **Idea principal y detalles** En una hoja de papel, copia y completa este organizador gráfico.

| Idea principal |
| --- |
|  |

| Detalles | | |
| --- | --- | --- |
| Cumplir las leyes | Votar | Pagar los impuestos |

# Elegir por votación

## ❯ Por qué es importante

Estados Unidos tiene una forma de gobierno llamada **democracia**. En cualquier democracia, todos los ciudadanos adultos tienen el derecho de votar para elegir a los líderes de su país, que son quienes aprueban las leyes. De este modo, todos pueden participar en la administración del país.

Los ciudadanos votan para elegir a los líderes de la comunidad, del estado y de la nación. Después del recuento de los votos, el candidato que obtuvo más votos es el ganador. Un **candidato** es una persona que quiere ser elegida como líder.

## ❯ Lo que necesitas saber

Antes de votar por alguien o por algo, investiga todo lo que puedas sobre los candidatos o sobre la ley que se va a votar. Lee o escucha lo que los candidatos dicen o lo que las personas dicen sobre la ley. Haz preguntas sobre los asuntos que te parezcan importantes.

**Paso 2**

**Paso 1**

**Paso 1 Preparen las boletas electorales.**

**Paso 2 Voten en secreto.**

**Paso 3 Cuenten las boletas electorales.**

**Paso 4 Anuncien al ganador.**

## ❯ Practica la destreza

Tal vez hayas pertenecido a algún club que tiene líderes elegidos por sus miembros. Ser miembro de un club te da la oportunidad de practicar el voto.

Observa los cuatro pasos que aparecen en esta página y analiza por qué es importante seguir los pasos en orden.

## ❯ Aplica lo que aprendiste

**Aplícalo** Sugiere hacer unas elecciones para elegir a un estudiante como presidente de tu clase por un día. Pide voluntarios para ser candidatos. Pídele a cada candidato que dé un discurso sobre lo que haría si fuera presidente. Luego, sigue los pasos que se muestran en estas páginas para celebrar unas elecciones.

Paso 3

Paso 4

**Destrezas de participación**

**Reflexiona**

¿De qué manera sirven los ciudadanos a la comunidad?

✔ Las personas y las organizaciones pueden trabajar por el bien común.

✔ Un buen líder cree en el servicio público y está dispuesto a trabajar por el bien común.

**Vocabulario**

**servicio público** pág. 308

**bien común** pág. 309

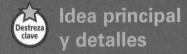

**Idea principal y detalles**

Normas de California
**HSS 3.4.2**

# Ciudadanos que sirven a la comunidad

Las personas que participan en el **servicio público** trabajan por el bien de la comunidad, para mejorar la vida de los demás. El servicio público incluye muchas maneras de ayudar a la comunidad.

## Los ciudadanos trabajan juntos

Una manera de ayudar a los demás es trabajar como voluntario. Es probable que conozcas a algún voluntario. El entrenador de tu equipo deportivo puede ser un voluntario. Tu escuela puede tener padres que trabajen como voluntarios. Cuando recoges basura y la tiras en un cubo, tú también eres un voluntario.

❱ En Santa Barbara, estos voluntarios preparan paquetes para ayudar a los necesitados.

### El proyecto *California Story Fund*

Trabajar como voluntario es una manera de ser un buen ciudadano. El proyecto *California Story Fund* alienta a las personas a recopilar y compartir cuentos sobre las formas de vida en California. En un proyecto de la Escuela Primaria Lakeshore de San Francisco, los estudiantes entrevistan a los miembros mayores de sus familias. Luego, escriben poemas basados en esas entrevistas. Después, los estudiantes leen sus poemas en otras escuelas y en la biblioteca. Gracias al proyecto *California Story Fund*, las personas aprenden sobre la historia y las distintas culturas de California.

Ser un líder del gobierno es otra clase de servicio público. Algunos líderes del gobierno, como los alcaldes o los jueces, son elegidos por votación. Otros, como el jefe del departamento de policía, son nombrados, o seleccionados, para realizar ciertas tareas.

Cada comunidad tiene voluntarios y líderes del gobierno que trabajan por el **bien común**, es decir, por el bien de todos. Algunos trabajan para conseguir comida y ropa para las personas necesitadas. Otros protegen a las personas o ayudan a limpiar los vecindarios y los parques.

**Los trabajadores de servicio público ayudan a una mujer después de que un incendio destruyó su hogar en Malibu.**

**Repaso de la lectura** 💧 **Idea principal y detalles**
**¿Cómo ayudan los voluntarios y los líderes del gobierno a sus comunidades?**

# Myldred Jones

Myldred Jones es una persona que cree en el servicio público. En 1977, vendió su casa de Los Alamitos, California, y con ese dinero fundó un centro para ayudar a los adolescentes con problemas. Desde entonces, el refugio para jóvenes Casa *(Casa Youth Shelter)* ha ayudado a más de 8,000 adolescentes. Al principio, había muy poco dinero para administrar el refugio. El primer año, el huerto de verduras de Myldred Jones les proporcionó muchas comidas.

❱ Myldred Jones

**Repaso de la lectura** **Resumir**
**¿Qué cualidades de Myldred Jones la convierten en una buena líder de la comunidad?**

❱ Residentes y voluntarias del refugio para jóvenes Casa en Los Alamitos

▶ Los perros suelen ser la mejor manera de encontrar a las personas atrapadas durante un desastre.

# Los perros de rescate de California

Algunas personas trabajan en grupo para prestar un servicio público. Uno de esos grupos es la Asociación de Perros de Rescate de California.

Hace más de 20 años que este grupo de voluntarios entrena perros y a las personas que trabajan con ellos para encontrar a las personas que se han perdido o que han quedado atrapadas en algún lugar. Los miembros de este grupo han participado en más de 2,000 búsquedas.

Los perros de rescate han encontrado a personas atrapadas durante terremotos, a niños perdidos y a sobrevivientes después de los incendios. ¡Los voluntarios y los perros son verdaderos héroes de la comunidad!

**Repaso de la lectura** **Resumir**
**¿Por qué estos voluntarios son héroes de la comunidad?**

# Los jóvenes pueden ayudar

Muchos jóvenes ayudan a su comunidad todos los días. Uno de esos jóvenes es Samuel Nassie, de Paradise, California. A Nassie le preocupaba que las personas pudieran olvidarse de los veteranos de guerra enterrados en el cementerio de su comunidad.

❭ Samuel Nassie ganó un premio por el trabajo que hizo para su comunidad.

Entonces, hizo un mapa en el que señaló cada tumba que había en el cementerio. Luego, Nassie investigó la vida de cada veterano.

Cuando terminó su investigación, presentó la información a los grupos locales de veteranos y a los grupos de la comunidad. "La razón por la que sigo con este proyecto es que quiero ofrecer una manera de recordar siempre a los héroes de nuestra comunidad",* dijo Nassie.

**Repaso de la lectura** **Resumir**

**¿Qué hizo Samuel Nassie para ayudar a su comunidad?**

*Samuel Nassie. Del discurso que pronunció al recibir el premio Prudential Spirit of Community. 2004.

# Cómo puedes ayudar

Leer sobre la forma en la que algunas personas ayudan a los demás tal vez te despierte las ganas de hacer más cosas. Puedes ayudar ofreciendo a los demás las destrezas que tienes. Si te gusta leer, podrías leerles a los niños pequeños. También puedes ofrecer tu tiempo a los demás. Quizás puedas ayudar a un amigo o a un familiar a cuidar de su mascota.

**Repaso de la lectura** **Resumir**
**¿De qué dos maneras puedes ayudar?**

**Resumen** Muchas personas que participan en el servicio público trabajan por el bien de la comunidad. Algunas de esas personas son voluntarios, y otras son líderes del gobierno.

❱ **Estos voluntarios les sirven la comida a otras personas.**

---

# Repaso

1. ¿De qué manera sirven los ciudadanos a la comunidad?

2. **Vocabulario** Escribe una o dos oraciones para explicar el término **servicio público**.

3. **Tu comunidad** ¿Cómo se ayudan unas a otras las personas de tu comunidad?

**Razonamiento crítico**

4. **Aplícalo** ¿Cómo puedes servir de voluntario en tu comunidad?

5. **DESTREZA DE ANÁLISIS** ¿Qué efecto crees que tienen los voluntarios en tu comunidad?

6. **Escribe un anuncio** Piensa en un grupo de voluntarios que conozcas. Escribe un anuncio de radio en el que les pidas a los oyentes que participen en el grupo.

7. **Destreza clave** **Idea principal y detalles** En una hoja de papel, copia y completa el siguiente organizador gráfico.

**Idea principal**
Los voluntarios pueden servir a su comunidad de estas maneras.

**Detalles**

| | | |
|---|---|---|
| | | |

# La lectura en los Estudios Sociales

La **idea principal** es la idea más importante de un pasaje.
Los **detalles** son los datos, las razones o los ejemplos que apoyan la idea principal.

 **Idea principal y detalles**

Completa este organizador gráfico para mostrar que entiendes las ideas importantes y los detalles de cómo ser un buen ciudadano. En la página 77 del cuaderno de Tarea y práctica encontrarás una copia de un organizador gráfico.

## Civismo

**Idea principal**

**Detalles**

| Los buenos ciudadanos cumplen las leyes. | Los buenos ciudadanos pagan sus impuestos. | Los buenos ciudadanos votan. | Los buenos ciudadanos sirven de voluntarios. |

 # Pautas de redacción de California

**Menciona a tu héroe** Escribe un párrafo sobre una persona a la que consideres un buen ciudadano. Describe lo que hace esa persona para que tu comunidad sea un lugar mejor.

**Escribe un anuncio publicitario** Imagina que escribes anuncios publicitarios para la televisión. Piensa cómo puedes convencer a la gente para que vote en las próximas elecciones. Explica por qué es importante votar.

## Usa el vocabulario

**Escribe la palabra que corresponde a cada definición.**

**justicia,** pág. 294

**voluntario,** pág. 297

**elecciones,** pág. 302

**jurado,** pág. 304

**servicio público,** pág. 308

**bien común,** pág. 309

1. trabajar por el bien de la comunidad

2. equidad

3. el tiempo que se reserva para votar

4. una persona que decide trabajar sin recibir dinero a cambio

5. el bien de todos

6. un grupo de entre 6 y 12 ciudadanos que deciden si una persona ha desobedecido una ley

## Recuerda los datos

**Responde a las siguientes preguntas.**

8. ¿Cuáles son dos maneras en las que los ciudadanos pueden participar en las elecciones?

9. ¿Qué rasgos de personalidad tiene un buen ciudadano?

**Escribe la letra de la mejor opción.**

10. ¿Cómo ayuda Larry Sly a las personas?
    - **A** Es voluntario en un banco de comida.
    - **B** Apaga incendios forestales.
    - **C** Se convirtió en presidente.
    - **D** Escribe sobre la libertad.

11. ¿Qué condición necesitas cumplir para votar?
    - **A** participar en un jurado
    - **B** tener 18 años de edad
    - **C** ser elegido para un cargo
    - **D** trabajar como voluntario

## Aplica las destrezas

**Leer un organigrama** Consulta el organigrama de la página 301 para responder a la siguiente pregunta.

7. ¿Qué sucede después de que se hace una entrevista?

## Piensa críticamente

12. ¿De qué manera puedes ayudar a tu comunidad?

13. ¿De qué manera ayuda a elegir a un alcalde un ciudadano?

# Excursión

# Ciudadanos jóvenes activos

## Prepárate

En todo el territorio de Estados Unidos hay ciudadanos jóvenes que ayudan a su comunidad. Algunos ayudan a construir hogares o escriben e imprimen información útil para el cuidado de la salud. Otros escriben cartas y recaudan fondos. Aunque sus actividades sean muy distintas, todos quieren hacer de su comunidad un lugar mejor para vivir.

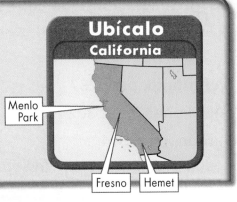

**Ubícalo**
**California**

Menlo Park

Fresno    Hemet

## Observa

Tim es un voluntario de su comunidad de Hemet. Ayuda a construir hogares para familias con bajos ingresos. Trabaja como voluntario para la organización Hábitat para la Humanidad *(Habitat for Humanity)*. Esta organización cree que todas las personas deberían tener un lugar sencillo y decente para vivir. Tim y los demás voluntarios trabajan para cambiar la vida de las familias de su comunidad.

Angelica se enteró de que el Zoológico Chaffee de Fresno tenía problemas económicos. Entonces, escribió una carta al periódico local y puso un dólar en el sobre. En su carta, Angelica sugería que todas las personas le dieran un dólar al zoológico para ayudar a los animales. Su donación de un dólar alentó a otras personas a donar dinero y, muy pronto, se habían recaudado unos $200,000. Este dinero le permitirá al zoológico pagar muchos de sus proyectos.

Día de Acción de Gracias

Estimado Fresno Bee:
Me llamo Angel y tengo nueve años.
Me he enterado de que el zoológico Chaffee tiene problemas de dinero, estoy muy preocupada por los animales. Estoy preocupada porque tal vez no tengan suficiente comida o agua, o ni siquiera un hogar. Ellos merecen tener un hogar en un lugar seguro y cálido. Yo creo que si cada persona de Fresno le diera un dólar al zoológico Chaffee, sería una gran ayuda. Aquí está mi dólar.

Angelica
9 años
Fresno
Den un dólar, salven una vida.

Guía-Médica
Una Referencia para
Servicios Médicos
gratis o económicos

SALUD

El Condado Sud de **San Mateo**
Ciudades de Redwood City, Menlo Park,
y East Palo Alto, y también Palo Alto

© 2000 Ariane
Proyecto de Servicio para la Comunidad
Con estímulo de Corporación Prudential, Corporación Raychem,
y el Club de Rotary en Menlo Park

Ariane se enteró de que a las personas de Menlo Park que solo hablan español les resultaba difícil encontrar información sobre el cuidado de la salud, así que hizo una investigación sobre los servicios médicos y los programas disponibles. Ariane reunió toda la información en un folleto en español y se lo entregó a las personas de su comunidad.

## Un paseo virtual

APRENDE en línea

Visita VIRTUAL TOURS en
**www.harcourtschool.com/hss**
para realizar un paseo virtual.

# Repaso

## LA GRAN IDEA

**Gobierno** Las comunidades y las naciones necesitan leyes y líderes para proteger a los ciudadanos y mantener el orden. Nuestros gobiernos dependen de la participación de todos sus ciudadanos.

**Resumen**

## Gobierno y civismo

En Estados Unidos elegimos líderes para crear las leyes. Los líderes locales del gobierno hacen leyes para nuestra comunidad. Los líderes de un estado aprueban las leyes para todo el estado. Nuestro gobierno nacional crea leyes para todo el país. La Constitución de Estados Unidos establece cómo funciona nuestro gobierno.

Nuestro gobierno depende de que las personas sean buenos ciudadanos. Un buen ciudadano vota en las elecciones. Un buen ciudadano participa como jurado cuando se lo piden. Los ciudadanos trabajan para mejorar la vida de su comunidad cuando prestan un servicio público.

### Ideas principales y vocabulario

**Lee el resumen anterior. Luego responde a las siguientes preguntas.**

1. ¿De qué personas depende nuestro gobierno?
   - **A** de los líderes locales
   - **B** de los legisladores
   - **C** de los buenos ciudadanos
   - **D** de los trabajadores de las elecciones

2. ¿Quién elige a los líderes del país?
   - **A** un jurado
   - **B** las personas

   - **C** las leyes del estado
   - **D** la Constitución

3. ¿Qué es un servicio público?
   - **A** tareas escolares
   - **B** el trabajo que hay que hacer
   - **C** pagar las cuentas de lo que se compra
   - **D** el trabajo que se hace por el bien de la comunidad

**Responde a las siguientes preguntas.**

4. ¿Qué es la Declaración de Derechos?

5. ¿Qué poder del gobierno se asegura de que se cumplan las leyes?

6. ¿Qué hace un jurado?

**Escribe la letra de la mejor opción.**

7. ¿Cuántos poderes del gobierno hay?
   A uno
   B dos
   C tres
   D cuatro

8. ¿Cuál de las siguientes opciones es una de las responsabilidades de los ciudadanos?
   A pagar impuestos
   B crear leyes
   C pagar para votar
   D convertirse en juez

9. ¿Cuáles son los tres niveles principales de gobierno?
   A maestros, policías, enfermeros
   B local, estatal, nacional
   C parques, cortes, escuelas
   D concejo, administrador, alcalde

10. **DESTREZA DE ANÁLISIS** ¿De qué manera te afecta la Constitución de Estados Unidos?

11. ¿Por qué un estado necesita tener un gobierno?

**Leer una gráfica de barras**

Consulta la gráfica de barras de abajo y responde a las siguientes preguntas.

12. ¿Qué explica esta gráfica de barras?

13. ¿Qué condado tiene más oficinas de correos?

14. ¿Qué condado tiene menos oficinas de correos: Sacramento o San Diego?

Oficinas de correos de Estados Unidos por condado

# Unidad 4 Actividades

## Muestra lo que sabes

## Lecturas adicionales

■ *Un concejo municipal en New England* por Dan Ahearn

■ *Las personas que ayudan a la comunidad* por Bill Doyle

■ *Un día en la vida de Washington, D.C.* por Julie Seyfert Lillis

### Actividad de redacción

**Escribe una carta** Piensa en un trabajo del gobierno sobre el que te gustaría saber más. Investiga quién ocupa ese puesto. Escríbele una carta a esa persona y pregúntale cómo consiguió el empleo y cuáles son sus responsabilidades.

### Proyecto de la unidad

**Manual del gobierno** Trabaja con algunos compañeros de clase para hacer un manual del gobierno. Investiguen sobre las personas y los puestos de trabajo que hay en el gobierno local y estatal. Incluyan una sección para cada nivel del gobierno, y describan el trabajo de cada nivel. Coloquen el manual del gobierno en el salón de clases.

APRENDE en línea Visita ACTIVITIES en **www.harcourtschool.com/hss** para hallar otras actividades.

# Todos unidos

**Unidad 5**

### Comienza con las normas

**3.4** Los estudiantes comprenden el rol de las reglas y leyes en nuestra vida cotidiana y la estructura básica del gobierno de Estados Unidos.

## La gran idea

### Símbolos

Nuestro país estableció la democracia como forma de gobierno. Los principios que compartimos están en nuestros documentos, puntos de referencia, símbolos y en las creencias que defendemos desde hace mucho.

### Reflexiona

✔ ¿Qué significan los símbolos de nuestro país y de nuestro estado?

✔ ¿Qué puntos de referencia especiales honran a nuestra historia?

✔ ¿Por qué las canciones y los documentos son importantes para nuestro país y para California?

✔ ¿Quiénes han luchado por la libertad y la justicia en nuestro país?

### Muestra lo que sabes

★ Prueba de la Unidad 5

 Redacción: Un folleto

 Proyecto de la unidad: Un espectáculo patriótico

# Unidad 5 Todos unidos

## Habla sobre
**personas y símbolos importantes**

" La bandera de California es un símbolo importante de nuestro estado. "

"Recordamos a las personas que trabajaron por nuestras libertades."

"Las leyes de nuestra nación están escritas en un documento importante llamado la Constitución."

# vocabulario

**libertad**   La capacidad de ser libre y de elegir. (página 372)

**patriotismo**   El orgullo que sienten las personas por su país. (página 332)

**igualdad** Recibir el mismo trato que reciben los demás. (página 386)

**día de fiesta** Un día especial para recordar a una persona o un suceso. (página 387)

**monumento** Algo que se construye para honrar y recordar a una persona o un suceso. (página 342)

APRENDE
en línea

Visita **www.harcourtschool.com/hss** para hallar recursos en Internet para usar con esta unidad.

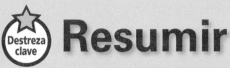

# Resumir

Cuando **resumes**, vuelves a contar los sucesos y las ideas principales de un pasaje con tus propias palabras.

## Por qué es importante

Resumir es una de las destrezas más importantes que puedes aprender. Cuando resumes, dices lo más importante en unas pocas oraciones.

| Dato clave | Resumen |
|---|---|
| Idea importante de la lectura | Información importante que leíste, abreviada y escrita con tus propias palabras |
| Idea importante de la lectura | |

Un resumen incluye solo la idea principal y los detalles más importantes. Puedes resumir un párrafo o una selección entera.

## Practica la destreza

Lee el párrafo. Busca la información más importante. Luego, resume el párrafo en una sola oración.

**Dato**

El capitolio estatal de California tiene una gran cúpula, como tienen muchos otros capitolios estatales. El Capitolio de Estados Unidos también tiene una cúpula, la cual es un símbolo de Estados Unidos.

Lee los párrafos. Luego responde a las siguientes preguntas.

# Los capitolios de California

El capitolio de California no siempre ha estado en Sacramento. Otras cuatro ciudades fueron antes la capital de California.

El edificio Colton Hall de Monterey se considera el primer capitolio. Fue en Colton Hall donde se celebró la primera asamblea constituyente de California en 1849.

Los legisladores de California sabían que el gobierno del estado necesitaba un verdadero hogar. Primero lo intentaron en Pueblo de San Jose. Sin embargo, en 1851, los legisladores decidieron que era necesario tener una nueva capital.

El general Mariano Vallejo ofreció construirlo en su ciudad, Vallejo. Desafortunadamente, los legisladores no quedaron conformes con el capitolio que construyó Vallejo. En 1853, se mudaron al ayuntamiento de Benicia.

Sin embargo, una vez más, los legisladores no estaban conformes con sus salas de reunión. Finalmente, en 1854, se tomó la decisión de construir el capitolio en Sacramento.

## ⭐ Destreza clave **Resumir**

1. ¿Cómo podrías resumir la selección?

2. ¿Qué datos clave te ayudaron a resumir la selección?

# Destrezas de estudio

## USAR RECURSOS VISUALES

Los recursos visuales te ayudarán a entender y recordar mejor lo que lees.

▶ Las fotografías, las ilustraciones, los diagramas, las tablas y los mapas son diferentes tipos de recursos visuales. Muchos recursos visuales tienen títulos, leyendas o rótulos que ayudan a los lectores a entender lo que se muestra en ellos.

▶ Los recursos visuales suelen ofrecer información que aparece en el texto, pero de distinta manera. También pueden agregar información nueva que no esté en el texto.

| Lista de control de recursos visuales | |
|---|---|
| ✓ | ¿Qué clase de recurso visual se muestra? <br> Una fotografía |
| ✓ | ¿Qué se muestra en ese recurso visual? |
| ✓ | ¿Qué dice el recurso visual sobre el tema? |

## Aplica la destreza mientras lees

A medida que lees este capítulo, observa atentamente los recursos visuales y el texto que los acompaña. Responde a las preguntas de la lista de control para entender mejor cómo te puede ayudar un recurso visual mientras lees.

**Normas de Historia y Ciencias Sociales de California, Grado 3**

3.4 Los estudiantes comprenden el rol de las reglas y leyes en nuestra vida cotidiana y la estructura básica del gobierno de Estados Unidos.

# Los valiosos ideales de Estados Unidos

El Centro de la Campana de la Libertad *(Liberty Bell Center)* en Philadelphia, Pennsylvania

# Esta tierra es tu tierra

## por Woody Guthrie
## ilustrado por Kathy Jakobsen

Un cantante y compositor americano llamado
Woody Guthrie solía escribir sobre la belleza natural
de Estados Unidos. Guthrie vivió en California en
la década de 1930. En algunas de sus canciones
contaba sus experiencias en California. "This Land
is Your Land" ("Esta tierra es tu tierra") es su
canción más famosa.

Caminando por aquella cinta de carretera,
vi ese cielo infinito sobre mí;
vi ese valle dorado a mis pies;
esta tierra fue creada para ti y para mí.

Esta tierra es tu tierra, esta tierra es mi tierra,
desde California hasta la isla de New York;
desde los bosques de secuoyas hasta las aguas
de la corriente del Golfo,
esta tierra fue creada para ti y para mí.

He deambulado y he seguido mis huellas
hasta las brillantes arenas de sus
desiertos de diamante;
y en todas partes una voz decía:
esta tierra fue creada para ti y para mí.

Esta tierra es tu tierra, esta tierra es mi tierra,
desde California hasta la isla de New York;
desde los bosques de secuoyas hasta las aguas
de la corriente del Golfo,
esta tierra fue creada para ti y para mí.

Cuando la luz del sol me encontró paseando,
los trigales se mecían y las nubes de
polvo pasaban rodando,
y cuando se levantaba la niebla, una voz cantaba:
esta tierra fue creada para ti y para mí.

Esta tierra es tu tierra, esta tierra es mi tierra,
desde California hasta la isla de New York;
desde los bosques de secuoyas hasta las aguas
de la corriente del Golfo,
esta tierra fue creada para ti y para mí.

Nadie podrá detenerme jamás,
mientras camine por esa carretera de libertad;
nadie podrá hacer que dé la vuelta;
esta tierra fue creada para ti y para mí.

## Responde

1. Guthrie compara la carretera con una "cinta". ¿A qué otro objeto se puede parecer una carretera?

2. ¿De qué "isla de New York" crees que está hablando Guthrie?

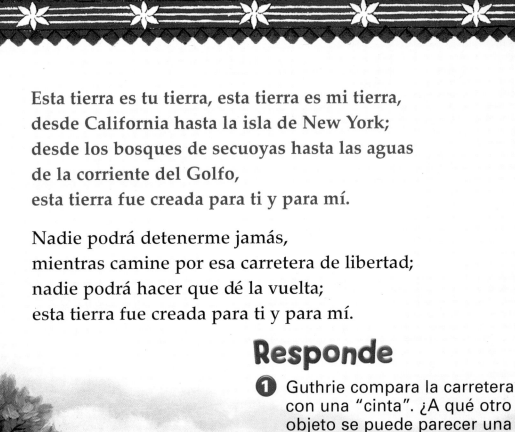

# Los símbolos nacionales y locales

**Reflexiona**

¿Qué significan los símbolos de nuestro país y de nuestro estado?

✔ Los símbolos son importantes para nuestro país y para nuestro estado.

✔ Cada símbolo tiene un significado y es importante por distintas razones.

**Vocabulario**

**símbolo patriótico** pág. 332

**patriotismo** pág. 332

 **Resumir**

 **Normas de California**
HSS 3.4.3

Existen muchas clases de banderas. Los estados y las ciudades tienen banderas, al igual que algunas compañías y equipos deportivos. Cada país también tiene una bandera. La bandera de un país es un **símbolo patriótico** que representa las ideas en las que creen sus habitantes, como la libertad. El sentimiento de orgullo por el propio país se llama **patriotismo**.

## La bandera de nuestro país

El diseño de la bandera de Estados Unidos ha cambiado con el tiempo. En las primeras banderas, la cantidad de estrellas y franjas indicaba la cantidad de estados de la nación.

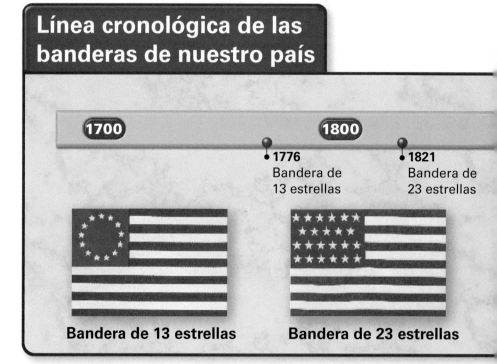

**Línea cronológica de las banderas de nuestro país**

1700     1800

1776
Bandera de 13 estrellas

1821
Bandera de 23 estrellas

Bandera de 13 estrellas     Bandera de 23 estrellas

La nación de Estados Unidos de América fue creciendo, y muy pronto hubo demasiados estados para representarlos con franjas. El Congreso decidió que cuando un nuevo estado se uniera a la nación, solo se agregaría una estrella a la bandera. La cantidad de franjas quedó en 13, en honor a los primeros 13 estados.

El Congreso no indicó cómo tenían que agruparse las estrellas, por lo cual se hicieron banderas con distintos diseños. En 1912, el presidente dijo que las estrellas tenían que agruparse siempre en hileras rectas. El último cambio a la bandera de la nación se hizo en 1960. Ese año se agregó la estrella número 50, que representa al estado de Hawaii.

Un documento llamado el Código de la Bandera explica cómo se debe exhibir y cuidar la bandera. Esta es la bandera actual, que tiene 50 estrellas.

**Repaso de la lectura** ☼**Resumir**
**¿Qué representan las estrellas de la bandera americana?**

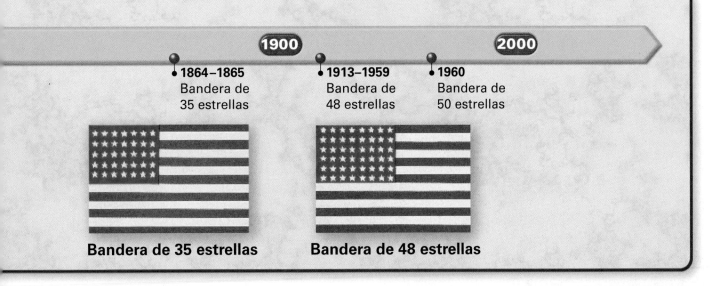

1900          2000

• **1864–1865**
Bandera de
35 estrellas

• **1913–1959**
Bandera de
48 estrellas

• **1960**
Bandera de
50 estrellas

**Bandera de 35 estrellas**          **Bandera de 48 estrellas**

# El águila calva

Desde 1782, el águila calva americana ha sido el ave nacional de Estados Unidos. El águila calva es un ave grande y poderosa. Vive a gran altura en árboles o acantilados, y es una cazadora fiera e independiente. Los legisladores de Estados Unidos sentían que el águila calva representaba la fuerza, el valor y la libertad de su nueva nación. También les gustaba el hecho de que el único lugar de la Tierra en el que vive el águila calva es América del Norte. Más de 180 años después de que el águila calva se convirtiera en un símbolo nacional, el presidente John F. Kennedy dijo: "La fiera belleza y la orgullosa independencia de esta espléndida ave simbolizan a la perfección la fuerza y la libertad de Estados Unidos".*

▶ **El águila calva es un símbolo de la fuerza y la libertad de nuestra nación.**

*John F. Kennedy. De una carta dirigida a Charles H. Callison, ayudante especial del presidente de la *National Audubon Society*, 1961.

El águila calva aparece en muchos objetos y documentos, incluso en el Gran Sello de Estados Unidos. El Gran Sello es un símbolo importante de nuestro país. Lo podemos ver en los documentos del gobierno y en los edificios gubernamentales de la capital de la nación.

El diseño del sello se comenzó a hacer después de la firma de la Declaración de Independencia en 1776. El Congreso aprobó el diseño definitivo el 20 de junio de 1782.

> El águila calva aparece en el Gran Sello de Estados Unidos.

**Repaso de la lectura** **Secuencia**
**¿Cuándo se convirtió el águila calva americana en el ave nacional de Estados Unidos?**

## Los niños en la historia

### Judy Bell y el oso Smokey

Los incendios han destruido muchos bosques en California y en otros estados. Después de un incendio forestal que se produjo en New Mexico en 1950, encontraron a un osezno de oso negro sin su madre. Tenía las cuatro patas quemadas. Lo llamaron Smokey, por el oso que aparecía en los carteles para la prevención de incendios. Los guardabosques usaban estos carteles para informar a los visitantes sobre el peligro de los incendios forestales.

Un guardabosques llamado Ray Bell llevó al osezno a su casa, donde su hija de cinco años, Judy, ayudó a cuidarlo.

Cuando el oso empezó a crecer, lo llevaron al Zoológico Nacional de Washington, D.C. El oso Smokey sigue siendo un símbolo de la prevención de incendios.

# La bandera y el ave del estado de California

La bandera del estado de California fue aprobada en 1911, y tiene una interesante historia. En 1846, California estaba bajo el control mexicano. El 14 de junio de 1846, un pequeño grupo de pobladores tomó prisionero al líder de un puesto del gobierno mexicano en Sonoma. Dijeron que California era una república independiente de México.

Los pobladores izaron una bandera que tenía un oso pardo, una estrella, una franja roja y las palabras "República de California". Este suceso se llamó la Revuelta de la Bandera del Oso. La bandera ondeó solo hasta el 9 de julio de 1846, fecha en la que fue reemplazada por la bandera americana cuando los pobladores se enteraron de que México y Estados Unidos ya estaban en guerra.

El color rojo de la estrella representa el valor. La estrella representa la soberanía, es decir, el poder.

El oso pardo de California es un símbolo de gran fortaleza.

CALIFORNIA REPUBLIC

**DESTREZA DE ANÁLISIS** Analizar la bandera

❓ **¿Por qué crees que California usó la bandera del oso como modelo de la bandera del estado?**

En 1931, la codorniz de California se convirtió en el ave del estado de California. También se conoce como codorniz del valle. Aunque es más pequeña que una paloma, la codorniz de California es rolliza y fuerte. Es un ave de color gris y azul y tiene en la cabeza una pluma negra curvada hacia abajo. Además, tiene una papada negra con una raya blanca debajo del pico. La codorniz de California era una importante fuente de alimento para los indios americanos y para los pobladores.

**⚡Datos breves**

La codorniz de California fue una de las primeras aves de California a la que se le dio un nombre científico.

**Repaso de la lectura** 🐚 **Resumir**

**¿Por qué la codorniz de California era importante para los indios y para los pobladores?**

**Resumen** Los símbolos patrióticos representan las ideas en las que cree el pueblo americano. Muestran el orgullo que sentimos por nuestro país. Los símbolos también muestran cosas que son importantes para nuestro estado.

## Repaso

1. 💡 ¿Qué significan los símbolos de nuestro país y de nuestro estado?

2. **Vocabulario** ¿De qué manera puedes demostrar **patriotismo**?

3. **Tu comunidad** ¿Puedes nombrar un símbolo de tu comunidad?

**Razonamiento crítico**

4. **Aplícalo** ¿Qué símbolos nacionales encuentras a tu alrededor?

5. **DESTREZA DE ANÁLISIS** ¿Por qué se usan símbolos para que las personas se identifiquen con su estado?

6. ✏️ **Escribe un discurso** Escribe y da un discurso breve sobre un símbolo de California. Explica su significado e importanca.

7. ⭐**Destreza clave** **Resumir**
En una hoja de papel, copia y completa el siguiente organizador gráfico.

| Dato clave | | Resumen |
|---|---|---|
| | → | **La bandera de una nación y la de un estado representan ideas importantes.** |
| Dato clave | → | |

# El sello del estado de California

El Gran Sello de California aparece en los edificios, en los letreros y en los documentos oficiales del estado. Los símbolos del sello representan la historia, los habitantes y los recursos de California. El sello fue diseñado en 1849, antes de que California se convirtiera en estado en 1850.

"Eureka", que significa "lo encontré" en griego, se refiere al descubrimiento de oro en California.

El minero está cavando con un pico en busca de oro.

El oso pardo, el animal oficial del estado de California, representa el valor.

El grupo de estrellas de la parte superior del sello representa a California como el estado número 31.

En 1907, se colocó una vidriera del sello en el techo del capitolio de California.

Este sello de bronce de cuatro pies se encuentra en la acera fuera del edificio Colton Hall en Monterey.

La cordillera de la sierra Nevada representa la belleza natural del territorio de California.

Minerva, una diosa romana, simboliza la sabiduría y la fortaleza.

**DESTREZA DE ANÁLISIS** **Analizar objetos del pasado**

**1** ¿Qué elementos usa el minero en el sello?

**2** ¿En qué se parecen y en qué se diferencian los tres sellos que aparecen en estas páginas?

**3** El sello original se diseñó en 1849. ¿Cómo crees que sería si se diseñara hoy?

APRENDE **en linea**

 Visita PRIMARY SOURCES en **www.harcourtschool.com/hss** para hallar fuentes primarias.

# Lección 2

# Puntos de referencia de Estados Unidos

## Reflexiona

¿Qué puntos de referencia especiales honran a nuestra historia?

✓ Los americanos están orgullosos de sus puntos de referencia y de sus monumentos históricos.

## Vocabulario

**punto de referencia** pág. 340

**monumento** pág. 342

**homenaje** pág. 342

 **Resumir**

 Normas de California
**HSS 3.4.3**

Hace mucho tiempo, la mayoría de los inmigrantes que venían a Estados Unidos llegaban en barco al puerto de New York. Una de las primeras cosas que veían era la Estatua de la Libertad. Para ellos, la estatua era el símbolo de una tierra en la que todo era posible.

## La Estatua de la Libertad

Un **punto de referencia** es una obra humana o una característica natural importante que ayuda a las personas a orientarse. Para muchas personas, la Estatua de la Libertad ha sido un importante punto de referencia.

▶ Los trabajadores del estudio de Bartholdi en París construyeron un modelo en tamaño real de la mano izquierda de la estatua.

**340** ▪ Unidad 5

Frédéric-Auguste Bartholdi, el artista francés que creó la Estatua de la Libertad, quería que fuera grande e impresionante. En 1885, la estatua llegó a Estados Unidos en 214 cajones. Era un regalo de Francia a Estados Unidos. Muchos americanos, entre ellos niños, recaudaron dinero para que se instalara la estatua en el puerto de New York.

❯ Emma Lazarus

En la base de la estatua hay unos versos de un poema de Emma Lazarus. El último verso dice: "¡Elevo mi antorcha junto a la puerta dorada!". La "puerta dorada" es la puerta de las oportunidades para las personas que llegan a Estados Unidos. Más de un siglo después de su llegada, la Estatua de la Libertad todavía ilumina el camino hacia la libertad.

**Repaso de la lectura** ○̆ **Resumir**

**¿Por qué la Estatua de la Libertad es un buen símbolo de nuestro país?**

❯ En el libro que sostiene la mano izquierda de la estatua se lee "4 de julio de 1776", la fecha en la que se aprobó la Declaración de Independencia.

Monumento a Washington

Capitolio de Estados Unidos

Monumento a Lincoln

## Una ciudad de monumentos

Una forma en la que los ciudadanos honran a su país es mediante la construcción de monumentos. Un **monumento** es algo que se construye para honrar o recordar a una persona o un suceso histórico. Puede ser una escultura, un muro, una fuente o algún otro punto de referencia duradero. Casi en todos los rincones de la capital de nuestra nación, Washington, D.C., verás un monumento o un homenaje. Un **homenaje** es algo que mantiene el recuerdo vivo.

Algunas de las personas honradas mediante monumentos como homenajes son George Washington, Thomas Jefferson y Abraham Lincoln.

❯ El Mall Nacional (en la fotografía de la izquierda) de Washington, D.C., tiene muchos monumentos. En la fotografía de arriba se ve el Capitolio de Estados Unidos.

Washington, D.C., también es famosa por el Capitolio, por la Casa Blanca y por otros edificios del gobierno. El Capitolio no es solo un punto de referencia, sino también un lugar histórico. El Congreso de Estados Unidos se reúne en este edificio para crear nuevas leyes que afectan nuestra vida diaria. El Capitolio también es un museo en el que se exhiben objetos importantes de la historia de Estados Unidos.

En la actualidad, ciudadanos americanos y personas de todo el mundo visitan Washington, D.C. Nuestra capital está llena de símbolos de la historia de nuestra nación.

**Repaso de la lectura** **Hacer inferencias**
¿Por qué se construyen monumentos como homenajes?

# Puntos de referencia de Estados Unidos

En las montañas Black Hills de South Dakota, el artista Gutzon Borglum diseñó y talló una enorme escultura en un acantilado rocoso. En el Monumento Nacional del Monte Rushmore (*Mount Rushmore National Memorial*) se muestra la cara de los presidentes americanos George Washington, Thomas Jefferson, Theodore Roosevelt y Abraham Lincoln. El monte Rushmore es uno de los muchos puntos de referencia hechos por el ser humano que se encuentran en todo Estados Unidos.

Torre Sears

Arco Gateway

Autódromo de Carreras de Indianapolis

Cuevas de los Mamuts

Cataratas del Niágara

Capitolio de Estados Unidos

Kitty Hawk

Georgia Dome

Cabo Cañaveral

Faro de Portland

Estatua de la Libertad

Campana de la Libertad

**DESTREZA DE ANÁLISIS** **Analizar mapas**

**En este mapa se muestran algunos de los puntos de referencia más conocidos de Estados Unidos.**

**❷ Interacciones entre los seres humanos y el ambiente El puente Golden Gate, ¿es un punto de referencia natural o hecho por el ser humano?**

Algunos puntos de referencia, como el Gran Cañón, se formaron de manera natural. Hace millones de años, las aguas del río Colorado erosionaron su fondo de rocas y formaron el Gran Cañón. El cañón tiene más de una milla de profundidad en algunos sitios. Otro punto de referencia natural son las cataratas del Niágara, que están situadas entre New York y Canadá. El géiser Old Faithful de Wyoming y el lago Crater de Oregon también son ejemplos de puntos de referencia formados de manera natural.

**Repaso de la lectura** **Comparar y contrastar**

**¿En qué se diferencian un punto de referencia natural y un punto de referencia hecho por el ser humano?**

# Puntos de referencia de California

California tiene muchos puntos de referencia y monumentos. Algunos de ellos son importantes tanto para los californianos como para los demás americanos. El Monumento Nacional a Cabrillo en San Diego es un lugar histórico, es decir, un lugar importante en la historia. Indica el lugar en el que Juan Rodríguez Cabrillo pisó por primera vez la costa de California en 1542.

Hay muchos otros lugares históricos en California, como las misiones españolas, los pueblos que surgieron como consecuencia de la fiebre del oro, los parques y los museos que cuentan la historia del estado. Algunos de estos lugares también son importantes en la historia de Estados Unidos y de tu comunidad local.

## Geografía

### Parque Histórico Estatal Pigeon Point Light Station

El faro Pigeon Point de California es el faro más alto que aún está en funcionamiento en la costa del Pacífico de Estados Unidos. Está situado a unas 50 millas al sur de San Francisco. Le pusieron el nombre Pigeon Point en honor a un barco, el *Carrier Pigeon*, que se estrelló contra los acantilados rocosos en 1853. Desde 1872, la brillante luz del faro Pigeon Point guía a los barcos por las peligrosas aguas.

CALIFORNIA

OCÉANO PACÍFICO

Bahía de San Francisco

Redwood City
Los Altos
Milpitas
San Jose
Saratoga

Playa Estatal de San Gregorio
Playa Estatal de Pescadero
Pescadero
PARQUE HISTÓRICO ESTATAL PIGEON POINT LIGHT STATION
Parque Estatal Big Basin Redwoods

0 5 millas
0 5 kilómetros

N O E S

**Leyenda**
- Otro parque estatal
- Carretera nacional
- Carretera interestatal
- Carretera estatal

California también tiene muchos parques nacionales y estatales, como los Parques Nacionales Yosemite, Joshua Tree, Death Valley y Redwood. A lo largo de la costa de California hay muchos parques hermosos. Personas de toda California y del resto de Estados Unidos vienen a admirar la belleza natural de estos parques.

**Repaso de la lectura** **Categorizar y clasificar**
**¿Qué sitios se convierten en lugares históricos?**

**Resumen** Hay puntos de referencia, monumentos y lugares históricos en California y en todo Estados Unidos. Nos recuerdan sucesos importantes y a las personas que convirtieron a nuestro país en una gran nación.

▶ **Vienen visitantes desde muy lejos para ver a las secuoyas de California.**

# Repaso

**1.** ¿Qué puntos de referencia especiales honran a nuestra historia?

**2. Vocabulario** ¿En qué se parecen los **monumentos**, los **puntos de referencia**, los lugares históricos y los **homenajes**?

**3. Tu comunidad** ¿Qué monumentos o lugares históricos hay en tu comunidad?

**Razonamiento crítico**

**4. Aplícalo** ¿Qué puntos de referencia has visitado?

**5.** **DESTREZA DE ANÁLISIS** ¿De qué manera los puntos de referencia nos ayudan a pensar en el pasado?

**6.** **Haz una postal** Haz una postal. En una de las caras, dibuja un punto de referencia. En la otra, escribe una nota sobre ese punto de referencia.

**7.** **Destreza clave** **Resumir** En una hoja de papel, copia y completa el siguiente organizador gráfico.

| Dato clave | Resumen |
|---|---|
| Puntos de referencia hechos por el ser humano | |
| Puntos de referencia naturales | |

# Identificar las capitales y las fronteras de los estados

## ▶ Por qué es importante

En el mapa de Estados Unidos que aparece en estas páginas se muestran los estados y sus capitales. Puedes consultar este mapa para encontrar la ubicación y la forma de tu estado, y también para identificar su capital.

## ▶ Lo que necesitas saber

Una estrella en un mapa es el símbolo que indica que una ciudad es la capital de un estado. Una estrella dentro de un círculo señala una capital nacional.

Los estados y sus capitales

Busca ambos símbolos en la leyenda del mapa. Luego, búscalos en el mapa.

En el mapa también se indican las fronteras estatales y nacionales. A una frontera también se le llama **límite**. Busca los símbolos de las fronteras nacionales y estatales en la leyenda del mapa. Luego, búscalos en el mapa.

## ◗ Practica la destreza

Consulta el mapa y la leyenda para responder a las siguientes preguntas.

**1** ¿Dónde está California?

**2** ¿Dónde está la capital de California? ¿Cómo se llama?

**3** ¿Cuáles son las capitales de los estados que limitan con California?

**4** ¿Qué símbolo representa a nuestra capital estatal?

## ◗ Aplica lo que aprendiste

**DESTREZA DE ANÁLISIS** **Aplícalo** Busca un mapa de tu estado en el que se indiquen los condados y las capitales de los condados. Busca tu ciudad o pueblo. ¿En qué condado está? ¿Cómo se llama la capital de tu condado? ¿Cuántos condados tiene California?

Practica tus destrezas con mapas y globos terráqueos con el **CD-ROM GeoSkills.**

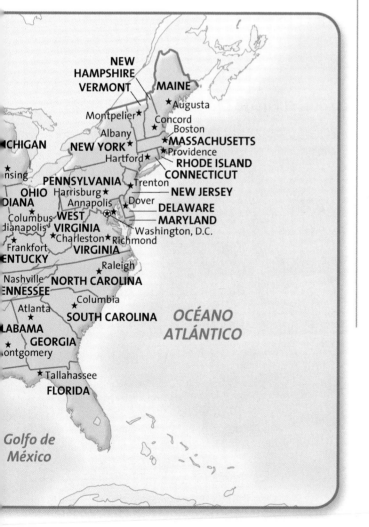

NEW
HAMPSHIRE
VERMONT ★MAINE
★Augusta
Montpelier★ Concord
Boston
Albany ★
ICHIGAN NEW YORK ★ ★MASSACHUSETTS
Hartford★ ★Providence
RHODE ISLAND
CONNECTICUT
nsing PENNSYLVANIA ★Trenton
OHIO Harrisburg★ NEW JERSEY
DIANA Annapolis ★Dover DELAWARE
Columbus WEST MARYLAND
dianapolis VIRGINIA Washington, D.C.
★Charleston★Richmond
Frankfort★ VIRGINIA
ENTUCKY
Raleigh
★
Nashville NORTH CAROLINA
ENNESSEE
Columbia
Atlanta SOUTH CAROLINA OCÉANO
★ ATLÁNTICO
ABAMA
★ GEORGIA
ontgomery
★Tallahassee
FLORIDA

Golfo de
México

# 3

# Canciones y palabras de libertad

**Reflexiona**
¿Por qué las canciones y los documentos son importantes para nuestro país y para California?

✔ Los himnos nacionales, las canciones estatales y ciertos documentos expresan ideas importantes para Estados Unidos y para California.

**Vocabulario**
**himno** pág. 351

 **Resumir**

**Normas de California**
HSS 3.4, 3.4.3

Muchas personas han escrito sobre lo que significa Estados Unidos para ellos. Algunas han escrito sobre ideas importantes, como la libertad. Otras han escrito sobre la belleza natural del país. Las palabras de algunos de estos escritores expresan lo que muchas personas sienten sobre Estados Unidos de América.

❯ **Cuadro del ataque al Fuerte McHenry en Baltimore, Maryland**

# La bandera adornada de estrellas

▶ Francis Scott Key

Francis Scott Key era un abogado de Washington, D.C. Durante la Guerra de 1812, observó desde un barco el ataque británico al Fuerte McHenry, en Baltimore, Maryland. La batalla se alargó hasta bien entrada la noche. Cuando por fin terminó la lucha, Key no sabía quién había ganado.

A la mañana siguiente, cuando salió el sol, Key pudo ver que la bandera americana aún ondeaba sobre el fuerte. Entonces supo que Estados Unidos había ganado. Su sentimiento patriótico era tan intenso que escribió un poema. Aquel poema, "The Star-Spangled Banner" ("La bandera adornada de estrellas"), se convirtió con el tiempo en nuestro **himno** nacional, es decir, en nuestra canción patriótica.

**Repaso de la lectura** ⚬ **Resumir**
**¿Cuál es el himno nacional de Estados Unidos?**

## La bandera adornada de estrellas
### por Francis Scott Key

Oh, dime si puedes ver en la primera luz de la aurora
lo que con tanto orgullo aclamamos en el último resplandor del crepúsculo.
¿De quién eran las amplias franjas y las brillantes estrellas que en medio de la lucha peligrosa sobre las murallas veíamos ondear con tal gallardía?
Mientras el flamígero brillo de cohetes y explosiones de bombas al aire, demostraban en medio de la noche que nuestra bandera seguía firme ahí.
Oh, dime, ¿el estandarte de franjas y estrellas todavía ondea sobre la patria de este  pueblo libre y sobre el hogar de los valientes?

▶ La Declaración de Independencia

# Las Cartas de la Libertad

La Declaración de Independencia y la Constitución de Estados Unidos de América son dos de los documentos más importantes de la historia de nuestra nación. A menudo se les llama las Cartas de la Libertad. La Declaración estableció que Estados Unidos era una nación libre. La Constitución proporcionó un plan de gobierno para la nueva nación. Muy pronto se le agregaron los derechos de los ciudadanos.

En junio de 1776, el Segundo Congreso Continental eligió a un grupo de cinco líderes para que escribieran la Declaración de Independencia. Se le pidió a Thomas Jefferson que escribiera las ideas del grupo.

▶ Los murales de estas páginas fueron pintados por Barry Faulkner en 1936. Forman parte de la exposición de las Cartas de la Libertad del Archivo Nacional de Washington, D.C. En el mural de abajo, Thomas Jefferson le entrega un borrador de la Declaración de Independencia a John Hancock.

En este mural, James Madison (en el centro) sostiene un borrador de la Constitución.

Jefferson quería expresar lo que pensaban la mayoría de los americanos. Escribió que todas las personas habían sido "creadas iguales". Hizo una lista de las razones por las que los colonos estaban enojados con los británicos. Escribió que las colonias tenían derecho a formar su propia nación. A los miembros del Congreso Continental les gustó lo que Jefferson escribió. El 4 de julio de 1776, hicieron algunos cambios en el documento y luego lo aprobaron.

La Constitución se basaba en el Plan de Virginia, que había escrito James Madison. Por sus esfuerzos en la planificación y la aprobación de la Constitución, se recuerda a Madison como el Padre de la Constitución. El mismo Madison dijo que la Constitución era "el trabajo de muchas cabezas y muchas manos".*

**Repaso de la lectura**   ◓**Resumir**

**¿Cuáles son los dos documentos más importantes de la historia de nuestra nación?**

La Constitución de Estados Unidos fue aprobada en 1788.

*James Madison. *Letters and Other Writings of James Madison, Volume 4.* J.B. Lippincott & Co., 1865.

> La Constitución de California fue escrita en Colton Hall, en Monterey.

# California en palabras

El estado de California también tiene una constitución. Esta constitución fija el plan de gobierno para el estado. El preámbulo, o comienzo, dice: "Nosotros, el Pueblo del Estado de California... establecemos esta Constitución".*

El 1 de septiembre de 1849, se reunieron representantes en Monterey para escribir la primera constitución de California. Trabajaron en ella durante seis semanas. La Constitución de California se firmó el 13 de octubre de 1849. Al igual que la Constitución de Estados Unidos, la Constitución de California estableció un gobierno con tres poderes y también incluyó una declaración de derechos.

> La Constitución de California

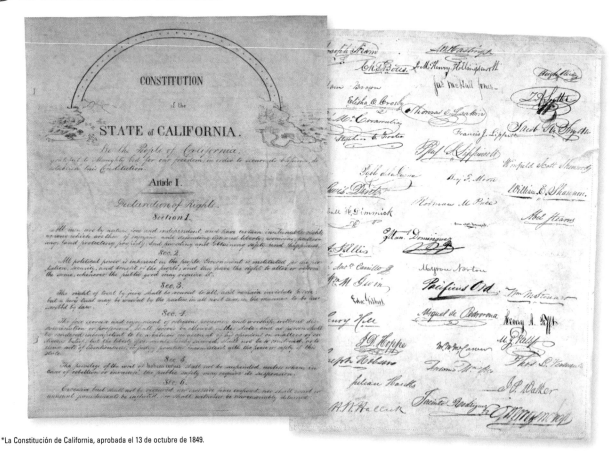

*La Constitución de California, aprobada el 13 de octubre de 1849.

La mayoría de los estados tienen un lema y un sobrenombre. Un lema expresa lo que representa el estado. El lema del estado de California es "¡Eureka!", que es una palabra griega que significa "¡Lo encontré!". El lema del estado se refiere al oro que se encontró durante la fiebre del oro de 1849. El lema figura en el sello estatal desde 1849, y se convirtió en el lema oficial del estado en 1963.

El sobrenombre de California es "El Estado Dorado". Los legisladores lo convirtieron en el sobrenombre oficial en 1968. El sobrenombre se refiere al oro que una vez se encontró en las colinas de California, y también a los campos llenos de amapolas amarillas que se ven cada primavera por todo el estado.

**Repaso de la lectura** 🖭 **Resumir**

**¿Cuál es el lema y el sobrenombre del estado de California?**

▶ **La amapola es la flor del estado de California.**

▶ **Postal con el sobrenombre de California y otros símbolos y puntos de referencia del estado**

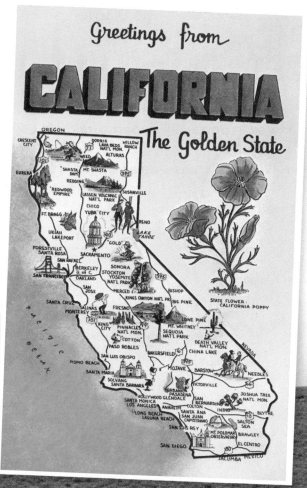

Greetings from

CALIFORNIA

The Golden State

STATE FLOWER: CALIFORNIA POPPY

# California en una canción

California tiene una canción estatal llamada "I Love You, California" ("Te amo, California"). La escribió F. B. Silverwood, un comerciante de Los Angeles. Más tarde, Alfred Frankenstein, que había sido director de la Orquesta Sinfónica de Los Angeles, compuso la música. La canción se tocó en exposiciones, o ferias, que se realizaron en San Francisco y San Diego en 1915. Mary Garden, una famosa cantante de ópera de Chicago, fue quien la cantó por primera vez.

**DESTREZA DE ANÁLISIS** **Analizar documentos**

**Esta es la portada y la partitura de "I Love You, California".**

**¿Por qué crees que se eligió "I Love You, California" como la canción estatal de California?**

La asamblea legislativa del estado de California la nombró canción estatal de California en 1951. Después, algunas personas trataron de hacer que otra canción, "California, Here I Come" ("California, aquí vengo"), se convirtiera en la canción estatal. Sin embargo, en 1988, una ley estableció que "I Love You, California" fuera la canción estatal.

**Repaso de la lectura** ⏳ **Resumir**
**¿Dónde se tocó la canción estatal por primera vez?**

**Resumen** Los documentos, los lemas, los sobrenombres y las canciones son importantes para los americanos. Expresan lo que es importante para nosotros y por qué estamos orgullosos de nuestro país y de nuestro estado.

❯ **Cuadro de Chiura Obata, *Evening Glow at Mono Lake, from Mono Mills*, en el que se muestra la belleza natural de California.**

# Repaso

1. 💡 ¿Por qué son importantes las canciones y los documentos para nuestro país y para California?

2. **Vocabulario** ¿Cuál es el **himno** de Estados Unidos?

3. **Tu comunidad** ¿Cuál es la canción o el lema de tu comunidad o de tu escuela?

**Razonamiento crítico**

4. **Aplícalo** ¿Qué canciones patrióticas conoces? ¿Cómo las aprendiste?

5. **DESTREZA DE ANÁLISIS** Explica por qué la Declaración de Independencia es importante para los americanos.

6. ✏️ **Escribe una canción** Escribe una canción que honre a tu comunidad. Comparte la canción con tus compañeros de clase.

7. ⭐ **Resumir**
En una hoja de papel, copia y completa el siguiente organizador gráfico.

| Dato clave | Resumen |
|---|---|
| | Los documentos y las canciones son importantes para los californianos. |
| Dato clave | |

# Distinguir entre hecho y ficción

## ▶ Por qué es importante

Las leyendas son cuentos que suelen comenzar como relatos sobre personas y sucesos reales. A medida que se cuentan una y otra vez, se van agregando cada vez más detalles que no siempre son verdaderos.

A veces, los hechos se mezclan con la ficción. Cuando estás leyendo, es importante que puedas distinguir entre los hechos y la ficción.

## ▶ Lo que necesitas saber

Los **hechos** son afirmaciones que se pueden probar. Las historias sobre personas, cosas y sucesos reales a menudo contienen fechas y nombres que se pueden verificar.

En la **ficción**, el cuento es inventado. Puede basarse en una persona o en un suceso real, pero muchos de los detalles son imaginarios, es decir, inventados.

### "Alistado"
#### por Nettie Squire Sutton

Dijo el Tío Sam:
"Mantener el ejército depende de mí".
Así que buscó voluntarios
que le dijeran que sí.
Y entonces dijo: "Los reclutaré,
y así escucharán mi llamado.
De veintiuno a treinta y uno
todos serán reclutados".
Puso los nombres en una caja
y bien los logró mezclar;
luego los sacó uno por uno
y dijo: "Ustedes tendrán que luchar".

**I WANT YOU** for the **U.S. ARMY ENLIST NOW**

*De *A Book of Poems* por Nettie Squire Sutton, Messenger Press.

## Practica la destreza

En estas páginas hay dos selecciones sobre el "Tío Sam". Una es un poema y la otra es un artículo. Consulta las selecciones para responder a las siguientes preguntas.

**1** ¿Qué selección contiene *hechos*? ¿Por qué lo sabes?

**2** ¿Qué selección es *ficción*? ¿Qué detalles te ayudaron a tomar la decisión?

## Aplica lo que aprendiste

**DESTREZA DE ANÁLISIS** **Aplícalo** Para pensar en lo que leíste, aplica lo que has aprendido. Mientras lees, haz las siguientes preguntas.

- ¿Esto es un hecho o es ficción?
- ¿Se puede probar?
- ¿Cómo se puede probar?
- ¿Qué detalles son imaginarios?

**Destrezas de razonamiento crítico**

### Samuel Wilson (1766–1854)

Samuel Wilson, conocido como el "Tío Sam", nació en Arlington, Massachusetts. En 1789, Wilson se mudó a Troy, New York. Él y su hermano tenían una empresa de carnes. Proveían carne de res y de cerdo y sal a las tropas que se encontraban cerca de Troy. Wilson también trabajaba como inspector del ejército. Ponía el sello "US" en cada barril de comida que era aprobado.

Los trabajadores hacían bromas con la sigla "US" de los barriles y decían que significaba "Tío Sam" ("Uncle Sam") en vez de "Estados Unidos" ("United States"). Estos trabajadores más tarde fueron soldados, y continuaron diciéndoles a los demás que "US" significaba "Tío Sam".

La historia se propagó hasta que el Tío Sam se convirtió en un símbolo de Estados Unidos. En 1961, el Congreso declaró oficialmente que Samuel Wilson era la persona a la que hacía referencia el símbolo nacional del Tío Sam.

# La lectura en los Estudios Sociales

Cuando **resumes**, vuelves a expresar los puntos clave, o las ideas más importantes, con tus propias palabras.

## Destreza clave · Resumir

Completa este organizador gráfico para mostrar lo que has aprendido sobre los símbolos de nuestro país. En la página 86 del cuaderno de Tarea y práctica encontrarás una copia de un organizador gráfico.

### Los valiosos ideales de Estados Unidos

**Dato clave**

Nuestra bandera y el águila calva muestran que nos sentimos orgullosos de nuestro país.

**Resumen**

**Dato clave**

La Estatua de la Libertad, los monumentos y los homenajes muestran que nos sentimos orgullosos de nuestro país.

 ## Pautas de redacción de California

**Escribe un cuento** Elige uno de los símbolos de Estados Unidos o de California. Investiga cómo se convirtió en un símbolo. Luego, escribe un cuento para contárselo a los demás.

**Escribe un poema** Escribe un poema sobre Estados Unidos o California. Explica por qué estás orgulloso de tu país o estado. Comparte tu poema con la clase.

## Usa el vocabulario

**Elige la palabra o las palabras que completan cada oración.**

**símbolo patriótico,** pág. 332
**punto de referencia,** pág. 340
**monumento,** pág. 342
**homenaje,** pág. 342
**himno,** pág. 351

1. La Estatua de la Libertad es un ____ que ayuda a la gente a orientarse.

2. Nuestra bandera es un ____ que muestra lo que sentimos por nuestro país.

3. "La bandera adornada de estrellas" es el ____ americano.

4. Un ____ es algo que mantiene el recuerdo vivo.

5. Un ____ se construye en honor a una persona o a un suceso importante de la historia.

## Aplica las destrezas

**Identificar las capitales y las fronteras de los estados**

Consulta el mapa de las páginas 348 y 349 para responder a la siguiente pregunta.

6. **DESTREZA DE ANÁLISIS** ¿Cuál es la capital de Colorado?

## Recuerda los datos

**Responde a las preguntas.**

7. ¿Por qué el Congreso decidió no agregar más franjas a la bandera de Estados Unidos?

8. ¿Cuál es el ave nacional de Estados Unidos?

**Escribe la letra de la mejor opción.**

9. ¿Cuál de los siguientes describe mejor el Parque Nacional Yosemite?
   A punto de referencia
   B homenaje
   C monumento
   D sociedad histórica

10. ¿Qué son las Cartas de la Libertad?
   A monumentos de Washington, D.C.
   B la letra de "La bandera adornada de estrellas"
   C la Estatua de la Libertad y el Capitolio
   D la Constitución y la Declaración de Independencia

## Piensa críticamente

11. ¿Por qué los habitantes de un estado quieren tener una canción estatal?

# HACER PREGUNTAS

Hacer preguntas mientras lees te ayudará a entender lo que estás aprendiendo.

▶ **Haz preguntas mientras lees. Piensa en cómo y por qué ocurrieron los sucesos, y qué relación hay entre los sucesos y las ideas.**

▶ **Usa las preguntas para guiar tu lectura. Busca las respuestas mientras lees.**

## Proteger nuestras libertades

| Preguntas | Respuestas |
|---|---|
| ¿Quiénes eran los colonos? | Las personas que vivían en las trece colonias inglesas |
| ¿Qué es la independencia? | |
| ¿Cuándo se aprobó la Declaración de Independencia? | |

## Aplica la destreza mientras lees

A medida que lees, escribe cualquier pregunta que tengas sobre los sucesos, las ideas, las fuentes primarias, las personas o los lugares que se mencionan en el capítulo. Luego, sigue leyendo hasta encontrar las respuestas.

**Normas de Historia y Ciencias Sociales de California, Grado 3**

3.4 Los estudiantes comprenden el rol de las reglas y leyes en nuestra vida cotidiana y la estructura básica del gobierno de Estados Unidos.

# Proteger nuestras libertades

El *USS Ronald Reagan* entra al puerto de San Diego.

# El joven César E. Chávez

## LOS PRIMEROS AÑOS DE UN HÉROE AMERICANO

por Rebecca Valbuena
ilustrado por Vilma Ortiz-Dillon

Muchas de las frutas y las verduras que comemos son cosechadas por trabajadores migratorios. Un trabajador migratorio es una persona que trabaja en una granja recolectando frutas y verduras. Los trabajadores migratorios se mudan de un lugar a otro para recoger la cosecha cuando llega el momento. Hubo un tiempo en el que los trabajadores agrícolas (de granja) migratorios no recibían un trato justo. Trabajaban muchas horas y no vivían en buenas condiciones. Esta es la historia de César Chávez, quien fue un trabajador agrícola migratorio de niño. Más tarde, trabajó para mejorar las condiciones de los trabajadores migratorios.

Cuando César Chávez nació en 1927, hacía casi 40 años que su familia vivía en Estados Unidos. Su abuelo, Papa Chayo, había llegado a Arizona desde México en 1888. La familia, que cada vez tenía más miembros, se estableció en 80 acres de terreno cultivable. Librado Chávez, el papá de César, vivió en la granja hasta que se casó con Juana Estrada y se convirtió en un hombre de negocios. Cuando nació su segundo hijo, el 31 de marzo de 1927, lo llamó César Estrada Chávez.

Aunque la Sra. Chávez no sabía leer ni escribir, les daba buenos consejos a sus cuatro hijos y les enseñaba dichos. Sus relatos y dichos siempre tenían una moraleja o enseñanza sobre la honestidad y la obediencia. La mamá de César le enseñaba a evitar la violencia y le decía que siempre debía "poner la otra mejilla". También le hablaba del sacrificio y la generosidad. El papá de César le enseñó que es honroso defender los derechos propios y de los demás. También le enseñó mediante el ejemplo los valores de la responsabilidad y del trabajo. Más tarde, César dijo: "Para nosotros, era natural esperar el futuro con ilusión y querer mejorar el mundo".

En 1937, el papá de César perdió sus tierras y la familia se vio obligada a unirse a los miles de hombres, mujeres y niños que viajaban por toda California en busca de trabajo. Los Chávez iban de cosecha en cosecha como trabajadores agrícolas migratorios. Su vida era muy difícil.

Trabajar en el campo era extremadamente duro. En una granja, César y su familia recolectaban chícharos, o guisantes. Al igual que para recolectar lechugas y otras verduras, para este trabajo había que estar encorvado. Recorrer las hileras de chícharos encorvados causaba un fuerte dolor de espalda. Los Chávez pasaban muchas horas cosechando chícharos, pero cuando llegaban al extremo del campo donde se pesaba la carga, les decían que el agricultor quería solo "los chícharos buenos". La familia tenía que volver al campo a cosechar más y, después de tres horas, entre todos habían ganado ¡solo 20 centavos!

Los campamentos en los que vivían los trabajadores tenían chozas sucias, en mal estado, con muy poco espacio y, generalmente, sin agua corriente, electricidad ni baños. Todos los meses, los Chávez se mudaban. Vivían siempre apretados, y nunca tenían suficiente comida. César iba a la escuela cuando podía, porque como la familia viajaba tanto, nunca pasaba mucho tiempo en la misma escuela. Eran tiempos difíciles, tanto para los dueños como para los trabajadores agrícolas, pero para los trabajadores migratorios todos los aspectos de la vida eran difíciles. Muchos dueños de granjas los engañaban y los trataban sin respeto ni dignidad humana. César aprendió desde muy joven que los trabajadores agrícolas sufrían un trato injusto y vivían en la pobreza.

Cuando el papá de César se lastimó en un accidente de automóvil en 1942, César tuvo que dejar la escuela para trabajar y ganar dinero para toda la familia. César siguió siendo testigo del sufrimiento y de las injusticias que padecían los trabajadores agrícolas migratorios.

Su futura experiencia en la armada de Estados Unidos, su trabajo continuo en las granjas y los posteriores encuentros con personas importantes hicieron que este valiente hombre luchara por cambiar las condiciones de trabajo en las granjas. Las cualidades que César E. Chávez había desarrollado al crecer lo llevaron a convertirse en un líder conocido en todo el mundo por su lucha a favor de la justicia para los trabajadores agrícolas.

## Responde

1. ¿Qué lecciones aprendió de sus papás el joven César Chávez?

2. ¿Qué edad tenía Chávez cuando dejó la escuela para trabajar y ganar dinero para toda la familia? ¿Cómo lo sabes?

# Luchar por nuestras libertades

**Reflexiona**
¿Quiénes han luchado por nuestras libertades?

✓ Hace mucho tiempo, hubo personas que lucharon por nuestras libertades.

## Vocabulario

**libertad** pág. 370
**colonia** pág. 371
**colono** pág. 371
**revolución** pág. 372
**independencia** pág. 372

**Destreza clave** **Resumir**

**Normas de California**
**HSS 3.4.3, 3.4.6**

En Estados Unidos tenemos muchas libertades. La **libertad** es el derecho de hacer tus propias elecciones. Es una de las ideas sobre las que se fundó nuestro país. En los primeros días de nuestra nación, sus habitantes tuvieron que luchar por conseguir muchas libertades.

▶ Aquí, en Boston, Massachusetts, ocurrieron sucesos importantes para el crecimiento del nuevo país de Estados Unidos.

# Las trece colonias

Hace mucho tiempo, la mayoría de los asentamientos de la costa este de América del Norte eran colonias que pertenecían a Inglaterra. Una **colonia** es un asentamiento gobernado por un país que está muy lejos. Las colonias tenían sus propias leyes, pero Inglaterra también creaba leyes para ellas.

Para el siglo XVIII, ya había 13 colonias inglesas que ocupaban desde el lugar en el que actualmente se encuentra Maine hasta Georgia. Estas colonias fueron el comienzo de lo que hoy es Estados Unidos de América.

Durante mucho tiempo, a los **colonos**, es decir, a los habitantes de las 13 colonias, no les importó vivir gobernados por Inglaterra. Pero más tarde, los legisladores de Inglaterra empezaron a aprobar nuevas leyes que los colonos consideraban injustas. A los colonos les molestaba no poder participar en la creación de sus propias leyes.

**Repaso de la lectura** Ŏ**Resumir**

**¿En qué lugar de América del Norte se fundaron las colonias?**

Las trece colonias

Océano Atlántico

New Hampshire · Maine (parte de Massachusetts) · New York · Massachusetts · Pennsylvania · Rhode Island · Connecticut · New Jersey · Delaware · Virginia · Maryland · Bahía de Chesapeake · North Carolina · South Carolina · Georgia

N · O · E · S

**DESTREZA DE ANÁLISIS** **Analizar mapas**

❖ **Regiones** ¿Por qué crees que las 13 colonias estaban todas situadas en la costa este de lo que luego se convertiría en Estados Unidos?

▶ Los colonos, enojados por los impuestos sobre el té, arrojaron cajones de té en el puerto de Boston en 1773. El suceso se conoció como el Motín del Té de Boston.

## Libres del dominio inglés

Los colonos empezaron a hablar sobre fundar su propio país. En 1775, comenzó la Guerra de la Independencia, o Revolución Americana. En una **revolución**, las personas luchan por un cambio de gobierno. Los colonos lucharon contra los soldados ingleses.

En 1776, John Adams, Benjamin Franklin, Thomas Jefferson y otros líderes escribieron las razones por las que las colonias querían la independencia. La **independencia** significa liberarse del control de otro país. La declaración que escribieron se llama la Declaración de Independencia, y dice que todas las personas tienen derecho a "la vida, a la libertad y a la búsqueda de la felicidad".

El 4 de julio de 1776, los líderes de las 13 colonias votaron a favor de la Declaración de Independencia. En ella se decía que las colonias ya no pertenecían a Inglaterra. Ahora eran los estados de un nuevo país: Estados Unidos de América.

Algunas de las personas que firmaron la Declaración de Independencia, como Benjamin Franklin, nunca lucharon en la guerra. En cambio, ellos se arriesgaron dando discursos y publicando escritos sobre las libertades.

Thomas Jefferson también trabajó para asegurarse de que los americanos tuvieran libertades. La libertad de expresión, de prensa y de religión eran muy importantes para él.

**Repaso de la lectura** ☝ **Resumir**
**¿Qué decía la Declaración de Independencia?**

▶ **En el cuadro de abajo, Benjamin Franklin, John Adams y Thomas Jefferson están trabajando en la Declaración de Independencia. La Declaración final fue aprobada en el edificio Independence Hall en Philadelphia, Pennsylvania.**

▶ **Antes de asumir la presidencia, el general George Washington dirigió las tropas americanas contra los ingleses.**

# ¡Que suene la libertad!

La Guerra de la Independencia comenzó en 1775, un año antes de que se escribiera la Declaración de Independencia. La Guerra de la Independencia duró ocho años. George Washington fue elegido para dirigir las tropas americanas contra los ingleses. El ejército de Washington estaba formado por colonos que querían ayudar. No estaban entrenados ni recibían dinero a cambio, y tenían que obtener provisiones de los pueblos por los que estaban luchando. En cambio, los soldados ingleses estaban bien entrenados y recibían un sueldo por luchar. Sus suministros llegaban por barco desde Inglaterra.

**DESTREZA DE ANÁLISIS** **Analizar cuadros**

**Este cuadro muestra la Batalla de Princeton, 1777.**

❖ **¿De qué color era el uniforme de cada ejército? ¿Cómo lo sabes?**

George Washington dirigió a los soldados americanos en muchas batallas. Ganaron algunas, pero otras las perdieron gravemente. En 1783, después de ocho años, los americanos ganaron la guerra y su independencia de Inglaterra. Estados Unidos es hoy un país independiente porque sus habitantes estuvieron dispuestos a luchar por su libertad.

**Repaso de la lectura** ☼ **Resumir**

**¿Qué hizo George Washington para ayudar a Estados Unidos a conseguir su libertad?**

**Resumen** Estados Unidos consiguió su libertad de Inglaterra luchando en la Guerra de la Independencia. Nuestros primeros líderes trabajaron para asegurarse de que los americanos tuvieran muchas libertades.

▶ **Estallan fuegos artificiales sobre el puente Golden Gate el Cuatro de Julio para celebrar la independencia de nuestro país.**

# Repaso

**1.** ¿Quiénes han luchado por nuestras libertades?

**2. Vocabulario** ¿Qué **libertades** son importantes para ti?

**3. Tu comunidad** ¿Quiénes son algunos de los héroes cotidianos de tu comunidad?

**Razonamiento crítico**

**4. Aplícalo** ¿Cómo has celebrado la independencia de nuestra nación?

**5.** **DESTREZA DE ANÁLISIS** ¿Qué cosas serían distintas ahora en nuestro país si no se hubiera luchado por la libertad en el pasado?

**6.** Escribe una biografía Escribe un párrafo sobre una persona que haya luchado por nuestras libertades.

**7.** **Destreza clave** Resumir
En una hoja de papel, copia y completa el siguiente organizador gráfico.

| Dato clave | Resumen |
|---|---|
| | Los colonos lucharon en una guerra para independizarse de Inglaterra. |
| Dato clave | |

Integridad
Respeto
Responsabilidad
Equidad
Bondad
**Patriotismo**

# Franklin y Jefferson

## La importancia del carácter

**❖ ¿Por qué crees que el Congreso eligió a Jefferson y a Franklin para redactar la Declaración de Independencia?**

"Creemos que estas verdades son evidentes: que todos los hombres son creados iguales; que son dotados por su Creador de ciertos Derechos inalienables; y que entre ellos están la Vida, la Libertad y la búsqueda de la Felicidad."*

—La Declaración de Independencia

Era junio de 1776. Los hombres del Segundo Congreso Continental pensaban en una sola cosa: redactar una Declaración de Independencia.

Para escribir la Declaración, el Congreso había elegido a dos de las mentes más brillantes de las colonias. Le habían pedido a Thomas Jefferson que la redactara con la ayuda de Benjamin Franklin.

En ciertos aspectos, Thomas Jefferson y Benjamin Franklin eran muy distintos. Jefferson era un rico terrateniente de Virginia y tenía una educación universitaria.

Franklin, en cambio, provenía de una familia de clase trabajadora. Fue a la escuela sólo dos años y empezó a trabajar a los diez años.

**Benjamin Franklin**

**Thomas Jefferson**

* Thomas Jefferson. "The Declaration of Independence". *The American Reader.* Diane Ravitch, ed. HarperCollins, 2000.

Cuadro titulado *Congress Voting the Declaration of Independence* o *El Congreso votando la Declaración de Independencia.*

La primera página del borrador de Thomas Jefferson de la Declaración de Independencia

Sin embargo, Jefferson y Franklin también se parecían en muchos aspectos. Ambos eran grandes escritores y pensadores. Les encantaban las ciencias y las ideas nuevas. Amaban la tierra en la que habían nacido, y creían que podía y debía ser un país libre y unido. Estaban dispuestos a arriesgar su vida por su país. Eran verdaderos patriotas.

Ni Benjamin Franklin ni Thomas Jefferson lucharon en una batalla. Aun así, su legado al país fue igual de grande. Le ofrecieron sus ideas, su talento y su concepto del gobierno, y su sueño de un país gobernado por su pueblo.

El 4 de julio de 1776, el Segundo Congreso Continental aprobó la Declaración en la que Jefferson y Franklin habían trabajado con tanto esfuerzo. Con la ayuda de estos dos grandes patriotas, Estados Unidos de América comenzó su camino como nación.

APRENDE en línea

Visita MULTIMEDIA BIOGRAPHIES en **www.harcourtschool.com/hss** para hallar biografías multimedia.

## Biografía breve

**1700**

**1830**

**1775** Jefferson y Franklin representan a sus estados en el Congreso Continental

**1776** Jefferson, Franklin y John Adams redactan la Declaración de Independencia

**1779** Jefferson se convierte en gobernador de Virginia

**1783** Franklin firma el Tratado de París

**1787** Franklin firma la Constitución de Estados Unidos

**1801** Jefferson es elegido tercer presidente de Estados Unidos

# Libertad de religión

## Reflexiona

¿Quiénes han luchado por la libertad de religión?

✓ Las personas de la época colonial trabajaron por la libertad de religión.

✓ En Estados Unidos y en California se practican muchas religiones distintas.

**Vocabulario**
rendir culto pág. 381

**Resumir**

**Normas de California**
HSS 3.3.1, 3.4.6

Los habitantes de Estados Unidos practican muchas religiones distintas. Las personas que practican una religión comparten la creencia en un dios o en varios dioses. La libertad de religión es uno de los derechos de los ciudadanos de Estados Unidos.

## Los peregrinos y los puritanos

En 1620, un grupo de pobladores ingleses conocidos en la actualidad como los peregrinos llegaron a América del Norte y fundaron la colonia de Plymouth en el área en donde ahora está Massachusetts. Se habían ido de Inglaterra para poder practicar su propia religión.

**Ubícalo**

MASSACHUSETTS

Colonia de Plymouth

❯ Los visitantes pueden ver una reproducción realista de una aldea de peregrinos de 1627 en el museo de Plymouth Plantation.

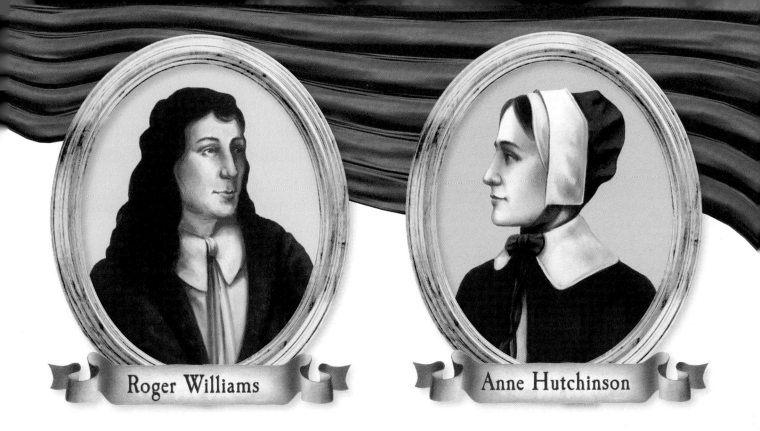

Roger Williams

Anne Hutchinson

Menos de diez años después, también llegó un grupo llamado los puritanos, y fundaron la colonia de Massachusetts Bay. El centro de la vida de los puritanos era la religión. Los puritanos esperaban que todos los recién llegados siguieran sus creencias o abandonaran la colonia.

Roger Williams enseñaba que no había que castigar a las personas por tener creencias distintas. Los líderes puritanos lo obligaron a irse. Williams fundó un asentamiento llamado Providence.

Los líderes de Massachusetts tampoco estaban de acuerdo con las enseñanzas de una mujer llamada Anne Hutchinson. Ella también creía en la libertad de religión, así que le dijeron que se fuera de Massachusetts. Hutchinson fundó un asentamiento en una isla cerca de Providence. Allí las personas eran libres de practicar cualquier religión. Con el tiempo, este asentamiento se unió al que fundó Williams, y juntos se convirtieron en la colonia de Rhode Island.

**Repaso de la lectura** 🔆 **Resumir**

**¿Qué grupos llegaron a las colonias americanas en busca de la libertad de religión?**

# La religión en la actualidad

Hoy en día, la religión es una parte importante de la cultura de muchos grupos. Los habitantes de Estados Unidos practican muchas tradiciones religiosas distintas. Algunas personas practican el cristianismo y otras, el judaísmo. También hay otras que siguen las enseñanzas del budismo, del hinduismo o del Islam. Algunas personas eligen no practicar ninguna religión. La libertad de religión es uno de nuestros derechos como ciudadanos de Estados Unidos.

## Patrimonio cultural

### Lugares para rendir culto

Las personas que practican el cristianismo van a los oficios religiosos a una iglesia o catedral. Las que siguen las enseñanzas del judaísmo van a una sinagoga, o templo, a rezar. Los seguidores del Islam rezan en una *masjid* o mezquita. Los budistas van a los templos para meditar. Las iglesias, las sinagogas, los templos y las mezquitas también son lugares en los que las personas se reúnen para festejar celebraciones y otros eventos.

Templo budista

Sinagoga

Iglesia

Mezquita

A la mayoría de las personas que practican una religión les gusta **rendir culto**, o rezar, juntas. Por esta razón, las comunidades tienen lugares especiales donde las personas pueden rendir culto.

**Repaso de la lectura** 🅾 **Resumir**

**¿Cuáles son algunas de las religiones que se practican en Estados Unidos?**

**Resumen** La libertad de religión es un derecho importante en nuestro país. Muchas personas trabajaron en el pasado para que ahora los habitantes de Estados Unidos puedan rendir culto según sus propias creencias.

| Seguidores de cinco religiones en Estados Unidos | |
|---|---|
| **Religión** | **Numero de seguidores** |
| Budismo | 1,082,000 |
| Cristianismo | 159,030,000 |
| Hinduismo | 766,000 |
| Islam | 1,104,000 |
| Judaísmo | 2,831,000 |

**Analizar tablas** Esta tabla muestra cuántas personas practican las cinco religiones más importantes de Estados Unidos.

◆ **¿Por qué crees que el cristianismo es el grupo más grande?**

## Repaso

1. 💡 ¿Quiénes han luchado por la libertad de religión?

2. **Vocabulario** ¿En qué tipo de edificios se **rinde culto**?

3. **Tu comunidad** ¿Cuáles son algunos de los lugares en los que los habitantes de tu comunidad rinden culto?

**Razonamiento crítico**

4. **Aplícalo** ¿De qué manera demuestran tú o las personas que conoces su libertad de religión?

5. **DESTREZA DE ANÁLISIS** ¿Por qué se creía desde antes que la libertad de religión era importante?

6. 🖍 **Haz una estampa** Haz una estampa sobre una persona que haya luchado por una libertad importante. En una de las caras dibuja a esa persona. En la otra, escribe una oración o dos que describan lo que hizo.

7. ⭐ **Resumir**
En una hoja de papel, copia y completa el siguiente organizador gráfico.

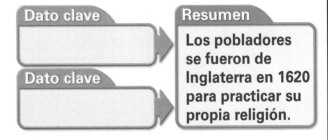

| Dato clave | Resumen |
|---|---|
| | Los pobladores se fueron de Inglaterra en 1620 para practicar su propia religión. |
| Dato clave | |

# "...y justicia para todos"

### Reflexiona
¿Quiénes han luchado por la igualdad y la justicia en nuestro país?

✓ Muchos grupos étnicos de nuestro país lucharon por los derechos civiles.

✓ Las mujeres lucharon por la igualdad de derechos.

✓ Todavía se lucha hoy en día por los derechos humanos.

**Destreza clave** **Resumir**

**Normas de California**
HSS 3.4.6

El Juramento a la Bandera termina con las palabras "y justicia para todos". Muchas personas han trabajado para que todos los americanos reciban un trato justo e igualitario.

## La Guerra Civil

A principios de 1861, cuando Abraham Lincoln era presidente, los americanos lucharon en una terrible guerra conocida como la Guerra Civil, o la Guerra de Secesión. Los habitantes del Norte lucharon contra los del Sur. Una **guerra civil** es una guerra en la que los ciudadanos de un país luchan entre sí.

❯ El presidente Abraham Lincoln creía firmemente que la nación debía permanecer unida.

Una de las razones por las que se produjo la guerra era que muchos habitantes del Norte creían que tener esclavos estaba mal. Un **esclavo** es una persona que está obligada a trabajar para otra sin recibir ningún pago a cambio.

Una de las personas que luchó contra la esclavitud fue una ex esclava afroamericana llamada Harriet Tubman. En 1849, Tubman huyó de la plantación, o granja grande, de su dueño en Maryland. Primero fue a Philadelphia, Pennsylvania, y luego volvió a Maryland para ayudar a escapar a otros esclavos. Arriesgó muchas veces su vida para ayudar a más de 300 personas a escapar de la esclavitud.

▶ **Harriet Tubman**

**Repaso de la lectura** ☼ **Resumir**

**¿Por qué arriesgó su vida Harriet Tubman?**

**DESTREZA DE ANÁLISIS** **Analizar mapas**

**Durante la Guerra Civil, los estados del Sur se llamaban los Estados Confederados, y los del Norte se conocían como los Estados de la Unión.**

❖ **Regiones ¿Dónde estaban ubicados los estados fronterizos?**

Estados de la Guerra Civil

CANADÁ

TERRITORIO DE WASHINGTON

OR

TERRITORIO DE DAKOTA

MN

*Grandes Lagos*

WI

MI

NY

PA

ME

VT  NH

MA

*OCÉANO PACÍFICO*

TERRITORIO DE NEVADA

TERRITORIO DE UTAH

TERRITORIO DE NEBRASKA

IA

IL

IN

OH

WV (1863)

VA

*OCÉANO ATLÁNTICO*

CA

TERRITORIO DE COLORADO

KS

MO

KY

NC

TERRITORIO DE NEW MEXICO

TERRITORIO INDIO

AR

TN

SC

MS  AL  GA

LA

TX

FL

**Leyenda**

Estado de la Unión
Estado fronterizo
Estado confederado
Territorio

MÉXICO

*Golfo de México*

N
O  E
S

# Frederick Douglass

Frederick Douglass nació alrededor de 1817 en una familia de esclavos africanos. Vivía con su abuela, porque su mamá tenía que trabajar en una granja a muchas millas de distancia.

Al joven Frederick le dieron una oportunidad que muy pocos niños esclavos tenían: la oportunidad de aprender a leer y a escribir. Cuando leyó sobre la libertad, supo que eso era lo que él más quería en el mundo.

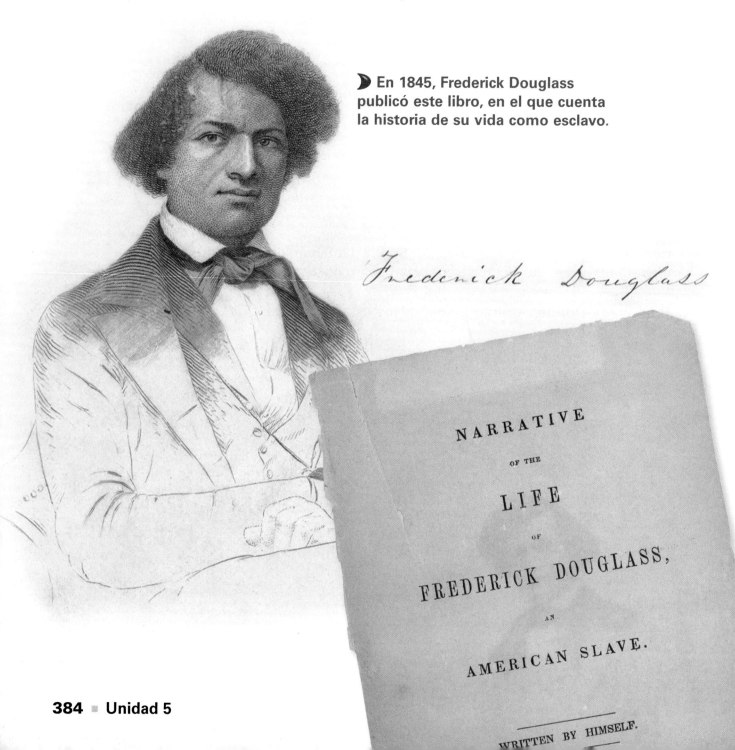

❯ En 1845, Frederick Douglass publicó este libro, en el que cuenta la historia de su vida como esclavo.

NARRATIVE

OF THE

LIFE

OF

FREDERICK DOUGLASS,

AN

AMERICAN SLAVE.

WRITTEN BY HIMSELF.

> A principios de 1847, Douglass publicó el periódico *The North Star* en Rochester, New York.

Cuando aún era joven, Douglass escapó al Norte, donde podía ser libre. Continuó su educación y se convirtió en portavoz de la Sociedad Antiesclavista de Massachusetts (*Massachusetts Antislavery Society*). Allá donde fuera, hablaba en contra de la esclavitud. Muy pronto, publicó un periódico llamado *The North Star*, en el que escribía sobre terminar con la esclavitud.

En 1863, el presidente Abraham Lincoln firmó un documento llamado la Proclamación de Emancipación, gracias al cual muchos esclavos quedaron libres. En 1865, el presidente Lincoln aprobó la decimotercera enmienda de la Constitución de Estados Unidos. Esta enmienda decía que era ilegal tener esclavos. Lincoln tenía la esperanza de que el fin de la Guerra Civil, en 1865, uniera de nuevo al país. Aun así, los afroamericanos no tenían las mismas libertades que otros ciudadanos.

> Frederick Douglass habló y escribió sobre la libertad durante la mayor parte de su vida.

**Repaso de la lectura** ⓞ **Resumir**

**¿De qué manera expresaba Douglass su opinión en contra de la esclavitud?**

# Igualdad de derechos para las mujeres

En 1870, poco después de la Guerra Civil, la idea de la **igualdad**, o los mismos derechos, se convirtió en la ley para todo el país. Esta nueva ley les daba a todas las personas nacidas en Estados Unidos el derecho a ser ciudadanos americanos. También les daba a todos el derecho al voto, excepto a las mujeres.

Elizabeth Cady Stanton y Susan B. Anthony creían que las mujeres debían tener derecho a votar. Habían trabajado mucho para obtener este derecho, y se sintieron decepcionadas cuando no lo consiguieron en 1870. Pero estas y otras mujeres que las siguieron no se rindieron, y siguieron trabajando. Finalmente, en 1920, las mujeres consiguieron el derecho al voto.

**Repaso de la lectura** ⚉ **Resumir**
**¿De qué manera cambió la vida de muchas mujeres a partir de 1920?**

> Estos botones y esta postal se refieren al sufragio de las mujeres. El *sufragio* es el derecho al voto. El botón de la izquierda tiene una imagen de Susan B. Anthony.

# Derechos civiles

Casi 100 años después de la Guerra Civil, un hombre llamado Dr. Martin Luther King, Jr. luchó por los **derechos civiles**, o derechos de libertad individual, para todas las personas. Se expresó en contra de las leyes injustas. Sus palabras hacían enojar a algunas personas, porque les pedía calma a sus seguidores. King recibió el Premio Nobel de la Paz por su trabajo.

El cumpleaños de King es ahora un día de fiesta nacional. Un **día de fiesta** es un día que se reserva para recordar a una persona o un suceso especial.

En la actualidad, todos los habitantes de Estados Unidos tienen los mismos derechos, sin importar su religión o grupo étnico. Un **grupo étnico** es un grupo de personas que comparten una misma lengua, una misma cultura y una misma forma de vida.

❭ Rosa Parks ayudó a cambiar las leyes que separaban a los afroamericanos de los demás.

**Repaso de la lectura** 👁 **Resumir**
**¿Qué hizo el Dr. Martin Luther King, Jr.?**

❭ El Dr. Martin Luther King, Jr. después de recibir el Premio Nobel de la Paz en 1964

# Derechos humanos

Los seres humanos de todo el mundo también merecen tener otros derechos. Estos derechos se llaman derechos humanos. Entre los **derechos humanos** están el derecho a expresarse libremente, el derecho a tener un juicio justo si uno es acusado de un delito, y el derecho a trabajar. También son derechos humanos el derecho a tener alimentos, agua limpia y una vivienda segura. Hoy, como en el pasado, las personas trabajan a favor de los derechos humanos.

César Chávez fue una persona que luchó por los derechos humanos. Los trabajadores agrícolas mexicanos americanos eran muy pobres. Chávez creó una organización llamada Asociación Nacional de Trabajadores Agrícolas (*National Farm Workers Association*) para proteger sus derechos. La organización luchaba por que los trabajadores recibieran mejores salarios y tuvieran mejores condiciones de vida. En la actualidad, el 31 de marzo es un día de fiesta en California en el que se honra a César Chávez y al importante trabajo que hizo.

## ⚡Datos breves

El mexicano americano César Chávez fundó la Asociación Nacional de Trabajadores Agrícolas (*National Farm Workers Association*) en 1962. Esta asociación, que ahora se llama Trabajadores Agrícolas Unidos (*United Farm Workers*), consiguió importantes derechos para los trabajadores agrícolas de California y de otros estados.

Eleanor Roosevelt, esposa del presidente Franklin D. Roosevelt, también cambió la vida de las personas que vivían en la pobreza. Eleanor Roosevelt visitó en California a los trabajadores agrícolas, a los mineros y a las personas pobres de las ciudades. Después, escribió y habló sobre lo que había visto.

**Repaso de la lectura** 🔘 **Resumir**

**¿De qué manera ayudó Eleanor Roosevelt a las personas que vivían en la pobreza?**

**Resumen** Muchas personas han trabajado para asegurarse de que todos los americanos reciban un trato justo e igualitario. Muchos también han trabajado por los derechos humanos básicos de las personas de todo el mundo.

▶ **Eleanor Roosevelt visita a algunos niños en Visalia, California, en 1940.**

# Repaso

1. 💡 ¿Quiénes han luchado por la igualdad y la justicia en nuestro país?

2. **Vocabulario** Escribe una oración sobre la importancia de la **igualdad**.

3. **Tu comunidad** ¿De qué manera el trabajo de las personas que lucharon por la igualdad de derechos ha ayudado a hacer de tu comunidad un lugar mejor?

**Razonamiento crítico**

4. **Aplícalo** ¿En qué sentido sería distinta tu vida si otras personas no hubieran trabajado por la justicia y la igualdad?

5. 🔲 **DESTREZA DE ANÁLISIS** ¿Por qué crees que algunas personas trabajaron mucho por la igualdad de derechos?

6. ✏️ **Haz una página para un libro** Haz una página para un libro sobre las personas que se arriesgaron para proteger nuestras libertades. Elige a una persona y busca una fotografía de él o ella. Explica por qué se debe recordar a esa persona.

7. 🏅 **Resumir**
En una hoja de papel, copia y completa el siguiente organizador gráfico.

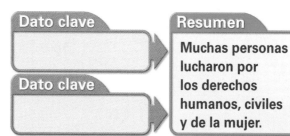

| Dato clave | Resumen |
|---|---|
| | Muchas personas lucharon por los derechos humanos, civiles y de la mujer. |
| Dato clave | |

# Comprender los períodos de tiempo

## ▶ Por qué es importante

Cuando lees sobre las personas del pasado, aprendes cosas que sucedieron durante largos períodos de tiempo. Es útil conocer los distintos períodos en los que se puede dividir el tiempo. Comprender los períodos de tiempo te dará una mejor idea de cuándo sucedieron las cosas.

## ▶ Lo que necesitas saber

En las líneas cronológicas se muestran los sucesos que ocurrieron durante cualquier período de tiempo.

Por ejemplo, una línea cronológica puede mostrar sucesos que ocurrieron durante un día, una semana, un mes, un año o una cierta cantidad de años.

Todas las líneas cronológicas se dividen en partes más pequeñas. Estas partes representan distintos períodos de tiempo.

Una parte puede representar una **década**, es decir, un período de 10 años. Una parte también puede representar un **siglo**, que es un período de 100 años. En la siguiente línea cronológica, el espacio entre dos marcas representa un siglo.

## Sucesos de la historia de nuestro país

**1600**
**1700**
**1800**

• **1610**
• **1620**
Los peregrinos fundan la colonia de Plymouth

década

**1775** •
Comienza la Guerra de la Independencia

**1776** •
Se aprueba la Declaración de Independencia

**1785** •
Termina la Guerra de la Independencia

siglo

En la primera parte de la línea cronológica se muestran sucesos que ocurrieron durante el siglo XVII. El siglo XVII es el período de tiempo que se extiende desde el año 1601 hasta el año 1700.

## ❯ Practica la destreza

Consulta la línea cronológica de las páginas 390 y 391 para responder a las siguientes preguntas.

**1** ¿Cuándo llegaron los peregrinos a América del Norte?

**2** ¿La Declaración de Independencia se aprobó antes o después del comienzo de la Guerra de la Independencia?

**3** ¿Cuál es el primer suceso de la línea cronológica? ¿En qué siglo ocurrió ese suceso?

## ❯ Aplica lo que aprendiste

**DESTREZA DE ANÁLISIS** **Aplícalo** Dibuja una línea cronológica y marca los siglos XX (1901–2000) y XXI (2001–2100). Indica en la línea cronológica sucesos de tu vida pasada, presente y futura. Escribe el año en el que naciste. Marca el año en el que irás a la escuela intermedia y algunos otros años importantes de tu pasado, presente y futuro. Puedes agregar dibujos a tu línea cronológica. Luego, explícasela a un compañero de clase.

**Destrezas con tablas y gráficas**

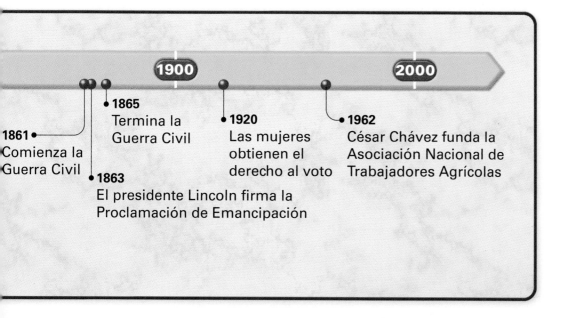

1861
Comienza la
Guerra Civil

1863
El presidente Lincoln firma la
Proclamación de Emancipación

1865
Termina la
Guerra Civil

1900

1920
Las mujeres
obtienen el
derecho al voto

1962
César Chávez funda la
Asociación Nacional de
Trabajadores Agrícolas

2000

# La lucha por los derechos civiles

El 1 de enero de 1863, el presidente Abraham Lincoln firmó la Proclamación de Emancipación. Esta proclamación convirtió a todos los hombres de nuestro país en personas libres. Algunos grupos pronto se dieron cuenta de que ser libres no era suficiente. A menudo, recibían sueldos muy bajos y no se les permitía vivir en algunos vecindarios. ¿Cómo se pueden cambiar las cosas que se consideran injustas? Las personas que lucharon por los derechos individuales dieron distintas respuestas a esta pregunta.

## En sus propias palabras

Sojourner Truth, **ex esclava afroamericana, activista antiesclavista y una de las primeras defensoras de la igualdad de derechos**

❝Hay un gran revuelo para que los hombres de color obtengan sus derechos, pero nada se dice de las mujeres de color; y si los hombres de color obtienen sus derechos pero las mujeres de color no obtienen los suyos, no será nada bueno. Por lo tanto, creo que hay que seguir en la lucha mientras sigue vivo el revuelo; porque si esperamos hasta que los ánimos se calmen, nos va a llevar mucho tiempo empezar de nuevo. . .❞

— de un discurso pronunciado en la primera reunión anual de la Asociación Americana para la Igualdad de Derechos (*American Equal Rights Association*) que se celebró en la ciudad de New York los días 9 y 10 de mayo de 1867. *Historic Speeches of African Americans*, Franklin Watts, 1993.

**Sojourner Truth**

# Elizabeth Cady Stanton,

**activista antiesclavista y una de las primeras líderes del movimiento por los derechos de la mujer**

❝. . . si consideramos [a la mujer] como una ciudadana, como miembro de una gran nación, debe tener los mismos derechos que todos los demás miembros, de acuerdo con los principios fundamentales de nuestro gobierno. ❞

— del discurso de Stanton "The Solitude of Self", pronunciado el 18 de enero de 1892. *Not for Ourselves Alone: The Story of Elizabeth Cady Stanton and Susan B. Anthony*, Alfred A. Knopf, 1999.

**Elizabeth Cady Stanton**

# César Chávez,

**fundador de Trabajadores Agrícolas Unidos**

❝El camino de la justicia social para el trabajador agrícola es el camino de la sindicalización. Nuestra causa… se basa en la profunda convicción de que la forma de autoayuda colectiva que es la sindicalización le ofrece más esperanzas al trabajador agrícola que ningún otro método. . . ❞

— de un discurso pronunciado ante el Comité del Senado para el Trabajo y el Bienestar Público en 1969. *The Words of César Chávez*, Texas A&M University Press, 2002.

**César Chávez**

# Dr. Martin Luther King, Jr.,

**líder de los derechos civiles de la década de 1960**

❝. . . En el proceso de obtener nuestro legítimo lugar no debemos cometer hechos injustos.

No busquemos satisfacer nuestra sed de libertad bebiendo de la copa de la amargura y el odio. Debemos mantener siempre nuestra lucha en el plano superior de la dignidad y la disciplina. ❞

— del discurso de King "I Have a Dream", pronunciado en la Marcha de Washington el 28 de agosto de 1963. *Martin Luther King, Jr.: The Peaceful Warrior*, Pocket Books, 1968.

**Dr. Martin Luther King, Jr.**

## Es tu turno

**DESTREZA DE ANÁLISIS** **Analizar puntos de vista** Describe las distintas formas en las que estos americanos creían que se podían obtener los derechos civiles. Explica cómo eligieron trabajar por los derechos civiles.

# La lectura en los Estudios Sociales

Cuando **resumes**, vuelves a expresar los puntos clave, o las ideas más importantes, con tus propias palabras.

## Resumir

Completa este organizador gráfico para mostrar lo que aprendiste sobre las personas que han luchado por la libertad en nuestro país. En la página 94 del cuaderno de Tarea y práctica encontrarás una copia de un organizador gráfico.

## Proteger nuestras libertades

**Dato clave**

Los habitantes de las colonias lucharon por su independencia.

**Resumen**

**Dato clave**

Los habitantes de nuestro país han luchado por los derechos de todos los americanos.

 **Pautas de redacción de California**

**Escribe una carta** Imagina que eres un colono que lucha en la Guerra de la Independencia. Escribe una carta en la que cuentes por qué estás luchando. Pon una fecha, un comienzo, un cierre y una firma.

**Escribe un discurso** Elige una de las personas mencionadas en este capítulo a la que admires. Escribe un discurso breve sobre esa persona. Explica por qué merece un premio por su trabajo.

## Usa el vocabulario

**Escribe la palabra o palabras que completa cada oración.**

1. George Washington fue líder de la _____ de las colonias.

**libertad,** pág. 370  **revolución,** pág. 372

2. Thomas Jefferson fue uno de los redactores de la Declaración de _____.

**Independencia,** pág. 372  **Libertad,** pág. 372

3. La libertad de religión nos permite _____ de la manera que queramos.

**rendir culto,** pág. 381  **día de fiesta,** p. 387

4. Susan B. Anthony trabajó para obtener los mismos derechos para las mujeres, es decir, luchó por la _____.

**igualdad,** pág. 386  **grupos étnicos,** pág. 387

5. El Dr. Martin Luther King, Jr. trabajó por los _____, o los derechos de libertad individual, de todos.

**Guerra Civil,**   **derechos civiles,**
  pág. 382      pág. 387

## Recuerda los datos

**Responde a las siguientes preguntas.**

7. ¿Por qué los líderes religiosos estaban enojados con Roger Williams y Anne Hutchinson?

8. ¿Qué presidente firmó la Proclamación de Emancipación?

**Escribe la letra de la mejor opción.**

9. Una de las razones por las que los americanos lucharon en una Guerra Civil fue
   A para terminar con la esclavitud.
   B por la libertad religiosa.
   C para independizarse de Inglaterra.
   D por la libertad de expresión.

10. ¿Qué hizo Eleanor Roosevelt?
   A Trabajó como espía en la Guerra Civil.
   B Luchó en contra de la esclavitud.
   C Trabajó por los derechos humanos.
   D Escribió sobre la libertad de religión.

## Aplica las destrezas

**Comprender los períodos de tiempo**
Consulta la línea cronológica de las páginas 390 y 391 para responder a la siguiente pregunta.

6. **DESTREZA DE ANÁLISIS** ¿Cuántos años cubre la línea cronológica?

## Piensa críticamente

11. **DESTREZA DE ANÁLISIS** ¿Por qué crees que los colonos lucharon contra Inglaterra?

12. **DESTREZA DE ANÁLISIS** ¿Cómo nos afectan los derechos civiles hoy en día?

## Excursión

# Monumentos y homenajes en
# Washington, D.C.

## Prepárate

Un monumento sirve como homenaje para recordar las acciones o las creencias de una persona o de un grupo de personas. En Washington, D.C., se honra con homenajes a las personas que lucharon por la libertad de nuestro país. Entre esos monumentos están el Monumento a los Veteranos de Vietnam, el Monumento a Lincoln, el Monumento a Washington y el Monumento a los Veteranos de la Guerra de Corea. Todos ellos nos recuerdan a las personas que defendieron la libertad de nuestro país.

**Ubícalo**
**Estados Unidos**

Washington, D.C.

## Observa

### Monumento a los Veteranos de Vietnam

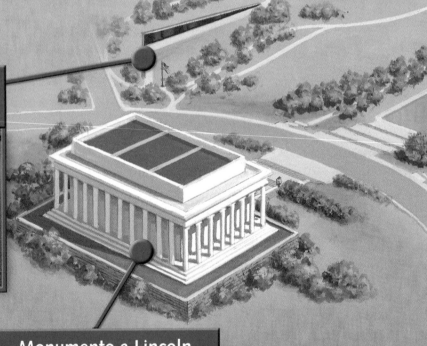

Este monumento, conocido como "El muro", se terminó en 1982. Su diseñadora, Maya Lin, grabó en él los nombres de más de 58,000 americanos que murieron o desaparecieron en combate durante la Guerra de Vietnam.

### Monumento a Lincoln

El Monumento a Lincoln fue construido por Daniel Chester French y Henry Bacon, y se inauguró en 1922. Este monumento honra al presidente número 16 de Estados Unidos, Abraham Lincoln.

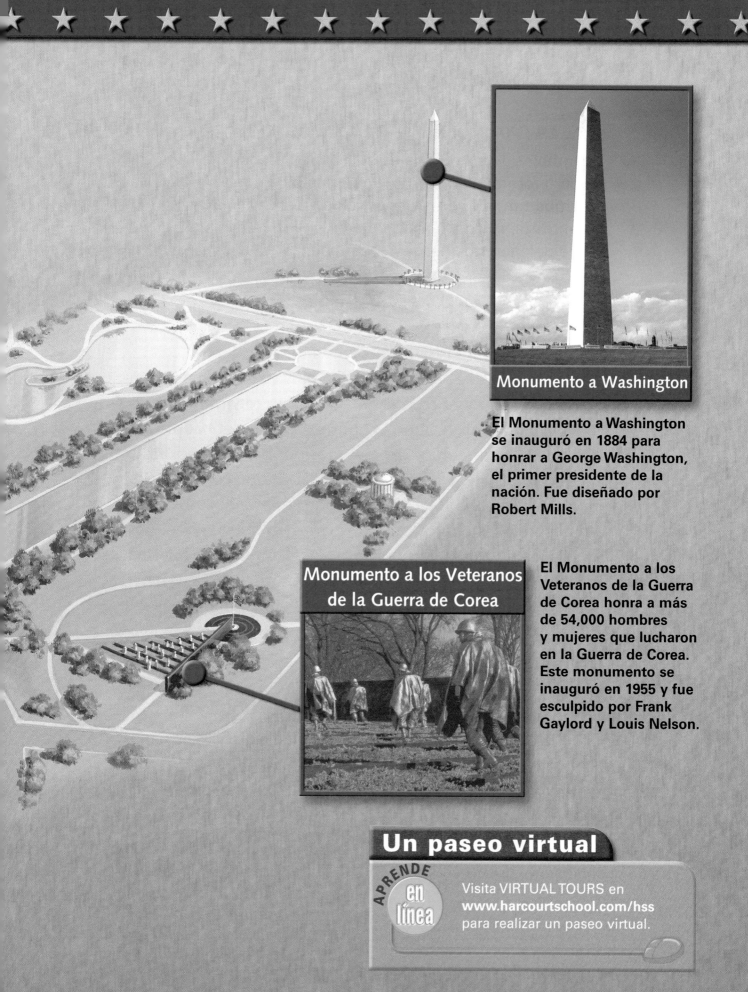

**Monumento a Washington**

El Monumento a Washington se inauguró en 1884 para honrar a George Washington, el primer presidente de la nación. Fue diseñado por Robert Mills.

**Monumento a los Veteranos de la Guerra de Corea**

El Monumento a los Veteranos de la Guerra de Corea honra a más de 54,000 hombres y mujeres que lucharon en la Guerra de Corea. Este monumento se inauguró en 1955 y fue esculpido por Frank Gaylord y Louis Nelson.

## Un paseo virtual

APRENDE en línea

Visita VIRTUAL TOURS en **www.harcourtschool.com/hss** para realizar un paseo virtual.

# Repaso

 **LA GRAN IDEA**

**Símbolos** Nuestro país estableció la democracia como forma de gobierno. Los principios que compartimos están en nuestros documentos, puntos de referencia, símbolos y en las creencias que defendemos desde hace mucho.

**Resumen**

## Todos unidos

Nuestros símbolos patrióticos, como la bandera, representan las creencias de nuestro país. Los puntos de referencia y los monumentos nos ayudan a recordar lugares y sucesos importantes. Nuestro himno, "La bandera adornada de estrellas", expresa lo que sentimos por nuestra nación.

Las colonias de América del Norte lucharon contra Inglaterra por su libertad. Después de ganar la Guerra de la Independencia, los colonos formaron un nuevo gobierno. Uno de los nuevos derechos más importantes fue la libertad de religión. Los habitantes de Estados Unidos también han luchado por la igualdad entre todos los ciudadanos.

### Ideas principales y vocabulario

**Lee el resumen anterior. Luego responde a las siguientes preguntas.**

1. ¿Qué significa la palabra libertad?
   A trabajo para la comunidad
   B la Constitución de Estados Unidos
   C el derecho a elegir tus propias decisiones
   D un asentamiento gobernado por otro país

2. ¿Por qué nuestro país tiene símbolos patrióticos?
   A para que se aprueben las leyes
   B para representar nuestras creencias
   C para decirles a las personas que cumplan las leyes
   D para ayudarnos a elegir por quién votar

## Recuerda los datos

**Responde a las siguientes preguntas.**

3. ¿Quién dirigió a los soldados americanos en la Guerra de la Independencia?

4. ¿Qué hizo Harriet Tubman para luchar por la libertad?

5. ¿Qué explican las Cartas de la Libertad?

6. ¿Cómo se llama el ave que representa al estado de California?

7. ¿Qué representan las estrellas y las franjas de la bandera de nuestro país?

**Escribe la letra de la mejor opción.**

8. ¿Cuál es nuestro himno nacional?
   A "América"
   B "América, la hermosa"
   C "Esto es para ti, mi país"
   D "La bandera adornada de estrellas"

9. ¿Qué ave es el símbolo de nuestro país?
   A el cisne
   B el cuervo
   C el pavo
   D el águila calva

10. ¿Cuál de las siguientes opciones es un lugar histórico de California?
    A la presa de Hoover
    B el monte Rushmore
    C el Gran Cañón
    D el Monumento Nacional a Cabrillo

## Piensa críticamente

11. **DESTREZA DE ANÁLISIS** ¿En qué sentido la Guerra Civil fue una lucha por los derechos civiles?

12. ¿Por qué algunas personas arriesgan su vida para que otras consigan su libertad?

## Aplica las destrezas

**Identificar las capitales y las fronteras de los estados**

**DESTREZA DE ANÁLISIS** Consulta el mapa de abajo para responder a las siguientes preguntas.

13. ¿Cuál es la capital del estado de California?

14. ¿Qué estados limitan con California?

15. ¿Qué masa de agua limita con el lado oeste de California?

### Los estados del oeste y sus capitales

# Actividades

## Lecturas adicionales

■ *Monumentos del mundo* por Susan Ring.

■ *Los símbolos de una nación y de California* por Elaine Israel.

■ *Jimmy Doolittle: Un héroe americano* por Elaine Israel.

## Actividad de redacción

**Diseña un folleto** Escribe, diseña e ilustra un folleto turístico en el que describas un punto de referencia, un lugar histórico o un monumento. Indica qué verán allí los visitantes. Explica por qué ese punto de referencia es importante para las personas.

## Proyecto de la unidad

**Espectáculo patriótico** Trabaja con tus compañeros de clase para planificar y representar un espectáculo sobre nuestras libertades. Canten canciones patrióticas. El espectáculo puede incluir algunas de las siguientes actividades: pronunciar discursos famosos, vestirse como un conocido defensor de la libertad y hablar de esa persona, o representar una escena sobre un día de fiesta y contar qué se celebra.

APRENDE
en línea

Visita ACTIVITIES en **www.harcourtschool.com/hss** para hallar otras actividades.

# Cómo funciona la economía

 **Comienza con las normas**

**3.5** Los estudiantes demuestran destrezas básicas de razonamiento económico y una comprensión de la economía de la región.

## La gran idea

### Economía

Las personas dependen unas de otras, y también de otros recursos, para producir, comprar y vender bienes y servicios. Las buenas decisiones benefician a la economía de una familia o de una comunidad.

### Reflexiona

✔ ¿Cómo usan los negocios los recursos de la comunidad?

✔ ¿De dónde provienen nuestros bienes, y cómo llegan a nuestra comunidad?

✔ ¿Qué opciones tenemos para usar nuestro dinero?

✔ ¿Qué puedes hacer para invertir en tu capital humano?

### Muestra lo que sabes

★ Prueba de la Unidad 6

Redacción: Una entrevista

Proyecto de la unidad: Haz un periódico

# Cómo funciona la economía

## Habla sobre
la economía

" Los agricultores de California nos proporcionan muchas de las frutas y verduras que comemos. "

“Obtenemos algunos de los bienes que usamos de otros lugares del mundo.”

“Es importante tomar buenas decisiones sobre cómo usar el dinero.”

**CUENTA DE AHORROS**

**$**

**producter** Una persona que fabrica y vende un producto.
(página 417)

**negocio** Una actividad en la que los trabajadores fabrican o venden bienes, o hacen trabajos para los demás. (página 421)

**recursos humanos** Los trabajadores que se necesitan para fabricar y vender un producto o servicio. (página 423)

**consumidor** Una persona que compra un producto o servicio. (página 418)

**interdependencia** La manera en la que los países y los estados dependen unos de otros para obtener productos y recursos. (página 429)

APRENDE **en línea**

Visita **www.harcourtschool.com/hss** para hallar recursos en Internet para usar con esta unidad.

## La lectura en los Estudios Sociales

# Generalizar

**Generalizar** significa hacer una afirmación amplia basada en lo que sabes sobre un grupo de ideas.

### Por qué es importante

Saber generalizar puede ayudarte a comprender y recordar mejor lo que lees.

| Datos | | |
|---|---|---|
| Información dada | Información dada | Información dada |

**Generalización**

Afirmación general sobre esa información

A medida que lees, piensa en las ideas que se presentan. Luego, haz generalizaciones sobre lo que aprendiste. Una generalización siempre se basa en hechos.

### Practica la destreza

Lee el párrafo. Luego haz una generalización.

**Dato** Los habitantes de California cultivan y crían muchos tipos de alimentos distintos que se envían a otros lugares. Se exportan verduras como cebollas, zanahorias, espárragos y brócoli. También se exporta carne de res y de pollo. Los habitantes de California también exportan muchas frutas, como cerezas, uvas y naranjas.

Lee los párrafos. Luego responde a las siguientes preguntas.

# Un centro de comercio mundial

California es un centro de comercio mundial. Parte del éxito de California se debe a su ubicación. Al oeste de California se encuentra el océano Pacífico. El océano facilita el comercio de bienes con Japón, China, Corea del Sur y otros países. Al este de California están los grandes mercados de Estados Unidos.

California es un líder mundial en productos agrícolas. Como la temporada de cultivo es muy larga, California produce frutas y verduras la mayor parte del año.

El turismo también es importante para California. El clima soleado y las hermosas ciudades del estado atraen a turistas de otros estados y países.

California también es un centro industrial. Muchas de las computadoras y máquinas del mundo se fabrican en California.

Los modernos sistemas de transporte facilitan el comercio mundial. Los productos entran y salen de California en trenes, barcos, aviones y camiones.

**Destreza clave**

# Generalizar

1. ¿Qué generalización puedes hacer basándote en la selección?

2. ¿Por qué California es un centro de comercio mundial?

# Destrezas de estudio

## RELACIONAR IDEAS

Puedes usar un organizador gráfico en forma de red para mostrar cómo se relacionan distintas ideas y datos.

❯ **Anota los temas importantes en el centro de la red.**

❯ **Agrega círculos en los que se expresen las ideas principales del capítulo que apoyan cada tema.**

❯ **Agrega círculos con los datos importantes y los detalles que apoyan cada idea principal.**

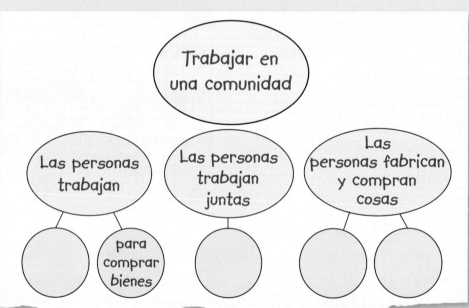

## Aplica la destreza mientras lees

Completa un organizador gráfico en forma de red como el anterior a medida que lees este capítulo. Rellena cada círculo con datos y detalles que apoyen cada idea principal.

**Normas de Historia y Ciencias Sociales de California, Grado 3**

3.5 Los estudiantes demuestran destrezas básicas de razonamiento económico y una comprensión de la economía de la región.

# Trabajadores y consumidores

Compradores en Fresno, California

# UN PUEBLO DE RÁPIDO CRECIMIENTO

### por Sonia Levitin
### ilustrado por Cat Bowman Smith

A mediados del siglo XIX, muchas personas cruzaron el país hacia el oeste rumbo a California en busca de oro. Esta es la historia de Amanda y su familia, que deciden viajar a California para que su padre trabaje en la extracción del oro. Deciden vivir en una cabaña en el pueblo en lugar de hacerlo en un campamento. Mientras su padre trabaja, Amanda se siente muy sola y aburrida en este nuevo lugar. Un día, decide hacer unos pasteles. Después de muchos intentos, logra hacer unos pasteles de grosella perfectos.

Cuando papá volvió a casa de los yacimientos de oro el sábado por la noche, había un pastel para él también. "¡Amanda, eres la reina de la cocina!", me dijo. Papá me levantó en brazos y me dio vueltas en el aire. Me sentí orgullosa.

La semana siguiente, hice un pastel de más para que papá se lo llevara a los yacimientos de oro.

Cuando el sábado por la noche llegó a casa cantando, le sonaban las monedas en el bolsillo.

Todos corrimos a preguntarle:

—¿Encontraste oro, papá?

—No —dijo—, vendí el pastel de Amanda. A los mineros les encantó. ¡Me pagaron veinticinco centavos por pedazo!

A partir de entonces, papá llevaba pasteles a los yacimientos de oro todas las semanas. Y siempre volvía con monedas en los bolsillos. Algunos mineros venían a comprar los pasteles a la puerta de la casa.

—Debería usted abrir una pastelería —le decían a mamá.

—Mi hija Amanda es la pastelera —contestaba ella—. Si ella quiere hacer pasteles, no hay problema, pero yo no tengo tiempo.

El tonelero es un fabricante de barriles.

El herrero trabaja con hierro.

El curtidor trabaja con cuero.

El molinero muele trigo o maíz.

Yo necesitaba más cacerolas y otro balde. Un día, vino Pete, el vendedor ambulante, y los compré con el dinero que había ganado.

—Eres una niña muy lista —dijo el vendedor ambulante— con tu propio negocio.

Yo pensé con rapidez y le contesté:

—Cualquiera puede ganar dinero aquí. La gente necesita cosas siempre, y no hay tiendas en los alrededores. Si pusieras una, seguro que te harías rico.

—No es mala idea —dijo Pete mientras se rascaba la barba—. Me duelen los pies de tanto caminar. Podría usar este carro y, poco a poco, llegar a tener una tienda.

Así que, muy pronto, tuvimos una verdadera tienda llamada TIENDA DEL VENDEDOR AMBULANTE PETE. Empezaron a llegar cazadores, comerciantes y viajeros. Después de comprar en la tienda de Pete, les entraba el hambre.

Venían a nuestra cabaña a buscar pasteles. A algunos les gustó tanto el lugar que decidieron quedarse. Muy pronto tuvimos un tonelero, un curtidor, un molinero y un herrero. Se estaba empezando a formar un pueblo.

Llegó un sastre para hacer y remendar ropa, y un zapatero para hacer zapatos y botas. Oíamos el *tap tap* de su martillo y olíamos el dulce aroma del cuero. También vino un barbero con sus cuencos para afeitar, y un <u>boticario</u> con hierbas y medicamentos. Así, el pueblo iba creciendo a nuestro alrededor.

**boticario** farmacéutico

Mi negocio de pasteles prosperaba. A veces, la cola le daba la vuelta a la casa. La pequeña Betsy entretenía a la gente mientras esperaba. Billy agregó otro estante. Joe y Ted hicieron un banco. Todos recolectábamos bayas y manzanas. Incluso mamá vino a ayudar. Tuvimos que conseguir un frasco más grande para guardar todo el dinero que ganábamos.

El frasco de dinero de la cocina parecía a punto de
reventar. ¿Dónde podríamos guardar con seguridad todo
ese dinero? Por suerte, un día apareció el Sr. Hooper, el
banquero.

—Estoy construyendo un banco —me dijo el Sr.
Hooper—. Este pueblo está empezando a convertirse en
un <u>pueblo en auge</u>.

—Vamos a usar su banco —le dije al Sr. Hooper —,
pero los caminos son muy malos. En invierno hay barro,
y en verano se levanta mucho polvo. Necesitamos
algunas aceras y mejores calles.

—Eres una señorita muy lista —dijo el Sr. Hooper,
mientras me saludaba levantándose el sombrero—. Veré
lo que puedo hacer.

Antes de que nos diéramos cuenta, se había construido
el banco y se habían colocado aceras de madera. Una
de las calles se llamó Calle del Banco, y la otra era la
Calle Principal. Muy pronto, todos los caminos y puntos
de referencia tenían un nombre. Papá y mis hermanos
añadieron una habitación grande para nuestra pastelería.

**pueblo en auge**
pueblo que crece
con rapidez

Un día, papá me dijo:

—Amanda, no voy a seguir buscando oro. ¿Me dejarías trabajar contigo en el negocio?

—¡Claro! —le dije, feliz—. Me encantaría trabajar contigo, papá, y también me gustaría ir a la escuela.

Entonces, papá comenzó a hornear, y todos trabajábamos juntos. Papá cantaba mientras estiraba la masa:

"Amanda encontró una sartén y bayas para llenarla,

hizo pasteles sin cacerolas;

nuestros pasteles son los mejores de todo el Oeste.

creo que soy un hombre con suerte".

Ahora, papá está con nosotros todos los días. Hay entusiasmo y ajetreo por todas partes. ¡Nuestra casa está en el centro de un pueblo en auge!

¡Y pensar que todo empezó conmigo, Amanda, haciendo pasteles!

## Responde

1. ¿Qué dijo Amanda para convencer a Pete, el vendedor ambulante, de abrir una tienda?

2. ¿Por qué vinieron las personas a esta comunidad de California? ¿Por qué se quedaron?

# Trabajar en una comunidad

### Reflexiona
¿De qué manera los habitantes de una comunidad dependen unos de otros?

✔ Las personas trabajan juntas y dependen unas de otras.

✔ Todos podemos ser tanto consumidores como productores.

### Vocabulario
**bienes** pág. 415
**sueldo** pág. 415
**depender** pág. 416
**servicio** pág. 416
**productor** pág. 417
**consumidor** pág. 418

**Destreza clave** **Generalizar**

**Normas de California**
HSS 3.5, 3.5.1

En una comunidad se hacen muchos trabajos distintos. Algunas personas fabrican o venden cosas que usamos todos los días, como alimentos, ropa y viviendas.

## Las personas trabajan juntas

Piensa en lo ocupado que estarías si tuvieras que fabricar todas las cosas que usas. Tendrías que cultivar tus propias verduras. Si quisieras carne, huevos o leche, tendrías que criar o cazar animales. No obtendrías agua al abrir la llave. Por el contrario, tendrías que cavar un pozo o llenar un balde en un río o lago.

### ⚡Datos breves

Este agricultor sij cosecha apio en Yuba City en 1922. Muchos sijs llegaron a California a principios del siglo XX para trabajar como agricultores.

▶ Los primeros trabajadores de California talaban árboles para obtener madera. Con ella construian casas.

Los primeros pobladores de California tenían que fabricar todo lo que usaban. Pero, a medida que los pueblos crecían y se convertían en ciudades, las personas podían compartir el trabajo con otros miembros de su comunidad. Algunos cultivaban y vendían alimentos suficientes para todos. Otros hacían y vendían ropa. Otros recolectaban madera y piedras para construir casas para los habitantes de la comunidad.

En el pasado, las personas practicaban el trueque, es decir, intercambiaban lo que tenían por los productos que querían. Hoy, la mayoría de las personas compran los bienes con dinero. Los **bienes** son las cosas que se pueden comprar o vender. Para ganar dinero, las personas suelen trabajar para otras personas. El dinero que se le paga a alguien por su trabajo se llama **sueldo**.

**DESTREZA DE ANÁLISIS** **Analizar fotografías**

◈ ¿Cómo construyó su vivienda esta familia de California?

**Repaso de la lectura** ⚬ **Generalizar**
¿Por qué trabajan hoy en día la mayoría de las personas?

# Dependemos unos de otros

Los miembros de una comunidad **dependen** unos de otros, es decir, cuentan con los demás. Los comerciantes, o dueños de tiendas, dependen de los agricultores que cultivan los alimentos que ellos comen y venden. Los agricultores, al igual que el resto de la comunidad, dependen de los comerciantes para comprar ropa y otros bienes.

Los miembros de una comunidad dependen también de otro tipo de trabajadores. Los médicos, los enfermeros, los maestros, los directores de escuelas, los policías y los bomberos no venden bienes ni alimentos. En cambio, prestan servicios importantes para la comunidad. Un **servicio** es un trabajo que una persona realiza para otra.

**Repaso de la lectura** Ŏ **Generalizar**
**¿Por qué los habitantes de las comunidades dependen unos de otros?**

▶ Dependemos de los servicios médicos para mantenernos sanos.

# Las personas fabrican bienes

Dependemos unos de otros para crear bienes nuevos y mejorar los que ya existen. Las personas que fabrican bienes nuevos dependen de que los demás los compren.

En 1975, dos californianos, Steve Jobs y Steve Wozniak, comenzaron a fabricar computadoras pequeñas. En aquella época, las computadoras eran solamente calculadoras enormes. Pocas personas las usaban.

Al poco tiempo, muchas personas prefirieron las computadoras nuevas porque eran pequeñas y fáciles de usar. Jobs y Wozniak fundaron una compañía de computadoras que se convirtió en una de las principales empresas productoras de computadoras del mundo. Un **productor** fabrica y vende un producto. En la actualidad, más de 10,000 personas trabajan en la compañía que fundaron Jobs y Wozniak.

> Repaso de la lectura ⚙️**Generalizar**
**¿Por qué las personas fabrican y mejoran los bienes?**

❱ Steve Jobs, John Sculley y Steve Wozniak con una de sus primeras computadoras.

❱ En este mercado agrícola del condado de Ventura se compran y venden bienes.

▶ En la actualidad se pueden usar computadoras portátiles en casi todas partes.

# Las personas compran productos

Para la década de 1980, muchas otras compañías fabricaban computadoras fáciles de usar. Hoy podemos elegir entre muchas computadoras distintas fabricadas por diferentes empresas. Los consumidores de computadoras tienen ahora muchas más opciones que hace 30 años. Un **consumidor** es una persona que compra un producto o un servicio. Siempre que compras algo, eres un consumidor.

## Patrimonio cultural

### Tiendas del vecindario

A California llegan personas de todo el mundo para vivir y trabajar. Muchos se establecen en las ciudades más grandes del estado, en comunidades en las que viven otras personas del mismo país que ellos. En Los Angeles, por ejemplo, hay vecindarios tailandeses, persas, armenios, coreanos, japoneses y etíopes. También hay grandes comunidades de gente de Camboya, El Salvador, Guatemala, Irán, México y Filipinas que viven en Los Angeles, y estas comunidades son más grandes que las que hay en ninguna otra ciudad de Estados Unidos. Algunas personas de otros países abren tiendas en las que venden artículos de su país de origen.

Los consumidores tienen con el tiempo muchos productos entre los que elegir. Los productores siempre intentan fabricar nuevas y mejores versiones de automóviles, computadoras, televisores, juguetes, cereales y otros productos.

**Repaso de la lectura** ⚙ **Generalizar**
**¿Quién es un consumidor?**

**Resumen** Los habitantes de las comunidades dependen unos de otros para obtener bienes y servicios. Los consumidores usan su sueldo para comprar los bienes y los servicios que ofrecen los productores.

❯ **Con las computadoras, los consumidores trabajan, juegan, aprenden, compran y se comunican.**

## Repaso

**1.** 💡 ¿De qué manera los habitantes de una comunidad dependen unos de otros?

**2.** **Vocabulario** Explica la diferencia entre **bienes** y **servicios**.

**3.** **Tu comunidad** Observa los anuncios en el periódico local. ¿De qué manera los productores tratan de conseguir que los consumidores compren sus productos?

**Razonamiento crítico**

**4.** **Aplícalo** ¿Qué trabajos haces tú para ganar dinero? ¿Qué bienes o servicios has comprado?

**5.** 📋 ¿Cómo puede influir una nueva compañía en los habitantes de una comunidad?

**6.** ✏ **Escribe la descripción de un empleo** Describe a una persona que trabaja en tu comunidad. Especifica si esa persona produce un bien o un servicio. Explica por qué tu comunidad depende de ese bien o servicio.

**7.** ⭐ **Generalizar**
En una hoja de papel, copia y completa el siguiente organizador gráfico.

**Datos**

| | | |
|---|---|---|
| | | |

**Generalización** ⬇

**Los miembros de una comunidad dependen unos de otros.**

# El uso de los recursos

## Reflexiona
¿Cómo usan los negocios los recursos de la comunidad?

- ✓ Los negocios dependen de los recursos naturales, humanos y de capital.

- ✓ La fabricación de bienes ha cambiado en el último siglo.

- ✓ Se están desarrollando recursos nuevos para el futuro.

**Vocabulario**
**negocio** pág. 421
**recurso humano** pág. 423
**recurso de capital** pág. 423
**fabricar** pág. 424

**Generalizar**

Normas de California
HSS 3.5, 3.5.1

Uno de los recursos naturales más importantes de California es su suelo fértil. Gracias al uso que los agricultores de California le han dado a sus ricas tierras de cultivo, la agricultura del estado ahora es famosa en todo el mundo. La agricultura consiste en cosechar cultivos. La ganadería consiste en criar animales de granja para venderlos. Las frutas, nueces, carnes y verduras de California se venden en supermercados en lugares tan lejanos como Boston, Massachusetts, y Anchorage, Alaska.

SALUDOS DESDE CHICO CALIFORNIA

976
3B-H1699
© CURT TEICH & CO., INC.

# Las industrias se desarrollan cerca de los recursos

Los consumidores de toda América del Norte disfrutan de los productos de la famosa industria de almendras de California. Los sacerdotes españoles trajeron las almendras a California a mediados del siglo XVIII. Plantaron almendros alrededor de las misiones que tenían a lo largo de la costa de California, pero el clima costero era muy húmedo y, a menudo, demasiado frío para estos árboles.

En la década de 1850, el pionero John Bidwell experimentó con cultivos en su rancho, situado en el cálido y seco valle de Sacramento. Gracias a su trabajo, las almendras se convirtieron en un cultivo importante. Bidwell era un empresario, es decir, una persona que crea un nuevo producto o negocio. Un **negocio** es una actividad en la que los trabajadores hacen o venden bienes para los demás. Bidwell también fundó la ciudad de Chico en los alrededores de su rancho.

❱ John Bidwell alrededor de 1895

**Repaso de la lectura** ☉ **Generalizar**
**¿Por qué crees que las almendras crecieron mejor en el valle de Sacramento que en la costa?**

❱ Los trabajadores procesan almendras en el huerto de Bidwell en Chico, California.

**Ubícalo**

Chico

CALIFORNIA

# Recursos en el trabajo

En Chico y en otras comunidades de California, desde el valle de Sacramento hasta Bakersfield, miles de personas trabajan en la industria de la almendra. Los agricultores, llamados cultivadores, plantan huertos de almendros. Los trabajadores cuidan los árboles y recolectan las nueces cuando llega el momento de la cosecha.

Las compañías que procesan las almendras primero las pelan y luego las limpian y las clasifican por tamaño. Otras compañías las cortan, tuestan, sazonan y empaquetan. Otras las envían a las tiendas en camiones, barcos y aviones para que los consumidores las compren.

> La almendra es la semilla grande que se encuentra en el interior de un fruto de la familia del durazno y la ciruela.

## Míralo en detalle

### Una fábrica de almendras

Una fábrica es un edificio en el que se preparan y se empaquetan productos, como las almendras.

❶ Las almendras se recolectan en el campo y se envían a la fábrica. Allí se descargan en un área de recepción grande y se limpian.

❷ Mediante cintas transportadoras, se llevan las almendras a las máquinas peladoras, donde se les quita la cáscara exterior y se abre la cáscara interior.

❸ Las almendras abiertas se envían a unas cribas vibradoras donde se separa la cáscara de la parte comestible de la almendra.

❹ Esas partes comestibles de las almendras se transportan hasta las mesas separadoras, donde se clasifican según su tamaño y calidad.

❺ Las almendras se empaquetan y quedan listas para la venta o para procesamientos posteriores.

❓ ¿Qué sucede después de que se clasifican las almendras?

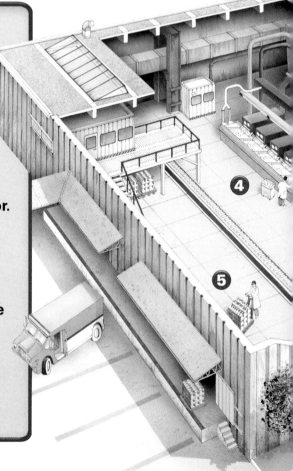

La industria de la almendra de California usa tres clases de recursos. La tierra y el agua son los recursos naturales que se usan para cultivar las almendras, y las personas son los **recursos humanos** que se usan para cultivarlas y venderlas.

Finalmente, la industria necesita **recursos de capital**, es decir, dinero, para comprar fábricas y equipamiento. Los empresarios abren negocios nuevos con recursos de capital. También pueden comprar equipos o terrenos para hacer crecer esos negocios.

**Repaso de la lectura** ⚲**Generalizar**
**¿Cuáles son las tres clases de recursos de los que dependen todas las industrias?**

▶ **Maisie Jane Hurtado abrió un negocio de cultivo y venta de almendras de distintos sabores. Este negocio salvó la granja que su familia tenía en Chico, California.**

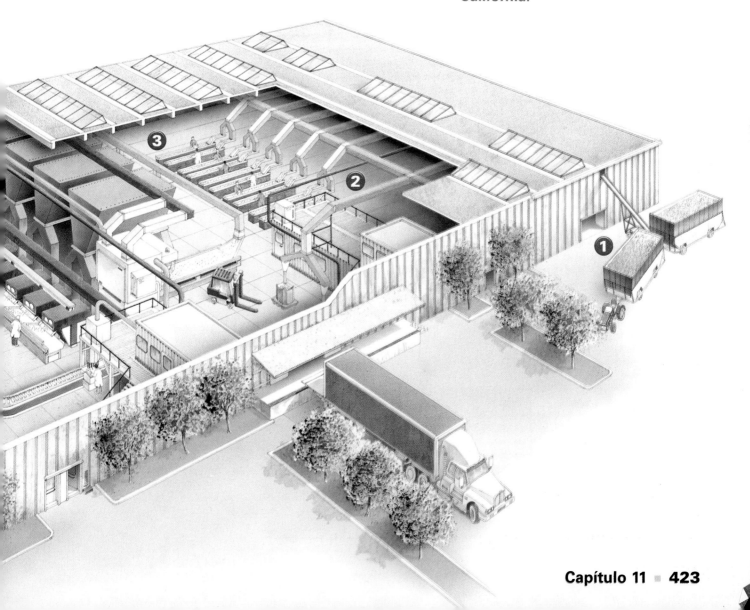

# Fábricas de ayer y de hoy

El procesamiento de los alimentos es solo un tipo de industria. Muchas industrias participan en el proceso de la fabricación. **Fabricar** es hacer algo con máquinas. La industria maderera ha sido una de las industrias más importantes de California.

Gran parte de California está cubierta de bosques. Los árboles de los bosques de California proporcionan madera. Entre los árboles con buena madera hay pinos, abetos Douglas, robles y secuoyas. Las secuoyas de California son los árboles más altos del mundo. Antes, se necesitaban muchos hombres y animales para cortar los árboles y arrastrarlos hasta el aserradero.

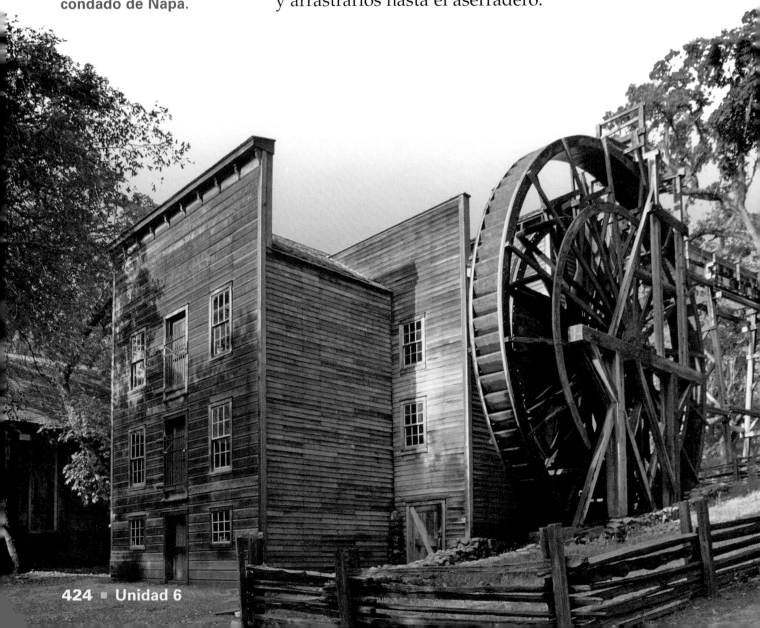

▶ Antes, los trabajadores medían los troncos a mano.

▶ Las norias hacían funcionar máquinas como esta del molino de Bale Grist Mill, en el condado de Napa.

▶ Hoy en día, los troncos se miden con máquinas computarizadas.

Las primeras fábricas madereras a veces se construían cerca de masas de agua. El agua se usaba para trasladar los troncos flotando desde los bosques hasta el aserradero. El agua también hacía girar inmensas norias que hacían funcionar las máquinas de la fábrica.

▶ La compañía maderera Pacific Lumber Company se encuentra en Scotia.

Las fábricas madereras todavía usan los recursos de agua para hacer funcionar las máquinas, pero de distinta manera. La energía del agua ahora se usa para generar la electricidad que hace funcionar las máquinas. Esta energía se llama *energía hidroeléctrica*. El fragmento de palabra *hidro* significa "agua".

Gran parte del trabajo que antes se hacía a mano en las fábricas ahora se realiza con computadoras y robots. En la actualidad, muchos artículos, desde la madera y los aviones, hasta la ropa y los juguetes, se hacen en fábricas.

**Repaso de la lectura** **Idea principal y detalles**
**¿Qué recursos naturales han sido importantes para las fábricas madereras tanto en el pasado como en la actualidad?**

# Los recursos del mañana

El agua sigue siendo uno de los recursos naturales más importantes de California. Sin embargo, también se usan otros recursos naturales para hacer funcionar las fábricas de hoy. Entre ellos están el petróleo, el gas, el carbón, la energía solar y la energía eólica (del viento).

Otro tipo de recurso natural es la energía geotérmica. Esta energía la produce el calor del interior de la Tierra. California tiene más de 20 regiones conocidas de recursos geotérmicos.

## Geografía

### Las regiones geotérmicas de California

Las regiones geotérmicas se forman en áreas donde hay roca derretida llamada magma bajo la corteza terrestre. Estas regiones son muy calientes. Los terremotos mueven el magma y crean espacios en ella, lo que permite que el agua suba hasta la superficie. Esta agua forma fuentes termales y géiseres naturales. Las centrales eléctricas que se construyen en las regiones geotérmicas usan el calor del agua para producir energía eléctrica. Esta energía es una manera limpia de calentar y refrigerar los edificios.

Lake City

Wendel-Amedee

The Geysers

OCÉANO PACÍFICO

Mammoth Lakes

Coso Hot Springs

Desert Hot Springs

Valle Imperial

- Región geotérmica

0  75  150 millas
0  75  150 kilómetros

N  O  E  S

ESTADOS UNIDOS

A medida que crece la población del estado, las personas y los negocios necesitarán más energía. Los habitantes de California seguirán buscando nuevas maneras de suministrar energía a los hogares, a los automóviles y a los negocios.

**Repaso de la lectura** 🔾 **Generalizar**
**¿Por qué es importante buscar nuevas maneras de suministrar energía?**

**Resumen** Los negocios usan recursos naturales, recursos humanos y recursos de capital para producir bienes y prestar servicios. La forma en la que las industrias usan estos recursos ha cambiado con el tiempo, y seguirá cambiando.

▶ La Comisión de Energía de California ayuda a proporcionar energía a los negocios y a la población del estado.

# Repaso

**1.** 💡 ¿Cómo usan los negocios los recursos de la comunidad?

**2. Vocabulario** Escribe un párrafo en el que describas un **negocio** de California.

**3. Tu comunidad** ¿Qué recursos naturales, humanos y de capital hay en tu comunidad?

**Razonamiento crítico**

**4. Aplícalo** ¿Qué recursos usas todos los días?

**5.** [DESTREZA DE ANÁLISIS] ¿En qué se parecen las industrias de California de hoy y las del pasado?

**6.** 🖌 **Haz una tabla de tres columnas** Elige un negocio descrito en esta lección. Haz una tabla de tres columnas e indica los recursos naturales, humanos y de capital que el negocio usa en su comunidad.

**7.** 🌟 **Generalizar**
En una hoja de papel, copia y completa el siguiente organizador gráfico.

**Datos**

|  |  |  |
|---|---|---|

**Generalización** ⬇

Las almendras crecen bien cerca de la ciudad de Chico, California.

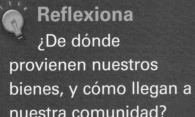
# Comerciar con el mundo

### Reflexiona

¿De dónde provienen nuestros bienes, y cómo llegan a nuestra comunidad?

✓ Algunos bienes se producen en nuestra área, y otros se fabrican en otros lugares.

✓ Los habitantes de distintos países intercambian bienes.

✓ Los bienes llegan a nuestra comunidad.

### Vocabulario

**interdependencia** pág. 429

**comercio internacional** pág. 430

**importar** pág. 430

**exportar** pág. 430

 **Generalizar**

 **Normas de California**

HSS 3.5, 3.5.2

Muchos de los productos que compras provienen de fuera de tu comunidad. Pueden venir de otras partes de California, de otros estados o de otros países.

## Una nación, muchos productos

California tiene muchos climas y recursos naturales. Si vives en el norte de California, el supermercado en que tú compras puede vender manzanas que se cultivan en tu comunidad. Pero el norte de California no es bueno para todos los cultivos. Es posible que algunas tiendas de tu vecindario vendan cítricos del sur de California y verduras del centro de California.

❱ **Los consumidores de todo Estados Unidos compran frutas y verduras de California.**

Uvas de CALIFORNIA

Estados Unidos también tiene climas y recursos naturales distintos. Las personas de cada estado usan productos fabricados o cultivados en muchos otros estados. Por ejemplo, los californianos compran langostas que se pescan cn las aguas frías de la costa de Maine, y los habitantes de Maine compran frutas, nueces y verduras que se cultivan en California. La compra y la venta entre estados se llama *comercio interestatal*.

Las industrias usan el comercio interestatal para conseguir recursos. Kansas, por ejemplo, tiene pocos bosques. Una empresa de construcción de Kansas tal vez use madera del norte de California para construir casas en su propio estado. Los distintos estados dependen unos de otros para obtener productos y recursos. Esto se llama **interdependencia**.

**Repaso de la lectura** ⏀**Generalizar**
**¿Por qué las personas de distintos estados comercian unas con otras?**

**DESTREZA DE ANÁLISIS** **Analizar mapas**
**◆ Regiones ¿De qué parte de California provienen los productos forestales?**

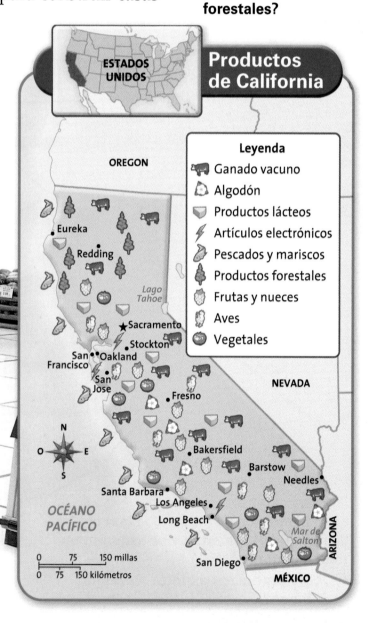

ESTADOS UNIDOS

**Productos de California**

**Leyenda**
🐄 Ganado vacuno
🌿 Algodón
🥛 Productos lácteos
⚡ Artículos electrónicos
🦐 Pescados y mariscos
🌲 Productos forestales
🍒 Frutas y nueces
🐔 Aves
🍅 Vegetales

OREGON

Eureka
Redding
Lago Tahoe
★ Sacramento
Stockton
San Francisco • Oakland
San Jose
Fresno
NEVADA
Bakersfield
Barstow
Needles
Santa Barbara
Los Angeles
Long Beach
OCÉANO PACÍFICO
Mar de Salton
ARIZONA
San Diego
MÉXICO

N O E S

0   75   150 millas
0   75   150 kilómetros

# El comercio entre países

Las personas de distintos países dependen unas de otras para obtener bienes y servicios. La compra y la venta entre países se llama **comercio internacional**.

Los habitantes de países como Estados Unidos tienen que **importar**, o traer, productos de otros países para venderlos. También tienen que **exportar**, o enviar, productos a otros países para venderlos.

Por ejemplo, el té se da muy bien en China y en la India. Los habitantes de esos países exportan té a Gran Bretaña. Los británicos fabrican prendas de lana fina, como suéteres y abrigos. Los países de todo el mundo importan estos productos de Gran Bretaña.

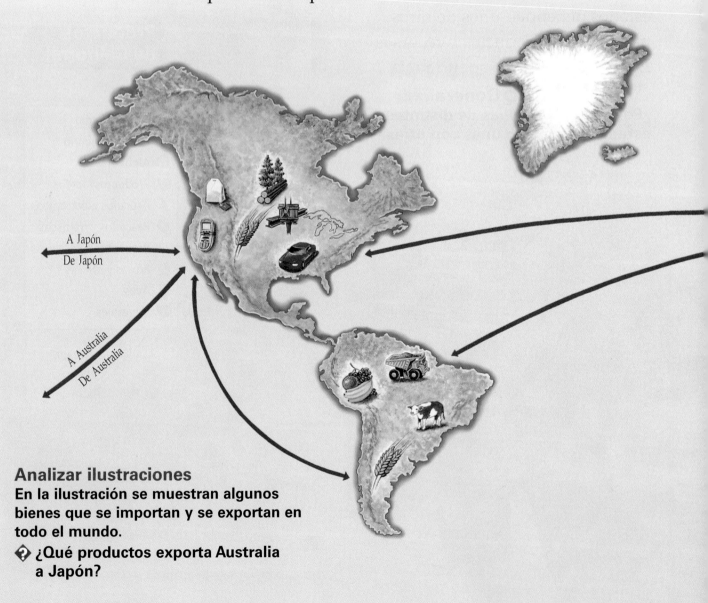

A Japón
De Japón

A Australia
De Australia

**Analizar ilustraciones**
**En la ilustración se muestran algunos bienes que se importan y se exportan en todo el mundo.**

**❓ ¿Qué productos exporta Australia a Japón?**

Alemania, Japón y Estados Unidos exportan automóviles a los países de América del Sur y de África. En Alemania, Japón y Estados Unidos se consume fruta de países de América del Sur y de África.

Los países también importan y exportan materiales que se usan para fabricar otros productos. Por ejemplo, Sudáfrica exporta diamantes, que se usan en muchas industrias. Canadá exporta madera.

**Repaso de la lectura** ⚪**Generalizar**
**¿Por qué el comercio internacional es importante para los países?**

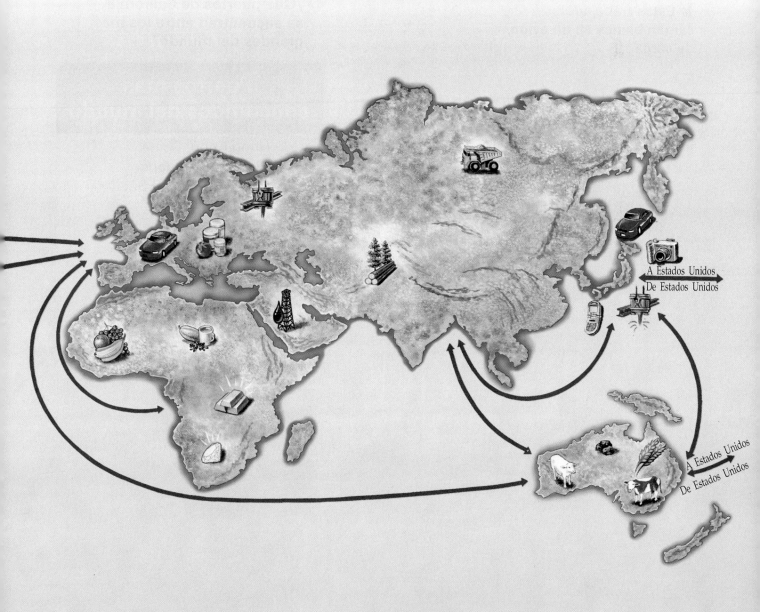

# El transporte de bienes

¿Cómo llega a Atlanta, Georgia, el salmón fresco del norte de California sin echarse a perder? ¿Cómo se transportan los pesados troncos desde Canadá hasta Estados Unidos? ¿Cómo llega el petróleo de Venezuela a Francia?

El transporte moderno lo hace posible. El transporte es el movimiento de personas o cosas de un lugar a otro.

▶ Estos trabajadores cargan bienes en un avión de carga.

▶ El puerto de Los Angeles en Long Beach es un punto de entrada y salida de bienes.

**Analizar tablas**

❖ **¿Qué puertos de California se encuentran entre los más grandes del mundo?**

## Puertos más concurridos del mundo

1. Hong Kong, China
2. Singapur, Singapur
3. Pusan, Corea del Sur
4. Kaohiung, Taiwan
5. Rotterdam, Países Bajos
6. Shanghai, China
7. Los Angeles, California, Estados Unidos
8. Long Beach, California, Estados Unidos
9. Hamburgo, Alemania
10. Amberes, Bélgica

El salmón se envasa en hielo y cruza Estados Unidos en aviones refrigerados. Los troncos de Canadá viajan en camiones y trenes hasta los estados que los necesitan. El petróleo cruza el océano en grandes barcos.

**Repaso de la lectura** 🔆 **Generalizar**

**¿Por qué el transporte es importante para los países?**

**Resumen** Algunos bienes y recursos provienen de las comunidades locales, mientras que otros se transportan desde otros lugares de Estados Unidos. Otros bienes se importan de otros países.

> Un camión transporta troncos por la autopista interestatal 5 de California.

# Repaso

1. 💡 ¿De dónde provienen nuestros bienes, y cómo llegan a nuestra comunidad?

2. **Vocabulario** Explica la diferencia entre **importar** y **exportar**.

3. **Tu comunidad** ¿Qué productos se fabrican en tu comunidad y se exportan a otros estados o naciones?

**Razonamiento crítico**

4. **Aplícalo** De los alimentos que comes, ¿cuáles provienen de California? ¿Cuáles provienen de otros estados o países?

5. **DESTREZA DE ANÁLISIS** ¿Por qué crees que los estadounidenses importan bienes, como automóviles y computadoras, que también se fabrican aquí?

6. ✏️ **Haz un museo de la clase** Busca tres objetos en tu salón de clases: uno, fabricado en California; otro, en otro estado; y el tercero, en otro país. Rotula cada objeto con el lugar de origen y haz una exposición en el salón titulada: "¿De dónde provienen nuestros bienes?".

7. ⭐ **Destreza clave** **Generalizar**
Copia y completa el siguiente organizador gráfico.

| Datos | | |
|---|---|---|
| | | |

**Generalización**
Los habitantes de todo Estados Unidos compran productos de California.

# Usar la latitud y la longitud

## ❱ Por qué es importante

Los cartógrafos trazan líneas de latitud y de longitud en los mapas y en los globos terráqueos para formar una cuadrícula. Puedes ubicar cualquier lugar identificando las líneas de latitud y de longitud más cercanas a ese lugar.

## ❱ Lo que necesitas saber

Las líneas de **latitud** van de este a oeste alrededor del globo terráqueo. Las distancias se miden en grados (°) al norte y al sur del ecuador.

Las líneas de latitud van de 0° en el ecuador a 90° en los polos. Se añade N para referirse al *norte* y S para el *sur*.

Las líneas de **longitud**, también llamadas *meridianos*, van de norte a sur, de un polo al otro. Estas líneas miden la distancia al este o al oeste desde el primer meridiano, que pasa cerca de Londres, Inglaterra. Las líneas de longitud van desde 0° en el primer meridiano hasta 180°, a mitad de la distancia alrededor del globo terráqueo. Se añade E para referirse al *este* y O para el *oeste*.

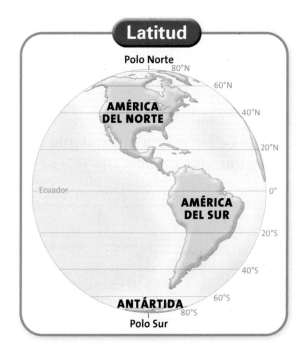

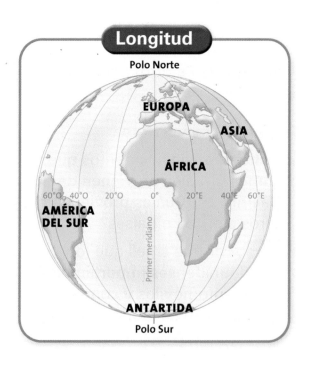

**El Oeste de Estados Unidos: Latitud y longitud**

ESTADOS UNIDOS

CANADÁ

Seattle
Spokane
WASHINGTON
Portland
Eugene
OREGON
OCÉANO PACÍFICO
Eureka
Reno
NEVADA
San Francisco
CALIFORNIA
Santa Maria
Los Angeles
San Diego
Barstow
Needles
Las Vegas
ARIZONA
Phoenix
Tucson
Boise
IDAHO
Pocatello
Salt Lake City
Provo
UTAH
MONTANA
Billings
WYOMING
Cheyenne
Denver
COLORADO
Colorado Springs
Santa Fe
Albuquerque
NEW MEXICO
NORTH DAKOTA
SOUTH DAKOTA
NEBRASKA
KANSAS
OKLAHOMA
TEXAS
MINNESOTA
IOWA
MISSOURI
ARKANSAS
LOUISIANA

0    200    400 millas
0    200    400 kilómetros

MÉXICO

## Practica la destreza

Consulta el mapa de arriba para responder a las siguientes preguntas.

1 ¿Cerca de qué línea de latitud está Barstow, California?

2 ¿Cerca de que línea de longitud está Santa Maria, California?

3 ¿Cerca de que líneas de latitud y longitud está Eureka, California?

4 Busca Needles, California. ¿Cerca de qué líneas de latitud y longitud está ubicada esta ciudad?

## Aplica lo que aprendiste

**DESTREZA DE ANÁLISIS Aplícalo** Consulta un mapa o globo terráqueo para encontrar la latitud y la longitud más cercanas a tu comunidad. Busca tres ciudades o pueblos del mundo con la misma latitud. Luego busca tres lugares con la misma longitud. Comparte tu lista de ciudades del mundo con un compañero de clase.

Practica tus destrezas con mapas y globos terráqueos con el **CD-ROM GeoSkills.**

**Destrezas con mapas y globos terráqueos**

# Todas las manos juntas

**"Es bueno depender unos de otros, nos hace más corteses y pacíficos."**

—Sojourner Truth, de *The History of Woman Suffrage* por Elizabeth Cady Stanton. Ayer Publishers, 1911.

Si una sola persona puede cambiar algo, ¿qué podrá hacer un grupo grande de personas? Esta es la pregunta que un grupo de voluntarios de San Diego se hicieron a sí mismos. Entonces, decidieron trabajar juntos para poder realizar más proyectos.

Su mayor evento se llama *Hands On San Diego* (Manos a la Obra en San Diego). Durante una semana, varios equipos de voluntarios trabajan juntos para ayudar a la comunidad. El grupo selecciona proyectos y asigna cada proyecto a un equipo. En 2004, el grupo eligió 250 proyectos y reclutó a 5,000 voluntarios para llevarlos a cabo.

**Limpiar un parque**

**Clasificar los alimentos en el banco de alimentos**

**Ayudar a otros ciudadanos**

Los voluntarios son las mismas personas que ves todos los días. Entre ellos hay banqueros, oficinistas, estudiantes y soldados. Los familiares y los grupos de amigos también forman equipos. Hay voluntarios de todas las edades, jóvenes y ancianos, pero todos tienen algo en común: quieren ayudar a los demás.

**HANDS ON**

**SAN DIEGO**

Cartel del evento Hands On San Diego.

**Piensa**

**Aplícalo ¿De qué manera los voluntarios mejoran nuestra comunidad?**

¿Sabías que...?

A los americanos les gusta trabajar como voluntarios. En Estados Unidos, una de cada cuatro personas elige ser voluntaria cada año. ¡Eso equivale a casi 59 millones de americanos!

# Transmitir información

Los primeros pobladores de California tenían pocas formas de comunicarse con las personas que vivían muy lejos. Solo se podían comunicar con ellas a través del correo. Cuando Alexander Graham Bell inventó el teléfono, las personas quedaron asombradas de poder hablar directamente con personas que estaban lejos.

Hoy en día, usamos muchas formas nuevas de tecnología para comunicarnos. Con las computadoras, podemos mandar mensajes instantáneos a casi cualquier parte del mundo.

▶ **En 1892, Alexander Graham Bell hizo la primera llamada telefónica entre New York y Chicago.**

# La era de la información

A finales de la década de 1960, las computadoras de varias universidades de California fueron conectadas por medio de cables para que "hablaran" entre ellas. Esta idea pronto se convirtió en Internet. **Internet** es un sistema que conecta computadoras distribuidas por todo el mundo. Hoy, Internet se usa para aprender, comprar y enviar o recibir correo electrónico, o e-mails. Vivimos en la era de la información.

A medida que Internet fue creciendo, California siguió siendo un lugar importante para la tecnología de computadoras. Silicon Valley ya era un lugar en el que se fabricaban computadoras y piezas para computadoras, y enseguida se convirtió también en un centro de tecnología de Internet. Muchas compañías de Internet importantes todavía tienen su sede en Silicon Valley.

> **Unos trabajadores arman computadoras en una fábrica de Newark, California.**

> **Este teléfono sirve para enviar e-mails, navegar en Internet y tomar fotografías digitales.**

**Repaso de la lectura** ○ **Generalizar**
**¿Qué sucede cuando se mejoran los medios de comunicación?**

# Compra y venta de alta tecnología

Internet es un enlace de comunicación. Un **enlace de comunicación** es un tipo de tecnología que permite a las personas transmitir información de manera instantánea, aunque estén lejos unas de otras.

Los enlaces de comunicación también han hecho más rápido y fácil el comprar y pagar bienes. Por ejemplo, los consumidores a menudo usan computadoras para comprar por Internet desde casa. Comprar y vender en línea a veces se llama *comercio electrónico*. La palabra *comercio* significa "negocio".

**Analizar organigramas**

**Este organigrama muestra la manera en que un consumidor usa la computadora para pedir un libro por Internet.**

❖ **¿En qué pasos del proceso se usa la computadora?**

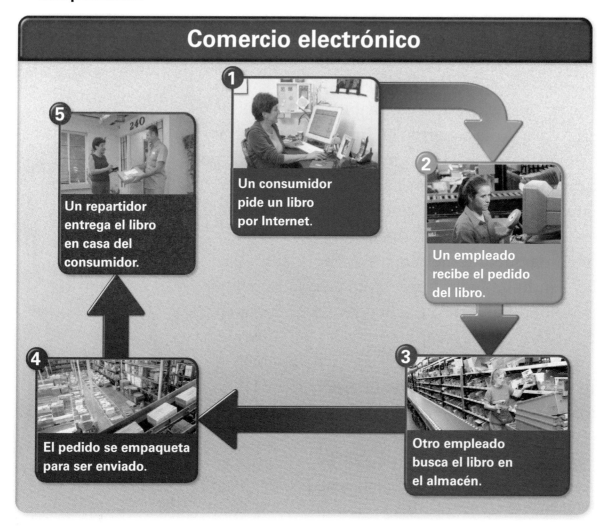

**Comercio electrónico**

1. Un consumidor pide un libro por Internet.

2. Un empleado recibe el pedido del libro.

3. Otro empleado busca el libro en el almacén.

4. El pedido se empaqueta para ser enviado.

5. Un repartidor entrega el libro en casa del consumidor.

Otros enlaces de comunicación que se usan para comprar y vender productos son los teléfonos y las máquinas de fax. Muchos consumidores pagan los bienes y los servicios con tarjetas de débito o de crédito. La información de la tarjeta se envía a un banco mediante un enlace de comunicación.

**Repaso de la lectura** ☼**Generalizar**
**¿De qué manera los enlaces de comunicación ayudan a facilitar los negocios?**

**Resumen** Los primeros pobladores solo podían comunicarse con las personas que estaban muy lejos mediante el correo. En la actualidad, se usan máquinas como las computadoras. Los enlaces de comunicación permiten comprar y pagar bienes en cualquier parte del mundo.

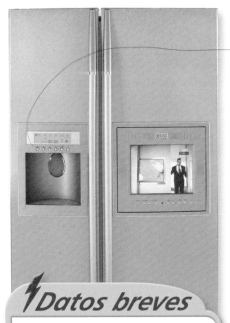

⚡**Datos breves**

Esta máquina es a la vez un refrigerador y una computadora. Enfría alimentos y también se puede usar para comprar en línea, enviar e-mails, verificar recetas y muchas otras cosas.

# Repaso

1. 💡 ¿Qué medios de comunicación se usan hoy en día, y cuáles se usaban en el pasado?

2. **Vocabulario** Escribe un párrafo en el que expliques la relación entre **Internet** y un **enlace de comunicación**.

3. **Tu comunidad** ¿Dónde se puede usar Internet en tu comunidad?

**Razonamiento crítico**

4. **Aplícalo** ¿Qué tecnología usas para comunicarte?

5. **DESTREZA DE ANÁLISIS** ¿De qué manera los enlaces de comunicación ayudan a las familias de hoy?

6. 🖌 **Haz una línea cronológica** Con la información de esta lección, haz una línea cronológica en la que muestres cómo han cambiado con el tiempo los métodos de comunicación.

7. 🎖**Destreza clave** **Generalizar**
Copia y completa el siguiente organizador gráfico.

**Datos**

| | | |
|---|---|---|
| | | |

**Generalización**

**Es más fácil comunicarse hoy que en el pasado.**

# La lectura en los Estudios Sociales

Cuando **generalizas**, haces una afirmación amplia sobre los datos y detalles que has leído.

 ## Generalizar

Completa el siguiente organizador gráfico para hacer una generalización sobre cómo trabajan las personas. En la página 106 del cuaderno de Tarea y práctica encontrarás una copia de un organizador gráfico.

## Trabajadores y consumidores

**Datos**

| Las personas dependen unas de otras. | Las personas comercian unas con otras. | Las personas usan recursos. | Las personas se comunican. |
|---|---|---|---|

**Generalización**

 ## Pautas de redacción de California

**Crea un anuncio** Después de que las personas fabrican los productos, los venden. Para venderlos, escriben anuncios. Elige un producto que te guste, como las pasas. Escribe un anuncio para vender ese producto.

**Escribe los pasos** Elige un alimento que te guste. Investiga cómo llega al supermercado para su venta. Escribe e ilustra los pasos en una cartulina.

## Usa el vocabulario

Escribe una definición para cada palabra. Luego, escribe una oración con cada palabra que explique el significado de las palabras.

1. **sueldo,** pág. 415
2. **servicio,** pág. 416
3. **recursos de capital,** pág. 423
4. **fabricar,** pág. 424
5. **exportar,** pág. 430
6. **Internet,** pág. 439
7. **enlace de comunicación,** pág. 440

## Aplica las destrezas

**Usar la latitud y la longitud**
Consulta el mapa de la página 435 para responder a las siguientes preguntas.

8. **DESTREZA DE ANÁLISIS** ¿Cerca de qué línea de latitud está Los Angeles, California?

9. ¿Cerca de qué líneas de latitud y de longitud está Reno, Nevada?

## Recuerda los datos

**Responde a las siguientes preguntas.**

10. ¿De qué manera obtenían bienes unas personas de otras antes de que se empezara a usar el dinero?

11. ¿Por qué los países importan bienes?

**Escribe la letra de la mejor opción.**

12. ¿Cuál de las siguientes opciones es un recurso natural?
    A el dinero
    B una fábrica
    C la energía eólica
    D una computadora

13. ¿Qué tecnología ha permitido que las computadoras "hablen" unas con otras?
    A los trenes
    B Internet
    C los automóviles
    D el telégrafo

## Piensa críticamente

14. **DESTREZA DE ANÁLISIS** ¿Por qué hay distintas industrias en diferentes lugares?

15. **DESTREZA DE ANÁLISIS** ¿Por qué crees que California exporta verduras?

# Destrezas de estudio

## USAR UNA GUÍA DE PREPARACIÓN

Una guía de preparación te ayudará a anticipar, o predecir, lo que vas a aprender mientras lees.

- ▶ **Observa el título de la lección y los títulos de las secciones. Son pistas sobre lo que vas a leer.**

- ▶ **Lee previamente las preguntas del Repaso de la lectura. Usa lo que sabes sobre el tema de cada sección para predecir las respuestas.**

- ▶ **Lee para determinar si tus predicciones fueron correctas.**

### Funcionar en un libre mercado

| Repaso de la lectura | Predicción | ¿Correcto? |
|---|---|---|
| ¿Qué derechos les da un libre mercado a los dueños de los negocios? | Los dueños de los negocios pueden fabricar y vender cualquier producto o servicio. | ✓ |

## Aplica la destreza mientras lees

Elabora una guía de preparación para cada lección. Recuerda leer la pregunta de Repaso de la lectura antes de hacer tu predicción. Cuando termines de leer, comprueba si tus predicciones fueron correctas.

**Normas de Historia y Ciencias Sociales de California, Grado 3**

**3.5 Los estudiantes demuestran destrezas básicas de razonamiento económico y una comprensión de la economía de la región.**

# Costos y beneficios

▶ Personas que van y vienen de su trabajo en Los Angeles, California.

# Carlos y la feria

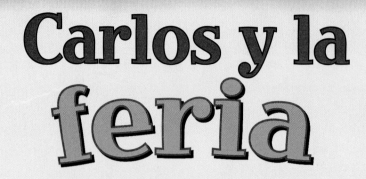

### por Jan Romero Stevens
### ilustrado por Jeanne Arnold

Carlos y Gloria vivían en casas vecinas. Cada año se celebraba en el pueblo una fiesta de verano con un carnaval, mucha comida y una feria donde la gente del lugar exhibía productos, como sus mejores verduras y animales de granja. Este año, Carlos participaba con Gordito, su conejo. Lee y fíjate en la valiosa lección que aprende Carlos en su visita al carnaval.

**C**uando Gloria le dio a la piñata con todas sus fuerzas, volaron por todas partes caramelos de muchos colores.

Quitándose la venda de los ojos, gritó: —¡Feliz cumpleaños, Carlos!

Carlos sonrió. De repente se sentía mucho mayor.

Él y Gloria recogieron rápidamente los dulces que habían caído de la piñata y se sentaron a comer su pastel de cumpleaños. Cuando Carlos estaba terminando su último trozo, su padre le dio un regalo: dos boletos para la feria y cinco dólares para gastar.

—Ahora ten cuidado —dijo su papá, dándole una palmadita en la espalda—. El tonto y su dinero se separan pronto.

Carlos le sonrió a su padre y se sentó bien derecho. —Papá, ¿se te olvidó? Ahora soy mayor. Yo sé cómo cuidar mi dinero.

A la mañana siguiente de su cumpleaños, Carlos se levantó temprano, impaciente por ir con Gloria a la feria. Se llenó los bolsillos con todas sus monedas sueltas, el dinero que había ganado cuidando al perro del señor López y los cinco dólares que su padre le había dado. Tenía en total diez dólares. Sintiéndose rico, se dirigió a la casa de Gloria.

Mientras caminaban por la senda de tierra hacia el pueblo, Carlos y Gloria se entusiasmaron con lo que ya alcanzaban a ver, oír y oler de la feria. Podían ver la rueda gigante dando vueltas y escuchar los gritos de la gente en las emocionantes atracciones.

Atraído por los gritos de la gente subida en las atracciones de la feria, convenció a Gloria para que subiera con él a La Tormenta, una atracción que agitaba y contorsionaba a los pasajeros.

Mientras esperaban en la fila, Carlos sintió que se le revolvía el estómago viendo a los pasajeros allá arriba. Pero ya era demasiado tarde para marcharse, de modo que él y Gloria ocuparon un asiento y se abrocharon los cinturones. El viaje comenzó con una rápida sacudida, y Carlos y Gloria fueron lanzados contra los lados de su carro y después quedaron con la cabeza hacia abajo. Carlos estaba muy mareado cuando finalmente el carro fue perdiendo velocidad hasta detenerse.

—¡Qué divertido!—gritó Gloria, saltando por la rampa para salir de la atracción—. ¡Vamos otra vez!

Carlos estaba mareado. Se apoyó en uno de los quioscos y sintió escalofríos. —Ahora no— dijo lentamente, tratando de sonreír con valentía. Miró el quiosco de juegos donde estaba parado. Colgando de los lados del quiosco había una variedad de coloridos premios: ovejitas de peluche, jirafas rosadas y avioncitos de madera con hélices rojas que giraban con la brisa.

El hombre del quiosco les gritó: —Dos intentos por un dólar. ¡Todo el mundo gana! —dijo, mientras le daba un buen impulso a la rueda de madera y lanzaba un dardo a los globos de colores que giraban rápidamente. Uno de color rojo se reventó.

—Es simple—dijo, guiñándole un ojo a Gloria—. Cada globo vale veinticinco puntos. Consigue cien puntos y puedes escoger el premio que quieras.

Carlos contó su dinero. Todavía tenía cuatro dólares, lo cual le daría ocho oportunidades para reventar cuatro globos. Sería fácil ganar.

Puso de un manotazo un dólar sobre el mostrador y tomó dos dardos. Con el primer dardo falló por completo, pero reventó un globo con el siguiente tiro. Le entregó otro dólar al hombre y probó otra vez.

Carlos apuntó cuidadosamente, falló una vez y luego reventó un globo azul; veinticinco puntos más. —¡Qué suerte!—dijo el hombre. Carlos tenía cincuenta puntos y le quedaban dos dólares.

Con entusiasmo le entregó otro dólar al hombre y lanzó dos dardos más, reventando otro globo. —Tuviste suerte otra vez—dijo el hombre—. Ya casi lo consigues.

—No hay problema —dijo Carlos, sumando rápidamente su puntuación. Tenía setenta y cinco puntos. Sólo necesitaba reventar un globo más. Estaba cerca del triunfo, pero no le gustaba mucho gastarse todo su dinero.

—Te voy a decir una cosa —dijo el hombre—. Como me has caído bien, te voy a dar tres lanzamientos por ese dólar. Seguro que esta vez lo consigues.

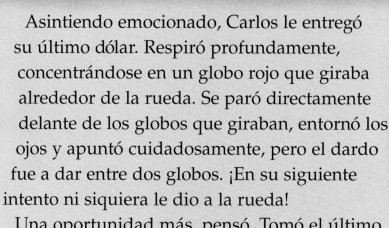

Asintiendo emocionado, Carlos le entregó su último dólar. Respiró profundamente, concentrándose en un globo rojo que giraba alrededor de la rueda. Se paró directamente delante de los globos que giraban, entornó los ojos y apuntó cuidadosamente, pero el dardo fue a dar entre dos globos. ¡En su siguiente intento ni siquiera le dio a la rueda!

Una oportunidad más, pensó. Tomó el último dardo y lo lanzó tan fuertemente como pudo. El dardo rozó el borde de un globo, pero el globo no se reventó.

—¡Oooh, qué lástima!—dijo el hombre moviendo la cabeza—. Pero de todos modos, todo el mundo gana en este quiosco. Tenemos un buen premio para ti. Cierra los ojos y abre la mano.

Carlos sintió que algo le caía en la palma de la mano. Abrió los ojos. Era una araña negra de plástico con ojos verdes.

Decepcionado, Carlos se metió la araña en el bolsillo. — Vámonos—le dijo a Gloria.

Cuando estaban saliendo de la feria, Gloria quiso parar para ver los animales de granja.

De repente, Carlos se acordó de su conejo. Él y Gloria se apresuraron para llegar adonde guardaban los animales más pequeños. Gordito frotó la nariz contra los dedos de Carlos. Una gran cinta azul y dorada que decía "El mejor de la exhibición" colgaba de la jaula.

—¡Híjole! —gritó Carlos—. ¡Gordito ganó el primer premio! Corrió hacia la mujer que estaba encargada de los conejos. —¿Me lo puedo llevar a casa ahora? —preguntó, y la mujer asintió con la cabeza. Carlos regresó a la jaula de Gordito, levantó con cuidado al conejo ganador y lo puso bajo su brazo.

—No te olvides del dinero del premio —dijo la mujer, y le dio a Carlos los cinco dólares de premio. ¡Carlos estaba feliz!

Carlos y Gloria empezaron a caminar hacia la salida de la feria, pasando los quioscos donde se vendían los tamales y el pozole, el elote asado y las sopaipillas. Cuando salían, el hombre de otro quiosco de juegos le gritó a Carlos.

—¡Hey, muchachote! Ven a lanzar la pelota en la cesta. ¡Todo el mundo gana!

Por un momento, Carlos vaciló. Sintió el dinero en su bolsillo y luego dijo que no con la cabeza.

—No. El tonto y su dinero se separan pronto —murmuró, recordando lo que le había dicho su padre el día de su cumpleaños.

Y acariciando con orgullo la cabeza de Gordito, Carlos invitó a Gloria a volver a su casa para comer otro trozo de pastel.

## Responde

**1** ¿Qué sucedió con el dinero que Carlos recibió el día de su cumpleaños?

**2** ¿Qué lección aprende Carlos? ¿Cómo demuestra que la ha aprendido?

# Trabajar en un libre mercado

### Reflexiona

¿Cómo funciona el libre mercado?

✓ El libre mercado permite que las personas decidan qué bienes o servicios van a fabricar o a vender.

✓ La demanda de los consumidores influye en la oferta de bienes y servicios de los negocios.

✓ La escasez influye en los precios.

### Vocabulario
ganancias pág. 452
libre mercado pág. 452
demanda pág. 454
oferta pág. 454
escasez pág. 455

Generalizar

![Normas de California] Normas de California
**HSS 3.5, 3.5.3**

Los habitantes de Estados Unidos gozan de muchas libertades. Una de ellas es el derecho a abrir un negocio y a intentar administrarlo de manera que permita obtener ganancias. Las **ganancias** son la cantidad de dinero que queda después de pagar los costos de un negocio.

## Libre mercado

En Estados Unidos, se puede fabricar o vender cualquier producto o servicio que la ley permita. Eso se llama **libre mercado**. El gobierno no les dice a los negocios lo que tienen que fabricar o vender.

❯ **Un concurrido centro comercial de Costa Mesa, California**

En un libre mercado, los dueños de los negocios pueden producir lo que quieran. Ofrecen los bienes y servicios que creen que los consumidores desean comprar y con los que esperan obtener ganancias. Los negocios también compiten entre ellos para vender sus bienes y servicios. Los precios deben ser lo suficientemente altos como para cubrir los costos, pero lo suficientemente bajos como para atraer a los consumidores. Los dueños de los negocios también pueden decidir cuánto les van a pagar a sus empleados. Los sueldos deben ser lo bastante bajos como para que los dueños de los negocios obtengan ganancias, pero lo bastante altos como para atraer a los trabajadores. El gobierno sólo interviene cuando los negocios desobedecen la ley.

▶ Dueño de un negocio que vende libros

**Repaso de la lectura** 👁 **Generalizar**

**¿Qué derechos les ofrece el libre mercado a los dueños de los negocios?**

## Los niños en la historia

### Jessica Govea

Jessica Govea trabajaba en el campo, cerca de su hogar en el condado de Kern, California. Jessica, sus padres y la mayoría de los demás trabajadores eran mexicanos. Muchos eran trabajadores migratorios. Los trabajadores ganaban muy poco dinero y no recibían un buen trato. Con solo siete años de edad, Jessica ayudó a su papá a organizar a los trabajadores en un grupo que exigía cambios. Un miembro de ese grupo fue César Chávez.

A los 17 años, Jessica trabajaba a tiempo completo para Chávez. Organizaba marchas y trabajaba en un centro de servicios de ayuda para las familias de trabajadores agrícolas. La organización que ayudó a Chávez a crear se llama Sindicato de Trabajadores Agrícolas Unidos, y ayuda a los trabajadores en todo Estados Unidos.

# La oferta y la demanda

Los dueños de los negocios escuchan a los consumidores para decidir qué fabricar y qué vender. Los deseos de los consumidores crean una **demanda** de ciertos bienes y servicios, es decir, un interés en comprar esos productos. Los negocios ofrecen bienes y servicios que los consumidores desean comprar.

Los productos y servicios que los negocios ofrecen son la **oferta**. Cuando la demanda de un producto es alta, los negocios producen una mayor oferta de ese producto. Por ejemplo, si un videojuego llamado "Caminata en la Luna" se vuelve popular, es probable que la compañía fabrique muchos juegos.

Lo mismo sucede con los servicios. Si hay muchas mascotas en una comunidad, es probable que se abran hospitales para animales y se ofrezcan servicios para pasear perros.

◗ La demanda de servicios para pasear perros mantiene ocupada a esta señora.

| Cómo funcionan la oferta y la demanda | | |
|---|---|---|
| OFERTA | DEMANDA | PRECIO |
| Mucha oferta + | Mucha demanda = | Precio bajo |
| Mucha oferta + | Poca demanda = | Precio muy bajo |
| Poca oferta + | Mucha demanda = | Precio muy alto |
| Poca oferta + | Poca demanda = | Precio alto |

**Analizar tablas**

Esta tabla muestra cómo pueden cambiar la oferta, la demanda y el precio.

❖ ¿A qué equivale mucha oferta y poca demanda?

Los precios muestran qué tan escaso es un producto. La **escasez** significa que no hay suficientes recursos para satisfacer los deseos de todos. Cuando la mosca de la fruta destruyó los cultivos de California, hubo escasez de fruta. Debido a esto, los precios aumentaron.

Hay momentos en los que la demanda de bienes y servicios es baja. A veces, las personas prefieren ahorrar el dinero en vez de gastarlo. Cuando esto sucede, los precios bajan. Si las personas necesitan menos cantidad de un producto, se vuelve menos escaso y el precio de ese producto baja.

❯ **Cuando la mosca de la fruta destruyó los cultivos de California, los precios de la fruta aumentaron.**

**Repaso de la lectura** 🍅 **Generalizar**

**¿Qué sucede con el precio de un producto o servicio cuando hay muy poca demanda?**

**Resumen** Estados Unidos tiene un libre mercado. Las personas pueden elegir qué vender y qué comprar. La oferta y la demanda determinan esas elecciones. Cuando un producto se vuelve más escaso, su precio puede aumentar.

# Repaso

**1.** 💡 ¿Cómo funciona el libre mercado?

**2. Vocabulario** Explica cómo influye la **escasez** en los precios.

**3. Tu comunidad** ¿Qué negocios de tu comunidad satisfacen las nuevas demandas de los habitantes?

**Razonamiento crítico**

**4. Aplícalo** ¿Qué artículo o producto te gustaría tener pero es muy difícil de encontrar?

**5.** 🔲 ¿Qué es probable que suceda con el precio de la madera local después de un incendio forestal?

**6.** ✏️ **Reporte de un negocio** Elige un negocio local o un negocio que se describa en la lección. Haz una lista de los bienes que podría vender. En un párrafo, describe cómo influyen los consumidores en lo que vende un negocio.

**7.** ⭐ **Generalizar** Copia y completa el siguiente organizador gráfico.

**Datos**

| | | |
|---|---|---|

**Generalización** ⬇

Los precios bajan cuando hay poca demanda.

**Integridad**

Respeto

Responsabilidad

Equidad

Bondad

Patriotismo

# Janet Yellen

"¿Por qué estamos en este negocio? A mí me parece que es para fomentar el bienestar de las familias americanas."*

## La importancia del carácter

❓ ¿Por qué es importante que la persona que está a cargo de un banco sea íntegra?

Janet Yellen tiene un trabajo importante. Es la presidenta del Banco de la Reserva Federal de San Francisco. Los bancos de la Reserva Federal de San Francisco trabajan con otros bancos regionales de la Reserva Federal. Juntos ofrecen servicios al banco central de Estados Unidos. El Banco de la Reserva Federal administra los bancos de la nación, toma decisiones que afectan la economía y administra el suministro de dinero.

Cuando era estudiante de universidad, a Janet Yellen le encantaba estudiar cómo funcionaba la economía. Se graduó en Economía con honores de la Universidad de Brown. Janet Yellen siguió sus estudios en la Universidad de Yale, donde obtuvo un doctorado en Economía.

**Janet Yellen**

* Janet Yellen. "Interview with Janet Yellen." *The Region*, junio de 1995.

Más tarde, como profesora de la Universidad de California en Berkeley, la Dra. Yellen siguió estudiando la economía y enseñando cómo funciona.

Cuando Yellen resultó elegida presidenta del Banco de la Reserva Federal de San Francisco, volvió a un sistema que conocía muy bien, ya que había trabajado como economista en el Banco de la Reserva Federal de Washington, D.C. Luego, trabajó en la Casa Blanca como jefa del equipo económico del Presidente, llamado el Consejo de Asesores Económicos.

La historia laboral de la Dra. Yellen demuestra que muchas personas confían en ella para tomar decisiones importantes. El trabajo del Banco de la Reserva Federal afecta a todos los que participan en la economía. Las personas que trabajan en el campo de la economía se alegran de que Janet Yellen tenga este importante trabajo.

**El edificio de la Reserva Federal de San Francisco**

APRENDE en línea

Visita MULTIMEDIA BIOGRAPHIES en **www.harcourtschool.com/hss** para hallar biografías multimedia.

**Biografía breve**

**1946** Nace

**Presente**

**1967** Se gradúa de la Universidad de Brown

**1971** Obtiene un doctorado en Economía de la Universidad de Yale

**1980** Empieza a enseñar en la Universidad de California en Berkeley

**1994** Se convierte en miembro de la Junta Directiva de la Reserva Federal

**2004** Se convierte en presidente del Banco de la Reserva Federal de San Francisco

# Tomar decisiones

### Reflexiona

¿Qué opciones tenemos para usar nuestro dinero?

✔ Debemos tomar decisiones sobre cómo usar el dinero.

✔ Las personas guardan sus ahorros en los bancos.

### Vocabulario

**ingreso** pág. 458
**ahorros** pág. 460
**banco** pág. 460
**depositar** pág. 460

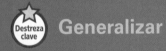

**Generalizar**

🐻 Normas de California
**HSS 3.5, 3.5.3**

El dinero que recibe una persona por su trabajo son sus **ingresos**. La mayoría de las personas usan una parte de sus ingresos para comprar bienes y servicios. También pueden ahorrar parte de esos ingresos. Gastar y ahorrar implican tomar decisiones.

## Gastar dinero

Miguel Herrera es el dueño de una zapatería en Antioch, California. Obtiene sus ingresos de la venta y la reparación de zapatos.

▶ Miguel Herrera aprendió a fabricar zapatos en Guatemala, donde nació. Ahora vende zapatos fabricados en todo el mundo.

Ubícalo

CALIFORNIA

Antioch

▶ Miguel Herrera usa parte de sus ingresos para comprar comida para su familia.

Miguel Herrera usa la mayor parte de sus ingresos para pagar las cosas que él y su familia usan todos los días. Por ejemplo, usa gran parte de su ingreso para pagar los gastos de mantenimiento de su casa. También gasta dinero en comida y en ropa para su familia.

Después de pagar todo esto, aún le queda dinero. Con parte de ese dinero compra cosas que él y su familia desean, como muebles nuevos. "Gasto mucho en clases de ballet para mis tres hijas", dice.

**Repaso de la lectura** ☼ **Generalizar**
**¿Cómo gasta sus ingresos Miguel Herrera?**

▶ Miguel Herrera gana dinero vendiendo productos y servicios.

# Compartir y ahorrar

Miguel Herrera no gasta todos sus ingresos en él y en su familia. Comparte una parte con otras personas. Les da dinero a grupos que ayudan a las personas de su comunidad y de distintas partes del mundo.

Miguel Herrera también guarda una parte de sus ingresos. La parte de los ingresos que las personas no usan para comprar bienes y servicios se llama **ahorros**. Muchas personas guardan sus ahorros en un banco. Un **banco** es un negocio que guarda y protege el dinero.

Cuando puede, Miguel Herrera **deposita**, es decir, pone, dinero en su cuenta de ahorros. Miguel Herrera también usa parte de sus ingresos para comprar cosas que pueden valer más en el futuro.

❯ **Miguel Herrera deposita en el banco una parte del dinero que gana.**

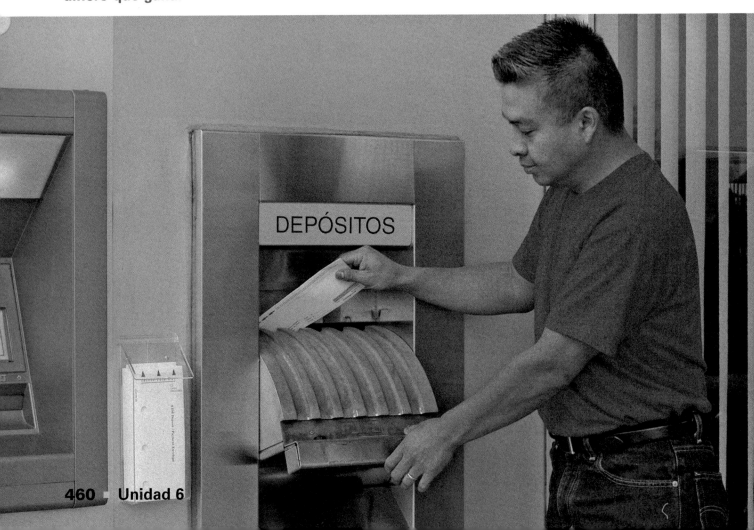

Miguel Herrera también compra acciones. Muchos negocios grandes venden acciones al público en el mercado de valores. Las personas que compran acciones están comprando una parte de una compañía. Esperan que el valor de su dinero aumente con el tiempo.

**Repaso de la lectura** 🔘 **Generalizar**

**¿Qué hacen las personas con los ingresos que les sobran?**

**Resumen** Las personas usan la mayor parte de sus ingresos para pagar las cosas que usan todos los días. También usan sus ingresos para comprar lo que desean. Luego, eligen cómo gastar el dinero que les sobra. Pueden compartir o ahorrar el dinero que no gastan.

▶ Miguel Herrera se mantiene al tanto de su cuenta corriente y de su cuenta de ahorros a través de Internet. También usa Internet para comprobar el valor de sus acciones.

# Repaso

1. 💡 ¿Qué opciones tenemos para usar nuestro dinero?

2. **Vocabulario** Escribe un párrafo con los términos **banco**, **ahorros** y **depositar**.

3. **Tu comunidad** Menciona dos bancos de tu comunidad o que estén cerca de ella. Indica dónde están ubicados. Compara tu lista con las de tus compañeros de clase.

## Razonamiento crítico

4. **Aplícalo** ¿Dónde guardas tus ahorros?

5. 🔲 **DESTREZA DE ANÁLISIS** ¿Cuál es la ventaja de ahorrar dinero?

6. 🖌️ **Haz una encuesta** Pregunta a algunos adultos que conozcas de qué manera ganan sus ingresos. Investiga si proporcionan un producto o un servicio. Comparte lo que encuentres con la clase.

7. ⭐ **Destreza clave** **Generalizar**
En una hoja de papel, copia y completa el siguiente organizador gráfico.

| Datos | | |
|---|---|---|
|  |  |  |

**Generalización**

Miguel Herrera toma decisiones inteligentes sobre cómo gastar su dinero.

# Hacer un presupuesto

### Reflexiona

¿Qué herramienta usan las personas para decidir cómo gastar el dinero?

✔ Hacer un presupuesto permite llevar el control del dinero que se ingresa y del que se gasta.

✔ Un presupuesto ayuda a decidir cómo usar el dinero.

**Vocabulario**
presupuesto pág. 462

**Destreza clave** **Generalizar**

Normas de California
HSS 3.5, 3.5.3

Las personas no pueden permitirse comprar todo lo que desean, sino que tienen que planificar cuánto pueden gastar en las cosas que usan todos los días. También pueden decidir reservar una determinada cantidad de dinero para ahorrar y compartir. El plan que hace una persona sobre cómo gastar, ahorrar y compartir su dinero se llama un presupuesto. Al tener un **presupuesto**, las personas saben cuánto pueden gastar en las cosas que desean.

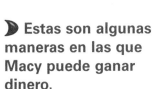

❯ Estas son algunas maneras en las que Macy puede ganar dinero.

# Llevar el control del dinero

Hace poco, Macy hizo un presupuesto para llevar el control de su dinero usando un cuaderno y un lápiz.

En una página escribió el título "Ingreso de dinero", y debajo escribió tres categorías más específicas: "Dinero ganado", "Regalos" y "Mesada".

Debajo de Dinero ganado, Macy anotó las maneras en las que gana dinero. Junto a cada tarea, escribió la cantidad de dinero que ganó por hacerla. En las otras secciones, anotó el dinero que ha recibido como regalo y su mesada habitual.

En otra página, escribió el título "Dinero gastado", y aquí también escribió tres categorías más específicas: "Refrigerios", "Ropa" y "Diversión". Debajo de cada categoría, hizo una lista de cómo gasta el dinero, las cosas que compra a menudo y lo que cuestan.

**Repaso de la lectura** ⚙ **Generalizar**
**¿Qué tipo de información se incluye en un presupuesto?**

Ingreso de dinero

Dinero ganado
trabajo de
jardinería        $2.00
bañar perros   $4.00

Regalos
de la abuela para mi
cumpleaños     $10.00

Mesada           $10.00
                      por semana

❯ Macy anotará en su cuaderno cuánto dinero gana por bañar perros.

# Usar un presupuesto

Dinero gastado

**Refrigerios**
mezcla de
nueces     $4.00
**Ropa**
jeans     $25.00
**Diversión**
cine     $6.00

Formas de gastar menos:
• comprar menos refrigerios
• no comprar blusa nueva

Macy pensó en cosas especiales que deseaba. Luego, consultó su presupuesto para decidir qué podía comprar.

Una de las cosas que deseaba era una bicicleta. Según su presupuesto, no tenía suficiente dinero para comprarla en ese momento. Necesitaría ahorrar durante un tiempo para comprar la bicicleta que quería.

Entonces, empezó a eliminar cosas de la lista de "Dinero gastado". Decidió gastar menos dinero en refrigerios. También eligió no comprarse una blusa nueva.

Luego, Macy miró la página de "Ingreso de dinero" y pensó cómo podría ganar más.

❯ **Una vez que Macy supo en qué gastaba el dinero, pudo decidir cómo gastar menos.**

Macy decidió cuidar mascotas y pasear más perros en su vecindario. También pensó en hacer más trabajo de jardinería. Sabía que a su madre no le gustaba sacar la basura, así que decidió preguntarle si ese podía ser un nuevo trabajo para ella.

Con la ayuda de su presupuesto, Macy se dio cuenta de que podría comprar la bicicleta dentro de unos meses. Todo lo que tenía que hacer era reducir los gastos y ganar un poco más de dinero.

**Macy pagó la bicicleta con dinero que ganó y ahorró. Su presupuesto la ayudó a alcanzar esta meta.**

**Repaso de la lectura** 🔑 **Generalizar**

**¿De qué manera hacer un presupuesto puede ayudar a una persona a alcanzar sus metas?**

**Resumen** Para hacer un presupuesto, anota información sobre el dinero que ingresas y el que gastas. Organiza la información por categorías. El presupuesto te ayudará a planificar y a alcanzar metas.

## Repaso

**1.** ¿Qué herramienta usan las personas para decidir cómo gastar el dinero?

**2. Vocabulario** Piensa en algo que quieras comprar. Escribe una oración con el término **presupuesto**; la oración debe explicar cómo podrías alcanzar tu meta.

**3. Tu comunidad** ¿Qué trabajos podrías hacer en tu casa y para tus vecinos para ganar dinero?

**Razonamiento crítico**

**4. Aplícalo** ¿De qué manera tener un presupuesto te facilitaría alcanzar una meta?

**5.** **DESTREZA DE ANÁLISIS** ¿Cuáles crees que son las ventajas de tener un presupuesto?

**6.** **Haz un presupuesto** Haz un presupuesto en el que describas cómo gastas el dinero.

**7.** **Destreza clave** **Generalizar** En una hoja de papel, copia y completa el siguiente organizador gráfico.

**Datos**

| | | |
|---|---|---|
| | | |

**Generalización**

Un presupuesto puede ayudar a una persona a ahorrar dinero para alcanzar una meta.

# Tomar una decisión económica

## ❱ Por qué es importante

Cuando compras algo en una tienda, estás tomando una decisión sobre cómo gastar tu dinero. No puedes comprar todo lo que quieres, así que debes gastar tu dinero con prudencia.

## ❱ Lo que necesitas saber

Estos pasos te pueden ayudar a tomar una decisión prudente.

**Paso 1** **Piensa en la consecuencia económica. Para comprar o hacer una cosa, tienes que renunciar a la oportunidad de comprar o hacer otra cosa. Eso se llama consecuencia económica.**

**Paso 2** **Ahora piensa en el costo de oportunidad. El costo de oportunidad es aquello a lo que renuncias para obtener lo que deseas.**

## ❱ Practica la destreza

Imagina que vas a comprar un casco de bicicleta. Tienes $25. Tendrás que elegir qué casco comprar.

El casco A está en la tienda de bicicletas. Es el último modelo, y viene en diseños de colores brillantes. Cuesta $25. El casco B cuesta $15. Es de un solo color, pero ofrece la misma protección que el casco A.

**Casco A**

**Casco B**

**1** Si compras el casco A, ¿cuál es la consecuencia económica? ¿Y si compras el casco B?

**2** ¿Cuál es el costo de oportunidad si compras el casco A? ¿Y si compras el casco B?

**3** ¿Qué decisión vas a tomar? ¿Por qué?

## ❯ Aplica lo que aprendiste

**DESTREZA DE ANÁLISIS Aplícalo** Piensa en una decisión reciente que tomaste cuando compraste algo. ¿Cuál era la consecuencia económica? ¿Cuál era el costo de oportunidad? ¿Crees que fue una decisión prudente? Explica tu respuesta.

# Invertir en ti mismo

💡 **Reflexiona**

¿Qué puedes hacer para invertir en tu capital humano?

✓ Las elecciones que se hacen hoy afectan el futuro.

✓ Aprender cosas nuevas aumenta el capital humano.

**Vocabulario**
**capital humano**
pág. 468

**Generalizar**

**Normas de California**
HSS 3.5.4

Un presupuesto te ayuda a planificar cómo gastar tu capital, es decir, el dinero que tienes. También tomas decisiones sobre cómo usar tus destrezas y conocimientos. Todo esto forma tu **capital humano**. La manera en la que uses ahora tu capital humano personal te ayudará a planificar el futuro.

## Planificar el futuro

A Emily y a Alex les gusta hablar de lo que quieren hacer cuando sean grandes. A Alex le encantan los animales. Piensa que podría gustarle trabajar con animales como peluquero o como veterinario.

▶ A Emily le gusta construir cosas.

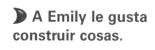

A Emily le gusta construir cosas. Disfruta con todo tipo de juegos de construcción. Piensa que tal vez le gustaría trabajar en el campo de la construcción o ser arquitecta.

Emily y Alex no saben *exactamente* lo que quieren ser cuando crezcan. Aun así, tienen una idea clara del tipo de cosas que les gustan. Aunque están en tercer grado, ya pueden buscar oportunidades para llegar a ser lo que desean. Una oportunidad es la ocasión de hacer algo.

La educación es una oportunidad importante. Aprender todo lo que puedan ayudará a Emily y a Alex a que les vaya bien en el futuro.

Emily y Alex se esfuerzan por ser buenos estudiantes, buenos miembros de sus familias y buenos amigos. También tratan de ser buenos ciudadanos de su comunidad.

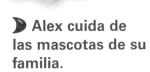

▶ Alex cuida de las mascotas de su familia.

**Repaso de la lectura** ☉ **Generalizar**

**¿Por qué es importante tratar de ser un buen estudiante?**

▶ Si se esfuerzan ahora en la escuela, Alex y Emily tendrán mejores oportunidades.

# Usar el capital humano

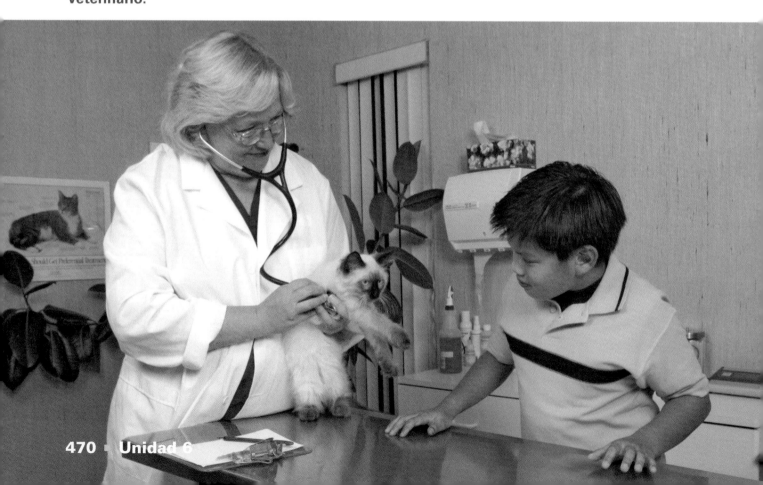

**El tiempo, el esfuerzo y los buenos hábitos de trabajo de Emily forman parte de su capital humano.**

En la escuela, Alex escucha con atención lo que dice el maestro. Hace preguntas cuando no entiende la lección. Sabe que esto lo ayudará a que le vaya bien en sus estudios.

Después de la escuela, Emily hace su tarea antes de jugar con sus amigos o de ver la televisión. Ella misma se ha puesto una regla: no ir a jugar hasta que la tarea esté hecha. Emily también está tratando de desarrollar su capital humano.

Además, Alex y Emily están intentando aprender más sobre los trabajos que les interesan. Alex saca de la biblioteca libros sobre el cuidado de los animales y lee cuentos sobre mascotas. Cuando sus padres llevan al gato de la familia al veterinario para hacerle una revisión, Alex los acompaña. El veterinario siempre está dispuesto a responder a sus preguntas.

**Alex usa su capital humano para aprender más sobre el trabajo de un veterinario.**

Emily ha empezado un álbum de recortes de puentes que le interesan. Toma fotografías de los puentes que más le gustan. Luego, busca en Internet para investigar más sobre sus puentes preferidos.

**Repaso de la lectura** ☼ **Generalizar**

**¿De qué manera se están preparando Emily y Alex para el futuro?**

**Resumen** La escuela es el "trabajo" que hacen los estudiantes. Los ayuda a desarrollar su capital humano personal. La educación es una oportunidad que ayuda a las personas a desarrollar su capital humano para poder llegar a ser lo que quieren ser. Los jóvenes pueden prepararse para el futuro aprendiendo todo lo que puedan en la escuela.

▶ Emily lee sobre los puentes y los edificios.

---

# Repaso

1. ¿Qué puedes hacer para invertir en tu capital humano?

2. **Vocabulario** Escribe una oración con el término **capital humano**.

3. **Tu comunidad** Haz una lista de algunos de los distintos trabajos que tienen las personas de tu comunidad. Compara tu lista con la de un compañero de clase.

**Razonamiento crítico**

4. **Aplícalo** ¿Cuáles son algunos ejemplos de tu capital humano?

5. **DESTREZA DE ANÁLISIS** ¿De qué manera podría ayudarte en el futuro ser un buen amigo, un buen miembro de la familia y un buen ciudadano?

6. **Escribe un anuncio clasificado** Elige un trabajo que te gustaría tener algún día. Escribe un anuncio clasificado en el que se describa ese trabajo. Incluye los tipos de destrezas y conocimientos que necesitas para tener ese trabajo algún día.

7. **Destreza clave** **Generalizar** Copia y completa el siguiente organizador gráfico.

| Datos | | |
|---|---|---|
| | | |

**Generalización**

Aprender todo lo que puedas mejora tu capital humano.

# Tomar una decisión bien pensada

## ❯ Por qué es importante

Las personas toman decisiones todo el tiempo. Una **decisión** es una elección. Algunas decisiones son fáciles de tomar. Otras decisiones pueden ser muy difíciles. Cuando se toma una decisión bien pensada, se piensa con detenimiento en las consecuencias antes de actuar.

## ❯ Lo que necesitas saber

Emily es una estudiante de tercer grado. Cuando crezca, le gustaría ser arquitecta. Sabe que, para tener ese trabajo, debe estudiar mucho y salir bien en la escuela.

Hoy, Emily tiene mucha tarea. También tiene un nuevo modelo de un puente que quiere armar. ¿Qué debe hacer?

Para tomar una decisión bien pensada, generalmente se siguen estos pasos:

**Paso 1** **Identifica las opciones.**

**Paso 2** **Piensa en las posibles consecuencias de cada opción.**

**Paso 3** **Elige una opción y actúa.**

## ❯ Practica la destreza

Emily está tratando de decidir si debe armar el modelo del puente o dedicar más tiempo a sus estudios. Hizo una tabla para tomar una decisión bien pensada. Copia su tabla, y luego anota dos posibles consecuencias de cada opción.

## ❯ Aplica lo que aprendiste

**DESTREZA DE ANÁLISIS** **Aplícalo** Piensa en una decisión que hayas tomado hace poco. Haz una tabla en la que indiques las opciones y las consecuencias que enfrentaste.

**Destrezas de razonamiento crítico**

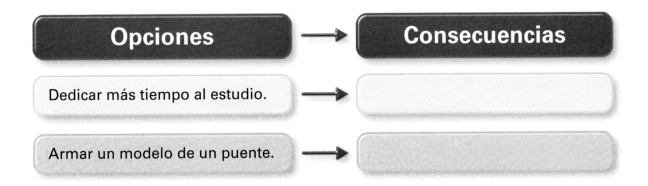

| Opciones | → | Consecuencias |
|---|---|---|
| Dedicar más tiempo al estudio. | → | |
| Armar un modelo de un puente. | → | |

# La lectura en los Estudios Sociales

Cuando **generalizas**, haces una afirmación amplia sobre los datos y detalles que has leído.

 **Generalizar**

Completa el siguiente organizador gráfico para hacer una generalización sobre cómo las personas gastan su dinero. En la página 116 del cuaderno de Tarea y práctica encontrarás una copia de un organizador gráfico.

## Costos y beneficios

**Datos**

| Las personas gastan gran parte de sus ingresos en cosas que usan todos los días. | Las personas elaboran un presupuesto para planificar y alcanzar metas. | Las personas toman decisiones sobre lo que desean. | Las personas pueden ahorrar su dinero. |
|---|---|---|---|

**Generalización**

 **Pautas de redacción de California**

**Escribe una nota de agradecimiento** Imagina que un amigo o pariente te da $25 de regalo. Escríbele una carta de agradecimiento en la que le cuentes lo que hiciste con el dinero y por qué.

**Escribe un plan de negocios** Piensa que vas a abrir un negocio. Escribe un plan en el que indiques lo que vas a fabricar o vender, el precio de tu producto o servicio, y quiénes serán tus clientes.

## Usa el vocabulario

**Escribe la palabra o palabras que corresponden a cada definición.**

**ganancias,** pág. 452

**escasez,** pág. 455

**banco,** pág. 460

**presupuesto,** pág. 462

**capital humano,** pág. 468

1. tus destrezas y conocimientos

2. un negocio que guarda y protege el dinero

3. un plan para gastar, ahorrar y compartir dinero

4. cantidad insuficiente de recursos para satisfacer los deseos de todos

5. cantidad de dinero que queda después de haber pagado los costos de administrar un negocio

## Recuerda los datos

**Responde a las siguientes preguntas.**

7. ¿De qué manera los consumidores contribuyen a decidir qué productos vende un negocio?

8. ¿Por qué las personas ahorran dinero?

**Escribe la letra de la mejor opción.**

9. ¿Cuál de las siguientes opciones es el dinero que se gana por hacer un trabajo?

   A  costo

   B  ingresos

   C  presupuesto

   D  gastos

10. ¿Cuál de las siguientes opciones es una manera de invertir en ti mismo?

    A  comprar refrigerios

    B  ir a la universidad

    C  gastar dinero

    D  regalar dinero

## Aplica las destrezas

**Tomar una decisión económica**

6. **DESTREZA DE ANÁLISIS** Un tipo de leche de chocolate que conoces cuesta $.75. Una marca nueva cuesta $.45. ¿Cuál decides comprar? ¿Por qué?

## Piensa críticamente

11. ¿Por qué a un inventor le gustaría vivir en un país que tiene un sistema de libre mercado?

12. ¿De qué manera desarrollas tu capital humano?

# Una granja ECOLÓGICA

## Prepárate

Los consumidores de todo Estados Unidos compran frutas y verduras procedentes de las granjas ecológicas del valle Central de California. Los agricultores ecológicos cultivan y controlan la maleza y las plagas que los dañan de manera sana y natural. Por ejemplo, en vez de rociar pesticidas químicos sobre los cultivos, los granjeros ecológicos ponen "insectos buenos", como las mariquitas y las crisopas, para que se coman a los "insectos malos" que atacan a los cultivos.

**Ubícalo**
**California**

San Juan Bautista

## Observa

Los visitantes a esta granja pueden comprar flores y productos recién recolectados, y también disfrutar los platos de la cocina ecológica de la granja.

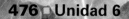

Los niños pueden recolectar verduras y aprender sobre la agricultura ecológica en la huerta infantil Kids' Garden.

## Un paseo virtual

APRENDE en línea

Visita VIRTUAL TOURS en www.harcourtschool.com/hss para realizar un paseo virtual.

# Repaso

 **LA GRAN IDEA**

**Economía** Las personas dependen unas de otras, y también de otros recursos, para producir, comprar y vender bienes y servicios. Las buenas decisiones benefician a la economía de una familia o de una comunidad.

**Resumen** ## Cómo funciona la economía

Las personas trabajan en conjunto para fabricar y vender las cosas que usamos. Los negocios y las personas usan recursos para fabricar bienes y prestar servicios. Comercian unos con otros para conseguir los productos que desean. La tecnología ha cambiado la manera de comunicarnos.

Los habitantes de Estados Unidos viven en un libre mercado. Pueden comprar y vender lo que quieran. Las personas trabajan para tener <u>ingresos</u> y así poder comprar bienes y servicios. Hacer un presupuesto puede ayudar a las personas a decidir qué hacer con el dinero. También pueden decidir invertir en ellas mismas desarrollando su capital humano.

### Ideas principales y vocabulario

**Lee el resumen anterior. Luego responde a las siguientes preguntas.**

1. ¿Qué significa la palabra <u>ingresos</u>?
   A el dinero que ganas por el trabajo que haces
   B ahorrar dinero en un banco
   C el derecho a gastar dinero
   D elegir cómo gastar el dinero

2. ¿Cuál de estas oraciones sobre Estados Unidos es verdadera?
   A Las personas pueden comprar y vender lo que quieran.
   B Todos tienen la misma cantidad de dinero.
   C Las personas venden solo lo que el gobierno fabrica.
   D Las personas compran lo que dice el gobierno.

## Responde a las siguientes preguntas.

**3.** ¿De qué manera usan los habitantes de California el recurso natural del suelo?

**4.** ¿Cuándo interviene el gobierno en los negocios?

**5.** ¿Por qué las personas ganan dinero?

**6.** ¿Por qué las personas usan presupuestos?

## Escribe la letra de la mejor opción.

**7.** ¿Por qué los países comercian unos con otros?
**A** para usar Internet
**B** por el comercio interestatal
**C** para conseguir los productos que quieren
**D** para comunicarse unos con otros

**8.** ¿Cuál de las siguientes opciones forma parte de tu capital humano?
**A** el lugar en el que vives
**B** tus destrezas y conocimientos
**C** la tecnología que usas
**D** la cantidad de dinero que tienes

**9.** ¿Qué significa *libre mercado?*
**A** que se pueden obtener artículos gratis en las tiendas
**B** que las personas deben ser responsables de sus mascotas
**C** que las personas pueden comprar y vender lo que quieran
**D** que se deben pagar impuestos sobre la propiedad

**10.** **DESTREZA DE ANÁLISIS** ¿De qué manera la tecnología ha cambiado la forma de hacer negocios?

**11.** ¿De qué manera los negocios locales usan los recursos naturales, humanos y de capital hoy en día?

**12.** ¿Qué relación hay entre tu trabajo en el salón de clases y tu capital humano?

## Usar la latitud y la longitud

**DESTREZA DE ANÁLISIS** Consulta el mapa para responder a las siguientes preguntas.

**13.** ¿Qué línea de latitud se encuentra más al sur en California?

**14.** ¿Qué estado limita en parte con California en la línea de longitud 120°O?

**California: Latitud y longitud**

# Actividades

## Muestra lo que sabes

## Lecturas adicionales

■ *Los inventores y sus inventos* por Eleana Martin.

■ *Niños con negocios* por Susan Ring.

■ *Wall Street* por Susan Ring.

## Actividad de redacción

**Entrevista a un trabajador**
Piensa en alguien cuyo trabajo podría gustarte tener algún día. Entrevista a esa persona. Investiga cómo es su trabajo. Luego, escribe la entrevista. Júntala con las entrevistas de tus compañeros de clase y hagan un libro.

## Proyecto de la unidad

**Haz un periódico**
Planifiquen y desarrollen un periódico para su comunidad. Algunos estudiantes pueden escribir artículos, otros pueden editarlos, y otros pueden tomar fotografías o hacer dibujos que acompañen a los artículos. Tal vez puedan vender el periódico en la escuela o en la comunidad.

APRENDE en línea

Visita ACTIVITIES en **www.harcourtschool.com/hss** para hallar otras actividades.

# Para tu referencia

ATLAS

MANUAL DE INVESTIGACIÓN

DICCIONARIO BIOGRÁFICO

DICCIONARIO GEOGRÁFICO

GLOSARIO

ÍNDICE

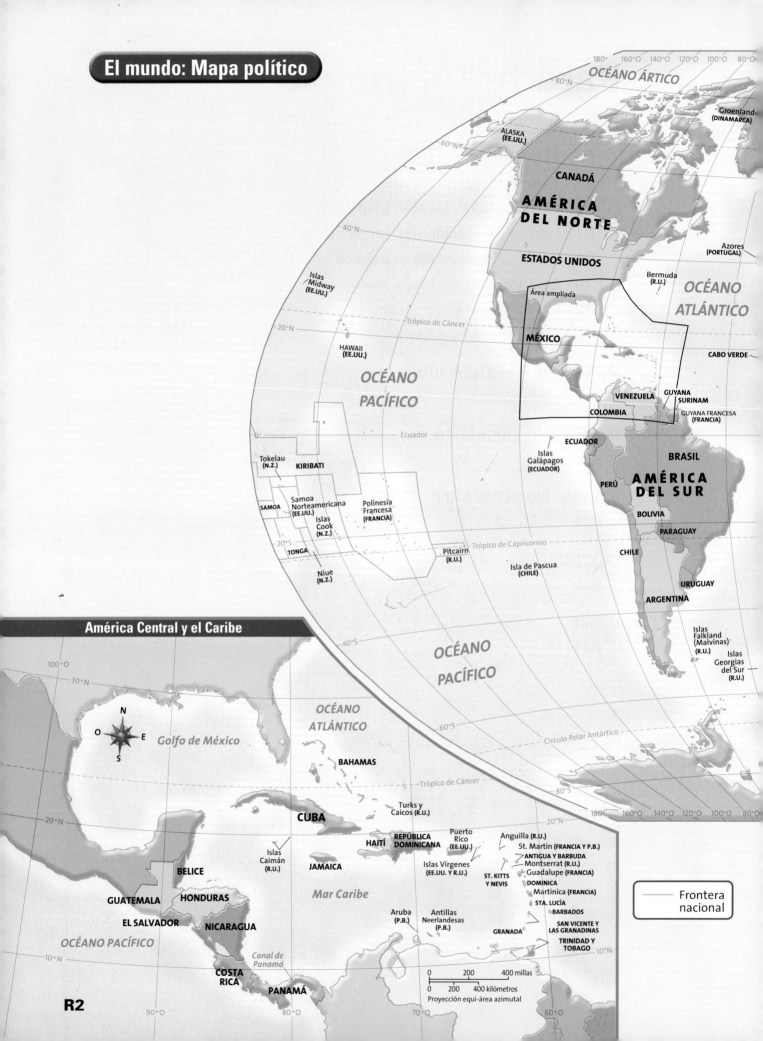

# El mundo: Mapa político

OCÉANO ÁRTICO

180° 160°O 140°O 120°O 100°O 80°O

80°N

Groenlandia
(DINAMARCA)

ALASKA
(EE.UU.)

60°N

CANADÁ

AMÉRICA
DEL NORTE

40°N

ESTADOS UNIDOS

Azores
(PORTUGAL)

Islas
Midway
(EE.UU.)

Bermuda
(R.U.)

OCÉANO
ATLÁNTICO

Área ampliada

20°N

Trópico de Cáncer

MÉXICO

CABO VERDE

HAWAII
(EE.UU.)

OCÉANO
PACÍFICO

VENEZUELA  GUYANA
SURINAM

COLOMBIA

Guyana Francesa
(FRANCIA)

0°

Ecuador

ECUADOR

BRASIL

Tokelau
(N.Z.)

KIRIBATI

Islas
Galápagos
(ECUADOR)

AMÉRICA
DEL SUR

PERÚ

SAMOA

Samoa
Norteamericana
(EE.UU.)

Polinesia
Francesa
(FRANCIA)

BOLIVIA

Islas
Cook
(N.Z.)

PARAGUAY

20°S

Trópico de Capricornio

CHILE

TONGA

Pitcairn
(R.U.)

Isla de Pascua
(CHILE)

URUGUAY

Niue
(N.Z.)

ARGENTINA

Islas
Falkland
(Malvinas)
(R.U.)

40°S

OCÉANO
PACÍFICO

Islas
Georgias
del Sur
(R.U.)

60°S

Círculo Polar Antártico

80°S

180° 160°O 140°O 120°O 100°O 80°O

## América Central y el Caribe

100°O

30°N

N
O · E
S

Golfo de México

OCÉANO
ATLÁNTICO

60°S

BAHAMAS

20°N

20°N

Trópico de Cáncer

Turks y
Caicos (R.U.)

CUBA

Anguilla (R.U.)

Puerto
Rico
(EE.UU.)

St. Martin (FRANCIA Y P.B.)

Islas
Caimán
(R.U.)

HAITÍ

REPÚBLICA
DOMINICANA

ANTIGUA Y BARBUDA

Montserrat (R.U.)

BELICE

JAMAICA

Islas Vírgenes
(EE.UU. Y R.U.)

Guadalupe (FRANCIA)

ST. KITTS
Y NEVIS

DOMINICA

GUATEMALA

HONDURAS

Mar Caribe

Martinica (FRANCIA)

STA. LUCÍA

EL SALVADOR

NICARAGUA

Aruba
(P.B.)

Antillas
Neerlandesas
(P.B.)

BARBADOS

SAN VICENTE Y
LAS GRANADINAS

OCÉANO PACÍFICO

GRANADA

TRINIDAD Y
TOBAGO

10°N

10°N

Canal de
Panamá

COSTA
RICA

PANAMÁ

0        200      400 millas
0   200   400 kilómetros
Proyección equi-área azimutal

Frontera
nacional

90°O  80°O  70°O  60°O

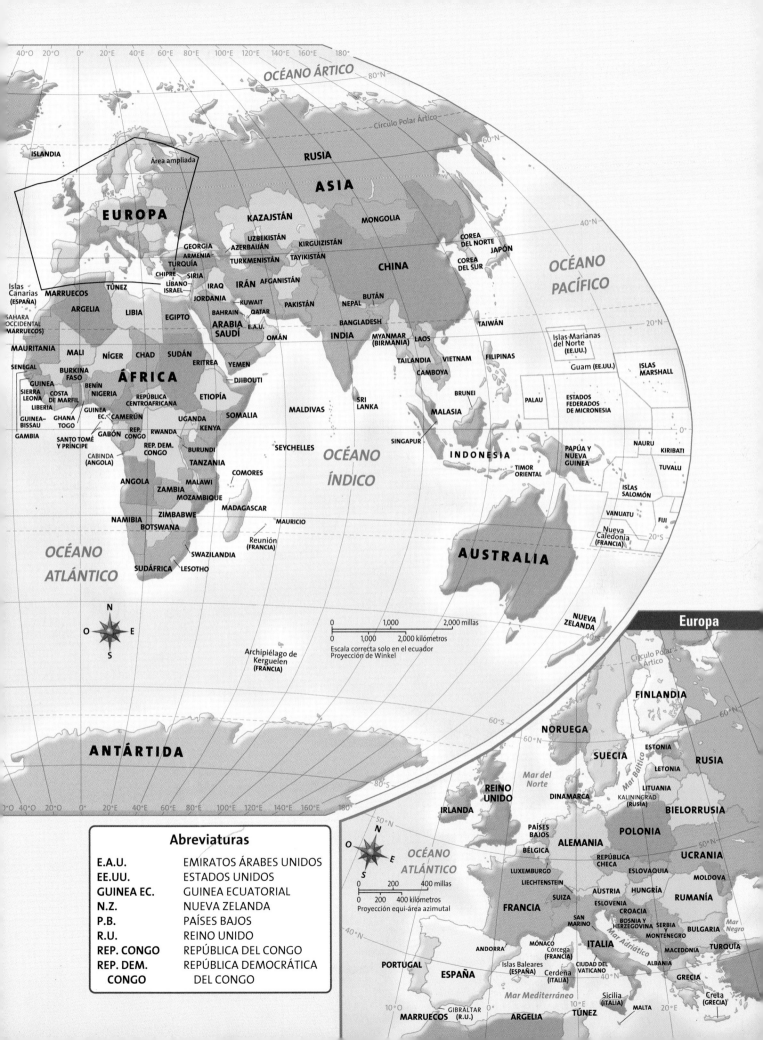

## Mapa mundial

40°O 20°O 0° 20°E 40°E 60°E 80°E 100°E 120°E 140°E 160°E 180°

OCÉANO ÁRTICO

80°N

Círculo Polar Ártico

60°N

ISLANDIA

Área ampliada

EUROPA

RUSIA

ASIA

40°N

KAZAJSTÁN

MONGOLIA

GEORGIA
ARMENIA
AZERBAIJÁN
TURQUÍA
CHIPRE    SIRIA
LÍBANO
ISRAEL

UZBEKISTÁN

KIRGUIZISTÁN

TURKMENISTÁN    TAYIKISTÁN

COREA
DEL NORTE
JAPÓN

COREA
DEL SUR

CHINA

OCÉANO
PACÍFICO

Islas
Canarias
(ESPAÑA)

MARRUECOS    TÚNEZ

IRAQ    IRÁN    AFGANISTÁN

JORDANIA    KUWAIT
QATAR    PAKISTÁN

BUTÁN

NEPAL

BAHRAIN

ARGELIA    LIBIA    EGIPTO

ARABIA
SAUDÍ    E.A.U.

20°N

SAHARA
OCCIDENTAL
(MARRUECOS)

OMÁN

BANGLADESH

INDIA    MYANMAR
(BIRMANIA)    LAOS

TAIWÁN

Islas Marianas
del Norte
(EE.UU.)

MAURITANIA    MALI    NÍGER    CHAD    SUDÁN

ERITREA    YEMEN

DJIBOUTI

TAILANDIA    VIETNAM
CAMBOYA

FILIPINAS

Guam (EE.UU.)

ISLAS
MARSHALL

SENEGAL
GUINEA
SIERRA
LEONA    COSTA
DE MARFIL
LIBERIA    BURKINA
FASO
BENÍN
NIGERIA

ÁFRICA

REPÚBLICA
CENTROAFRICANA

ETIOPÍA

SOMALIA

SRI
LANKA

MALDIVAS

BRUNEI

MALASIA

PALAU

ESTADOS
FEDERADOS
DE MICRONESIA

0°

GUINEA-
BISSAU    GHANA
TOGO
GAMBIA

GUINEA
EC.    CAMERÚN
GABÓN
SANTO TOMÉ
Y PRÍNCIPE    REP.
CONGO

UGANDA

RWANDA    KENYA

SINGAPUR

INDONESIA

PAPÚA Y
NUEVA
GUINEA

NAURU    KIRIBATI

CABINDA
(ANGOLA)    REP. DEM.
CONGO

BURUNDI

TANZANIA

SEYCHELLES

OCÉANO
ÍNDICO

TIMOR
ORIENTAL

TUVALU

ANGOLA    MALAWI
ZAMBIA
MOZAMBIQUE

COMORES

MADAGASCAR

ISLAS
SALOMÓN

NAMIBIA    ZIMBABWE
BOTSWANA

MAURICIO

VANUATU    FIJI

Nueva
Caledonia
(FRANCIA)

20°S

OCÉANO
ATLÁNTICO

SUDÁFRICA    LESOTHO

SWAZILANDIA

Reunión
(FRANCIA)

AUSTRALIA

N
O    E
S

Archipiélago de
Kerguelen
(FRANCIA)

0    1,000    2,000 millas

0    1,000    2,000 kilómetros

Escala correcta solo en el ecuador
Proyección de Winkel

NUEVA
ZELANDA

40°S

ANTÁRTIDA

60°S

80°S

40°O 20°O 0° 20°E 40°E 60°E 80°E 100°E 120°E 140°E 160°E 180°

### Abreviaturas

| | |
|---|---|
| E.A.U. | EMIRATOS ÁRABES UNIDOS |
| EE.UU. | ESTADOS UNIDOS |
| GUINEA EC. | GUINEA ECUATORIAL |
| N.Z. | NUEVA ZELANDA |
| P.B. | PAÍSES BAJOS |
| R.U. | REINO UNIDO |
| REP. CONGO | REPÚBLICA DEL CONGO |
| REP. DEM.
CONGO | REPÚBLICA DEMOCRÁTICA
DEL CONGO |

## Europa

Círculo Polar
Ártico

60°N

FINLANDIA

NORUEGA

ESTONIA

SUECIA

RUSIA

Mar del
Norte

Mar Báltico

LETONIA

LITUANIA

REINO
UNIDO

DINAMARCA

KALININGRAD
(RUSIA)

BIELORRUSIA

IRLANDA

50°N

PAÍSES
BAJOS

ALEMANIA

POLONIA

50°N

N
O    E
S

OCÉANO
ATLÁNTICO

BÉLGICA

REPÚBLICA
CHECA

UCRANIA

LUXEMBURGO

ESLOVAQUIA

MOLDOVA

0    200    400 millas

0    200    400 kilómetros

Proyección equi-área azimutal

LIECHTENSTEIN

SUIZA

AUSTRIA    HUNGRÍA

RUMANÍA

FRANCIA

ESLOVENIA
CROACIA

40°N

ANDORRA

MÓNACO    Córcega
(FRANCIA)

SAN
MARINO

BOSNIA Y
HERZEGOVINA

SERBIA
Y
MONTENEGRO

BULGARIA

Mar
Negro

MACEDONIA    TURQUÍA

ITALIA

ALBANIA

PORTUGAL

Islas Baleares
(ESPAÑA)

CIUDAD DEL
VATICANO

GRECIA

ESPAÑA

Cerdeña
(ITALIA)

40°N

10°O    0°    Sicilia
(ITALIA)

Creta
(GRECIA)

Mar Mediterráneo

10°E    20°E

GIBRALTAR
(R.U.)

MARRUECOS    ARGELIA    TÚNEZ    MALTA

# El mundo: Mapa físico

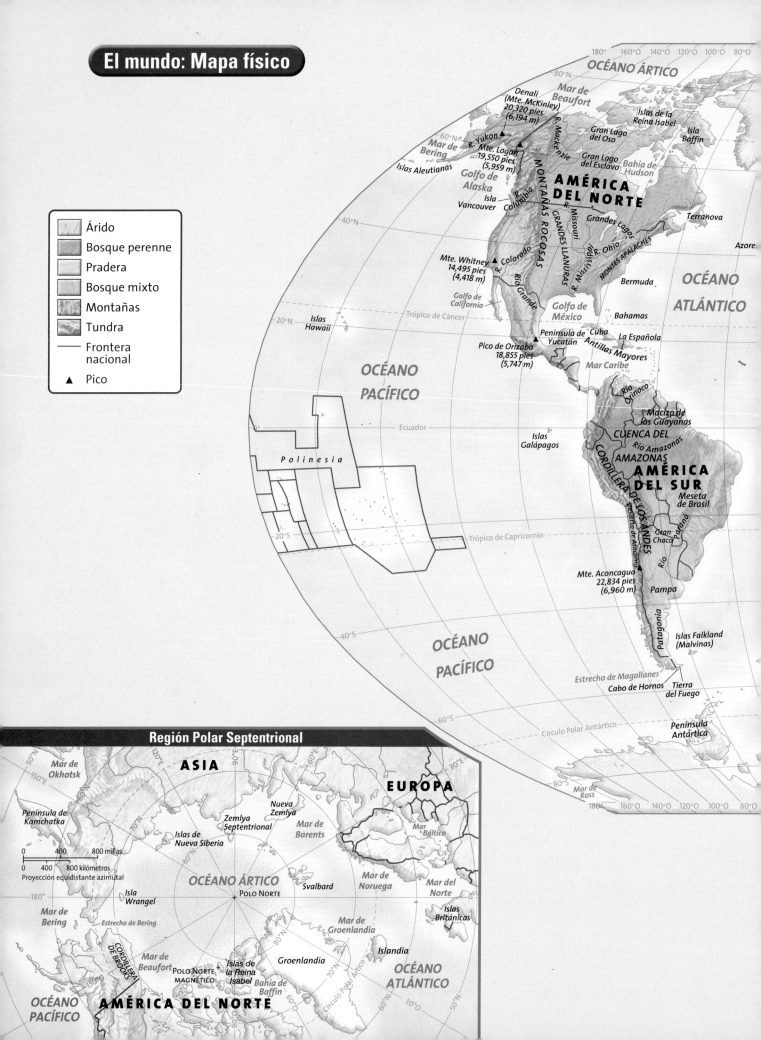

**Leyenda**
- Árido
- Bosque perenne
- Pradera
- Bosque mixto
- Montañas
- Tundra
- —— Frontera nacional
- ▲ Pico

**OCÉANO ÁRTICO**

Mar de Beaufort

Denali (Mte. McKinley) 20,320 pies (6,194 m)

Mar de Bering

R. Yukon
Mte. Logan 19,550 pies (5,959 m)

Islas Aleutianas

Golfo de Alaska

Isla Vancouver

R. Columbia

MONTAÑAS ROCOSAS

R. Mackenzie

Islas de la Reina Isabel

Isla Baffin

Gran Lago del Oso

Gran Lago del Esclavo

Bahía de Hudson

**AMÉRICA DEL NORTE**

GRANDES LLANURAS

R. Missouri

Grandes Lagos

R. Ohio

MONTES APALACHES

Terranova

Azores

Mte. Whitney 14,495 pies (4,418 m)

R. Colorado

Río Grande

Golfo de California

Bermuda

**OCÉANO ATLÁNTICO**

Trópico de Cáncer

Golfo de México

Bahamas

Península de Yucatán

Cuba

Antillas Mayores

La Española

Pico de Orizaba 18,855 pies (5,747 m)

Mar Caribe

Islas Hawaii

**OCÉANO PACÍFICO**

Ecuador

Islas Galápagos

Río Orinoco

Macizo de las Guayanas

CUENCA DEL AMAZONAS

Río Amazonas

Polinesia

**AMÉRICA DEL SUR**

CORDILLERA DE LOS ANDES

Meseta de Brasil

Desierto de Atacama

Gran Chaco

Río Paraná

20°S

Trópico de Capricornio

Mte. Aconcagua 22,834 pies (6,960 m)

Pampa

Río

Patagonia

Islas Falkland (Malvinas)

**OCÉANO PACÍFICO**

Estrecho de Magallanes

Cabo de Hornos

Tierra del Fuego

Península Antártica

Círculo Polar Antártico

Mar de Ross

---

## Región Polar Septentrional

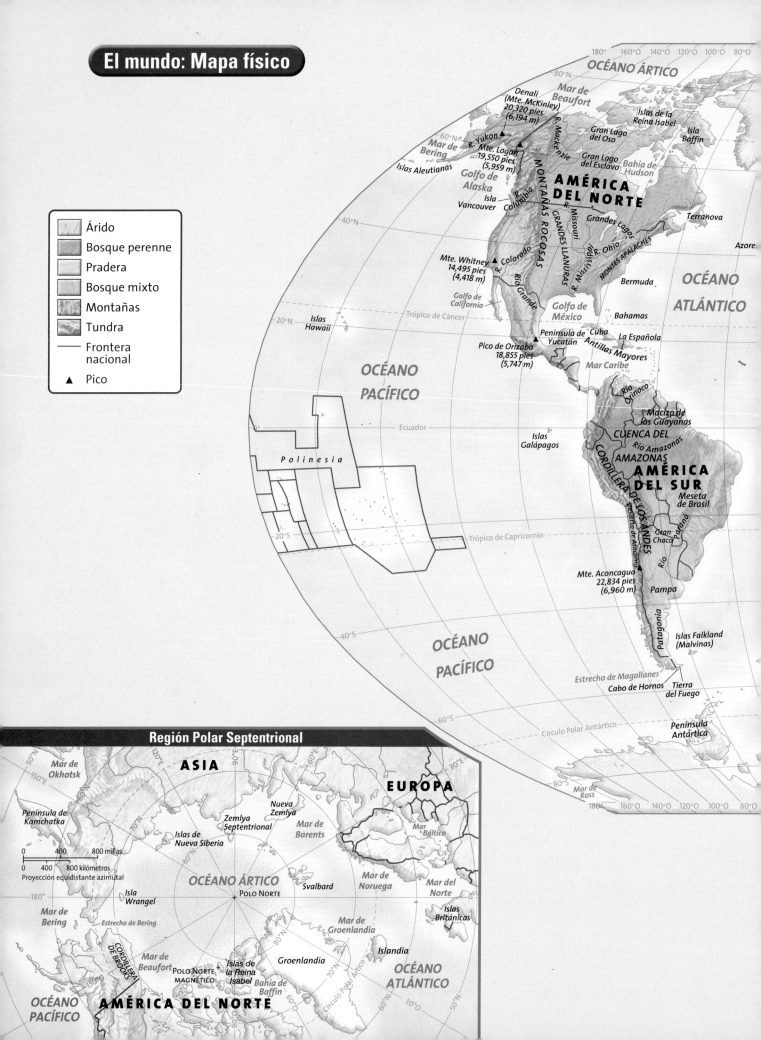

Mar de Okhotsk

**ASIA**

Península de Kamchatka

Islas de Nueva Siberia

Zemlya Septentrional

Nueva Zemlya

Mar de Barents

**EUROPA**

Mar Báltico

0    400    800 millas
0    400    800 kilómetros
Proyección equidistante azimutal

Isla Wrangel

**OCÉANO ÁRTICO**

POLO NORTE

Svalbard

Mar de Noruega

Mar del Norte

Islas Británicas

Mar de Bering

Estrecho de Bering

CORDILLERA DE BROOKS

Mar de Beaufort

POLO NORTE MAGNÉTICO

Islas de la Reina Isabel

Bahía de Baffin

Groenlandia

Mar de Groenlandia

Islandia

**OCÉANO ATLÁNTICO**

**OCÉANO PACÍFICO**

**AMÉRICA DEL NORTE**

Círculo Polar Ártico

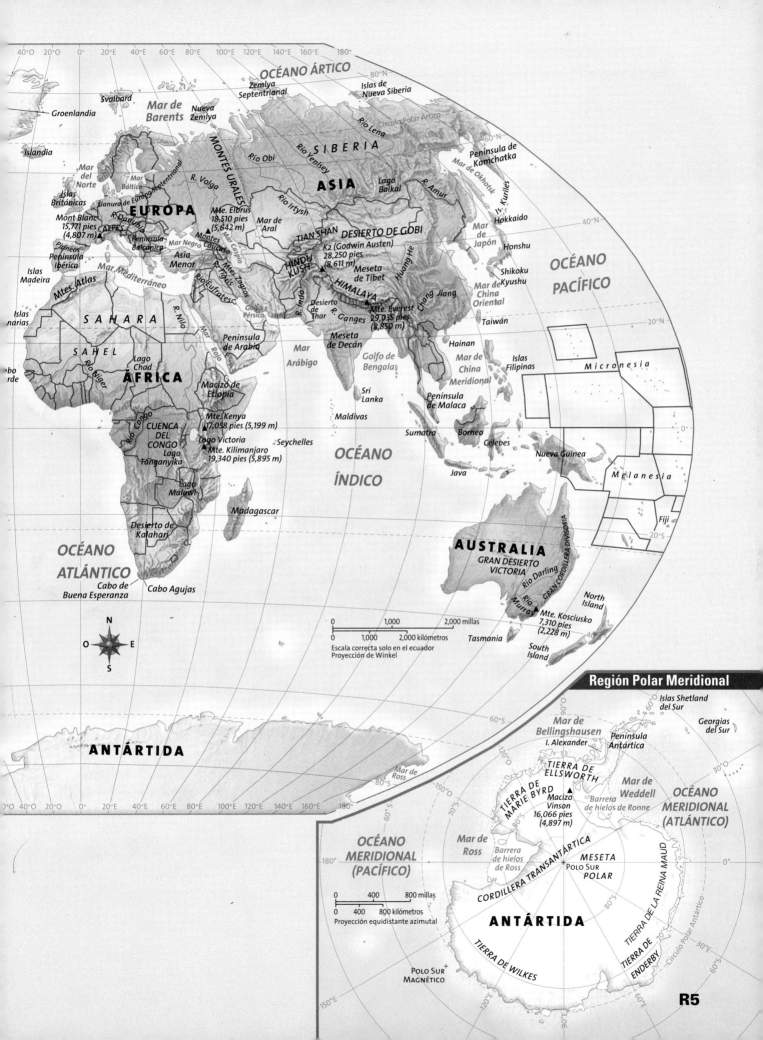

OCÉANO ÁRTICO

Groenlandia
Islandia
Svalbard
Zemlya Septentrional
Nueva Zemlya
Islas de Nueva Siberia
Mar de Barents
Círculo Polar Ártico
Río Lena
SIBERIA
Río Yenisey
Río Obi
MONTES URALES
ASIA
Península de Kamchatka
Mar de Okhotsk
Lago Baikal
R. Amur
Is. Kuriles
Hokkaido

Mar del Norte
Islas Británicas
Mar Báltico
Llanura de Europa Septentrional
EUROPA
R. Danubio
ALPES
Mont Blanc 15,771 pies (4,807 m)
Pirineos
Península Ibérica
Islas Madeira
Islas Canarias
Mont. Cáucaso
Mar Negro
Asia Menor
Península Balcánica
Mar Mediterráneo
Mtes. Atlas

Mte. Elbrus 18,510 pies (5,642 m)
Río Volga
Río Irtysh
Mar de Aral
Mar Caspio
TIAN SHAN
DESIERTO DE GOBI
K2 (Godwin Austen) 28,250 pies (8,611 m)
Meseta de Tíbet
HINDU KUSH
R. Tigris
R. Zagros
R. Éufrates
HIMALAYA
Mte. Everest 29,035 pies (8,850 m)
Huang He
Chang Jiang

Mar de Japón
Honshu
Shikoku
Kyushu
Taiwán
OCÉANO PACÍFICO
Mar de China Oriental

SAHARA
R. Nilo
SAHEL
ÁFRICA
Lago Chad
Río Níger
CUENCA DEL CONGO
Río Congo
Mte. Kenya 17,058 pies (5,199 m)
Lago Victoria
Lago Tanganyika
Mte. Kilimanjaro 19,340 pies (5,895 m)
Lago Malawi

Golfo Pérsico
Península de Arabia
Mar Rojo
R. Indo
Desierto de Thar
Mar Arábigo
Meseta de Decán
R. Ganges
Golfo de Bengala
Sri Lanka
Maldivas
Macizo de Etiopía
Seychelles

Mar de China Meridional
Hainan
Islas Filipinas
Micronesia
Península de Malaca
Sumatra
Borneo
Célebes
Java
Nueva Guinea
Melanesia

OCÉANO ÍNDICO

Madagascar

Desierto de Kalahari

OCÉANO ATLÁNTICO
Cabo de Buena Esperanza
Cabo Agujas

AUSTRALIA
GRAN DESIERTO VICTORIA
Río Darling
GRAN CORDILLERA DIVISORIA
Río Murray
Mte. Kosciusko 7,310 pies (2,228 m)
North Island
South Island
Tasmania

Fiji

N
O        E
S

0    1,000    2,000 millas
0    1,000    2,000 kilómetros
Escala correcta solo en el ecuador
Proyección de Winkel

ANTÁRTIDA

40°O  20°O  0°  20°E  40°E  60°E  80°E  100°E  120°E  140°E  160°E  180°

80°N
60°N
40°N
20°N

Círculo Polar Ártico

---

## Región Polar Meridional

Islas Shetland del Sur
Georgias del Sur
Mar de Bellingshausen
I. Alexander
Península Antártica
TIERRA DE ELLSWORTH
TIERRA DE MARIE BYRD
Macizo Vinson 16,066 pies (4,897 m)
Barrera de hielos de Ronne
Mar de Weddell
OCÉANO MERIDIONAL (ATLÁNTICO)

OCÉANO MERIDIONAL (PACÍFICO)
Mar de Ross
Barrera de hielos de Ross
CORDILLERA TRANSANTÁRTICA
MESETA POLAR
Polo Sur Polar
TIERRA DE LA REINA MAUD
ANTÁRTIDA
TIERRA DE WILKES
TIERRA DE ENDERBY
Círculo Polar Antártico
Polo Sur Magnético

0    400    800 millas
0    400    800 kilómetros
Proyección equidistante azimutal

60°S
70°S
80°S

R5

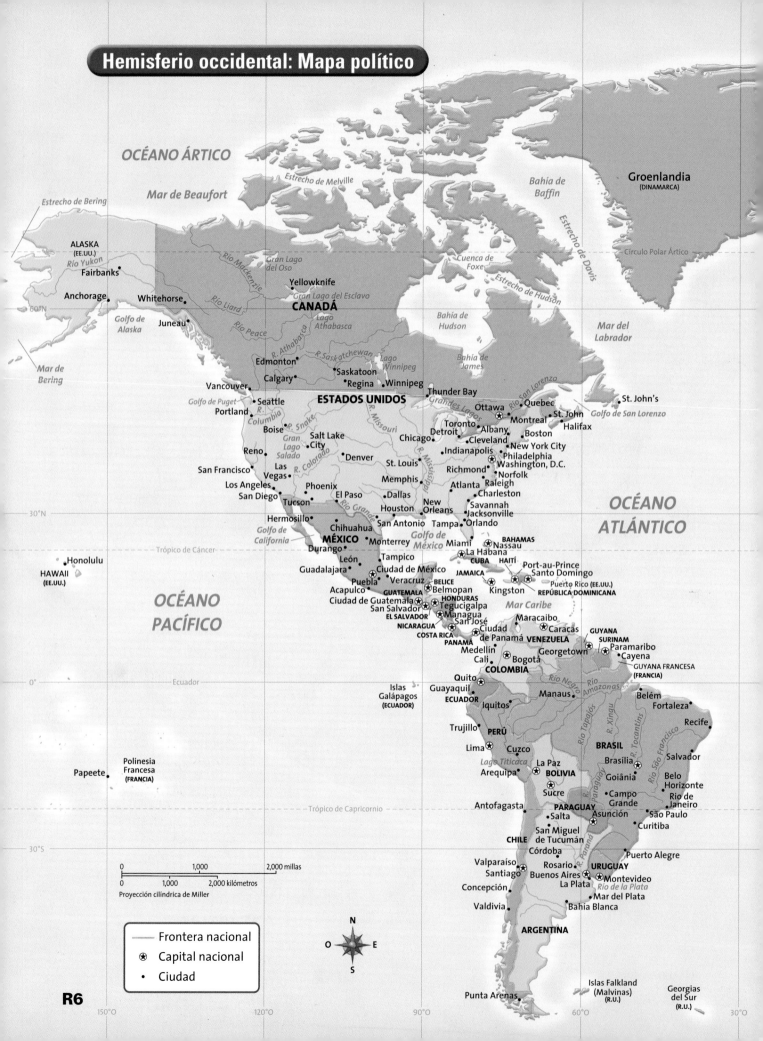

# Hemisferio occidental: Mapa político

**OCÉANO ÁRTICO**

Estrecho de Melville

Mar de Beaufort

Estrecho de Bering

Groenlandia
(DINAMARCA)

Bahía de
Baffin

ALASKA
(EE.UU.)

Río Yukon

Fairbanks

Anchorage

Whitehorse

Juneau

Golfo de
Alaska

Mar de
Bering

Río Mackenzie

Gran Lago
del Oso

Yellowknife

Gran Lago del Esclavo

CANADÁ

Río Liard

Río Peace

Lago
Athabasca

Bahía de
Hudson

Cuenca de
Foxe

Estrecho de Hudson

Estrecho de Davis

Círculo Polar Ártico

Mar del
Labrador

Edmonton

Calgary

Vancouver

R. Athabasca

R. Saskatchewan

Lago
Winnipeg

Saskatoon

Regina

Winnipeg

Bahía de
James

Thunder Bay

Río San Lorenzo

Grandes Lagos

St. John's

Golfo de Puget

Seattle

Portland

R.
Columbia

R. Snake

Boise

ESTADOS UNIDOS

R. Missouri

Ottawa

Quebec

Montreal

St. John

Halifax

Golfo de San Lorenzo

Toronto

Detroit

Albany

Boston

Cleveland

New York City

Chicago

Philadelphia

Washington, D.C.

Norfolk

Salt Lake
City

Gran
Lago
Salado

Reno

Denver

R. Colorado

St. Louis

R. Mississippi

Indianapolis

Richmond

San Francisco

Las
Vegas

Memphis

Atlanta

Raleigh

Los Angeles

Phoenix

Dallas

Charleston

San Diego

Tucson

El Paso

Houston

New
Orleans

Savannah

Jacksonville

Hermosillo

Río Grande

San Antonio

Tampa

Orlando

Golfo de
California

Chihuahua

MÉXICO

Monterrey

Golfo de
México

Miami

BAHAMAS

Nassau

Durango

León

Tampico

La Habana

CUBA

HAITÍ

Port-au-Prince

Santo Domingo

**OCÉANO ATLÁNTICO**

Honolulu

HAWAII
(EE.UU.)

Guadalajara

Ciudad de México

Veracruz

JAMAICA

Kingston

Puerto Rico (EE.UU.)

REPÚBLICA DOMINICANA

Puebla

BELICE

Acapulco

Belmopan

Ciudad de Guatemala

GUATEMALA

HONDURAS

San Salvador

Tegucigalpa

Mar Caribe

EL SALVADOR

Managua

**OCÉANO PACÍFICO**

San José

NICARAGUA

COSTA RICA

PANAMÁ

Ciudad
de Panamá

Maracaibo

Caracas

GUYANA

SURINAM

Paramaribo

Cayena

Medellín

Cali

Bogotá

VENEZUELA

Georgetown

GUYANA FRANCESA
(FRANCIA)

COLOMBIA

Quito

Guayaquil

ECUADOR

Islas
Galápagos
(ECUADOR)

Manaus

Río Negro

Río Amazonas

Belém

Fortaleza

Recife

Iquitos

Río Tapajós

R. Xingu

R. Tocantins

Río São Francisco

Trujillo

PERÚ

BRASIL

Salvador

Lima

Cuzco

Brasília

Belo
Horizonte

Rio de
Janeiro

Polinesia
Francesa
(FRANCIA)

Papeete

Lago Titicaca

La Paz

Arequipa

BOLIVIA

Sucre

Goiânia

Antofagasta

Campo
Grande

São Paulo

Curitiba

Salta

Asunción

PARAGUAY

R. Paraguay

R. Paraná

San Miguel
de Tucumán

CHILE

Córdoba

Puerto Alegre

Valparaíso

Rosario

URUGUAY

Santiago

Buenos Aires

Montevideo

Concepción

La Plata

Río de la Plata

Mar del Plata

Valdivia

Bahía Blanca

ARGENTINA

0    1,000    2,000 millas

0    1,000    2,000 kilómetros

Proyección cilíndrica de Miller

N
O   E
S

— Frontera nacional

⊛ Capital nacional

• Ciudad

Islas Falkland
(Malvinas)
(R.U.)

Georgias
del Sur
(R.U.)

Punta Arenas

R6

60°N

30°N

Trópico de Cáncer

Ecuador

Trópico de Capricornio

30°S

150°O    120°O    90°O    60°O    30°O

# Hemisfero occidental: Mapa físico

OCÉANO ÁRTICO

Estrecho de Bering
Punta Barrow
Mar de Beaufort

Cordillera de Brooks

Mte. McKinley 20,320pies (6,194 m)
Río Yukon
Cordillera de Alaska
Mtes. Mackenzie
Río Mackenzie

Meseta de Yukon

Mte. Logan 19,550 pies (5,959 m)
Golfo de Alaska
R. Liard
Río Peace

Isla Kodiak
Península de Alaska
Mar de Bering
Islas Aleutianas

Arch. de la Reina Carlota

R. Athabasca
Lago Athabasca
R. Saskatchewan

Isla Vancouver
Golfo de Puget

Cordillera Costera
Cordillera de las Cascadas
Cordillera Costera
Sierra Nevada
R. Snake
Black Hills
Gran Lago Salado
GRAN CUENCA
R. Colorado

Mte. Whitney 14,495 pies (4,418 m)
Death Valley (Punto más bajo de A. del N.) -282 pies (-86 m)

Desierto de Sonora
Sierra Madre Occidental
Baja California
Golfo de California
Sierra Madre Oriental
Río Grande

Río Platte
R. Missouri
MTES. ROCOSAS
GRANDES LLANURAS
R. Arkansas

LLANURAS DEL INTERIOR
R. Mississippi
R. Ohio
Meseta Ozark
MTES. APALACHES
LLANURA COSTERA

Grandes Lagos
Cataratas del Niágara
R. San Lorenzo

ESCUDO CANADIENSE
MONTAÑAS

Lago Winnipeg
Gran Lago del Oso
Gran Lago del Esclavo

Bahía de Hudson
Bahía de James

Cuenca de Foxe
Estrecho de Hudson

Islas de la Reina Isabel
POLO NORTE MAGNÉTICO
Isla Melville
Estrecho de Melville
Isla Banks
Isla Victoria
Isla Devon

Isla Ellesmere

Bahía de Baffin
Isla Baffin

Estrecho de Davis
Círculo Polar Ártico
Cabo Farewell

Groenlandia

Labrador
Mar del Labrador

Terranova
Golfo de San Lorenzo
Nueva Escocia
Bahía de Fundy
Cabo Cod
Isla Long
Bahía de Chesapeake
Cabo Hatteras

60°N

AMÉRICA DEL NORTE

OCÉANO ATLÁNTICO

30°N

Islas Hawaii

Trópico de Cáncer

OCÉANO PACÍFICO

Pico de Orizaba 18,855 pies (5,747 m)
Península de Yucatán
Golfo de México
Bahamas

Lago Nicaragua
Istmo de Panamá

Cuba
La Española
Puerto Rico
Pequeñas Antillas
Antillas Mayores
Mar Caribe

Lago Maracaibo
R. Orinoco
Cataratas del Ángel
Macizo de las Guayanas
Llanos

Ecuador

Islas Galápagos

Chimborazo 20,702 pies (6,310 m)
CORDILLERA DE LOS ANDES

Río Negro
R. Amazonas
CUENCA DEL AMAZONAS

Cabo São Roque

Islas de la Línea

Islas Marquesas

Islas Cook
Islas de la Sociedad
Archipiélago Tuamotu

Huascarán 22,205pies (6,768 m)
Lago Titicaca
Altiplano
Desierto de Atacama

Río Tapajós
Río Xingu
R. Tocantins
R. São Francisco
Meseta de Matto Grosso
Meseta de Brasil

AMÉRICA DEL SUR

Trópico de Capricornio

Gran Chaco
R. Paraguay
R. Paraná
Cataratas del Iguazú
R. Uruguay

Mte. Aconcagua 22,834 pies (6,960 m)
Río de la Plata
Pampa

30°S

Patagonia
Península Valdés (Punto más bajo de A. del S.) -131 pies (-40 m)

0   1,000   2,000 millas
0   1,000   2,000 kilómetros
Proyección cilíndrica de Miller

▲ Pico
▼ Bajo el nivel del mar
— Frontera nacional
≈ Catarata

N
O    E
S

Islas Falkland (Malvinas)
Estrecho de Magallanes
Tierra del Fuego
Cabo de Hornos

**R7** Georgias del Sur

150°O          120°O          90°O          60°O          30°O

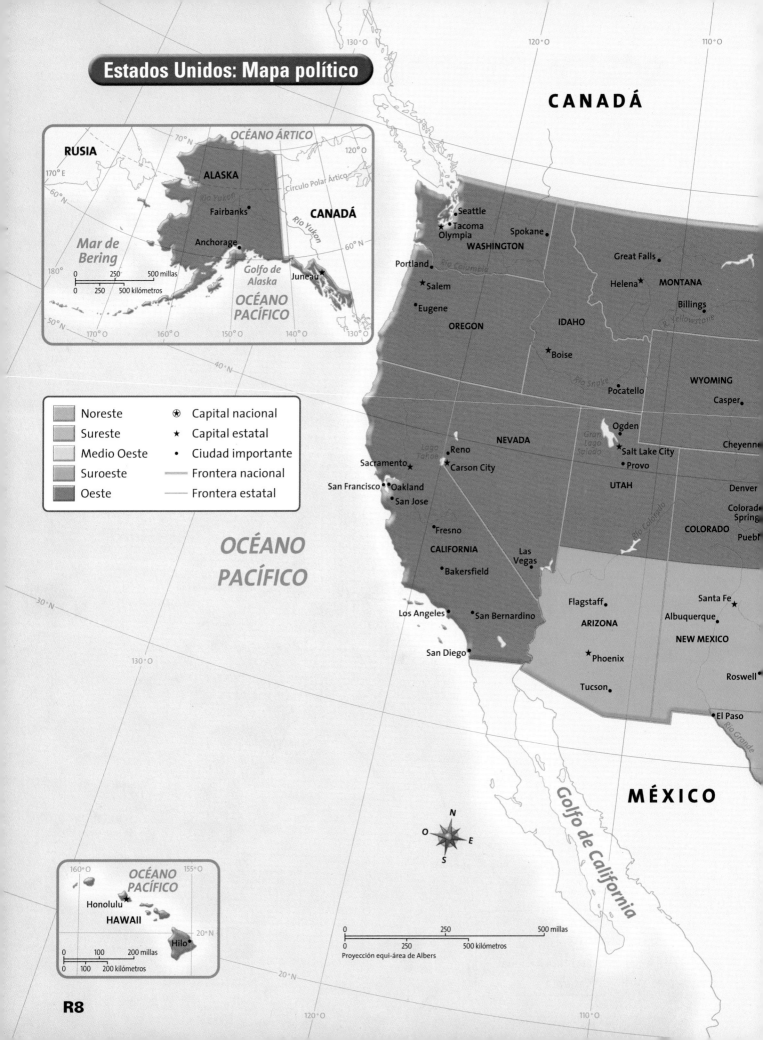

# Estados Unidos: Mapa político

**CANADÁ**

### Mapa de Alaska
RUSIA
OCÉANO ÁRTICO
70°N
170°E
ALASKA
120°O
60°N
CANADÁ
Río Yukon
Fairbanks
Círculo Polar Ártico
Mar de Bering
Anchorage
Río Yukon
60°N
180°
250
500 millas
0   250   500 kilómetros
Golfo de Alaska
Juneau
OCÉANO PACÍFICO
170°O   160°O   150°O   140°O   130°O
50°N
40°N

### Leyenda
| | |
|---|---|
| Noreste | ✪ Capital nacional |
| Sureste | ★ Capital estatal |
| Medio Oeste | • Ciudad importante |
| Suroeste | Frontera nacional |
| Oeste | Frontera estatal |

**OCÉANO PACÍFICO**

Seattle
Tacoma
Olympia
Spokane
WASHINGTON
Portland
Río Columbia
Great Falls
Salem
Helena   MONTANA
Eugene
Billings
OREGON
IDAHO
R. Yellowstone
Boise
Río Snake
WYOMING
Pocatello
Casper
Ogden
Gran Lago Salado
Cheyenne
Lago Tahoe
Reno
NEVADA
Salt Lake City
Sacramento
Carson City
Provo
San Francisco
Oakland
UTAH
Denver
San Jose
Colorado Spring
Fresno
COLORADO
Puebl
CALIFORNIA
Las Vegas
Bakersfield
Río Colorado
Flagstaff
Santa Fe
Los Angeles
San Bernardino
Albuquerque
ARIZONA
NEW MEXICO
San Diego
Phoenix
Roswell
Tucson
El Paso
Río Grande

**MÉXICO**

**Golfo de California**

### Rosa de los vientos
N
O   E
S

### Escala principal
0   250   500 millas
0   250   500 kilómetros
Proyección equi-área de Albers

### Mapa de Hawaii
160°O
OCÉANO PACÍFICO
155°O
Honolulu
HAWAII
20°N
Hilo
20°N
0   100   200 millas
0   100   200 kilómetros

CANADÁ

**MAINE**
Augusta

**VERMONT**
Burlington     Montpelier     Portland
                              **NEW HAMPSHIRE**
**NEW YORK**     Manchester     Concord
Syracuse     Worcester     Boston
Rochester     Albany     **MASSACHUSETTS**
Buffalo     Hartford     **RHODE ISLAND**
                    **CONNECTICUT**
                    Bridgeport
Newark     New York City
**PENNSYLVANIA**     Trenton
Harrisburg     **NEW JERSEY**
Pittsburgh     Philadelphia
          Wilmington
Wheeling     Baltimore     Dover
          Annapolis     **DELAWARE**
Washington,     **MARYLAND**
D.C.
**WEST     VIRGINIA**
**VIRGINIA**
Charleston     Richmond     Bahía de Chesapeake
Roanoke     Newport News
          Norfolk     Virginia Beach

**NORTH DAKOTA**     Grand Forks
Bismarck     Fargo
**MINNESOTA**     Duluth     Sault Sainte Marie
          St. Paul
          Minneapolis
**SOUTH DAKOTA**     **WISCONSIN**
Pierre     Green Bay
Rapid City     Madison
Sioux Falls     Milwaukee
Sioux City     Rockford     Grand Rapids     Flint
**NEBRASKA**     **IOWA**     Chicago     Lansing     Detroit
          Cedar Rapids     South Bend     Toledo     Cleveland
          Davenport     Gary     Akron
Omaha     Des Moines     **ILLINOIS**     **OHIO**
Lincoln     **INDIANA**     Columbus     Wheeling
          Peoria     Indianapolis
          Decatur     Dayton
          Springfield     Cincinnati
Topeka     St. Louis     Louisville     Frankfort
**KANSAS**     Kansas City     Evansville     Lexington
Wichita     Jefferson City     **KENTUCKY**
          **MISSOURI**     Knoxville
          Springfield     Nashville     **NORTH CAROLINA**
                    **TENNESSEE**     Winston-Salem     Greensboro
          Tulsa     Chattanooga     Charlotte     Raleigh
**OKLAHOMA**     **ARKANSAS**     Memphis
Amarillo     Oklahoma City     Fort Smith     Huntsville     **SOUTH CAROLINA**
          Little Rock     Birmingham     Atlanta     Columbia
Lubbock          **GEORGIA**     Charleston
Fort Worth     Shreveport     **MISSISSIPPI**     Macon
Abilene     Dallas     Jackson     **ALABAMA**     Columbus     Savannah
Odessa          Meridian     Montgomery
**TEXAS**     **LOUISIANA**     Biloxi     Mobile     Tallahassee     Jacksonville
Austin     Beaumont     Baton Rouge     **FLORIDA**
Houston     New Orleans     Orlando
San Antonio          Tampa     West Palm Beach
          St. Petersburg     Lago Okeechobee
Laredo     Corpus Christi          Miami

Lago de los Bosques
Lago Superior
**MICHIGAN**
Lago Michigan
Lago Huron
Lago St. Clair
Lago Erie
Lago Ontario
Lago Champlain
Río San Lorenzo

Río Mississippi
Río Missouri
Río Platte
Río Arkansas
Río Red
Lago Texoma
Río Grande
Río Ohio

OCÉANO ATLÁNTICO

**BAHAMAS**

**CUBA**

Golfo de México

50° N
40°
70°
30°
80° O

100° O
90° O
80° O
70° O

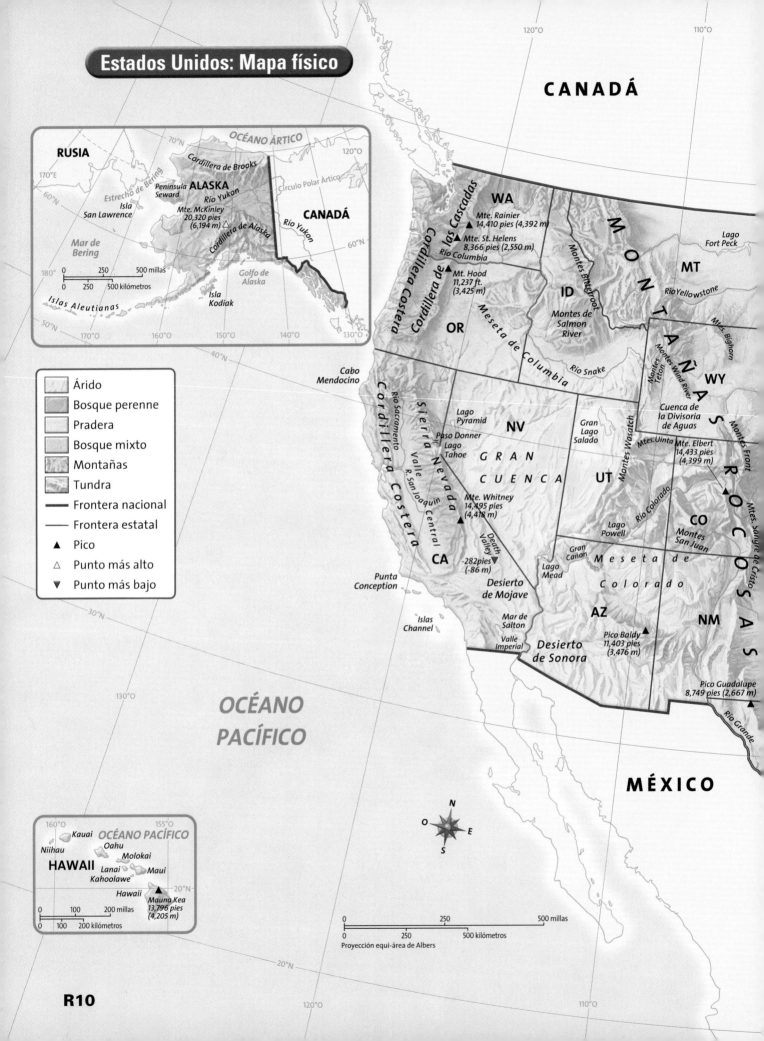

# Estados Unidos: Mapa físico

CANADÁ

**RUSIA**

OCÉANO ÁRTICO

Cordillera de Brooks

Península Seward  **ALASKA**

Estrecho de Béring

Isla San Lawrence

Mar de Bering

Río Yukon

Mte. McKinley 20,320 pies (6,194 m)

Cordillera de Alaska

**CANADÁ**

Río Yukon

Círculo Polar Ártico

Golfo de Alaska

Isla Kodiak

Islas Aleutianas

0   250   500 millas
0   250   500 kilómetros

## Leyenda

- Árido
- Bosque perenne
- Pradera
- Bosque mixto
- Montañas
- Tundra
- ▬ Frontera nacional
- — Frontera estatal
- ▲ Pico
- △ Punto más alto
- ▽ Punto más bajo

OCÉANO
PACÍFICO

Cabo Mendocino

Cordillera Costera

Cordillera de las Cascadas

**WA**
Mte. Rainier 14,410 pies (4,392 m)
Mte. St. Helens 8,366 pies (2,550 m)
Río Columbia

Mt. Hood 11,237 ft. (3,425 m)

**OR**

Meseta de Columbia

**ID**

Montes Bitterroot

Montes de Salmon River

Río Snake

**MONTAÑAS**

**MT**

Lago Fort Peck

Río Yellowstone

Montes Bighorn

Montes Teton

Montes Wind River

**WY**

Cuenca de la Divisoria de Aguas

Montes Front

Cordillera Costera

Río Sacramento

Lago Pyramid

Paso Donner

Lago Tahoe

Sierra Nevada

Valle Central

R. San Joaquin

**NV**

Gran Lago Salado

**GRAN CUENCA**

Montes Wasatch

Mtes. Uinta

Mte. Elbert 14,433 pies (4,399 m)

**UT**

**R O C O S A S**

Mtes. Sangre de Cristo

Mte. Whitney 14,495 pies (4,418 m)

Death Valley

-282 pies (-86 m)

Desierto de Mojave

**CA**

Punta Conception

Islas Channel

Mar de Salton

Valle Imperial

Lago Powell

Gran Cañón

Lago Mead

**Meseta de Colorado**

**CO**

Montes San Juan

Río Colorado

Desierto de Sonora

**AZ**

Pico Baldy 11,403 pies (3,476 m)

**NM**

Pico Guadalupe 8,749 pies (2,667 m)

Río Grande

**MÉXICO**

N
O   E
S

**OCÉANO PACÍFICO**

Kauai

Niihau

Oahu

Molokai

**HAWAII**

Lanai   Maui

Kahoolawe

Hawaii

Mauna Kea 13,796 pies (4,205 m)

0   100   200 millas
0   100   200 kilómetros

0   250   500 millas
0   250   500 kilómetros

Proyección equi-área de Albers

**CANADÁ**

**ME**
▲ Mte. Katahdin
5,269 pies
(1,606 m)

Lago de los Bosques

Isla Royale

Lago Red Superior

Lago Red Inferior

Lago Leech

Cordillera de Mesabi

Lago Mille Lacs

Lago Sakakawea

**ND**

**MN**

**SD**

Lago Oahe

Rio Missouri

**WI**

Rio Wisconsin

Rio Mississippi

Isla Royale

Lago Superior

Peninsula Keweenaw

Alta Peninsula

Lago Huron

Lago Michigan

Baja Peninsula

**MI**

Lago St. Clair

Lago Winnebago

Lago Champlain

**VT**

**NY**

Lago Ontario

Cataratas del Niágara

Lagos Finger

Montes Adirondack

Mtes. Green

Mtes. White

Mte. Washington
6,288 pies
(1,917 m)

**NH**

Cabo Ann

**MA**

Cabo Cod

R. Connecticut

**CT**

**RI**

R. Hudson

**NJ**

Isla Long

Lago Erie

**PA**

Mtes. Allegheny

R. Potomac

**MD**

**DE**

Bahía de Delaware

**OH**

**WV**

**VA**

R. James

Cabo Charles

Bahía de Chesapeake

R. Roanoke

Estrecho Albemarle

Cabo Hatteras

Black Hills

**GRANDES**

**LLANURAS**

North Platte

Sand Hills

**NE**

South Platte

Rio Platte

**LLANURAS**

**DEL INTERIOR**

Smoky Hills

**KS**

Red Hills

Rio Missouri

**MO**

Lago Ozarks

Embalse Harry S. Truman

Meseta Ozark

**IA**

Rio Illinois

**IL**

Rio Wabash

**IN**

**LLANURAS CENTRALES**

Rio Ohio

**KY**

Paso de Cumberland

Lago Barkley

Mte. Mitchell
6,684 pies
(2,037 m) ▲

R. Cumberland

**TN**

**NC**

Lago del Cabo Fear

**SC**

Cabo Fear

Lago Clark Hill

R. Savannah

**MONTES  APALACHES**

**PIEDEMONTE**

**LLANURA  COSTERA**

Llano Estacado

Rio Canadian

**OK**

Rio Arkansas

Montes Ouachita

Lago Texoma

**AR**

Rio Red

Rio Mississippi

R. Tennessee

Mte. Stone ▲

**GA**

R. Oconee

R. Ocmulgee

R. Altamaha

Cabo Cañaveral

Rio Pecos

**TX**

Meseta Edwards

Rio Brazos

Rio Colorado

Rio Sabine

Embalse Toledo Bend

Embalse Sam Rayburn

**LA**

Lago Maurepas

Lago Pontchartrain

**MS**

R. Tombigbee

**AL**

R. Alabama

R. Chattahoochee

Pantano Okefenokee

Rio St. Johns

**FL**

Bahía de Tampa

Lago Okeechobee

Everglades

Cabo Sable

Cayos de Florida

Estrecho de Florida

Rio Grande

**LLANURA  COSTERA**

Bahía de Galveston

Lago Maurepas

Bahía de Mobile

Delta del Mississippi

Rio San Lorenzo

Lago Moosehead

Lago Champlain

**Golfo de México**

**OCÉANO  ATLÁNTICO**

**BAHAMAS**

**CUBA**

**R11**

# California: Mapa político

OREGON

IDAHO

Crescent City
DEL NORTE
Yreka
SISKIYOU
Lago Goose
MODOC
Alturas
Pit

HUMBOLDT
Eureka
Río Klamath
Río Trinity
SHASTA
Lago Shasta
LASSEN
Susanville
Weaverville
TRINITY
Redding
Río Eel
Red Bluff
TEHAMA
Río Sacramento
Chico
BUTTE
PLUMAS
Quincy
Lago Pyramid

MENDOCINO
GLENN
Willows
Oroville
R. Feather
SIERRA
Downieville
Nevada City
NEVADA
Truckee

**Leyenda**
★ Capital estatal
● Capital del condado
• Otra ciudad
Frontera nacional
Frontera estatal
Frontera del condado

Ukiah
LAKE
Río Russian
COLUSA
Colusa
YUBA
Yuba City
SUTTER
Marysville
PLACER
Lago Tahoe
R. American
Auburn
Placerville
EL DORADO
Markleeville
Lakeport
YOLO
Woodland
NAPA
SONOMA
Santa Rosa
Sonoma
Napa
SOLANO
Fairfield
SACRAMENTO
Sacramento
Jackson
AMADOR
CALAVERAS
San Andreas
ALPINE
NEVADA
Bridgeport

Petaluma
MARIN
San Rafael
Martinez
CONTRA COSTA
Berkeley
SAN JOAQUIN
Stockton
R. Stanislaus
TUOLUMNE
Sonora
Lago Mono
San Francisco
SAN FRANCISCO
Oakland
ALAMEDA
124°O
Bahía de San Francisco
Modesto
STANISLAUS
MONO
Redwood City
SAN MATEO
San Jose
SANTA CLARA
MARIPOSA
Mariposa
Río San Joaquin
Merced
MADERA
SANTA CRUZ
Santa Cruz
Bahía de Monterey
MERCED
Madera
FRESNO
Hollister
SAN BENITO
Salinas
Fresno
Río Kings
Independence
Monterey
Río Salinas
MONTEREY
Hanford
Visalia
INYO
Tulare
TULARE
KINGS
Río Kern
Lago Mead

SAN LUIS OBISPO
San Luis Obispo
Río Cuyama
Ridgecrest
Bakersfield
KERN

Santa Maria
SANTA BARBARA
Barstow
SAN BERNARDINO
Needles
Lompoc
Río Santa Ynez
VENTURA
Santa Clarita
R. Santa Clara
LOS ANGELES
Santa Barbara
Ventura
Oxnard
Glendale
Pasadena
San Bernardino
Los Angeles
Riverside
Torrance
Anaheim
Palm Springs
RIVERSIDE
Blythe
Long Beach
Santa Ana
Huntington Beach
ORANGE
Río Colorado
ARIZONA

OCÉANO PACÍFICO
Mar de Salton
Oceanside
Escondido
IMPERIAL
SAN DIEGO
El Centro
San Diego
Bahía de San Diego

N
O  E
S

0      75     150 millas
0   75   150 kilómetros
Proyección equi-área de Albers

NEVADA

MÉXICO

**R12**

# California: Mapa físico

OREGON

IDAHO

NEVADA

ARIZONA

MÉXICO

OCÉANO PACÍFICO

### Leyenda
— Frontera nacional
— Frontera estatal
▲ Pico
▲ Punto más alto
▽ Punto más bajo

Montes Klamath

Río Klamath

Cordillera de las Cascadas

Mtes. Trinity

Monte Shasta
14,162 pies
(4,317 m)

Lago Goose

Mtes. Warner

Pit

Río

Lago Clair Engle

Río Trinity

Bahía de Humboldt

Río Eel

Pico Lassen
10,457 pies
(3,187 m)

Lago Shasta

R. Sacramento

Lago Eagle

Lago Almanor

Valle de Sacramento

Cordillera Costera

Lago Oroville

Lago Clear

Río Russian

Lago Berryessa

Valle de Napa

Río Feather

Río Yuba

Río

Río American

Río Folsom

Lago Folsom

Sierra Nevada

Lago Tahoe

Lago Pyramid

Islas Farallon

Bahía de San Francisco

Montes Santa Cruz

Bahía de Monterey

Río San Joaquin

Río Stanislaus

Valle de San Joaquin

Lago Mono

Pico White Mountain
14,246 pies
(4,342 m)

Merced

Río

Lago McClure

Pico North Palisade
14,242 pies
(4,341 m)

Embalse San Luis

Río San Joaquin

Embalse Pine Flat

Monte Whitney
14,495 pies
(4,418 m)

Monte Williamson
14,370 pies
(4,380 m)

Kings

Río

Montes Panamint

Death Valley

Lago Mead

Cordillera Costera

Montes Diablo

Río Salinas

Valle de Salinas

Montes Santa Lucia

Lago Nacimiento

Kern

Río

Lago Isabella

-282 pies
(-86 m)

Lago Mojave

Montes Temblor

R. Cuyama

Monte Pinos
8,831 pies
(2,692 m)

Montes Tehachapi

Desierto de Mojave

Lago Havasu

Río Santa Ynez

Valle Santa Clara

R. Santa Clara

Montes San Gabriel

Mtes. San Bernardino

Río Colorado

Canal de Santa Barbara

Islas Channel

Valle Coachella

Desierto de Colorado

Mtes. San Jacinto

Mar de Salton

R. Alamo

R. New

Mtes. Laguna

Valle Imperial

Bahía de San Diego

N O E S

0 — 75 — 150 millas
0 — 75 — 150 kilómetros
Proyección equi-área de Albers

123°O  122°O  121°O  120°O  119°O  118°O

124°O

42°N
41°N
40°N
39°N
38°N
37°N
36°N
35°N
34°N
33°N
32°N

# Manual de investigación

Antes de escribir un reporte o completar un proyecto, debes recopilar información sobre el tema. Puedes encontrar parte de la información en tu libro de texto. Otras fuentes de información son los recursos tecnológicos, los recursos impresos y los recursos en la comunidad.

**Recursos tecnológicos**

- Internet
- Discos de computadora
- La televisión o la radio

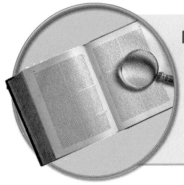

**Recursos impresos**

- Almanaques
- Atlas
- Diccionarios
- Enciclopedias
- Libros de no ficción
- Publicaciones periódicas
- Diccionarios de sinónimos

**Recursos en la comunidad**

- Maestros
- Conservadores de museos
- Líderes de la comunidad
- Ciudadanos mayores

# Recursos tecnológicos

Los principales recursos tecnológicos que puedes usar para buscar información son Internet y los discos de computadora. Tu escuela o la biblioteca local pueden tener algún CD-ROM o DVD que contenga información sobre el tema que estás investigando. La televisión o la radio también pueden ser buenas fuentes de información.

## Cómo usar Internet

Internet contiene mucha información. Si te conectas a Internet con una computadora, podrás leer documentos, ver imágenes y obras de arte, escuchar música o hacer un paseo virtual por un museo. Ten en cuenta que algunos sitios en Internet pueden contener errores o información incorrecta. Para obtener información correcta, visita sólo sitios confiables, como los sitios de los museos y del gobierno.

❱ **Planifica tu búsqueda.**

- Identifica el tema.
- Haz una lista de preguntas del tema que quieres investigar.
- Haz una lista de palabras clave o de grupos de palabras que tal vez quieras usar para escribir o hablar del tema.
- Busca buenos recursos en Internet para encontrar las respuestas a tus preguntas.

# Usar un motor de búsqueda

Un motor de búsqueda es un conjunto de sitios en Internet. Puedes acceder a ellos escribiendo una palabra clave o un grupo de palabras. Pídele a un bibliotecario, a un maestro o a uno de tus padres que te sugiera qué motor de búsqueda usar.

**Búsqueda por tema**   Para buscar por materia, o tema, usa un motor de búsqueda. Elige una palabra clave de la lista que hiciste mientras planificabas la búsqueda. Escribe una palabra clave o un grupo de palabras en la barra del motor de búsqueda de la pantalla. Luego, haz clic en BUSCAR (SEARCH) o IR (GO). Verás una lista de los sitios en Internet relacionados con el tema. Haz clic en el sitio o los sitios que te parezcan más útiles.

**Búsqueda por dirección**   Cada sitio en Internet tiene su propia dirección, llamada localizador uniforme de recursos, o URL *(Uniform Resource Locator).* Para llegar a un sitio en Internet a través de su URL, simplemente escribe la dirección en la casilla UBICACIÓN o IR A (LOCATION o GO) de la pantalla y haz clic en IR (GO) o presiona ENTER.

**Usar marcadores**   La lista de marcadores es una herramienta de Internet que permite guardar y organizar direcciones URL. Si encuentras un sitio en Internet que te parece útil, puedes guardar su URL. De esta manera, podrás regresar rápidamente a ese sitio más tarde.

Haz clic en MARCADORES o FAVORITOS (BOOKMARKS o FAVORITES) en la parte de arriba de la pantalla y elige AGREGAR (ADD). La computadora copiará el URL y lo guardará.

# Recursos impresos

Los libros de las bibliotecas se ordenan mediante un sistema de números. Cada libro tiene su propio número, conocido como el número de catálogo. El número de catálogo indica el lugar en el que se encuentra el libro en la biblioteca. Algunos libros de referencia, como las enciclopedias, suelen guardarse en una sección especial de la biblioteca. Cada libro de esa sección tiene una R o RE (de *referencia*) en el lomo.

## ❱ Almanaques

Un almanaque es un libro o un recurso electrónico que contiene datos sobre varios temas. Los temas están ordenados alfabéticamente en un índice.

## ❱ Atlas

Un atlas es un libro de mapas. Contiene información sobre diferentes lugares. Hay distintas clases de atlas en los que se muestran distintos lugares en diferentes épocas. El maestro o el bibliotecario pueden ayudarte a encontrar el tipo de atlas que necesitas para tu investigación.

## ❱ Diccionarios

Un diccionario indica la manera correcta de escribir las palabras y sus definiciones o significados. En inglés, los diccionarios también indican la pronunciación de las palabras, o sea, cómo se deben decir en voz alta.

### ❯ Enciclopedias

Una enciclopedia es un libro o un grupo de libros que ofrece información sobre muchos temas distintos ordenados alfabéticamente. Una enciclopedia es una buena fuente de consulta cuando comienzas una investigación.

### ❯ Libros de no ficción

Un libro de no ficción contiene datos sobre personas, lugares y cosas reales. Todos los libros de no ficción de una biblioteca están colocados en orden y por categorías según el número de catálogo. Para encontrar el número de catálogo de un libro, puedes usar el archivo de tarjetas de la biblioteca o el catálogo computarizado. Puedes buscar un libro en el catálogo por tema, autor o título.

### ❯ Publicaciones periódicas

Una publicación periódica aparece todos los días, una vez por semana o una vez por mes. Son un buen recurso para buscar información actual que todavía no figura en los libros.

### ❯ Diccionarios de sinónimos

Un diccionario de sinónimos contiene palabras que significan lo mismo, o casi lo mismo que otra palabra. También incluye palabras que significan lo contrario. Un diccionario de sinónimos puede ayudarte a encontrar palabras que describan mejor el tema y que enriquezcan lo que escribas.

# Recursos en la comunidad

A menudo, las personas de tu comunidad pueden darte información sobre el tema que estás investigando. Antes de hablar con alguien, pídele siempre permiso a un maestro o a uno de tus padres.

## Escuchar para obtener información

Es importante que, como parte de tu investigación, planees las cosas por adelantado cuando vayas a hablar con alguien.

### ❯ Antes

- Investiga más sobre el tema del que quieres hablar.
- Haz una lista de las personas con las que quieres hablar.
- Haz una lista de las preguntas que quieres hacer.

### ❯ Durante

- Habla alto y claro cuando hagas las preguntas.
- Escucha con atención. Asegúrate de que estás obteniendo la información que necesitas.
- Sé cortés. No interrumpas a la otra persona cuando esté hablando.
- Toma apuntes para recordar las ideas importantes.
- Escribe las palabras exactas de la persona si crees que las vas a usar en tu reporte. Si puedes, usa una grabadora. No olvides pedirle permiso al entrevistado por adelantado.

### ❯ Después

- Dale las gracias a la persona con la que hablaste.
- Más tarde, escríbele una nota de agradecimiento.

# Escribir para obtener información

Otra posibilidad es escribirles a personas de tu comunidad para recopilar información. Puedes enviarles un correo electrónico o una carta. Ten en cuenta las siguientes ideas cuando les escribas:

- Escribe con letra clara y limpia o usa una computadora.

- Indica quién eres y por qué escribes. Verifica la ortografía y la puntuación.

- Si escribes una carta, adjunta un sobre con tu dirección y una estampilla para que la persona te envíe la respuesta.

- Dale las gracias a la persona por adelantado.

# Escribir reportes

## ❯ Reportes escritos

Es posible que tu maestro te pida que escribas un reporte sobre la información que obtuviste. Si sabes hacer un reporte, podrás aprovechar bien la información. Estos consejos te ayudarán a escribir el reporte.

## ❯ Antes de escribir

- Elige una idea o tema principal.
- Piensa en preguntas sobre el tema.
- Recopila información de más de una fuente.
- Toma apuntes sobre la información que obtuviste.
- Revisa tus apuntes para estar seguro de que tienes la información que necesitas. Escribe ideas para incluir en el reporte.
- Usa tus apuntes para hacer un esquema de la información que obtuviste.

## ❯ Citar fuentes

Una parte importante de la investigación y de la redacción es citar, o mencionar, las fuentes. Cuando citas una fuente, escribes de dónde obtuviste la información. La lista de fuentes forma la bibliografía. Una bibliografía es una lista de los libros y otras fuentes que usaste para obtener la información que contiene tu reporte.

---

**Tarjeta bibliográfica**

Wyatt, Adam. *The History of California.* Philadelphia, Pennsylvania: Scenic River Publishing, 2003, página 25.

San Jose fue la primera capital del estado de California. Con el tiempo, el gobierno del estado se trasladó a Sacramento en 1854.

---

## Escribir un borrador

- Usa tus apuntes y el esquema para escribir un borrador de tu reporte. Recuerda que tu propósito es dar información.
- Escribe en párrafos. Desarrolla el tema con datos, detalles y explicaciones. Cada párrafo debe concentrarse en una idea.
- Anota todas tus ideas.

## Revisar

- Lee el borrador. ¿Tiene un principio, una parte central y un final?
- Vuelve a escribir las oraciones que no estén claras o que estén mal expresadas. Cambia de lugar las oraciones que parezcan estar en donde no corresponde.
- Agrega detalles que apoyen tus ideas.
- Si hay muchas oraciones parecidas, acorta o alarga algunas de ellas para hacer el texto más interesante.
- Revisa todas las citas para comprobar que sean las palabras exactas de la persona que las dijo, y verifica que hayas anotado la fuente correcta.

## Corregir y editar

- Revisa tu reporte para detectar posibles errores.
- Corrige los errores de ortografía, uso de mayúsculas o puntuación.

## Publicar

- Haz una copia limpia y clara de tu reporte.
- Incluye ilustraciones, mapas u otros dibujos que ayuden a explicar el tema.

| Marcas de corrección y sus significados | |
| --- | --- |
| **Marca** | **Significado** |
| $\wedge$ | Insertar palabra. |
| $\wedge$ | Insertar coma. |
| ¶ | Empezar un párrafo nuevo. |
| ═ (cap) | Usar letra mayúscula. |
| ℯ | Eliminar. |
| (lc) | Usar letra minúscula. |

Allison Cesareo
Estudios Sociales

**La historia del capitolio de Sacramento, California**

El capitolio de Sacramento, California, es un lugar muy importante. El capitolio es el sitio en el que los representantes de nuestro gobierno crean leyes nuevas. Es también el lugar en el que se reúnen los dirigentes de nuestro gobierno para tratar los asuntos importantes de California. Muchas personas no conocen la historia del capitolio, porque se construyó antes de que nacieran muchos de los ciudadanos actuales de California. Hay muchos datos históricos interesantes sobre el capitolio, que está en Sacramento. Es importante conocer dónde y cuándo se construyó, y qué sucede hoy en el capitolio.

El capitolio de Sacramento no fue siempre la sede de las oficinas de nuestro gobierno. En 1840, el capitolio de California estaba ubicado en San Jose. En 1852, la capital de California se trasladó de San Jose a Vallejo. En aquella época, Vallejo no era un buen lugar para el capitolio, porque construir el edificio llevaba mucho tiempo y era muy caro. En 1853, la capital de California se trasladó a Benicia, donde permaneció hasta que la ciudad de Sacramento ofreció su tribunal para que fuera el nuevo capitolio. En 1854, el tribunal de Sacramento se convirtió en el nuevo edificio de la asamblea legislativa del estado. El edificio de Sacramento en el que se celebró la primera sesión del gobierno del estado en 1854 no es el mismo edificio que hoy sirve como capitolio de California.

Cuando la capital del estado se trasladó a Sacramento, los miembros de la asamblea legislativa estaban felices de tener un lugar agradable para reunirse y que sirviera como símbolo del gran estado de California. Pero, poco después, la ciudad comenzó a crecer y, con el aumento de la población, fue necesario construir un nuevo capitolio.

## ▶ Presentaciones orales

A veces, pueden pedirte que hagas una presentación oral. El propósito de una presentación oral, así como el de un reporte escrito, es dar información. Los siguientes consejos te ayudarán a preparar una presentación oral.

- Sigue los pasos descritos en la sección "Antes de escribir" para recopilar y organizar la información.

- Consulta tus apuntes para planificar y organizar la presentación. Tu reporte debe tener una introducción y una conclusión.

- Prepara tarjetas con apuntes que puedas consultar mientras hablas.

- Prepara recursos visuales, como ilustraciones, diagramas o mapas, para que tu público entienda mejor el tema.

- Explícale al público cuál es la idea principal del tema. Aporta detalles que apoyen esa idea principal.

- Practica tu presentación.

- Asegúrate de hablar alto y claro. Mantén a tu público interesado en el reporte con el uso de expresiones faciales y movimientos de las manos.

# Diccionario biográfico

El diccionario biográfico provee información sobre muchas de las personas que se mencionan en este libro. Los nombres están ordenados alfabéticamente por apellido. Cada nombre va seguido de las fechas de nacimiento y muerte de la persona. Si la persona aún vive, solo aparece el año de nacimiento. A continuación, se da una breve descripción de los principales logros de la persona. El número de página que sigue indica dónde aparece la referencia más importante a esa persona en el libro. (En el Índice encontrarás referencias a otras páginas). Los nombres que aparecen en la parte superior de cada página te ayudarán a encontrar más rápido el nombre que buscas.

## A

**Adams, John** *(1735–1826)* Segundo presidente de Estados Unidos (1797–1801) y una de las personas que firmaron la Declaración de Independencia. pág. 372

**Angelou, Maya** *(1928–)* Poeta y autora afroamericana. pág. 298

**Anthony, Susan B.** *(1820–1906)* Líder del movimiento por los derechos de la mujer que trabajó junto a Elizabeth Cady Stanton para que las mujeres consiguieran el derecho al voto. pág. 386

**Argüello y Moraga, María de la Concepción Marcela** *(1791–1857)* La primera monja de California que nació en este estado. Era hija del comandante que dirigía el presidio que pasó a formar parte de la ciudad de San Francisco. pág. 169

## B

**Baca, Judy** *(1946–)* Artista famosa por realizar dibujos murales sobre temas de California. pág. 232

**Bartholdi, Frédéric-Auguste** *(1834–1904)* Artista francés que diseñó la Estatua de la Libertad. pág. 341

**Bell, Alexander Graham** *(1847–1922)* Estadounidense nacido en Escocia que inventó el teléfono en 1876. pág. 438

**Bell, Judy** Hija de Ray Bell. Se encargó de cuidar al oso Smokey hasta que lo llevaron a vivir al zoológico. pág. 335

**Bidwell, John** *(1819–1900)* Pionero, empresario y líder político que fundó la ciudad de Chico, California. pág. 421

**Blake, George** *(1944–)* Artista premiado y miembro de las tribus hupa y yurok. pág. 118

**Borglum, Gutzon** *(1871–1914)* Escultor estadounidense que esculpió las cabezas de cuatro presidentes de Estados Unidos en el monte Rushmore. pág. 344

**Boxer, Barbara** *(1940–)* Senadora de Estados Unidos de California, elegida en 1992. pág. 270

**Breyer, Stephen Gerald** *(1938–)* Estadounidense nombrado juez de la Corte Suprema de Estados Unidos. pág. 271

**Búfalo Tigre** *(1920–)* Líder de la tribu miccosukee. pág. 121

**Bush, George W.** *(1947–)* El 43º presidente de Estados Unidos (2001–). pág. 271

**Bustamante, Cruz** *(1953–)* Vicegobernador de California desde 1998. pág. 272

## C

**Cabrillo, Juan Rodríguez** *(¿?–1543)* Explorador español del siglo XVI. Fue el primer explorador que llegó a Alta California. pág. 177

**Carlos** *(1716–1788)* Rey español del siglo XVIII que construyó asentamientos en Alta California para proteger los territorios que tenía allí. pág. 182

**Carter, James "Jimmy"** *(1924–)* El 39º presidente de Estados Unidos (1977–1981). pág. 244

**Chávez, César** *(1927–1993)* Trabajador agrícola y líder estadounidense que trabajó para que todos los trabajadores agrícolas recibieran un trato justo. pág. 364

**Clinton, William Jefferson "Bill"** *(1946–)* El 42° presidente de Estados Unidos (1993–2001). pág. 72

**Coit, Lillie Hitchcock** *(1843–1929)* Miembro honorario de la compañía de bomberos Knickerbocker. Donó dinero a la ciudad de San Francisco para construir la Torre Coit. pág. 295

**Colón, Cristóbal** *(1451–1506)* Explorador italiano que trabajaba para España. Navegó hasta las Américas mientras trataba de llegar a Asia desde Europa. pág. 174

**Cortés, Hernán** *(1485–1547)* Explorador español del siglo XVI que tomó posesión de los territorios de Baja California para España. pág. 176

**Cortez, Edward** Alcalde de Pomona, California. pág. 254

**Douglass, Frederick** *(1817–1895)* Líder y escritor que nació en la esclavitud en Maryland. Escapó en 1838 y luchó contra la esclavitud. pág. 384

**Drake, Francis** *(1540 o 1543–1596)* Explorador del siglo XVI que tomó posesión para Inglaterra de la región que ahora ocupa San Francisco. pág. 178

**Faulkner, Barry** *(1881–1966)* Artista que pintó murales históricos para la exposición de las Cartas de la Libertad en el Archivo Nacional. Se hizo famoso por sus murales y sus paisajes. pág. 352

**Feinstein, Dianne** *(1933–)* La primera mujer senadora de Estados Unidos por California. También fue la primera mujer alcaldesa de San Francisco. pág. 270

**Fillmore, Millard** *(1800–1874)* El 13° presidente de Estados Unidos (1850–1853). Firmó el proyecto de ley que convirtió a California en un estado. pág. 194

**Ford, Gerald** *(1913–)* El 38° presidente de Estados Unidos (1974–1977). pág. 265

**Franklin, Benjamin** *(1706–1790)* Líder, escritor y científico estadounidense. Fue una de las personas que firmaron la Declaración de Independencia. pág. 376

**Frémont, John C.** *(1813–1890)* Explorador estadounidense que dibujó mapas del Sendero de Oregon. pág. 192

**Ghirardelli, Domingo** *(1817–1894)* Empresario de la época de la fiebre del oro que fabricó chocolates. pág. 209

**Ginsburg, Ruth Bader** *(1933–)* Estadounidense nombrada jueza de la Corte Suprema de Estados Unidos en 1993. pág. 271

**Govea, Jessica** Profesora de educación laboral en la Universidad de Cornell de New York City. Cuando era adolescente, en la década de 1960, ayudó a César Chávez a organizar y crear el Sindicato de Trabajadores Agrícolas Unidos. pág. 453

**Guthrie, Woody** *(1912–1967)* Cantante de música folk estadounidense que escribió muchas canciones, entre ellas, "This Land is Your Land" ("Esta tierra es tu tierra"). pág. 328

**Hearst, William Randolph** *(1863–1951)* Editor de periódicos estadounidense que vivió en California. pág. 199

**Henry, Patrick** *(1736–1799)* Colono estadounidense que habló en contra de Gran Bretaña. También fue delegado de la Asamblea Constituyente. pág. 265

**Herrera, Miguel** *(1967–)* Dueño de una zapatería de Antioch, California. pág. 458

**Hurtado, Maisie Jane** *(1976–)* Empresaria que dirige una compañía dedicada al cultivo de almendras en Chico, California. pág. 423

**Hutchinson, Anne** *(1591–1643)* Líder religiosa que fue una de las fundadoras de la colonia de Rhode Island después de ser obligada a abandonar la colonia de Massachusetts Bay. pág. 379

DICCIONARIO BIOGRÁFICO

Ishi (¿?–1916) Último sobreviviente de la tribu yahi de California. pág. 140

**Jefferson, Thomas** (1743–1826) Tercer presidente de Estados Unidos (1801–1809). Escribió el primer borrador de la Declaración de Independencia y lo presentó al Congreso el 2 de julio de 1776. pág. 352

**Jobs, Steve** (1955–) Empresario que ayudó a crear una de las principales compañías de computadoras del mundo cuando era estudiante universitario. pág. 417

**Jones, Myldred** (1909–) Fundadora del refugio para jóvenes Casa en Los Alamitos, California. pág. 310

**Joseph** (¿1840?–1904) Jefe nez percé. pág. 120

**Judah, Theodore** (1826–1863) Ingeniero y empresario que inventó un ferrocarril transcontinental para conectar California con el resto de Estados Unidos. pág. 210

**Kennedy, Anthony M.** (1936–) Estadounidense nombrado juez de la Corte Suprema de Estados Unidos en 1988. pág. 271

**Kennedy, John F.** (1917–1963) El 35º presidente de Estados Unidos (1961–1963). pág. 334

**Key, Francis Scott** (1779–1843) Abogado y poeta que escribió la letra de "The Star-Spangled Banner" ("La bandera adornada de estrellas"). El Congreso aprobó la canción como himno nacional en 1931. pág. 351

**King, Dr. Martin Luther, Jr.** (1929–1968) Pastor estadounidense y líder de los derechos civiles que trabajó para cambiar las leyes injustas. Recibió el Premio Nobel de la Paz en 1964. pág. 387

**LaVallee, Peter** (1949–) Alcalde de Eureka, California. pág. 145

**Lazarus, Emma** (1849–1887) Autora del poema que está grabado en la base de la Estatua de la Libertad. pág. 341

**Lincoln, Abraham** (1809–1865) El 16º presidente de Estados Unidos (1861–1865). Fue presidente durante la Guerra Civil. En 1863, firmó la Proclamación de Emancipación, que prohibía legalmente la esclavitud en los Estados Confederados. pág. 382

**Maathai, Wangari** (1940–) Primera mujer africana que ganó el Premio Nobel de la Paz y primera mujer de África oriental y central que obtuvo un doctorado. Fundó el *Green Belt Movement* de Kenya. pág. 73

**Madison, James** (1751–1836) Cuarto presidente de Estados Unidos (1809–1817) y uno de los redactores de la Declaración de Derechos, es decir, de las primeras diez enmiendas a la Constitución. pág. 353

**Marshall, James** (1810–1885) Trabajador que encontró oro en 1848 en la región que ahora ocupa Sacramento. Su descubrimiento marcó el comienzo de la fiebre del oro de California. pág. 193

**Mason, George** (1725–1792) Habitante de Virginia que escribió la Declaración de Derechos de Virginia. Insistió en la necesidad de que la Constitución de Estados Unidos tuviera una declaración de derechos. pág. 260

**Milanovich, Richard** Presidente tribal del grupo de indios cahuilla de Agua Caliente. pág. 151

**Molina, Gloria** (1948–) Defensora de los trabajadores y primera hispana elegida para formar parte de la junta de supervisores del condado de Los Angeles. pág. 284

**Moraga, Jose Joaquin** (1741–1785) Oficial militar, explorador y fundador español de una comunidad agrícola llamada el Pueblo de San Jose de Guadalupe. pág. 217

**Morgan, Julia** *(1872–1957)* Importante arquitecta que vivió y trabajó en California. pág. 198

**Muir, John** *(1838–1914)* Naturalista estadounidense, nacido en Escocia, que fue uno de los principales responsables de la creación de muchos de los programas de conservación de Estados Unidos. pág. 42

**N**

**Nassie, Samuel** *(1988–)* Joven de Paradise, California, que para ayudar a su comunidad hizo un mapa del cementerio local y luego buscó información sobre cada uno de los veteranos enterrados en él. pág. 312

**O**

**Obata, Chiura** *(1885–1975)* Artista estadounidense de origen japonés famoso por sus cuadros de California. pág. 24

**O'Connor, Sandra Day** *(1930–)* Primera mujer en ser nombrada jueza de la Corte Suprema de Estados Unidos. pág. 265

**P**

**Pantoja, José** Historiador de California que usa las fuentes primarias de los museos para investigar la historia de su comunidad, San Jose, en California. pág. 222

**Parks, Rosa** *(1913–)* Líder afroamericana de los derechos civiles. Se negó a cederle el asiento a un hombre blanco en un autobús. pág. 387

**Portolá, Gaspar de** *(1723–1784)* Líder del gobierno español a quien el rey Carlos envió a California junto al padre Junípero Serra con el propósito de encontrar lugares para construir asentamientos. pág. 183

**R**

**Reagan, Ronald** *(1911–2004)* El 40º presidente de Estados Unidos (1981–1989). Fue gobernador de California desde 1967 hasta 1975. pág. 245

**Rehnquist, William H.** *(1924–)* Presidente de la Corte Suprema de Estados Unidos, nombrado en 1986. Anteriormente, había sido juez de la Corte Suprema desde 1972 hasta 1986. pág. 271

**Romero, Gloria** Senadora del estado de California de Los Angeles y sus alrededores desde marzo de 2000. pág. 273

**Roosevelt, Eleanor** *(1884–1962)* Esposa del presidente Franklin D. Roosevelt. Era famosa por ayudar a los pobres. pág. 389

**Roosevelt, Franklin D.** *(1882–1945)* El 32º presidente de Estados Unidos (1933–1945). Creó programas y puestos de trabajo en la década de 1930. pág. 296

**S**

**Satanta** *(1820–1878)* Jefe kiowa. pág. 121

**Saubel, Katherine Siva** *(1920–)* Mujer de la tribu cahuilla que ayudó a fundar el Museo Malki en la reserva india de Morongo cerca de Banning. Es la última hablante nativa de la lengua cahuilla. pág. 146

**Scalia, Antonin** *(1936–)* Estadounidense nombrado juez de la Corte Suprema de Estados Unidos en 1986. pág. 271

**Schwarzenegger, Arnold** *(1947–)* Gobernador de California. Asumió el cargo en noviembre de 2003. pág. 272

**Seidner, Cheryl** *(1950–)* Presidenta tribal de la tribu y el consejo de los wiyot. pág. 145

**Serra, padre Junípero** *(1713–1784)* Sacerdote español que llegó a California con el propósito de buscar lugares para construir asentamientos y misiones. pág. 183

**Silko, Leslie Marmon** *(1948–)* Autora perteneciente a la tribu laguna pueblo. pág. 121

**Silverwood, F. B.** Mercader de Los Angeles que escribió la letra de la canción del estado de California: "I Love You, California" ("Te amo, California"). pág. 356

**Sly, Larry** *(1950–)* Voluntario comunitario que creó un banco de alimentos en el condado de Contra Costa. pág. 297

**Smith, Jedediah Strong** *(1798–1831)* Explorador estadounidense que dirigió a un grupo de pioneros hasta California. Abrió el camino que luego seguirían otros pioneros estadounidenses. pág. 192

**DICCIONARIO BIOGRÁFICO**

**Souter, David Hackett** *(1939–)*
Estadounidense nombrado juez de la
Corte Suprema de Estados Unidos en 1990.
pág. 271

**Speier, Jackie** Senadora del estado de
California del área de San Mateo/San
Francisco desde 1994. pág. 273

**Stanton, Elizabeth Cady** *(1815–1902)*
Líder del movimiento por los derechos de la
mujer que trabajó junto a Susan B. Anthony
para que las mujeres consiguieran el derecho
al voto. pág. 386

**Stephens, John Paul** *(1920–)* Estadounidense
nombrado juez de la Corte Suprema de
Estados Unidos en 1975. pág. 271

**Strauss, Levi** *(1829–1902)* Empresario que
inventó los pantalones llamados *jeans* y los
vendió a los mineros durante la fiebre del
oro de California. pág. 209

**Terman, Frederick** *(1900–1982)* Ingeniero que
ayudó a crear un parque industrial que hoy
es el centro de Silicon Valley. pág. 220

**Thiebaud, Wayne** *(1920–)* Famoso artista
de California. Muchos de sus cuadros son
paisajes de California. pág. 28

**Thomas, Clarence** *(1948–)* Estadounidense
nombrado juez de la Corte Suprema de
Estados Unidos en 1991. pág. 271

**Truth, Sojourner** *(1797–1883)* Mujer
afroamericana que desempeñó un papel
importante en el movimiento abolicionista
y en el movimiento por los derechos de la
mujer. pág. 392

**Tubman, Harriet** *(1820–1913)* Esclava fugitiva
que usó el Ferrocarril Subterráneo para
ayudar a escapar a más de 300 esclavos.
pág. 383

**Vallejo, Mariano** *(1808–1890)* General que
ofreció construir el capitolio de California en
su ciudad de Vallejo. pág. 325

**Vizcaíno, Sebastián** *(1550–1628)* Explorador
español del siglo XVII que siguió la ruta de
Juan Rodríguez Cabrillo. Dibujó mapas de
la costa que usaron los viajeros durante casi
200 años. pág. 178

**Washington, George** *(1732–1799)* El primer
presidente de Estados Unidos (1789–1797).
Se conoce como "El padre de nuestro país".
pág. 374

**Wayburn, Edgar** *(1906–)* Médico y ecologista
que ha sido el líder del Sierra Club desde la
década de 1940. pág. 72

**Williams, Roger** *(¿1603?–1683)* Colono y
pastor inglés que fundó la colonia de Rhode
Island y que fue pionero de la libertad
religiosa. pág. 379

**Wilson, Samuel** *(1766–1854)* Habitante de
Massachusetts al que se conoce como el "Tío
Sam", el símbolo de Estados Unidos. pág. 359

**Wozniak, Steve** *(1950–)* Uno de los
fundadores de una de las principales
compañías de computadoras del mundo.
pág. 417

**Y**

**Yellen, Janet** *(1946–)* Directora del Banco de
la Reserva Federal de San Francisco desde
2004. pág. 456

# Diccionario geográfico

El diccionario geográfico te servirá para ubicar los lugares que se mencionan en este libro. Los nombres de los lugares están ordenados alfabéticamente y van seguidos de una breve descripción del lugar. El número que sigue indica la página en la que aparece el mapa con el lugar. Los nombres que están en la parte superior de cada página te sirven para ubicar el nombre del lugar que necesitas encontrar.

**África** Segundo continente más grande del mundo. pág. 181

**Alaska** Estado de Estados Unidos ubicado en el extremo noroeste de América del Norte. págs. 348–349

**Alta California** Región que actualmente ocupa el estado de California. pág. 176

**Alturas** Ciudad ubicada en el condado de Modoc, California. pág. 61

**América del Norte** Continente que abarca Estados Unidos, Canadá, México y algunos países de América Central. pág. 10

**Antártida** Continente ubicado en el Polo Sur, cubierto por una capa de hielo. pág. 181

**Arizona** Estado del suroeste de Estados Unidos. págs. 348–349

**Asia** Continente más grande del mundo. pág. 181

**Atlanta** Capital de Georgia. págs. 348–349

**Bahía de San Francisco** Gran ensenada del océano Pacífico en la región central oeste de California. pág. 61

**Baja California** Región del país de México. pág. 176

**Bakersfield** Ciudad ubicada en la región sur del centro de California en el valle de San Joaquin. pág. 15

**Berkeley** Ciudad ubicada en el condado de Alameda, California. pág. 37

**Boise** Capital de Idaho. págs. 348–349

**Boston** Capital de Massachusetts. págs. 348–349

**Calexico** Ciudad ubicada en el condado Imperial, California, separada de México solo por una valla. pág. 215

**California** Estado ubicado en el oeste de Estados Unidos. pág. 15

**Canadá** País de América del Norte. págs. 348–349

**Chico** Ciudad fundada por John Bidwell, ubicada en el condado de Butte, California en el valle del río Sacramento. pág. 15

**Colonia de New York** Una de las trece colonias norteamericanas iniciales. pág. 371

**Colonia de Plymouth** Colonia de Estados Unidos, actual Plymouth, Massachussets. pág. 378

**Colorado** Estado del oeste de Estados Unidos. págs. 348–349

**Colorado Springs** Ciudad de Colorado. pág. 435

**Condado de Contra Costa** Condado de California. pág. 282

**Condado de Lake** Condado situado en el área norte del centro de California. pág. 282

**Condado de Mariposa** Condado de California. pág. 282

**Condado de Modoc** Condado de California. pág. 282

DICCIONARIO GEOGRÁFICO

**Cordillera de las Cascadas** Parte del sistema de montañas del Pacífico que va desde Lassen Peak, California, hasta Oregon y Washington. pág. 33

**Cordillera Costera** Cadena de montañas que se extiende a lo largo del oeste de California. pág. 22

**Coso Hot Springs** Región geotérmica de California. pág. 426

**Dallas** Ciudad ubicada en el noreste de Texas. págs. 22–23

**Death Valley** Cuenca situada en el sureste de California que es el lugar más bajo, más caluroso y más seco de América del Norte. pág. 31

**Denver** Capital de Colorado. págs. 348–349

**Desert Hot Springs** Región geotérmica de California. pág. 426

**Desierto de Colorado** Parte del desierto de Sonora, que se extiende desde el sureste de California hasta el delta del río Colorado. pág. 33

**Desierto de Mojave** Región árida que abarca el sureste de California y parte de Nevada, Arizona y Utah. pág. 33

**Desierto de Sonora** Desierto ubicado en la región desértica de California. pág. 33

**Estados Unidos de América** País del continente de América del Norte. págs. 348–349

**Eureka** Ciudad portuaria en el norte de California. pág. 61

**Florida** Estado del sureste de Estados Unidos. págs. 348–349

**Fresno** Ciudad ubicada en el centro de California en el valle de San Joaquin. pág. 61

**Georgia** Estado del sureste de Estados Unidos. págs. 348–349

**Golfo de México** Masa de agua ubicada en la costa sureste de América del Norte. págs. 348–349

**Gran Cuenca** Área baja en el oeste de Estados Unidos. pág. 22

H

**Hawaii** Estado formado por una sucesión de islas volcánicas en la región centro norte del océano Pacífico. págs. 348–349

**Hemisferio norte** La mitad norte de la Tierra. pág. 434

**Hemisferio occidental** La mitad oeste de la Tierra. pág. 434

**Hemisferio oriental** La mitad este de la Tierra. pág. 434

**Hemisferio sur** La mitad sur de la Tierra. pág. 434

**Honolulu** Capital de Hawaii. págs. 348–349

DICCIONARIO GEOGRÁFICO

**I**

**Idaho** Estado del noroeste de Estados Unidos. págs. 348–349

**Illinois** Estado de la región del Medio Oeste de Estados Unidos. págs. 348–349

**Isla Indian** Isla ubicada cerca de Eureka, California, conservada por los indios wiyot. pág. 145

**Islas Farallon** Grupo de islas ubicadas en el océano Pacífico, cerca de la costa de San Francisco. pág. 31

**K**

**Kansas** Estado del centro de Estados Unidos. págs. 348–349

**L**

**Lago Oroville** Lago situado en el norte de California que se formó al construirse la presa de Oroville. pág. 62

**Lago Tahoe** Lago de agua dulce ubicado en la frontera entre California y Nevada, en la parte norte de la sierra Nevada. pág. 61

**Lake City** Región geotérmica de la costa de California. pág. 426

**Las Vegas** Ciudad de Nevada, uno de los estados que limitan con California. pág. 435

**Long Beach** Ciudad portuaria en el suroeste de California, en la bahía de San Pedro. pág. 31

**Los Angeles** Ciudad ubicada en el sur de California. Es la segunda ciudad y área metropolitana más poblada de Estados Unidos. págs. 33

**Louisiana** Estado del sureste de Estados Unidos. pág. 348–349

**Llanuras costeras** Áreas bajas situadas a lo largo de la costa de un océano. pág. 23

**M**

**Maine** Estado del noreste de Estados Unidos. págs. 348–349

**Mammoth Lakes** Región geotérmica de California. pág. 426

**Mar de Salton** Lago ubicado en el desierto de California. pág. 31

**Massachusetts** Estado del noreste de Estados Unidos. págs. 348–349

**Mendocino** Condado que se extiende a lo largo de la costa norte central de California. pág. 282

**México** País ubicado en el sur de América del Norte, que limita con el océano Pacífico y con el golfo de México. México limita con California en la frontera sur del estado. págs. 348–349

**Minneapolis** Ciudad de Minnesota. pág. 22

**Minnesota** Estado de la región norte del centro de Estados Unidos. págs. 348–349

**Missouri** Estado de la región del medio oeste de Estados Unidos. págs. 348–349

**Modesto** Ciudad del condado de Stanislaus, California, en el valle de San Joaquin. pág. 61

**Montana** Estado del noroeste de Estados Unidos. págs. 348–349

**Monte Shasta** Pico de la Cordillera de las Cascadas en California que antes era un volcán activo. pág. 33

**Monte Whitney** El pico más alto de la parte continental de Estados Unidos. Forma parte de la sierra Nevada. pág. 33

**Monterey** Ciudad del condado de Monterey, California. pág. 61

**DICCIONARIO GEOGRÁFICO**

**Monumento Nacional a Cabrillo** Punto de referencia en honor al explorador Juan Rodríguez Cabrillo, ubicado en San Diego, California. pág. 177

**Morro Bay** Aldea de pescadores ubicada en la costa central de California. pág. 54

## N

**Nebraska** Estado del centro de Estados Unidos. págs. 348–349

**Nevada** Estado del oeste de Estados Unidos. págs. 348–349

**New Mexico** Estado del suroeste de Estados Unidos. págs. 348–349

**New Orleans** Ciudad de Louisiana ubicada en el golfo de México. pág. 22

**New York** Estado del noreste de Estados Unidos. págs. 348–349

## O

**Océano Atlántico** Masa de agua que separa a América del Norte y a América del Sur de Europa y África. pág. 181

**Océano Índico** El más pequeño de los tres océanos principales del mundo, que se extiende entre los extremos sur de África y Australia. pág. 181

**Océano Pacífico** Masa de agua que separa América del Norte y América del Sur de Australia y Asia. págs. 348–349

**Oregon** Estado del noroeste de Estados Unidos que limita con California por el norte. págs. 348–349

**Orlando** Ciudad de Florida. pág. 23

**Oroville** Comunidad cercana al río Feather en California. pág. 63

## P

**Palm Springs** Ciudad del condado de Riverside, California. pág. 15

**Parque Estatal Big Basin Redwoods** Parque estatal más antiguo de California. pág. 346

**Parque Histórico Estatal Pigeon Point Light Station** Lugar histórico en la región de la bahía de San Francisco, California, que tiene uno de los faros más altos de América. pág. 346

**Parque Nacional Joshua Tree** Parque nacional en el sur de California, conocido por sus inusuales plantas desérticas. pág. 20

**Parque Nacional Yosemite** Punto de referencia nacional en la sierra Nevada. pág. 344

**Pasadena** Ciudad del condado de Los Angeles, California. pág. 215

**Pennsylvania** Estado ubicado en el noreste de Estados Unidos. págs. 348–349

**Phoenix** Capital de Arizona. págs. 348–349

**Pico Lassen** Pico volcánico ubicado en el extremo sur de la Cordillera de las Cascadas, en el norte de California. pág. 31

**Pittsburgh** Ciudad de Pennsylvania. pág. R9

**Playa Estatal de San Gregorio** Playa de arena en la costa de California. pág. 346

**Porterville** Ciudad ubicada en la región sur del centro de California. pág. 134

**Presa de Oroville** Presa en el río Feather en California. Es una de las presas de tierra más altas del mundo. pág. 63

**Providence** Uno de los primeros asentamientos coloniales y actual capital de Rhode Island. pág. 349

**Puente Golden Gate** Punto de referencia hecho por el ser humano que conecta la bahía de San Francisco con el océano Pacífico. pág. 344

**Puerto de New York** Puerto ubicado en la desembocadura del río Hudson. Allí se encuentran Staten Island y la Estatua de la Libertad. pág. 340

## R

**Redding** Ciudad del valle de Sacramento en el norte de California. pág. 61

**Región costera** Una de las cuatro regiones geográficas de California. pág. 32

**Región del valle Central** Una de las cuatro regiones geográficas de California. pág. 31

**Región desértica** Una de las cuatro regiones geográficas de California. pág. 33

**Región montañosa** Una de las cuatro regiones geográficas de California. pág. 33

**Reserva de San Manuel** Reserva de San Manuel de la Banda de Indios de las Misiones, cerca de Highland, California. pág. 139

**Reserva del río Tule** Reserva india de los yokuts ubicada cerca de Porterville, California. pág. 134

**Reserva india de Morongo** Reserva india de los cahuilla cerca de Banning, California. pág. 139

**Rhode Island** Estado del noreste de Estados Unidos. págs. 348–349

**Río American** Uno de los principales afluentes del río Sacramento. pág. 31

**Río Colorado** Río del suroeste de Estados Unidos. pág. 61

**Río Feather** Uno de los principales afluentes del río Sacramento. pág. 61

**Río Klamath** Río que comienza en Oregon y fluye hacia el norte de California. pág. 32

**Río Russian** Río que fluye en el norte de California. pág. 61

**Río Sacramento** Río que nace cerca del monte Shasta en el norte de California y fluye hasta la Bahía de San Francisco. pág. 61

**Río San Joaquin** Río de California que nace en la sierra Nevada y desemboca en el río Sacramento. pág. 32

**Río Santa Clara** Río que fluye en el sur de California. pág. 31

**Río Trinity** El afluente más grande del río Klamath, en el norte de California. pág. 61

## S

**Sacramento** Capital de California. págs. 348–349

**Salem** La capital de Oregon. págs. 348–349

**San Diego** Ciudad portuaria del sur de California. pág. 33

**San Francisco** Gran ciudad portuaria de California. pág. 33

**San Jose** Ciudad situada en el valle de Santa Clara, en la región oeste del centro de California. pág. 61

**San Mateo** Condado de California. pág. 282

**Santa Barbara** Ciudad situada en la costa del Pacífico, en el suroeste de California. pág. 61

**Santa Cruz** Ciudad del condado de Santa Cruz, California, ubicada sobre la costa norte de la bahía de Monterey. pág. 215

**Saratoga** Ciudad del condado de Santa Clara, California. pág. 346

**Sendero de Oregon** Sendero de los primeros pioneros que iba desde Independence, Missouri, hasta el río Colorado. pág. 192

**Sierra Nevada** Inmensa cordillera que se extiende a lo largo del borde este de California. pág. 33

DICCIONARIO GEOGRÁFICO

**Silicon Valley** Región ubicada alrededor de la bahía de San Francisco, conocida como centro de desarrollo y fabricación de computadoras y piezas para computadoras. Silicon Valley abarca el noroeste del condado de Santa Clara, San Jose y parte de los condados de Alameda y San Mateo. pág. 219

**Sonoma** Condado situado en la costa norte del centro de California. pág. 282

**Stockton** Ciudad situada al lado del río San Joaquin en el centro de California. pág. 61

**Texas** Estado del sur de Estados Unidos. págs. 348–349

**The Geysers** Región geotérmica de California. pág. 426

**Utah** Estado del oeste de Estados Unidos. págs. 348–349

**Valle Central** Valle de California que se extiende a lo largo de la costa del Pacífico. Está rodeado casi por completo de montañas. pág. 32

**Valle de Sacramento** Región del norte del valle Central de California. pág. 31

**Valle de San Joaquin** Región sur del valle Central de California. pág. 31

**Valle de Santa Clara** Valle de California situado entre las montañas de Santa Cruz y la cordillera del Diablo. pág. 219

**Valle Imperial** Parte irrigada del desierto de Colorado y una de las regiones geotérmicas de California. pág. 426

**Virginia** Estado del sur de Estados Unidos. págs. 348–349

**Washington** Estado del noroeste de Estados Unidos. págs. 348–349

**Washington, D.C.** Capital de Estados Unidos. págs. 348–349

**Weaverville** Comunidad situada en las montañas Trinity del norte de California. pág. 12

**Wendel-Amedee** Región geotérmica de California. pág. 426

**Wyoming** Estado del noroeste de Estados Unidos. pág. 348

# Glosario

El glosario contiene palabras importantes en los Estudios Sociales y sus definiciones, ordenadas alfabéticamente. El número de página que sigue a cada definición indica la página del libro en la que aparece la palabra por primera vez. Las palabras que aparecen en la parte superior de cada página del glosario te ayudarán a encontrar más rápido la palabra que buscas.

## A

**accidente geográfico** Característica física, como una montaña, un valle, una llanura o una colina. pág. 16

**acueducto** Tubería larga o canal que transporta agua de un lugar a otro. pág. 50

**acuerdo** Práctica de ceder parte de lo que uno quiere. pág. 256

**adaptarse** Cambiar. pág. 66

**agricultura** Cultivo de granos y vegetales. pág. 47

**ahorros** Dinero que las personas guardan. pág. 460

**alcalde** Líder del gobierno de una comunidad. pág. 254

**ambiente** Características físicas y humanas que tiene un lugar. pág. 62

**anciano** Un miembro mayor respetado de una tribu. pág. 144

**asentamiento** Comunidad nueva. pág. 182

**antepasado** Alguien de la familia de una persona que vivió hace mucho tiempo. pág. 226

## B

**bahía** Masa de agua que forma parte de un mar o de un océano y que está parcialmente rodeada de tierra. pág. 55

**banco** Negocio que guarda y protege el dinero. pág. 460

**bien común** Algo que es bueno para todos. pág. 309

**bienes** Cosas que se pueden comprar o vender. pág. 415

**biografía** Relato de la vida de una persona. pág. I2

**boleta electoral** Lista de las opciones en una elección. pág. 303

## C

**canal** Vía acuática hecha por el ser humano. pág. 50

**candidato** Persona que quiere ser elegida como líder. pág. 306

**capital del condado** Pueblo o ciudad donde se reúne el gobierno del condado. pág. 283

**capital humano** Las destrezas y conocimientos de una persona. pág. 468

**capitolio** Edificio del gobierno en una ciudad capital. pág. 272

**característica física** Característica del terreno, el agua, el clima o la flora de un lugar. pág. 16

**chamán** En algunas culturas, curandero que sanaba a los enfermos. pág. 114

**ciudadano** Persona que vive en una comunidad y pertenece a ella. pág. 254

**clima** Condiciones del tiempo en un lugar durante un largo período. pág. 20

**colonia** Asentamiento gobernado por otro país. pág. 371

**colono** Persona que vive en una colonia. pág. 371

**combustible** Recurso natural que se quema para generar calor o electricidad. pág. 49

**comercio internacional** Compra y venta entre países. pág. 430

**comunicación** Acción de transmitir la información. pág. 210

**comunidad** Grupo de personas que viven en el mismo lugar. pág. 10

**concejo** Grupo de personas elegidas para crear leyes. pág. 278

**condado** Parte de un estado. pág. 282

**conflicto** Desacuerdo. pág. 256

**Congreso** Poder legislativo del gobierno nacional. pág. 270

**consecuencia** Algo que sucede como resultado de lo que una persona hace. pág. 253

**consecuencia económica** Acción de renunciar a una cosa para recibir otra. pág. 466

**consejo tribal** Grupo de líderes elegidos por los miembros de la tribu. pág. 151

**conservación** Protección de los recursos para que duren más tiempo. pág. 70

**conservar** Mantener algo a salvo. pág. 143

**constitución** Conjunto de leyes escritas que indican cómo debe funcionar un gobierno. pág. 150

**consumidor** Persona que compra un producto o un servicio. pág. 418

**contaminación** Todo lo que ensucia un recurso natural o hace que no sea seguro usarlo. pág. 69

**continente** Una de las superficies de terreno más grandes de la Tierra. pág. I10

**cooperar** Trabajar en conjunto. pág. 252

**cordillera** Gran cadena de montañas. pág. 17

**corte** Lugar donde un jurado toma decisiones sobre una ley. pág. 255

**Corte Suprema** Parte del poder judicial del gobierno nacional; la corte más importante de Estados Unidos. pág. 271

**costo de oportunidad** Lo que tienes que ceder para conseguir lo que quieres. pág. 466

**costumbre** Manera de hacer las cosas. pág. 114

**cuadrícula** Grupo de líneas que se cruzan para formar cuadrados. pág. 36

**cultura** Estilo de vida que comparten los miembros de un grupo. pág. 142

**década** Período de 10 años. pág. 390

**decisión** Elección. pág. 472

**Declaración de Derechos** Primeras diez enmiendas de la Constitución en las que se enumeran las libertades y los derechos que siempre tendrán los habitantes de Estados Unidos. pág. 261

**demanda** Deseos y necesidades de los consumidores. pág. 454

**democracia** Forma de gobierno de Estados Unidos, en la cual cada ciudadano adulto tiene derecho a votar. pág. 306

**densidad de población** Cantidad de personas que viven en un área de cierto tamaño. pág. 214

**depender** Contar unos con otros. pág. 416

**depositar** Poner dinero en una cuenta del banco. pág. 460

**derechos** Libertades. pág. 260

**derechos civiles** Derechos de libertad individual. pág. 387

**derechos de la minoría** Derechos que mantiene el grupo más pequeño que no votó por la misma cosa o persona que el grupo más grande. pág. 263

**derechos humanos** Derechos de los seres humanos, como el derecho a tener alimento, agua limpia y una vivienda segura. pág. 388

**desastre** Suceso que causa grandes daños o destrozos. pág. 66

**desierto** Lugar con clima cálido y seco. pág. 21

**día de fiesta** Día que se reserva para recordar a una persona o un suceso especial. pág. 387

**diagrama de corte transversal** Cuadro que muestra al mismo tiempo el interior y el exterior de un objeto. pág. 108

**economía** Formas en las que un país o una comunidad produce y usa bienes y servicios. pág. 110

**ecuador** Línea que se encuentra en el punto medio entre los polos norte y sur en un mapa o en un globo terráqueo. pág. I11

**elecciones** Tiempo reservado para que los ciudadanos voten. pág. 302

**elegir** Decidir por el voto. pág. 254

**embalse** Lago hecho por el ser humano que se usa para acumular y almacenar agua. pág. 63

**empresario** Persona que abre y dirige un negocio. pág. 209

**energía** Fuerza que genera electricidad. pág. 58

**enlace de comunicación** Tipo de tecnología que permite a las personas que se encuentran muy lejos unas de otras transmitir información de manera instantánea. pág. 440

**enmienda** Cambio en la Constitución. pág. 261

**escala del mapa** Parte del mapa en la que se comparan las distancias del mapa con las distancias del mundo real. pág. I12

**escasez** Muy pocos recursos. pág. 455

**esclavo** Persona que está obligada a trabajar para otra sin recibir ningún pago a cambio. pág. 383

**estrecho** Paso de agua angosto que comunica dos masas de agua. pág. 175

**explorador** Persona que sale a investigar un lugar. pág. 174

**exportar** Enviar productos y recursos a otros países para venderlos. pág. 430

**fabricar** Hacer algo con máquinas. pág. 424

**ficción** Relato inventado. pág. 358

**folclore** Historia, creencias y costumbres de un grupo contadas en sus relatos o cuentos. pág. 116

**frontera** Línea en un mapa que indica dónde termina un estado o una nación. pág. 11

**fuentes de referencia** Fuentes de datos. pág. 225

**fuentes primarias** Documentos escritos por las personas que vieron o participaron en un acontecimiento. pág. 222

**fuentes secundarias** Documentos escritos por alguien que no estuvo presente en un suceso. pág. 223

**ganancias** Cantidad de dinero que queda después de haber pagado todos los costos de dirigir un negocio. pág. 452

**geografía** El estudio de la superficie terrestre y la manera en que se usa. pág. I8

**globo terráqueo** Modelo de la Tierra. pág. I10

**gobernador** Líder electo del gobierno de un estado. pág. 272

**gobierno** Grupo de personas que establecen reglas y resuelven problemas en una comunidad. pág. 112

**gobierno por mayoría** Aceptación por la que más de la mitad de las personas votaron por una cosa o persona. pág. 263

**gráfica de barras** Tipo de gráfica en la que, por medio de barras, se indican cantidades y números de determinadas cosas. pág. 274

**gráfica lineal** Gráfica en la cual se muestran los patrones que se forman a lo largo del tiempo por medio de una línea. pág. 196

**grupo étnico** Grupo de personas que comparten la misma lengua, la misma cultura y la misma forma de vida. pág. 387

**guerra civil** Guerra en la que los ciudadanos de un país luchan entre sí. pág. 382

**hecho** Afirmación que se puede probar. pág. 358

**hemisferio** Mitad del globo terráqueo cuando se divide en mitades norte y sur o en mitades este y oeste. pág. I11

**héroe** Persona valiente que es un ejemplo para los demás. pág. 299

**herramienta** Instrumento que se usa para hacer trabajos. pág. 101

**híbrido** Automóvil que ahorra recursos porque a veces usa electricidad en lugar de gasolina. pág. 70

**himno** Canción patriótica. pág. 351

**historia** Relato de lo que sucedió en un lugar en el pasado. pág. I2

**historiador** Persona cuyo trabajo es estudiar el pasado. pág. I2

**homenaje** Algo que mantiene vivo el recuerdo. pág. 342

**igualdad** Los mismos derechos para todos. pág. 386

**importar** Traer productos y recursos de otros países para venderlos. pág. 430

**impuesto** Dinero que los ciudadanos pagan para que el gobierno pueda funcionar y prestar servicios. pág. 281

**independencia** Liberación del control de otro país. pág. 372

**industria** Compañías que fabrican el mismo producto o que ofrecen el mismo servicio. pág. 219

**ingresos** Dinero que recibe una persona por el trabajo que hace. pág. 458

**inmigrante** Persona que llega a vivir a un país desde otra parte del mundo. pág. 211

**intercambiar** Cambiar una cosa por otra. pág. 27

**interdependencia** Dependencia entre los distintos estados o países para obtener los productos y los recursos que necesitan. pág. 429

**Internet** Sistema que conecta computadoras por todo el mundo. pág. 439

**invento** Algo que se fabrica por primera vez. pág. 212

**irrigación** Traslado de agua hacia las áreas secas. pág. 51

**juez** Persona de la comunidad que se selecciona para trabajar como líder en las cortes. pág. 255

**jurado** Grupo de entre 6 y 12 ciudadanos que deciden si una persona ha desobedecido una ley. pág. 304

**justicia** Equidad. pág. 294

**latitud** Líneas que van de este a oeste alrededor del globo terráqueo. pág. 434

**lenguaje** Grupo de sonidos y palabras que usamos para comunicarnos. pág. 93

**leyes** Reglas que hace una comunidad. pág. 253

**leyenda** Cuento que sirve para explicar algo. pág. 88

**leyenda del mapa** Recuadro en un mapa en el que se explican los símbolos del mapa; también llamado clave del mapa. pág. I12

**libertad** Derecho de hacer tus propias elecciones. pág. 370

**libre mercado** Libertad de producir y vender cualquier producto o servicio que esté permitido por la ley. pág. 452

**límite** Línea que indica fronteras estatales y nacionales. pág. 349

**línea cronológica** Dibujo en el que se muestra cuándo y en qué orden ocurrieron los sucesos. pág. 188

**llanura costera** Llanura baja situada a lo largo de la costa de un mar o de un océano. pág. 18

**longitud** Líneas que van de norte a sur en un globo terráqueo, de un polo al otro. pág. 434

**lugar histórico** Lugar que es importante en la historia. pág. 228

**M**

**mapa** Dibujo en el que se muestra la ubicación de las cosas. pág. I3

**mapa de accidentes geográficos** Mapa que señala las características físicas de un lugar, como montañas, colinas, llanuras, mesetas, lagos, ríos y océanos. pág. 22

**mapa de recuadro** Mapa pequeño dentro de un mapa más grande. pág. I12

**mapa de recursos** Mapa en el que se usan símbolos y colores para mostrar los distintos usos de los recursos naturales y la tierra. pág. 60

**mapa de ubicación** Mapa pequeño o dibujo de un globo terráqueo en el que se muestra dónde se encuentra un área del mapa principal en un estado, en un continente o en el mundo. pág. I12

**mapa físico** Mapa en el que se muestran distintos tipos de territorios y masas de agua. pág. I12

**mapa histórico** Mapa en el que se muestra qué aspecto tenía un lugar en épocas pasadas. pág. 138

**mapa político** Mapa en el que se muestran ciudades, estados y países. pág. I12

**mediador** Persona que ayuda a los demás a solucionar sus desacuerdos. pág. 256

**meseta** Accidente geográfico con laderas empinadas y la parte superior plana. pág. 17

**mineral** Tipo de recurso natural que se encuentra en el suelo, como el hierro o el oro. pág. 48

**misión** Comunidad religiosa. pág. 132

**monumento** Algo que se construye para honrar o recordar a una persona o un suceso histórico. pág. 342

**museo** Lugar en el que se guardan y se exhiben objetos. pág. 143

GLOSARIO

**N**

**negocio** Actividad en la que los trabajadores fabrican o venden bienes a otras personas. pág. 421

**nombrar** Elegir. pág. 271

**O**

**objeto del pasado** Objeto que las personas usaron en el pasado. pág. I2

**obra humana** Cosas que las personas agregan a un paisaje, como un puente, un muro o un edificio. pág. 26

**obras públicas** Departamento del gobierno de una comunidad que presta servicios para satisfacer las necesidades diarias de sus habitantes. pág. 281

**oferta** Cantidad disponible de productos y servicios que ofrecen los negocios. pág. 454

**organigrama** Dibujo en el que se muestran los pasos necesarios para hacer algo. pág. 300

**P**

**patrimonio cultural** Conjunto de valores y costumbres que se heredan de las personas que vivieron en el pasado. pág. 226

**patriotismo** Sentimiento de orgullo por el propio país. pág. 332

**pictograma** Gráfica en la que se usan dibujos o símbolos para representar las cantidades de cosas. pág. 52

**pionero** Persona que ayuda a poblar nuevos territorios. pág. 192

**población** Cantidad total de personas en un lugar. pág. 34

**poblador** Persona que vive en una comunidad nueva. pág. 182

**poder ejecutivo** Poder del gobierno que se encarga de que las leyes se obedezcan. pág. 267

**poder judicial** Poder del gobierno que decide si las leyes son justas. pág. 267

**poder legislativo** Poder del gobierno que hace las leyes. pág. 267

**presa** Estructura de tierra o de concreto que permite a los trabajadores controlar el paso del agua e impedir inundaciones. pág. 62

**Presidente** Cargo que se le da al líder de Estados Unidos de América. Dirige el poder ejecutivo del gobierno nacional. pág. 271

**presidio** Fuerte construido para proteger a las misiones de los ataques enemigos. pág. 185

**presupuesto** Plan para gastar, ahorrar y compartir dinero. pág. 462

**primer meridiano** Línea que divide la Tierra en el hemisterio occidental y el hemisferio oriental. pág. I11

**productor** Persona que fabrica y vende un producto. pág. 417

**propiedad privada** Propiedad, como una casa o un negocio, que pertenece a una sola persona o a un grupo de personas. pág. 217

**propiedad pública** Propiedad que pueden usar todas las personas de una comunidad. pág. 217

**pueblo** Aldea. pág. 186

**puerto** Lugar donde los barcos pueden atracar y cargar productos y pasajeros. pág. 213

**puerto natural** Lugar con aguas profundas que permite que los barcos se acerquen a la costa. pág. 178

**punto de referencia** Obra humana o característica natural importante que ayuda a las personas a orientarse. pág. 340

**puntos cardinales** Direcciones principales: *norte, sur, este* y *oeste*. pág. I13

**puntos cardinales intermedios** Puntos que se encuentran entre un punto cardinal y otro, como noreste, sureste, noroeste y suroeste, que nos dan información más exacta sobre la ubicación de un lugar. pág. 14

**R**

**ranchería** Reserva pequeña. pág. 135

**ranchero** Persona que posee un rancho. pág. 191

**rasgo de personalidad** Cualidad que tiene una persona, como bondad, equidad, responsabilidad y respeto. pág. 295

**reciclar** Usar los recursos otra vez. pág. 71

**recreación** Cualquier actividad, pasatiempo o juego que se realiza por pura diversión. pág. 280

**recurso de capital** Dinero para iniciar un nuevo negocio. pág. 423

GLOSARIO

**recurso natural** Algo de la naturaleza que las personas pueden usar, como los árboles, el agua, los animales o el suelo. pág. 46

**recursos humanos** Personas necesarias para cultivar o producir y vender un producto o servicio. pág. 423

**región** Área amplia con al menos una característica que la diferencia de otras áreas. pág. 30

**religión** Conjunto de ideas que tiene una persona sobre los dioses o los espíritus. pág. 114

**rendir culto** Participar en un oficio religioso. pág. 381

**representante** Persona elegida por un grupo de ciudadanos para actuar o hablar en nombre de ellos. pág. 262

**reserva** Área de tierra reservada para los indios americanos. pág. 133

**responsabilidad** Algo que una persona debe hacer porque es necesario e importante. pág. 294

**revolución** Lucha por un cambio de gobierno. pág. 372

**rosa de los vientos** Dibujo en un mapa en el que se indican los puntos cardinales para facilitar el uso del mapa. pág. I13

**rural** Perteneciente al área que tiene campos, granjas y pueblos pequeños. pág. 35

**ruta** Camino o dirección que toma una persona para llegar a un lugar. pág. 180

**servicio** Trabajo que una persona realiza para otra. pág. 416

**servicio público** Trabajo para el bien de la comunidad. pág. 308

**servicios del gobierno** Trabajo que realiza el gobierno para todos los habitantes de una ciudad o de un pueblo. pág. 280

**siglo** Período de 100 años. pág. 390

**símbolo patriótico** Símbolo, como una bandera, que representa las ideas en las que creen las personas. pág. 332

**soberano** Autoridad que no está vinculada al gobierno local, al estatal ni al federal. pág. 150

**sociedad histórica** Organización de personas a las que les interesa la historia de su comunidad. pág. 230

**suburbano** Relacionado con las comunidades menores que se encuentran alrededor de las ciudades. pág. 34

**sueldo** Dinero que se le paga a un trabajador por el trabajo que hace. pág. 415

**tabla** Organizador gráfico con el que se organiza la información. pág. 98

**tecnología** Inventos nuevos que se usan a diario. pág. 220

**título del mapa** Título que indica de qué trata el mapa. pág. I12

**tomar posesión** Decir que algo te pertenece. pág. 175

**tradición** Costumbre o manera de hacer las cosas que se transmite a otros. pág. 144

**tradición oral** Historia hablada. pág. 117

**transcontinental** Algo que cruza un continente. pág. 210

**transporte** Traslado de personas, bienes e ideas de un lugar a otro. pág. 29

**tratado** Acuerdo entre grupos o países. pág. 152

**travesía** Viaje por mar. pág. 175

**tribu** Grupo de indios americanos que comparten una manera de vivir. pág. 92

**trueque** Práctica de intercambiar productos sin usar dinero. pág. 110

**ubicación** Lugar donde se encuentra algo. pág. 11

**ubicación exacta** Punto donde dos líneas de la cuadrícula se encuentran o se cruzan en un mapa. pág. 36

**ubicación relativa** Ubicación de un lugar con relación a otro lugar. pág. I12

**urbano** Perteneciente a las ciudades. pág. 34

**V**

**valle** Zona de tierras bajas que se encuentra entre colinas o montañas. pág. 18

**vivienda** Hogar o edificio que protege del tiempo atmosférico. pág. 94

**voluntario** Persona que elige trabajar sin que le paguen. pág. 297

GLOSARIO

# Índice

Las referencias de página que corresponden a ilustraciones están en itálicas.
Una "m" en itálicas indica un mapa. Las referencias de página en negrita
indican las páginas en las que se definen los términos del vocabulario.

ÍNDICE